权威·前沿·原创

皮书系列为

“十二五”“十三五”“十四五”时期国家重点出版物出版专项规划项目

智库成果出版与传播平台

中国社会科学院创新工程学术出版资助项目
中国社会科学院马克思主义理论学科建设与理论研究工程项目资助出版

国际共运黄皮书
YELLOW BOOK OF INTERNATIONAL COMMUNIST MOVEMENTS

国际共产主义运动发展报告（2022~2023）

ANNUAL REPORT ON DEVELOPMENT OF INTERNATIONAL COMMUNIST MOVEMENTS (2022-2023)

研　创／中国社会科学院马克思主义研究院
主　编／辛向阳　潘金娥

社会科学文献出版社
SOCIAL SCIENCES ACADEMIC PRESS (CHINA)

图书在版编目（CIP）数据

国际共产主义运动发展报告．2022～2023／辛向阳，潘金娥主编．--北京：社会科学文献出版社，2023.12
（国际共运黄皮书）
ISBN 978-7-5228-3224-1

Ⅰ．①国… Ⅱ．①辛… ②潘… Ⅲ．①国际共产主义运动-发展-研究报告-2022-2023 Ⅳ．①D1

中国国家版本馆 CIP 数据核字（2023）第 251394 号

国际共运黄皮书
国际共产主义运动发展报告（2022~2023）

主　　编／辛向阳　潘金娥

出 版 人／冀祥德
责任编辑／王小艳
责任印制／王京美

出　　版／社会科学文献出版社·马克思主义出版分社（010）59367004
地址：北京市北三环中路甲 29 号院华龙大厦　邮编：100029
网址：www.ssap.com.cn
发　　行／社会科学文献出版社（010）59367028
印　　装／三河市东方印刷有限公司

规　　格／开 本：787mm×1092mm　1/16
印 张：24　字 数：364 千字
版　　次／2023 年 12 月第 1 版　2023 年 12 月第 1 次印刷
书　　号／ISBN 978-7-5228-3224-1
定　　价／168.00 元

读者服务电话：4008918866

《国际共产主义运动发展报告（2022～2023）》编委会

主编简介

辛向阳　第十四届全国人大代表，中国社会科学院马克思主义研究院党委书记、院长，中国社会科学院大学马克思主义学院院长，中国特色社会主义理论体系研究中心副主任，习近平新时代中国特色社会主义思想研究中心副主任，世界社会主义研究中心副主任，二级研究员、博士生导师。毕业于中国人民大学科学社会主义专业，获法学博士学位。享受国务院政府特殊津贴，中宣部宣传文化系统“四个一批”人才。出版个人专著20部，主编和参与编写著作30余部，在《人民日报》《光明日报》《马克思主义研究》《中国特色社会主义研究》等报刊上发表文章400余篇，主持和参与国家和省部级课题60余项，先后获得过20余项国家和省部级奖项。

潘金娥　中国社会科学院马克思主义研究院国际共产主义运动研究部主任、二级研究员，中国社会科学院大学教授、博士生导师。中国科学社会主义学会世界社会主义专业委员会副会长、中国国际共运史学会常务理事。北京大学越南语专业毕业，中国社会科学院研究生院经济学硕士、法学博士。美国约翰·霍普金斯大学、越南综合大学访问学者。研究方向为当代世界社会主义与国际共产主义运动、当代越南问题、政党政治与外交。主持完成中国社会科学院多个研究项目，担任“世界社会主义思潮与运动新进展研究”（2018~2027）创新工程首席研究员。主要著作有《马克思主义本土化的国际经验与启示》《越南革新与中越改革比较》《越南政治经济与中越关系前沿》等。在国内外发表论文300百余篇。

内容摘要

2022 年国际共运史上重要纪念事件主要有：共产主义者同盟成立 175 周年、十月革命爆发 105 周年、苏联成立 100 周年、《真理报》创刊 110 周年、中国共青团成立 100 周年等。世界各国共产党以不同方式举行了纪念活动。

其中，苏联成立 100 年意义重大。虽然苏联作为一个国家目前已经不存在，但它作为人类历史上第一个社会主义国家，其成立标志着一种全新制度的产生，打破了资本主义一统天下的格局，在国际共产主义运动史和人类发展史上留下浓墨重彩的一章。对于国际共产主义和世界社会主义运动来说，总结苏联兴衰百年史，对探索社会主义现代化之路、实现无产阶级政权的长治久安具有重要历史意义和现实启示。

2022 年是《真理报》创刊 110 周年。回顾《真理报》创办百年历史，了解该报作为马克思主义执政党机关媒体的历史意义和作用，对于百年大变局背景下更好地发挥党的机关媒体在引领话语权、应对西方“新冷战”和意识形态斗争等方面的作用，维护社会主义制度和党的执政安全、促进国际共产主义运动发展具有重要启示。

2022 年以来，俄乌冲突爆发叠加世纪疫情引起世界格局深刻变动，世界各国共产党积极探讨应对方案。它们一方面从理论上围绕时代特征、帝国主义本质、战争与和平、独立与联合等议题展开了激烈的辩论，另一方面通过积极参加国际和地区共产党工人党会议联合机制等形式在国际平台发出声音，或是发动和参与社会运动以期壮大革命队伍力量。

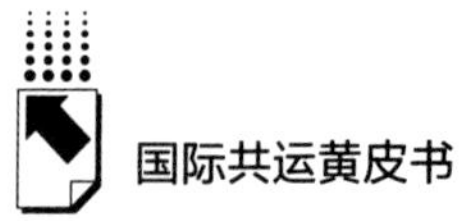

在社会主义国家的建设实践方面，中共二十大的胜利召开引发了理论家们对现代化和社会主义现代化理论研究的浓厚兴趣，中国式现代化的成功实践及其世界意义成为世界各国共产党讨论的焦点。与此同时，越南、老挝、古巴和朝鲜等社会主义国家，也在以本国的方式继续推动社会主义现代化建设事业不断向前发展。

在这样的背景下，西方国家为了维护其霸权地位，利用其科技、军事和金融霸权，一方面肆意操纵国际金融市场、阻碍他国科技进步；另一方面在世界各地拉帮结派、强化军事同盟，以各种手段对中国和俄罗斯等非西方意识形态国家进行遏制、打压，严重干扰全球化进程，导致国际产业链、供应链断裂，对国际金融、政治与安全造成全面冲击。多国通胀高企，多地发生能源和粮食危机，世界局势更加动荡不安。在西方国家内部，贫困化和不平等现象更加突出，社会动荡加剧，工人运动和社会运动频发，进一步凸显了西方资本主义制度的各种弊端。各国共产党和左翼力量继续对本国资本主义制度展开批判，并与工人运动和左翼运动形成了良性互动，助推欧美工人运动和社会运动持续高涨。

2023 年，美西方进一步强化“新冷战”思维，通过北约扩张和推进新的结盟战略，对所谓“非民主国家”进行打压围堵乃至发动战争挑衅。世界上不同制度、不同意识形态的斗争加剧。战争性质、“新冷战”、左翼联合、团结与分裂等成为各国共产党探讨的焦点问题。世界社会主义国家以中国式现代化的理论与实践为引领，进一步聚焦本国的社会主义现代化发展道路。非执政的各国共产党普遍受到西方右翼势力、民粹主义的挤压，它们通过加强左翼联合和利用各种渠道发声而努力寻求应对方案，尽管成效并不突出，但各国共产党依然坚信，百年大变局的历史洪流将以大浪淘沙之势，将霸权、遏制、战争等落后思想尘埃冲进历史的垃圾场，人类社会终将沿着和平、进步与发展的大方向前行。

关键词： 百年大变局　国际共产主义运动　世界社会主义　国外共产党　两制关系

目 录

Ⅰ 总报告

Ⅱ 热点聚焦篇

Ⅲ 改革发展篇

Ⅳ　思潮运动篇

Ⅴ　资料篇

皮书数据库阅读使用指南

总报告

General Report

Y.1 在百年大变局中回顾与探索社会主义现代化道路

——2022~2023年国际共产主义运动发展形势分析与预测

潘金娥*

摘 要： 世纪疫情还未结束，2022年初又爆发俄乌冲突，加剧了世界经济的波动和国际格局的调整。不稳定、不确定、不安全、难预料定义了2022年的国际局势，全球和平赤字、发展赤字、安全赤字、治理赤字加重，人类社会面临前所未有的挑战。在百年大变局背景下，世界各国马克思主义政党从马克思主义理论中寻找思想指引，从总结国际共产主义运动和人类发展历史进程中汲取经验教训，从社会主义改革建设实践中探索发展新动力，从批判资本主义制度弊端中思考新社会的替代方案，继续在社会主义现代化和人类自我解放的道路上艰难而努力地探索。

* 潘金娥，中国社会科学院马克思主义研究院国际共产主义运动研究部主任、研究员，研究方向为当代世界社会主义。

关键词： 百年大变局　国际共产主义运动　社会主义国家　国外共产党　两制关系

世界正经历百年未有之大变局。世界之变、时代之变、历史之变正以前所未有的方式展开。2022 年，世纪疫情还未结束，年初又爆发俄乌冲突，加剧了世界经济的波动和国际格局的深刻调整。国际局势变乱交织，不稳定、不确定、不安全、难预料因素层出不穷，全球和平赤字、发展赤字、安全赤字、治理赤字加重，人类社会面临前所未有的挑战。为了辨明眼下纷繁复杂的世界形势，世界各国马克思主义政党继续以史为鉴，从马克思主义理论中寻找思想指引，从国际共产主义运动和人类发展的历史进程中总结经验教训，从社会主义改革和建设的实践中寻找发展新动力，从资本主义社会运动中发现新社会的革命力量和替代方案，为探索社会主义现代化和人类自我解放的正确道路而继续艰难前行。

2023 年，美西方继续强化"新冷战"思维，对非西方民主国家进行打压围堵乃至发起战争挑衅，意识形态斗争加剧。帝国主义战争、"新冷战"、左翼联合、团结与分歧等问题成为各国共产党探讨的理论焦点；世界社会主义建设事业以中国式现代化的推进为引领，不同国家深化了对本国社会主义现代化发展道路的探索。西方各国共产党大多披荆斩棘，艰难前行。各国共产党依然坚信，历史洪流终将大浪淘沙，将霸权、遏制、战争等落后思想尘埃冲进历史的垃圾场，和平、合作与发展才是人类进步与文明的未来。

一　以史为鉴、面向未来

以史鉴今、面向未来是马克思主义政党认识世界和把握世界发展规律的重要方法。2022 年，在新冠疫情持续、俄乌冲突爆发、国际金融动荡和世界格局剧烈变动的背景下，世界各国共产党和马克思主义学者通过多种形式举行活动，回顾和纪念国际共运史上的重大事件，以期以史鉴今，坚定理想信念，延续革命火种。

（一）回顾苏联百年兴衰史，分析俄乌冲突历史根源

1922 年 12 月 30 日，俄罗斯、白俄罗斯、乌克兰和外高加索联邦（包括格鲁吉亚、阿塞拜疆和亚美尼亚）4 个苏维埃社会主义共和国的代表在莫斯科大剧院举行第一次代表大会，组成苏维埃社会主义共和国联盟，成立了以列宁为主席的联盟人民委员会，一个拥有崭新制度的国家诞生了。苏联的建立不仅对国际共产主义运动，而且对世界被压迫民族的解放斗争都起到巨大的推动作用，从此改变了单一资本主义制度主导的世界格局。2022 年 12 月 26 日，中华人民共和国驻俄罗斯联邦大使张汉晖就苏联成立 100 周年接受“今日俄罗斯”国际新闻通讯社书面专访时高度评价了苏联的历史贡献，并表示苏联对中国来说具有特殊意义。苏联的诞生对全球格局和国际关系发展产生了巨大而深远的影响，在人类历史上留下了深刻而持久的印记。

为纪念苏联成立 100 周年，俄罗斯联邦共产党筹备了一系列纪念活动。2022 年 12 月 5 日，俄联共中央委员会召集全俄爱国群众集会，活动的主题是：“我的祖国是苏联！”俄联共中央委员会主席久加诺夫在国家杜马全体会议上向记者发表讲话，列举了苏联的五大历史贡献。① 关于苏联在凝聚多民族国家方面的贡献，有学者指出：苏维埃社会主义共和国联盟重新凝聚起分裂的社会，团结了 200 多个民族；很多民族在这个新型国家中建立起了自己的民族国家；苏维埃国家民族政策的核心是采取有效举措帮助众多民族摆脱贫穷落后。②俄联共认为，苏联解体绝非人民自身的选择，而是“毁灭苏联的政治集团有意忽略了 1991 年 3 月 17 日联盟公投的结果。他们在 1993

---

① https：//www. rline. tv/news/2022-12-13-gennadiy-zyuganov-stoletniy-yubiley-sssr-my-dostoyno-vstretim-po-vsey-rossii/.

② 〔俄〕弗拉基米尔·尼古拉耶维奇·舍甫琴科：《30 年后深析苏联解体原因》，陈爱茹译，《世界社会主义研究》2022 年第 2 期。

年 10 月残酷地镇压了苏维埃政权的捍卫者”①。俄联共指出：“毁灭苏联不仅是针对一个特定国家的罪行，这是对全人类、对今世后代、对未来的犯罪。苏联的毁灭使世界产生了巨大倒退。人类要花很长时间来弥补失去的机会。对苏联的破坏性犯罪被虚伪的民主和人权口号所掩盖。”

苏联解体影响深远。历史学家们看到，2022 年，苏联十五个加盟共和国中，已有六国陷入了与曾经的“兄弟国家”的战争中，俄乌冲突，亚美尼亚和阿塞拜疆之战、第二次纳卡战争、吉尔吉斯斯坦和塔吉克斯坦两国之间的大规模武装冲突等，无不与苏联解体有关。有学者指出，这些冲突或战争的爆发无不显示着戈尔巴乔夫巨大的负面政治遗产，体现了苏联解体后的政治态势。代表国际金融资本和军工复合体的美国及其盟友迫使俄罗斯作出反应，导致俄乌矛盾激化。挑动战争是美国等西方国家争夺霸权和化解自身危机的惯用伎俩。“2022 年 2 月爆发的俄乌冲突，实际上是西方国家为了维持其国际霸权采取的又一次极端措施。”②

（二）回顾《真理报》创刊历史经验，为新时期发挥党媒作用、坚守党的舆论阵地提供启示

2022 年是苏联共产党中央委员会的机关报《真理报》创刊 110 周年。作为苏共执政期间党的喉舌，《真理报》呈现了不同时期党的方针、政策和新闻思想，成为苏联最权威的报纸。作为无产阶级政权的一部分，《真理报》坚持党的领导，发挥组织者的作用，将各国共产党紧密团结在共产国际的周围。《真理报》创刊后，发展迅速，在其全盛时期，曾向世界 40 多个国家和地区派驻记者，在 153 个国家拥有订户，有 10 个国家将该报译成本国文字发行，其办报经验被很多国家共产党直接照搬，故而有“报纸的报纸”之称。其社论等重要文章常被许多国家重要报纸转载。

21 世纪以来，世界形势发生了重大变化，中国逐渐走向世界政治和经

---

① https：//kprf. ru/party-live/cknews/206256. html.

② 〔阿根廷〕鲁文·达里奥·古塞蒂：《和平与发展：俄乌冲突背景下对时代主题的思考》，楼宇译，《世界社会主义研究》2022 年第 10 期。

济舞台的中央，使世界社会主义焕发生机。在新的时代背景下，回顾《真理报》的创办历史，对于进一步做好新时代党报党刊工作、守好世界社会主义意识形态的主阵地具有现实启发意义。总结《真理报》110年发展历程，可得出四点启示。一是牢牢掌握党对党报的领导权。党报党刊作为社会主义意识形态的主阵地，首先要把宣传阐释马克思主义及其最新理论成果作为首要任务。党报工作者要有“党的机关报”的责任意识，坚持党的领导，积极宣传贯彻党中央的最新理论和重大方针政策。二是要发挥党报凝心聚力引领方向的作用。在新的历史时期，在中国就要用习近平新时代中国特色社会主义思想团结、凝聚人民，使全党全社会思想上更加团结统一；要向世界讲好中国故事、传播中国声音、贡献中国智慧，为世界社会主义的建设和发展提供借鉴。三是要发挥党报党刊在国际舆论场中的主导作用，努力团结各国主流媒体建立国际舆论统一战线，构建现代化传播体系，共同为构建人类命运共同体、解决全球性难题作出努力。四是要发挥党报党刊在新时代继续推动世界社会主义运动发展的作用。党报党刊要充分发挥组织号召功能，团结组织其他社会主义国家的主流媒体和世界各国共产党官方媒体平台，传播21世纪世界社会主义和国际共产主义运动的声音。

（三）重温共青团百年初心使命，为新时代新征程赓续革命火种

共产主义青年团是共产党领导下的先进青年群众组织、青年学习共产主义的学校、共产党的助手，其根本任务是培养社会主义建设者和接班人，肩负着为实现共产主义理想而赓续红色血脉的重任。

1922年5月5日，中国社会主义青年团第一次全国代表大会在广州市东园开幕，这标志着中国共产主义青年团的成立。作为中国共产党领导的先进青年的群团组织，一百年来，其真正履行了作为中国共产党的助手和后备军的光荣职责，为国际共产主义运动的发展做出了贡献。

2022年5月10日，中共中央总书记习近平在庆祝中国共青团成立100周年大会上发表重要讲话指出，中国共产党一经诞生，就把关注的目光投向青年，把革命的希望寄予青年。党的一大专门研究了建立和发展青年团作为

党的预备学校的问题。1922 年 5 月 5 日，在中国共产党直接关怀和领导下，中国共产主义青年团宣告成立。这在中国革命史和青年运动史上具有里程碑意义!① 习近平同志指出，坚定不移跟党走，为党和人民奋斗，是共青团的初心使命。一百年来，在党的坚强领导下，共青团不忘初心、牢记使命，走在青年前列，组织引导一代又一代青年坚定信念、紧跟党走，为争取民族独立、人民解放和实现国家富强、人民幸福而贡献力量，谱写了中华民族伟大复兴进程中激昂的青春乐章。② 习近平同志赞扬中国共青团始终与党同心、跟党奋斗，团结带领广大团员青年把忠诚书写在党和人民事业中，把青春播撒在民族复兴的征程上，把光荣镌刻在历史行进的史册里，鼓励共青团员青年在实现中华民族伟大复兴中国梦的新征程上奋勇前进。

2022 年 11 月 26 日，中国共青团中央等单位主办了“党领导中国青年运动的百年历程和基本经验”研讨会。学界聚焦中国共青团的百年历史，回顾了中国共青团的百年发展历程与国际交往，分析了共青团的初心与使命，总结了共青团百年奋斗的历史经验，探讨新时代共青团的历史使命。

越南胡志明青年团作为世界共青团的重要力量，自成立以来发挥积极作用，不断为越南社会主义事业输送新鲜血液。2022 年 12 月 14~16 日，越南胡志明共青团举行了第十二次全国代表大会，代表越南 2200 万名青年、620 万余名团员的 981 人出席了大会。越共中央总书记阮富仲在大会上作了重要讲话，肯定了越南青年对国家建设和保卫事业所发挥的重要作用，指出了当前形势下共青团工作和青年运动的核心任务。

在新的形势下，中越两国共青团保持密切的联系和交流，两国青年通过视频方式多次开展了交流活动，为增进两党和两国人民之间的友谊和政治认同做出了积极贡献，也为国际共产主义运动的发展赓续革命火种。

---

① 习近平：《在庆祝中国共产主义青年团成立 100 周年大会上的讲话》，人民出版社，2022，第 2~3 页。

② 习近平：《在庆祝中国共产主义青年团成立 100 周年大会上的讲话》，人民出版社，2022，第 3 页。

二　中共二十大开启中国式现代化新征程，引领世界社会主义现代化发展方向

2022年10月，中国共产党召开了第二十次全国代表大会。中共二十大承前启后，总结新时代十年的伟大变革实践，形成了一系列新思想新战略，开启中国特色社会主义现代化新征程，开辟了马克思主义中国化时代化新境界。中国式现代化致力于实现中华民族伟大复兴，为国际共产主义运动和人类进步事业作出更大贡献。

（一）全面总结新时代十年伟大变革，以中国式现代化理论开辟马克思主义中国化时代化新境界

中国共产党第二十次全国代表大会是在中国共产党带领中国人民迈上全面建设社会主义现代化国家新征程、向第二个百年奋斗目标进军的关键时刻召开的一次十分重要的大会。大会主题是：高举中国特色社会主义伟大旗帜，全面贯彻新时代中国特色社会主义思想，弘扬伟大建党精神，自信自强、守正创新，踔厉奋发、勇毅前行，为全面建设社会主义现代化国家、全面推进中华民族伟大复兴而团结奋斗。

中共二十大报告从党的领导、经济、政治、社会、文化、生态等十六个方面全面总结了新时代十年伟大成就。报告系统归纳和总结了习近平新时代中国特色社会主义思想的主要内容、世界观方法论，阐释“两个结合”，深化了中国共产党对马克思主义中国化时代化的基本经验和根本规律的认识。报告明确新时代中国共产党人的使命和任务，即以中国式现代化推进中华民族伟大复兴。针对这一使命和任务，中国共产党对中国式现代化的基本特征、本质要求和重要原则进行了系统论述，体现了马克思主义中国化的重大理论创新。

中共二十大报告对中国式现代化五个基本特征进行了概括：一是人口规模巨大；二是全体人民共同富裕；三是物质文明和精神文明相协调；四是人与自然和谐共生；五是走和平发展道路。这五大基本特征体现了中国式现代

化的本质属性，显示中国的现代化发展道路与西方资本主义国家现代化道路的最本质区别。

百余年来，中国共产党带领中国人民坚持独立自主进行社会主义现代化建设，创造了人类文明新形态。人类文明新形态的形成，不仅意味着长久以来占据主导地位的西方文明中心论的破产，也显示了人类文明的多样性。这一新形态具有诸多资本主义文明形态所不具备的特性和优势。

（二）继续推进新时代伟大实践，开启中华民族伟大复兴新征程

中共二十大对全面建成社会主义现代化强国两步走战略安排进行宏观展望，科学谋划未来 5 年乃至更长时期党和国家发展的目标任务和大政方针。2022 年，在全面建设社会主义现代化国家新征程上，经济行稳致远，新时代中国特色大国外交开辟新篇章，展现了中华民族伟大复兴壮丽前景。

经济方面，在高效统筹疫情防控和经济社会发展、多项稳定宏观经济大盘的政策陆续推出并加快落地的情况下，2022 年中国国内生产总值（GDP）超过 121 万亿元，按不变价格计算，较上年增长 3.0%；以 2019 年为基期，疫后三年的年均复合增速为 4.5%，在全球主要经济体中居前列。① 按年平均汇率折算，中国经济总量达 18 万亿美元，稳居世界第二位。② 世界知识产权组织发布的《2022 年全球创新指数报告》显示，2022 年全球创新指数方面中国排名第 11 位，连续十年稳步提升，位居 36 个中高收入经济体之首。

外交方面，2022 年，中国以推动构建人类命运共同体为主线，以元首外交为引领，全方位开展中国特色大国外交，为维护世界和平、促进共同发展作出了新的贡献。

2022 年 9~12 月，习近平主席相继出席 5 场多边峰会，包括上海合作组

① 《在再平衡中重拾增长动能——2022 年中国经济回顾与 2023 年经济展望》，《经济研究》智库经济形势分析课题组，2023 年 1 月 28 日，http：//ie. cass. cn/academics/economic_ trends/202301/t20230128_5584374. html。

② 《中华人民共和国 2022 年国民经济和社会发展统计公报》，国家统计局，2023 年 2 月 28 日，http：//www. gov. cn/xinwen/2023-02/28/content_5743623. htm。

织成员国元首理事会第二十二次会议、二十国集团领导人第十七次峰会、亚太经合组织第二十九次领导人非正式会议、首届中国—阿拉伯国家峰会和中国—海湾阿拉伯国家合作委员会峰会。此外，习近平还在中共二十大后接待了来访的越共中央总书记阮富仲，德国总理朔尔茨，老挝人民革命党中央总书记和国家主席通伦·西苏里，古巴共产党中央委员会第一书记、古巴国家主席迪亚斯-卡内尔等，年内先后与40多个国家的领导人举行双边会晤，实现了新征程上中国共产党对外工作的崭新开局。

2022年，中国的一系列外交政策与实践为促进世界和平与发展，推动人类文明进步作出新贡献。2022年4月，习近平主席在博鳌亚洲论坛上提出全球安全倡议，该倡议显示了中国致力于维护世界和平、推动解决全球性的安全问题，得到了国际社会的高度重视和积极响应，70多个国家表示赞赏和支持。6月，习近平主席在金砖国家领导人会晤期间主持首次全球发展高层对话会，中国推出了落实全球发展倡议的32项主要举措，设立开放式项目库，成立全球发展促进中心。2022年底，已有近70个国家加入了“全球发展倡议之友小组”，100多个国家和包括联合国在内的多个国际组织支持这一倡议。[①] 2023年3月15日，习近平总书记在中国共产党与世界政党高层对话会上提出了“全球文明倡议”，这是继上述两大倡议后，中国紧紧围绕构建人类命运共同体的重大命题所提出的又一个全球性的倡议。三大倡议，犹如支撑着人类命运共同体的三根坚固柱石，保障这一至高理念行稳致远、光耀世界，也提示各国要在世界百年未有之大变局下，慎重考量道路、文明与命运的关系，[②] 表明中国“始终不渝坚持走和平发展道路，始终做世界和平的建设者、全球发展的贡献者、国际秩序的维护者”[③]。

---

① 王毅：《胸怀天下，勇毅前行　谱写中国特色大国外交新华章——在国际形势和中国外交研讨会上的演讲》，外交部网站，2022年12月25日，http：//switzerlandemb. fmprc. gov. cn/web/wjbzhd/202212/t20221225_10994826. shtml。

② 王学斌：《“全球文明倡议”：筑牢人类命运共同体的柱石》，《学习时报》2023年2月24日。

③《习近平在博鳌亚洲论坛2022年年会开幕式上发表主旨演讲》，《人民日报》2022年4月22日。

（三）中国式现代化引领世界社会主义现代化发展

党的二十大召开后，“中国式现代化”引发国内外媒体和学界热议。中国学界对中国式现代化的理论及其重要意义进行了全面深刻的阐释。中国进行现代化建设所取得的伟大成就得益于中国共产党对马克思主义现代化理论的践行与发展，在人口规模、价值指向、实现方式、发展理念、文明意义等方面实现了对资本主义的全方位超越。

国外共产党和政要从理论内涵、战略意义、经济和党建成就、世界影响力等方面盛赞中国式现代化的重大意义。俄罗斯国家杜马国际事务委员会第一副主席、俄罗斯联邦共产党中央副主席米特里·格奥尔基耶维奇·诺维科夫（Dmitriy Georgievich Novikov）表示，当今中国是国际共产主义运动发展的“灯塔”，是人类进步的“火车头”，中共二十大是中国和世界发展的一个里程碑，它深刻总结了过去百年中共发展经验，其中最重要的一条就是加强党的领导。[①] 越南共产党中央书记处书记、中央宣教部部长阮仲义（Nguyen Trong Nghia）表示，中共二十大报告提出，不断谱写马克思主义中国化时代化新篇章，是当代中国共产党人的庄严历史责任。中国共产党坚持把马克思主义基本原理同中国具体实际相结合、同中华优秀传统文化相结合，勇于进行理论探索和创新，并取得重大理论创新成果，为其他社会主义国家带来启示。[②] 老挝国会副主席宋玛·奔舍那说，中国共产党领导的政治优势和社会主义体制的巨大优越性，为包括老挝在内的广大发展中国家探索符合本国国情的发展道路注入了信心和力量。[③]

尼泊尔共产党（毛主义中心）主席普拉昌达（Prachanda）表示，十年来，习近平同志提出的“中国梦”和“一带一路”倡议在世界上产生积极影

---

① 《驻俄罗斯使馆举办“新时代新征程”二十大精神研讨会》，中华人民共和国驻俄罗斯联邦大使馆，2022 年 11 月 21 日，http：//ru. china-embassy. gov. cn/sghd/202211/t20221121_10978559. htm。

② 《“中国的宝贵经验为其他国家提供重要借鉴”》，《人民日报》2022 年 10 月 29 日。

③ 《专访老挝国会副主席：中国模式成功关键是不盲从西方，走自己的路》，《中国日报》2022 年 10 月 27 日。

响，为各国加强合作，推动建立公正、美好、和平的国际秩序营造了良好氛围。[①]柬埔寨人民党中央常委洪玛奈表示，在中国共产党英明领导下，中国取得举世瞩目的伟大成就，为维护世界和平稳定、促进发展繁荣作出重要贡献。[②]

2023 年 7 月在昆明召开的第十一届国际共运论坛上，来自意大利、匈牙利、瑞典、英国和越南、老挝等国的共产党人和马克思主义理论家就“中国式现代化与世界社会主义运动”主题进行了深入研讨，高度肯定了中国式现代化对世界社会主义和国际共产主义运动的重要意义。匈牙利工人党主席蒂尔默·久洛（Thürmer Gyula）指出：“共产主义运动面临新的挑战，所以我们需要更多的协商、合作来应对这些挑战。现代化创新、振兴，这是这个时代和未来几十年的口号。共产主义运动的未来，取决于我们的智慧和我们的政治力量给出的正确答案，中国特色社会主义和中国式现代化建设对国际共产主义运动具有重要的理论和实践意义。中国的经验鼓舞人心，丰富了我们思想宝库和实践宝库。”

中国共产党胜利召开二十大，在重大理论创新和实践探索方面把马克思主义中国化时代化推向了新的境界，为中国共产党指明了奋斗方向。中共二十大还为中国式现代化发展新征程擘画了蓝图。2023 年以来，中国共产党继续按照党的二十大的战略部署，坚持统筹推进“五位一体”总体布局、协调推进“四个全面”战略布局，加快推进和拓展中国式现代化建设，将高质量发展作为全面建设社会主义现代化国家的首要任务，全方位开展中国特色大国外交，进一步彰显社会主义的制度优势。

三　国外社会主义国家强化党的领导，推进党际交往和国际合作

2022 年是越南、古巴、朝鲜和老挝四国举行党代会后的第二年，各国

① 《世界政党政要和各界人士继续祝贺中共二十大胜利召开》，新华网，2022 年 10 月 19 日。

② 《世界政党政要和各界人士继续祝贺中共二十大胜利召开》，新华网，2022 年 10 月 19 日。

在克服疫情影响的同时，都聚焦于落实党代会精神，着手制定国家中长期发展规划。在对外方面，为应对国际变局的挑战，各国执政党积极发挥政党外交作用，增进与他国马克思主义政党的交流和团结。

（一）越南加强政治系统建设和反腐败斗争，革新事业取得积极成效

2022 年越南共产党落实十三大决议进入第二个年头。全面贯彻落实十三大决议是本年度最为重要的工作。政治系统建设方面，一方面以前所未有的力度推进反腐败工作，另一方面从制度上推进越南社会主义法权国家建设。新一届政府调整疫情防控政策，经济恢复快速增长，取得了 GDP 增长率超过 8%的亮眼成绩。与此同时，越南共产党加强了党对外交工作的领导，加强与社会主义国家执政党和其他政党的交流。

1. 强化政治建设和思想理论宣传教育，营造反腐败、反消极现象的政治氛围

主要举措包括以下几个方面。

第一，以国家工程方式全面宣传推广党的思想和领导人的理论贡献。

越共十三大后，在中央书记处的统一领导下，越共中央思想理论主管单位、出版社和主流媒体配合开展了系统性的党的思想理论宣传教育活动，分别由相关单位负责对党的领导人重要著作等文献进行系统选编和翻译，主要包括越共十三大文件、越共中央总书记阮富仲的《关于社会主义和越南社会主义发展道路的若干理论与实践问题》和《坚决打好反腐败攻坚战 为党风廉政建设作出贡献》、《胡志明选集》（八卷本）等，以越南语、英语、俄语、法语、西班牙语、汉语、老挝语、柬埔寨语等在国内外全面宣介发行。

越共中央还组织了第二届名为“捍卫党的思想基础，在新形势下与错误和敌对观点作斗争”的国家级政论文章大赛，越南全国理论界、新闻媒体和科研教学单位数万人投稿参加，同时大赛还邀请了包括中国、美国、老挝等国的马克思主义学者参与，越共中央政治局委员亲自给获奖作品作者颁发证书，并进行电视直播，产生了广泛的影响。越共通过此举用党的思想理

论占领了社会舆论的制高点。

第二，全面营造与腐败、消极现象和错误思潮进行斗争的社会氛围。

越共中央政治局颁布文件指出，要进一步发挥民选机构和代表、越南祖国阵线以及社会政治组织、新闻媒体和人民在反腐反消极斗争中的作用。完善民选机构和代表、祖国阵线、团体和人民对反腐反浪费反消极工作的监督机制。根据上述精神，越共中央理论委员会在其官网上开设“反对和批判错误和敌对观点”专栏，针对错误反动观点进行批驳并探讨相关应对措施，引导正面舆论。同时，鼓励发挥媒体、社会组织在反腐败斗争中的作用，同时劝诫污点官员主动引咎辞职。

2022 年 9 月 8 日，越共中央政治局颁布关于中央政治局、书记处干部被处分后工作安排的第 20-TB/TW 号文件，提出鼓励受警告处分或谴责处分且能力有限、威信下降的干部自愿辞职。在各种舆论压力下，越南官场的“辞职文化”开始奏效，2022 年底和 2023 年 1 月，越南常务副总理范平明、副总理武德儋、国家主席阮春福等人先后向中央主动递交辞呈，越共中央两次召开特别会议予以批准，之后国会迅速表决通过罢免程序并选出新人接任。越共以这种表面“柔软”却不设底线的彻底反腐形式，对各级官员的腐败和消极行为发出强烈的警告信号。

越共中央反腐工作指导委员会常务副主任、中央司法改革指导委员会常务副主任潘廷镯曾指出，近年来越南反腐工作取得突破，得益于新闻媒体等机构协调发挥作用。媒体机构在防止腐败和消极、维护人民利益的斗争中发挥了先锋带头作用，发挥了作为党的“耳目”的功能，成为当前反腐反消极斗争中党与人民之间的纽带。①

第三，继续完善党建制度建设，筑牢反腐败的制度防火墙。

2022 年 5 月召开的越共十三届五中全会决定成立省（直辖市）级反腐指导委员会，并由各地省（市）委书记亲自担任委员会主任。越南社会舆论认

---

① 《新闻媒体在反腐败反消极中的作用》，越南人民报网，2022 年 8 月 3 日，https：//nhandan.vn/vai-tro-bao-chi-trong-dau-tranh-phong-chong-tham-nhung-tieu-cuc-post708546.html。

为，成立省级反腐指导委员会是越共中央到基层反腐的“延长臂”，也是与腐败、消极现象作斗争的有效措施之一，这体现了越共中央反腐的决心，将助力反腐工作更务实、有效和及时进行，有助于改变越南反腐“上热下冷”的状况。

2022 年 8 月，越共中央反腐工作指导委员会颁发了《关于预防和打击消极行为的实施细则》①，明确重点打击四类行为：一是违反党的方针路线和各项规章制度的行为；二是违反国家法律法规和其他相关规定的行为；三是违背民族优良文化传统、道德行为规范的行为；四是对党和国家的威望造成不良影响，削弱人民群众对党和干部的信心的行为。文件强调，防止消极的重点是防止干部、党员和普通公职人员尤其是政治系统各级领导和管理干部的政治思想、道德和生活作风蜕化，也即防止文件中所列举的 19 种行为（新的党员禁令 19 条）。

据越共中央反腐工作指导委员会的统计，2022 年共有 539 名党员因腐败和故意违纪受到纪律处分，其中包括 47 名中管干部（比上一年增加 15 人）、5 名中央委员。对 3530 个集体和 8619 名个人提出行政处分建议。各部委、地方政府共将 557 起（比 2021 年增加 2 倍以上）案件移送司法处理。尤其是越共中央还针对反腐机构本身进行查处，2022 年 200 多名反腐机构内的干部或普通公务员被纪律处分，其中 74 起移送司法机关。2022 年，全国新起诉 493 起腐败案件，涉案 1123 人（比 2021 年增加 163 起/328 人），② 共追回赃款 82.56 万亿越南盾和 883 公顷土地。

第四，推进社会主义法权国家建设取得新进展。

2022 年 11 月，越共中央颁布第 27-NQ/TW 号《关于继续建设和完善越南社会主义法权国家的决议》，明确了越南共产党对于继续建设和完善越南社

① https：//thuvienphapluat. vn/van-ban/Tai-chinh-nha-nuoc/Huong-dan-25-HD-BCDTW-2022-noi-dung-cong-tac-phong-chong-tieu-cuc-525966. aspx.

② 《越共中央反腐工作指导委员会第 23 次会议》，越通社，2023 年 1 月 12 日，https：//www. vietnamplus. vn/phien-hop-thu-23-cua-ban-chi-dao-trung-uong-ve-phong-chong-tham-nhung-post840945. vnp。

会主义法权国家的目标、重点及任务措施。该决议首次明确了越南社会主义法权国家的八个特征：一是由越南共产党领导；二是法权国家属于人民、来自人民和为了人民；三是承认和尊重人权和公民权，并依照宪法和法律加以保障和维护；四是国家按照宪法和法律运行，并依照宪法和法律来管理社会；五是国家的权力是统一的，国家机关在行使立法、司法和行政法过程中，要明确分工、密切配合和有效监督；六是法律公平、民主、人道、完备、同步、统一、及时、可行、公开、透明、稳定、易懂，得以严明和一贯地实施；七是法院只遵从法律、根据审判权进行独立判决、审判、会审；八是遵守和执行国际条约，在遵守《联合国宪章》基本原则和国际法的基础上维护国家的最高利益。

根据中央加强政治系统建设的要求，越南国会还对社会聚焦的尤其是涉及政治建设和反腐败问题的一些法律进行了修订，这些法律包括《土地法》《反腐败法》《节约和反浪费法》《监察法》《乡、坊、镇民主实践法》《公民接待法》等。这些法律的出台将有利于越南共产党依法治国，建设和完善社会主义法权国家。

2. 大力恢复经济发展，出台国家中长期发展规划

2022 年，新冠疫情、俄乌冲突和世界经济震荡等多重内外因素对越南经济社会产生了较大的影响，越南政府采取积极措施，实施“安全灵活适应、有效控制疫情”的政策，力图高效统筹经济发展与疫情防控，取得了良好效果。

2022 年 5 月和 10 月，越共先后召开了十三届五中全会和六中全会，贯彻落实十三大决议精神和发展规划。其中，2022 年 5 月召开的越共十三届五中全会讨论的问题主要涉及以下方面：一是土地政策问题，强调了土地的全民所有制性质，由国家作为土地所有者代表进行统一管理；二是“三农”问题，明确农业、农民、农村发展具有长期战略意义；三是集体经济问题，视之为越南经济体的一个重要组成部分；四是基层党组织建设问题，强调基层组织是党群之间的桥梁，发挥着政治核心作用，要确保党在基层的领导；五是关于设立省级反腐指导委员会问题。2022 年 10 月越共召开的十三届六中全会通过了《关于继续建设和完善越南社会主义法权国家的决议》，重点讨论国家发展计划和中长期战略规划问题。

六中全会后，各部门着手制定国家总体规划。经过半年多的讨论，2023年4月，越南政府公布了《2021～2030年国家发展总体规划及至2050年展望》。这是越南有史以来制定的首个国家级综合发展战略规划，具有长远而重大的政治意义和战略意义。该规划涉及范围之广、内容之新、难度之大前所未有，且具有一定的敏感性。该规划是基于对全国所有资源，包括土地、海洋、太空和人力等资源的综合利用，同时结合国家各部门、各地区发展的具体目标而进行的全面综合统筹安排，涵盖范围远远超过一般国家中长期经济社会发展规划，它将成为越南制定各项发展规划的重要依据。该规划旨在改变当前越南经济社会发展和国家发展存在的一些问题和挑战，以满足国家当前和长远发展需要，实现越共十三大提出的到本世纪中叶成为高收入发达国家的目标。①

2022年下半年，疫情蔓延得到控制，经济增长强劲，越南全年GDP增长率超过了8%，达到十年来最高增幅，GDP规模首次达到4090亿美元。外国直接投资近224亿美元，比上一年增长13.5%，实现五年来新高。进出口总额为7325亿美元，其中出口额为3718.5亿美元，比上年增长10.6%。贫困率为3.6%，比2021年下降0.8个百分点。

3.加强党对外交工作的指导，拓展与世界各国政党的交流

2021年12月14日，越共中央召开了首次全国外事工作会议，越共中央总书记阮富仲在大会上发表重要讲话，全面总结了35年来越南共产党领导外交工作的成就与不足，并对未来的发展做了全面部署。阮富仲指出，越南对外工作的指导思想是始终奉行独立、自主、和平、友好、合作与发展、多边化多样化的路线；要协调、创新、有效地开展党的外交、国家外交和人民外交，全面开展各部门、各层级、各地方和企业的对外交流活动，推动对外关系更加深入、务实发展。在外交工作中，要坚持“以不变应万变”——在原

① 潘金娥、韦丽春：《越南出台国家总体规划的重大意义》，《社会主义论坛》2023年第5期。

则和战略性问题上要坚定，在方法和策略上要有灵活性，要不断创新工作方法。对外工作的基本任务是，在营造和维护和平稳定环境、调动外部资源促进国家发展、提升国家地位和威望方面发挥先锋作用。其中，营造和维护和平稳定环境是经常性的重要任务，服务国家发展是中心任务，提升国家地位和威望是重大任务。①

在本次会议上，阮富仲还就打造越南特色的“竹子外交”进行了充分阐释。阮富仲指出，自 1930 年越南共产党成立至今 90 多年，越南已形成了自胡志明时代以来极为独特的外交风格，可以用“竹子外交”来概括。它具有竹子的“根固、身坚、枝柔软”的特点，集中体现了越南民族的灵魂、风骨和气魄，兼具柔韧、机敏而坚强、刚烈特征；既灵活、创新，又能在争取民族独立、人民自由和幸福时体现出强大的本领，坚定不移、坚韧不拔地克服种种困难和挑战；既体现出团结、仁爱之情，又能坚定地维护国家和民族利益；刚柔并济、把握时势、知己知彼、知进知退、“随机应变”、“以柔克刚”。因此，要形成和发展富有民族特色的现代越南外交体系，即越南“竹子外交”。②

贯彻越南“竹子外交”精神，2022 年以来，越南加强了与中国、老挝、朝鲜、古巴 4 个社会主义国家的友好交往，并进一步加强和拓展与世界各国政党尤其是共产党工人党的交流与合作。其中，2022 年 10 月越共中央总书记阮富仲访问了中国，并被中国共产党授予“友谊勋章”。两党发表了《关于进一步加强和深化中越全面战略合作伙伴关系的联合声明》，明确指出，中越两党肩负各自社会主义事业的领导使命，新形势下，两党要巩固传统合作优势，支持两党两国各部门各地方及相关组织深化交流合作，为捍卫两党和两国社会主义政权、推动中越关系行稳致远保驾护航。这有利于推动世界社会主义运动的发展。

① 《阮富仲总书记在全国外事工作大会上的讲话全文》，越南政府新闻网，2021 年 12 月 14 日，http：//baochinhphu. vn/Hoi-nghi-doi-ngoai-toan-quoc-2021/Toan-van-phat-bieu-cua-Tong-Bi-thu-Nguyen-Phu-Trong-tai-Hoi-nghi-Doi-ngoai-toan-quoc/456054. vgp。

② 《阮富仲总书记在全国外事工作大会上的讲话全文》，越南政府新闻网，2021 年 12 月 14 日，http：//baochinhphu. vn/Hoi-nghi-doi-ngoai-toan-quoc-2021/Toan-van-phat-bieu-cua-Tong-Bi-thu-Nguyen-Phu-Trong-tai-Hoi-nghi-Doi-ngoai-toan-quoc/456054. vgp。

越南、老挝两国具有特殊传统友好关系。2022 年是越老建交 60 周年和《越老友好合作条约》签署 45 周年，包括两党中央书记处常务书记、国会主席和政府总理在内的党政高层进行了多次互访，两国还分别举行隆重的庆祝活动。

古巴和越南两党两国关系长期以来保持友好。2022 年越古两党两国关系迈上了新台阶。2022 年 9 月，古巴总理曼努埃尔·马雷罗·克鲁斯（Manuel Marrero Cruz）对越南进行正式友好访问。其间，越共中央内政部副部长陈国强一行拜会了古共中央委员会第一书记迪亚斯-卡内尔。

在世界政党交流方面，2022 年 7 月 28 日，中共中央对外联络部以视频方式举办中国共产党与世界马克思主义政党论坛，越共中央总书记阮富仲发来贺信，越共代表团线上参会并发言。2022 年 10 月，陈国强同志率团参加了在古巴举办的第 22 次共产党和工人党国际会议。同月，在日本共产党建党 100 周年之际，越共中央政治局委员、中央理论委员会主席、胡志明国家政治学院院长阮春胜率越共代表团对日本进行访问。其间，越日两党举行了第十次理论研讨会。

（二）古巴共产党落实八大精神，推动经济复苏，积极参与国际共产主义运动

2022 年，面对西方封锁、新冠疫情及自然灾害等多重考验，古巴人民在古巴共产党的领导下，切实贯彻古共八大精神，深入推进模式更新，实现了国民经济的艰难复苏、党政制度建设的稳步推进、社会民生和对外交往的多元拓展。

1. 全面推进党的建设和国家政治制度建设

2022 年，古共中央先后召开八届四中和五中全会，深入讨论加强党的领导、完善人民民主制度、推进法治国家建设等重要事项。2022 年 12 月 9 日至 10 日，古巴共产党召开八届五中全会，讨论经济、社会、意识形态、党的建设、党群关系及青年工作等问题。全会强调了党的领导核心作用，要求全党持续改进党的工作作风和方法，不断深化党内民主，尊重民众意见，

实事求是地决策和贯彻八大精神。全会指出，“加强人民团结”和“坚定思想信念”是古巴共产党两个基本工作原则，古巴共产党通过这两种方式得以应对经济社会和政治意识形态领域的挑战。“团结合作”与“人民协商”在党的组织工作中发挥着重要作用，应进一步巩固党委的领导核心作用，重视党的基层组织建设，加强基层党组织与基层群众组织的互动与团结。①

2022 年 11 月底，古巴各地举行新一届市人民政权代表大会代表选举，这是古巴践行直接参与性民主的有效实践。800 多万名古巴公民自愿、自由、自发和匿名地参与选举，根据参选人的优点和能力，选出最合适的地方机构候选人。古巴领导人称这一天具有历史意义，尽管经济形势复杂，但大多数古巴人重申了他们对古巴政治选举制度的承诺和信心。2022 年 12 月 17 日，古巴各地成立新一届市人大。

自 2011 年古共六大正式启动模式更新以来，古巴不断完善法律法规体系，并提出了建设法治国家的目标。2019 年通过的古巴新宪法进一步巩固了古巴社会主义的法治基础。为贯彻落实古共八大精神，古巴持续推进服务模式更新的法治国家建设。古巴全国人大自 2019 年颁布新宪法以来，截至 2022 年 12 月，已通过了 36 项法律和 83 项法令。

2. 出台多项举措推动经济复苏

自新冠疫情暴发以来，古巴经济模式更新步履维艰。2022 年，古巴社会民生面临空前困难。古巴政府克服重重困难，把保障居民生活所需和公民社会权利列为古巴社会建设的优先事项。一方面，古巴党和政府继续推进货币整顿、国企改革、促进中小微企业发展等结构性更新；另一方面，为稳定经济秩序，古巴政府推出了促进粮食生产和销售、鼓励就业和出口、增加居民收入等经济政策。古共八大后，古巴继续推进 300 余项经济更新举措，加强战略经济部门更新，不断拓展对外经济关系。2022 年 7 月，古巴全国人大通过了振兴国内货币市场、恢复国民生产、增加出口、

① Yaima Puig Meneses, Alina Perera Robbio, René Tamayo León, Rendición de cuentas del Buró Político, https://www.granma.cu/pensar-en-qr/2022-12-09/rendicion-de-cuentas-del-buro-politico-09-12-2022-23-12-20.

允许中小微企业与国有或外国公司成立合资企业等经济促进和复苏一揽子计划。

2023 年，古巴党和政府的工作重心包括实现国家宏观经济稳定、重组外汇分配机制、恢复国家电力系统、加速引进可再生能源、减少社会经济不平等、完善地方分权体制、推进国有企业改革、增加出口等。古巴还将实施农业增产计划，推进 63 项经济刺激举措，加大住房、水资源、食品、电力、交通、水泥、钢铁、旅游等部门的投资力度。①迪亚斯-卡内尔在古巴全国人大第十届常委会会议上作工作报告时指出，2023 年将会是更好的一年，但需要制订更加全面的计划，规避工作上的惰性、官僚主义和自满。②

3. 在多元外交中拓展对外友好关系，加强无产阶级国际团结

2022 年，古巴进一步加强与拉美国家、社会主义国家、其他发展中大国及发达国家等各方友好关系，积极推动地区一体化与团结。

一是构筑社会主义国家特殊友好关系。2022 年 3 月，第四届中古两党理论研讨会举行。中古两党领导人分别致贺信，为新时期加强两党发展互鉴、深化团结合作提供了重要遵循。中古两党在研讨会上就治党管党等议题进行深入讨论，取得丰硕成果。中古两国始终坚持在涉及彼此核心利益和重大关切问题上相互支持。2022 年 6 月，在联合国人权理事会第 50 届会议上，古巴代表近 70 个国家做共同发言，坚定支持中方在涉疆、涉港、涉藏等问题上的立场，反对以人权为借口干涉中国内政。2022 年 9 月，中国国务委员兼外长王毅在第 77 届联合国大会一般性辩论上坚定支持古巴人民捍卫国家主权、反对外来干涉和封锁的正义斗争。古巴共产党中央委员会第一书记、古巴国家主席迪亚斯-卡内尔于 2022 年 11 月 24 日至 26 日对中华人

---

① Yaditza del Sol González，“Cuba prevé para 2023 un crecimiento del 3 % de su PIB”，Granma，https：//www. granma. cu/cuba/2022-12-12/cuba-preve-para-2023-un-crecimiento-del-3-de-su-pib-12-12-2022-22-12-45.

② Yaima Puig，René Tamayo，Díaz-Canel：2023 debe ser un año mejor，pero lograrlo demanda más que un plan integral，Partido Comunista de Cuba，14 de Diciembre de 2022，https：//www. pcc. cu/noticias/diaz-canel-2023-debe-ser-un-ano-mejor-pero-lograrlo-demanda-mas-que-un-plan-integral.

民共和国进行国事访问，签署两国关于党际交流、外交部间磋商机制、共建“一带一路”、务实合作等双边文件，并发表《中华人民共和国和古巴共和国关于深化新时代中古关系的联合声明》。

2022 年 9 月 29 日至 10 月 2 日，古巴总理马雷罗·克鲁斯访问越南，并与越南签署了两国经济、农业食品、卫生领域的合作协议。这是古巴总理作为政府首脑的首次亚洲之行。目前，作为古巴主要投资国，越南是古巴在亚太地区的第二大贸易伙伴。

二是在对美斗争中维护国家主权与无产阶级国际团结。2022 年，古巴成功举办了多场国际论坛和地区多边会议，为加强地区团结与国际合作提供了重要平台和精神支持，主要包括承办第 22 次共产党和工人党国际会议、第 22 届美洲玻利瓦尔联盟首脑峰会、“世界平衡”国际会议等，并首次当选“77 国集团和中国”轮值主席国。在第 22 次共产党和工人党国际会议上，迪亚斯-卡内尔主席在致辞中指出，“团结的价值原则是共产党和工人党的剑和盾牌，应从科学上回归马克思主义，将理论转化为实践，并对组织先锋队进行科学、思想和政治培训，从而把握反帝国主义斗争的实质。只有通过所有人的努力和协作，我们才能实现真正的变革”①。

俄罗斯是古巴的重要友国。俄乌冲突爆发后，古巴谴责美国通过北约东扩蓄意制造地区安全威胁，并敦促美国和北约严肃现实地对待俄罗斯提出的安全保障要求。古巴主张通过和平方式以严肃的、建设性的和现实主义的外交途径解决冲突，从而确保所有国家的主权安全、地区稳定与国际和平。

2022 年 11 月 3 日，第 77 届联合国大会再次以 185 票赞成、2 票反对、2 票弃权的结果通过要求美国终止对古巴的经济封锁的决议。这已是联合国会员国连续第 30 次以压倒性多数支持终止美国对古巴的封锁。

① XXII Encuentro Internacional de Partidos Comunistas y Obreros La Habana Cuba 2022，Plataforma Digital Izquierda Unida，https：//izquierdaunida. cubava. cu/2022/11/01/xxii – encuentro – internacional–de – partidos – comunistas – y – obreros – la – habana – cuba – 2022/#：~：text = El%20XXII%20Encuentro%20Internacional%20de%20Partidos%20Comunistas%20y，Comunista%20de%20Cuba%20%28CCPCC%29%2C%20Dr. %20Roberto%20Morales%20Ojeda.

（三）朝鲜在“我国第一主义时代”思想指导下开启朝鲜式社会主义新时代

“我国第一主义时代”是朝鲜劳动党对朝鲜社会主义事业发展阶段做出的新的历史性定位。在朝鲜劳动党第八次代表大会上，金正恩（Kim Jongun）明确提出朝鲜开启了新的发展时代，即“我国第一主义时代”（Era of Our Country's Firstism），并且指出这“是由朝鲜劳动党迎头痛击历史的一切挑战，为人民专心一意、全力以赴，坚决强化自身力量，提高国家尊严和地位，进行殊死斗争而诞生的自存繁荣的新时代”。在新时代背景下，朝鲜劳动党将坚持“人民群众第一主义”作为基本政治方式。

2022 年系金正恩执政第十年，金正恩对其执政以来朝鲜劳动党建设的经验进行了总结，并提出未来的工作目标和要求。在朝鲜劳动党的坚定领导下，2022 年，在制裁、疫情与自然灾害三大不利因素导致国内经济发展、民生保障遭遇前所未有的困难的条件下，朝鲜劳动党以“我国第一主义时代”精神为指导，在党的建设、改善民生和外交方面取得了积极成果。朝鲜将 2022 年定义为“将载入共和国史册的辉煌胜利之年”“共和国历史的伟大转折之年”，宣布进入“我国第一主义时代”的新开局之年。

1. 总结过去十年党建经验，提出新时代党建的目标要求

2022 年 10 月 17 日，金正恩视察朝鲜劳动党中央干部学校时，总结其执政以来朝鲜劳动党建设事业中的经验教训，并对未来的工作提出要求和希望。

党的建设成就体现在三个方面：坚定维护并继承思想和领导的唯一性；大大强化了领导职能和作用；进一步突出为人民服务的革命性质。过去十年，朝鲜劳动党恢复定期召开党的代表大会、党中央全会、政治局会议等党的重要会议制度；对事关全党斗争方向、路线和政策等的重大问题进行集体决策并定期总结执行情况，从而大大提高了党的领导的权威性；制定了及时传达党的文献和方针的工作机制，并充实了党内教育网络，使党的领导深入基层；丰富了党的思想教育内容，并把“我国第一主义”纳入全民爱国主

义思想教育体系。

金正恩还明确提出了全面加强党的队伍管理的目标要求：将加强纪律工作视作“先决而迫切的任务”，严明党内纪律，全面增强党的领导能力和战斗力，发动一场旨在“扫荡滥用权势、耍官僚、贪污腐败、单位特殊化和摊派收费行为”的战役。新时代劳动党建设目标为：“把朝鲜劳动党建设成为政治上成熟、组织上坚定、思想上纯洁、纪律上严格、作风上健康的党。”

2. 奇迹般成功应对疫情，推动朝鲜式社会主义建设取得重大成果

2022 年 5 月 8 日，朝鲜首都平壤出现群体性疫情。在金正恩的指导下，经过 90 多天的艰苦奋斗，至 2022 年 8 月 10 日，朝鲜召开全国紧急防疫总结会议，宣布疫情危机“完全消除”，取得抗疫防疫的伟大胜利。这一胜利的取得，体现出朝鲜社会主义制度的优越性和高度的组织纪律性。

在发展经济和改善民生方面，2022 年，在制裁、疫情、自然灾害三大不利因素的持续影响下，朝鲜坚持“自力更生”“自力繁荣”原则，实现了抗疫防疫斗争与经济建设、国防建设并行不悖、最终取得胜利的“奇迹”，国民经济各领域、各方面均取得一定成就。截至 2022 年底，各主要经济部门、单位均宣告基本完成或超额完成当年计划指标，为 2023 年开好局起好步奠定了基础。

3. 强硬应对美韩外交威胁，巩固与中国、俄罗斯等传统友好国家关系

2022 年，朝鲜劳动党落实八大提出的“全面扩大和发展对外关系”的总基调，进一步扩大和发展以朝中、朝俄关系为主的传统友好关系，与社会主义国家一起建立反美统一战线，从而在对美斗争方面获得更多支持和声援。

2022 年，在新冠疫情持续影响下，中朝两国人员往来停滞，但中朝两国元首仍保持密切文电往来，朝鲜也通过朝中社评论、《劳动新闻》社论等多种形式，热切声援和支持中国在重大国际和地区问题上的原则立场。中国共产党第二十次全国代表大会闭幕后，金正恩第一时间向习近平总书记发来贺电，祝贺习近平再次当选中共中央总书记，表示无论“形势如何变幻、挑战如何恶劣，毫不动摇地推进以社会主义为核心的两国关系发展”①。2022 年 8 月，时任美国众议院议长佩洛西窜访台湾后，朝鲜即通过朝中社刊载《朝鲜劳动党中央委员会向中国共产党中央委员会致声援信函》，严厉谴责美国的挑衅行为和对中国内政的粗暴干涉，表示“将一如既往地完全支持中国共产党在台湾问题上的正当立场和一切决心，且在其付诸实施之路上始终同中国同志们站在一起”②。

同时，金正恩将朝鲜与古巴、越南等社会主义国家的外交关系定义为“特殊的同志关系、战略关系”，指出朝鲜在共同斗争中空前加强了与这些社会主义国家的团结并得到它们的声援；传统友好的朝俄关系在七大以来得到了新发展，为未来进一步发展奠定了良好的基础。在俄乌冲突问题上，朝鲜坚定地站在俄罗斯一方，谴责帝国主义是挑起战争的根源。

在应对韩美两国军事威胁方面，韩国尹锡悦政府上台后加强全面美韩同盟关系，加强了对朝鲜的军事施压。朝鲜采取了相应的军事应对措施，并在 2022 年 6 月的劳动党八届五中全会上调整了对美政策，将此前“以强对强、以善对善”的原则调整为强硬的“以强对强、正面输赢”，并在这一政策原则基础上，颁布核武力政策法令，放弃无核化意志、拒绝无核化谈判，且将此前以武力示威施压的军事应对措施升级为更具针对性的军事反制措施。

（四）老挝兼顾抗疫与经济社会发展，党际交往发挥积极作用

2022 年对老挝来说是极为艰难的一年。面对复杂的国际形势和繁重的国内任务，老挝人民革命党（以下简称“老党”）团结带领老挝各族人民不懈奋斗，召开了党的十一届四中、五中全会，总结执行十一大决议取得的主要成效，部署革新发展重点工作，有力推动经济建设、党的建设、法治国家建设和减贫事业取得新进展。外交方面，老党加强对外交工作的引领，扩

① 《朝鲜劳动党总书记金正恩同志向中国共产党中央委员会总书记习近平同志致贺电》，朝中社，2022 年 10 月 23 日，http：//kcna. kp/cn/article/q/bcc9113cac9dc819b39af56cedaa3409. kcmsf。

② 《朝鲜劳动党中央委员会向中国共产党中央委员会致声援信函》，朝中社，2022 年 8 月 10 日，http：//kcna. kp/cn/article/q/cb89afc2a172ee393fcf29c14e3c19fa. kcmsf。

大对外交流合作。

1. 召开党的十一届四中、五中全会，加强党的领导和提高解决困难的能力

2022 年 5 月 18 日至 26 日，老党在万象召开了十一届四中全会。老党中央总书记、国家主席通伦·西苏里（Thongloun Sisoulith）主持会议并发表重要讲话。

四中全会指出，尽管遭遇了全球经济低迷和新冠疫情等严重影响，革新发展面临一系列新挑战，但全党和全国各族人民团结一心，努力奋斗，战胜了重重困难，为政治稳定、社会安定、经济持续发展做出了重要贡献。在肯定成绩的同时，全会实事求是地指出了一些亟待解决的问题，如经济发展和财政金融方面面临困难，商品价格大幅上涨、石油短缺等。全会强调，全党上下必须提高应对和解决实际问题的能力和水平，以巨大的勇气继续推进社会主义革新事业。具体措施包括以下几个方面：一是要加强干部队伍建设，提高干部队伍素质；二是要在党的集中统一领导下，深入开展理论研究，提出迈向社会主义现代化国家新征程的新思想、新方法、新举措；三是要不断完善人民民主政治制度，巩固和完善人民所有制制度；四是要抓住发展机遇，不断提高经济社会发展水平，增强国家的竞争力；五是要进一步改善投资环境，加快招商引资步伐，促进贸易转型升级；六是要加强储备能源的管理，鼓励和推广使用新能源汽车，改善公共交通服务。

2022 年 10 月 13 日至 20 日，老党十一届五中全会在万象召开，强调坚持党的全面领导。全会强调必须坚持和加强党的全面领导，加强党的政治建设，发扬民主协商这一优良传统，增强全党和全国各族人民大团结，确保国家稳定、社会公平正义。各级党员干部要不断磨炼自己，坚定理想信念，坚决维护党中央的集中统一领导。全会要求全党上下增强社会责任感，清醒认识国际安全形势的发展变化，把握好全球化背景下国家关系的复杂性和多变性，有效防范各种国际风险。2022 年 9 月起，老挝总理府办公厅开展了为期 45 天的政治管理理论培训，目的在于培养优秀的党员骨干，特别是建设扎实、深层次、有担当、有理想、有革命道德、对党信任和忠诚的党员干部队伍。五中全会还对进一步执行好十一大决议和“九五”规划、推动革新

发展重点工作作出部署。

2022 年 11 月 17 日至 18 日，老党召开了第五次全国政治思想工作会议。大会的主题为“加强党的领导，勇于创新，深化政治思想工作，不断提高党的思想理论建设水平”。通伦·西苏里发表讲话强调：“凯山·丰威汉曾指出我们党历来把政治工作和思想理论建设作为一切工作的‘生命线’，作为贯穿于各个时期党的全部工作的一项重要原则。这是我们党做好政治思想工作的重要经验，今后我们要进一步加强党在意识形态领域的领导，坚持正确的政治方向，与时俱进，不断创新意识形态工作方法，积极应对瞬息万变的国际局势。”①

2. 多措并举推进法治国家建设取得积极成效

2022 年，老党立足老挝具体实际，多措并举继续深入推进法治国家建设，并取得了良好效果。

一是注重加强党对法治国家建设的领导。老党认为国家立法机关是人民权益的忠实代表，必须逐步完善与加强立法机关在制定和完善法律方面的职能，而这一切必须坚持党的全面领导，确保其正确的方向和社会公平正义。

二是完善和强化政府行政管理体系，坚持依法行政。要求按照严格的法律法规管理国家，重点研究和优化中央和地方各级政府行政机构，使其紧凑、透明、简洁并且符合老挝实际。

三是加强司法队伍建设。司法机关作为裁决和判决机构，注重完善各级人民法院的组织工作，培养承担责任的党员、法官等工作人员并使其不断提高伦理道德素质，忠于党和国家，更好为人民服务。

四是进一步完善法制体系。2022 年，国会修订 9 部法案，新增 3 部法案，加入了《国际职业安全与卫生公约》《促进职业安全与卫生框架公约》。国会和政府工作会议还集中研究了 2023～2025 年期间的法案修订、新法草案起草工作。此外，为了规范企业投资生产经营活动和推动企业高质量发展，老挝

---

① 〔老〕《老挝人民革命党召开第五次全国政治思想工作会议》，《人民报》2022 年 11 月 21 日。

还通过立法维护178家国有企业权益，推动国有企业转换经营机制。

3. 积极发展经济改善民生，减贫成果得以巩固

2022年，面对全球经济复苏乏力和疫情防控等诸多压力，老党积极采取措施，推动社会主义革新发展取得新进展，经济稳步发展，实现了4.4%的经济增速，人均GDP达到2841美元。主要包括以下措施。

一是促进农业和旅游业的发展。2022年，老挝经济增长依然主要得益于农业和旅游业。自疫情防控限制取消后，农业和大部分旅游业逐步恢复生机。外国游客增加了644756人，老挝旅游业收入增长了8%。[①]

二是中老铁路开通带动沿线经济发展。2021年12月2日，中老铁路开通运行。运行一年多来，中老铁路发送旅客850万人次，其中老挝段发送旅客130多万人次，运输货物200多万吨，产品已扩大到1200多种。老挝发挥中老铁路“时空”优势，使人流、物流、资金流、信息流在这条千里铁路线上竞相涌动，释放了其最大的综合效益，民众享受中老铁路带来的发展红利。

三是采取措施巩固减贫成果。老党一直把减贫工作作为一项重要的基础性经常性工作。2022年，在巩固2021年“援老八大工程”[②]一期项目成果的基础上，深化与联合国等国际组织和其他国家多方面多层次多领域合作，帮助贫困地区群众发展种植业、养殖业、农林产品加工业，繁荣地方经济；吸收更多的中老铁路沿线贫困群众到铁路项目发展中，增加他们的家庭收入。截至2022年8月底，老挝全国共有145个县和3个市、8426个村庄、1239702个家庭，其中有53个县、4792个村、964149个家庭实现脱贫。

4. 加强党对外交的引领，积极推动对外交流

2022年，老党加强与中国、越南、古巴和朝鲜等社会主义国家执政党

---

① 〔老〕康哲·翁蓬席：《2022年经济社会发展总结和2023年规划报告》，《人民报》2022年12月6日。

② “援老八大工程”也称“四个100”工程或“4×100”工程，包括援建100个农村点亮工程、100个农村数字电视工程、100个农村贫困地区卫生工程、100个农村贫困地区供水工程。

交流，同时积极参加多边政党合作论坛。

2022 年 11 月 29 日至 12 月 1 日，应中共中央总书记、国家主席习近平邀请，老党中央总书记、国家主席通伦·西苏里率高级代表团访问中国。习近平在人民大会堂和通伦·西苏里举行了亲切会谈。双方强调，将继续秉持“长期稳定、睦邻友好、彼此信赖、全面合作”方针和“四好”精神，在政治上互尊互信、经济上互惠互利、安全上相守相助、人文上相知相亲、生态上共生共治，携手共建高标准、高质量、高水平的中老命运共同体，为构建人类命运共同体作出积极的努力和示范。习近平指出：“中老两国山同脉、水同源，自古以来亲仁善邻。2019 年 4 月关于构建中老命运共同体行动计划签署以来，中老双方凝心聚力，推动中老命运共同体建设取得丰硕成果，特别是将中老铁路打造成为中老人民的发展路、幸福路、友谊路。”① 通伦·西苏里对中共二十大作出了高度评价：“中共二十大是中国新时代的重大事件，对世界发展具有重要影响。在世界正经历复杂变化的形势下，中国是维护世界和平稳定的中流砥柱，致力于促进人类共同发展和构建人类命运共同体。”②

2022 年是老越两国建交 60 周年、《越老友好合作条约》签署 45 周年。为深化老越特殊关系，2022 年老越启动了一系列团结友好年活动，包括两国领导人互访强化政治互信，开展理论交流、经贸往来和社会领域的合作。

2022 年 10 月，古巴总理曼努埃尔·马雷罗·克鲁斯正式访问老挝。老挝时任总理潘坎·维帕万与其举行了会谈，双方高度评价了两党两国和两国人民在相互理解、相互帮助基础上建立的长期双边合作关系。两国总理签署了农业、高等教育和医疗卫生等领域四项合作协议。

2022 年 5 月 19 日，老挝在万象举行了老挝—朝鲜领导人（凯山·丰威汉—金日成、金正日）会晤 30 周年纪念会。老党机关报《人民报》发表了

---

① 《习近平同老挝人民革命党中央总书记、国家主席通伦举行会谈》，《人民日报》2022 年 12 月 1 日。

② 〔老〕《老挝人民革命党中央总书记、国家主席通伦·西苏里访问中国》，《人民报》2022 年 12 月 1 日。

题为《老挝和朝鲜两国领袖史意深远的会晤》的文章，指出现在按照两党两国领导人的意志，老朝友好在岁月的流逝和错综复杂的形势中也不断得到加强和发展。文章强调，老挝人民将同朝鲜人民并肩战斗，着眼于社会主义建设共同目标，老朝之间的友好、团结与合作关系将永垂不朽。

2022 年 10 月 27 日至 29 日，第 22 次共产党和工人党国际会议在古巴举行，老党派代表团出席大会。大会期间，老党代表团会见了古巴共产党中央政治局委员、中央组织部部长罗伯托·莫拉莱斯·奥赫达（Roberto Morales Ojeda），并与古巴共产党中央对外部代理部长安赫尔·阿尔祖阿加·雷耶斯（Ángel Arzuaga Reyes）举行工作会谈。老党认为这是参与多边交流的重要契机，也是老挝融入地区和国际的最佳平台，派出代表团出席会议并发表讲话。老党代表团高度赞扬古巴共产党、政府和人民群众在反对帝国主义封锁、争取和平独立斗争中团结一致，表示将坚持继续与包括共产党和工人党在内的地区和国际政党、左翼运动和世界进步运动力量合作，坚持和平、独立、友好、合作的外交政策，坚持以相互尊重、互利共赢的原则融入地区和国际社会。①

四　俄乌冲突引起各国共产党对战争性质与帝国主义本质的激烈争辩，凸显意见分歧的同时各党表达了加强团结的愿望

俄乌冲突爆发后，多国共产党表达了严重的关切，通过发表声明、召开讨论会议、对难民开展人道主义援助、组织示威游行和反战集会等方式发声发力。一些共产党发表反战声明或评析文章，对俄乌冲突的原因、本质、后果和应对策略进行了系统分析，就俄乌冲突涉及的理论问题，比如什么是帝国主义、如何理解法西斯主义、资本主义危机与社会主义革命关

① 22nd IMCWP, Contribution by Lao People's Revolutionary Party, http://www.solidnet.org/article/22nd-IMCWP-Contribution-by-Lao-Peoples-Revolutionary-Party/.

系展开了深入的研讨。国外共产党的聚力表达和斗争行动具有重要意义，推动了反战和平运动的发展，对资本主义的反动政策形成一定的牵制，助推国际共产主义运动的高涨，彰显了无产阶级政党的人道主义和国际主义精神。

（一）俄乌冲突引起各国共产党的强烈关注

俄罗斯共产主义工人党于 3 月 26~27 日在莫斯科召开了中央委员会全体扩大会议，会议议题之一是讨论“党对乌克兰和顿巴斯武装冲突阶段的态度，以及党当前的工作策略”。西班牙共产党在 4 月 9 日召开的中央委员会会议上，明确表达了本党的主张，即各方立即停火，并采取措施保护和尊重民众，反对泽连斯基政府对包括共产党、社会民主党在内的左翼力量的迫害。[①] 4 月 6~10 日印度共产党（马克思主义）召开的第 23 次全国代表大会通过的政治决议中，俄乌冲突也是决议关注的重要问题，“这实际上是一场以乌克兰为战场的俄罗斯与美国/北约之间的战争”[②]。2022 年 5 月，马克思列宁主义政党和组织国际会议（ICMLPO）在多米尼加共和国圣多明各举办了第 27 次全体会议，会议形成了《马列主义政党和组织国际会议第二十七届全会最后宣言》，认为乌克兰战争是帝国主义性质的战争，只有无产阶级的社会革命才能把工人和人民从资本主义-帝国主义的剥削和压迫的枷锁中解放出来，只有社会主义-共产主义社会，才是保证全人类福祉的社会。5 月 28 日西班牙工人共产党组织政治活动，谴责北约在战争中犯下的罪行，并呼吁工人阶级组织起来反对北约及一切帝国主义行为。来自西班牙、希腊和土耳其的共产党人参加了活动。2022 年 6 月，圣保罗论坛和欧洲左翼党联合举办了第 7 届“左翼的共同愿景”研讨会，本次研讨会的主题是“军

① PCE, “No es el momento de enviar más armas a Ucrania, sino de trabajar por la paz y el fin inmediato del conflicto”, https://pce.es/no-es-el-momento-de-enviar-mas-armas-a-ucrania-sino-de-trabajar-por-la-paz-y-el-fin-inmediato-del-conflicto/.

② CPIM, 23rd Congress Political Resolution, https://www.cpim.org/documents/23rd-congress-political-resolution.

事化、北约和争取和平的斗争”，旨在了解战争的本质，从而阐明共同斗争的迫切需要，以便在全球范围内实现持久和平。2022年6月29日至30日在马德里举行北约峰会后，“欧洲共产党倡议”发表关于北约峰会的声明，即《欧洲各国人民应该规划自己摆脱帝国主义计划的道路》，谴责北约对各国人民的侵略更进一步，这也是帝国主义竞争加剧的表现。7月1~3日，加拿大共产党第40次全国代表大会通过的政治决议中，“乌克兰战争”“反帝国主义”成为重点内容之一。① 俄乌局势愈演愈烈后，团结网发布了题为《对乌克兰帝国主义战争说不!》的声明，44个共产党及30个共青团共同签署；英国共产党、爱尔兰共产党、伊朗人民党联合发起的《为了和平和公正解决乌克兰冲突 ——共产党和工人党的联合声明》，获得10个共产党签名支持。由俄罗斯共产主义工人党发起的《共产党和工人党联合声明》，得到6个政党签名支持。南非共产党（马列主义）、多哥共产党、德国马列主义党等34个革命政党和组织国际协调成员签署了题为《积极抵抗帝国主义军事准备对俄乌冲突的威胁!》的声明。2022年9月，美国共产党主办了第一届国际反帝大会，通过演讲等活动形式，组织各国共产党人深入分析21世纪帝国主义的新发展及应对策略，阐释国际主义和团结的极端重要性。

（二）对俄乌战争的认识分歧

俄乌冲突造成两国人民大量伤亡，美国及其盟友对俄罗斯进行全面遏制而对乌克兰加以军事支持，世界陷入爆发核战争的极大危险之中。关于这场战争的性质以及帝国主义本质，国外共产党进行了激烈的辩论。

2022年10月在古巴召开的第22次共产党和工人党国际会议上，与会政党进行了激烈的争论。会议最终发表了两篇观点不同的声明：由希腊共产党、土耳其共产党发起的《关于乌克兰领土上的帝国主义战争的

① CPC, Political Resolution of the 40th Central Convention, https://communist-party.ca/political-resolution-of-the-40th-central-convention/.

声明》获得27个政党签名，认为这场战争是帝国主义战争，工人阶级对哪一个帝国主义强盗都不能支持，要变帝国主义战争为国内战争；由俄罗斯共产主义工人党和俄罗斯联邦共产党发起的题为《反对美国和北约帝国主义谋求世界霸权的斗争是进步力量的关键任务》的声明获得31个政党签名，指出俄罗斯的军事行动具有反对美国霸权、反对法西斯的性质，各国共产党应予以支持。俄罗斯联邦共产党指出，对南斯拉夫、伊拉克、利比亚和叙利亚以及其他国家的毫不掩饰的威胁，生动地说明了美帝国主义是如何在世界上行动的。所有拒绝屈服于美国的命令、奉行独立外交政策的国家都被贴上了支持恐怖主义的标签。古巴和委内瑞拉就是突出的例子。①

关于帝国主义的界定问题，希腊共产党认为，关于什么是帝国主义，这是一个根本性的问题。列宁的帝国主义理论仍然是适用的，并为有责任进一步发展它的共产主义者提供了武器。帝国主义是垄断资本主义。每个资本主义国家都是帝国主义体系的一部分。在帝国主义时代，所有资产阶级国家都在为垄断者的利益而竞争。资产阶级则在每个国家和国际竞争中谋求自身利益，并参与帝国主义联盟的计划。② 荷兰新共产党认为，列宁对帝国主义的定义直到今天仍然有效。帝国主义是垄断资本主义——它不仅仅是“西方”或“美国”，而且是一个制度、一个过程。帝国主义确实是社会主义之前的最后阶段。各国共产党必须朝着这个共同目标共同努力。③

关于帝国主义的本质和共产党的行动策略，美国共产党指出，美帝国主义是当今国际工人阶级面临的最大的威胁，也是我们运动必须面对的核心矛盾。北约正在向东进军，逐渐靠近俄罗斯边境，并威胁要向全球扩张，这是

① 22nd IMCWP, Contribution by the CP of the Russian Federation, http://www.solidnet.org/article/22nd-IMCWP-Contribution-by-the-CP-of-the-Russian-Federation/.

② 22nd IMCWP, Contribution by Communist Party of Greece, http://www.solidnet.org/article/22nd-IMCWP-Contribution-by-Communist-Party-of-Greece/.

③ 22nd IMCWP, Contribution by the New Communist Party of the Netherlands, http://www.solidnet.org/article/22nd-IMCWP-Contribution-by-the-New-Communist-Party-of-the-Netherlands/.

对世界和平的最大威胁。乌克兰战争以核浩劫威胁着世界。但我们一定要记住列宁的话："帝国主义是无产阶级革命的前夜。"①

（三）多国共产党呼吁加强团结以应对帝国主义战争威胁

尽管在一些问题上存在意见分歧，但与会政党都认识到加强国际团结和联合对于壮大国际共产主义运动的重要性，努力寻找共同点。

墨西哥人民社会主义党指出，第22次共产党和工人党国际会议强调了共产党人必须以奉献精神和不带任何宗派主义色彩促进团结的重要性、目标和广度。今天，无产阶级国际主义和反帝国主义的概念比以往任何时候都更加重要，因为现实表明，美帝国主义及其在北约体系下的欧洲追随者构成了世界各国人民的最大敌人，共产主义者必须联合起来反对它们。② 各党秉持求同存异的原则，会议最终通过了《最后宣言》，并通过了直到下次会议前的联合行动计划，发出呼吁："在反对帝国主义和资本主义的斗争中联合起来！社会主义万岁！"③

由此可见，尽管对帝国主义存在不同认识，但世界各国共产党加强团结合作以共同反对帝国主义的愿望强烈，体现了团结一致的精神和原则，秉承了国际共产主义运动的国际主义核心价值。然而，在新的国际背景下，究竟以怎样的方式实现有效联合，这是各国共产党需要面对的问题。就在2023年9月，"欧洲共产党倡议"发布了终止活动的声明，原因是"欧洲共产党倡议"评估了各政党随着时间的推移而产生的重要的意识形态和政治分歧，这些分歧自美国-北约-欧盟和俄罗斯之间的战争爆发以来变得更加严重。这对"欧洲共产党倡议"继续开展活动造成了难以逾越的障碍。然而声明

---

① 22nd IMCWP, Contribution by the CP USA, http://www.solidnet.org/article/22nd-IMCWP-Contribution-by-the-CP-USA/.

② 22nd IMCWP, Contribution by Popular Socialist Party of Mexico, http://www.solidnet.org/article/22nd-IMCWP-Contribution-by-Popular-Socialist-Party-of-Mexico/.

③ 22nd IMCWP, Final Declaration of the 22nd International Meeting of Communist and Workers' Parties, http://www.solidnet.org/article/22nd-IMCWP-Declaracion-Final-del-XXII-Encuentro-Internacional-de-Partidos-Comunistas-y-Obreros/.

也表示，确信未来在许多欧洲国家中，现实和阶级斗争的发展将使得欧洲共产党和工人党之间建立一种新形式的合作，这种合作将从近些年“欧洲共产党倡议”开展的活动中吸取有益经验。①

五 西方工人运动和社会运动频发，与各国共产党探索资本主义替代方案的努力形成了一定合力

新冠疫情和俄乌冲突使早已陷入危机之中的资本主义经济更加恶化，催生了风起云涌的社会运动。欧美国家共产党因势而为积极探索，一定程度上与西方社会运动形成合力，共同推动资本主义替代运动的发展。

（一）欧美社会运动此起彼伏

2022 年，美国、英国、法国等多个国家的劳工运动和工人示威游行活动此起彼伏、声势浩大。由民众自发组织的小规模抗议活动，几乎每周都会在欧洲各国不同规模的城市出现。在北美，美国康奈尔大学工业和劳动关系学院的数据显示，2021~2022 年，美国的罢工次数增加了近 50%，增长势头十分强劲。据盖洛普（Gallup）调查，越来越多的工人正恢复阶级意识，积极参与全国范围内的工人罢工和工会运动，以寻求改变财富分配极不平等的资本主义制度。2022 年，美国劳工统计局记录了 20 起大规模罢工（人数在 1000 名以上的罢工），这比过去 20 年里每年 16 次的平均水平高出 25%，还有数百起规模较小的停工事件。美国“穷人运动”相关组织于 2022 年 6 月 18 日在华盛顿组织了一场数千人参加的大规模游行。在意大利，仅 2022 年 8 月就爆发此类抗议 200 多次。2022 年 11 月，英国大学和学院工会组织超过 7 万名大学教职工罢工，150 所大学的 250 万名学生受到影响，这是英国“高等教育史上最大规模的罢工”。在法国，左翼政党“不屈法国”领导人让-吕克·梅朗雄与其他进步人士共同号召民众

① https：//mp. weixin. qq. com/s/0atK5CRZRKhbNngu3S4z7g.

发起大罢工。2023 年以来，法国接连爆发百万人规模的抗议，且呈现出在欧洲其他国家进一步蔓延的态势。

（二）西方民主制度的不平等是催生社会运动的根本原因

本轮欧美社会运动中反能源危机和通胀的诉求明确，直接原因是新冠疫情和俄乌冲突。一方面，在新冠疫情的影响下，医疗保障不平等现象凸显。例如，在英国，较贫困地区的疾病流行率较高，人均全科医生数量较低，入院接受选择性治疗的比例更低。“不平等瞭望所”2021 年 11 月出版的《减少不平等是可能的！30 名专家的解决策略》中，经济学者吉洛特（Malka Guillot）指出，法国著名的“避税窟”（niche fiscale）政策主要让最富有的家庭受益，这加剧了阶层不平等。[1] 另一方面，俄乌冲突爆发后，欧洲多国随同美国对俄罗斯发起制裁，其中包括限制俄罗斯的能源出口。欧洲高度依赖俄罗斯能源，因此遭遇反噬，能源价格大幅上涨。2022 年 9 月，欧元区能源价格同比涨幅达 40.8%，欧洲各国由此普遍陷入通胀。能源危机的恶化和通货膨胀高企直接诱发了此轮抗议罢工潮。

对于欧美社会运动爆发的根本原因，各国共产党指出，这体现了当前西方政治制度的各种弊端，其中包括代议制民主赤字问题。这些不合理的制度限制了共产党和左翼政党通过西方体制内的合法途径发声，因而其通过社会运动来发出诉求。传统左翼政党被边缘化、社会进步思潮被打压，欧美国家共产党生存环境艰难。

（三）各国共产党积极作为，推动社会运动并加强与左翼联合

为了突破西方民主限制，第 22 次共产党和工人党国际会议通过的《最后宣言》呼吁，世界工人阶级反对资本主义剥削制度，首先要求加强国际共产主义运动和工人运动的团结，以及与农民运动和原住民运动等的团结，

---

① Jean- Victor Semeraro & Sarah Asali, « Smic, impôt sur le revenu, succession… 5 idées d'économistes pour réduire les inégalités », https://www.capital.fr/economie-politique/smic-impot-sur-le-revenu-succession-5-idees-deconomistes-pour-reduire-les-inegalites-1421109.

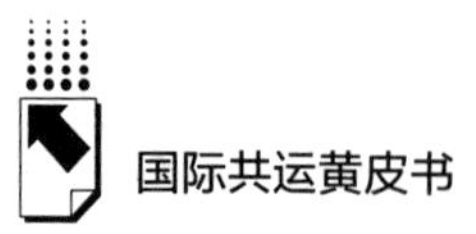

以加强斗争，反对资产阶级和帝国主义计划，争取建设一个和平、公正、社会平等的世界。上述呼吁反映了世界各国共产党面对当前挑战的共同心声和期盼。

实际上，在欧美多地爆发的大规模的工人示威游行和社会抗议斗争中，不乏共产党和左翼政党的身影，这些努力有利于促进西方各种工人运动等社会运动良性发展。在英国，低薪酬和持续的通货膨胀引发英国几十年来最大规模的罢工，护士、码头工人、机场工人、地铁司机、公交车司机、消防员、矿工等不同行业的普通劳动者在工会领导下开展了罢工运动。英国共产党、英国共产党（马列）、英国共青团等左翼力量参与其中并发挥积极作用。美国左翼政治组织“民主社会主义者”发展迅速，它积极参与美国政治生活，组织了大量社会运动，成员人数由 2019 年的 6 万余人快速攀升至 2022 年的 9.2 万人。2022 年 5 月 1 日，美国“争取社会主义和解放党”电子期刊《解放新闻》刊登了题为《五一劳动节：从工人反抗到工人革命》的文章，该文指出，美国资本主义制度腐朽性的加深正唤醒工人阶级意识、“点燃”工人阶级斗争，他们力求通过革命从根本上打破腐朽衰颓的资本主义制度。该文肯定在过去一年中美国工人阶级对剥削者所展开的英勇的抵抗行动和所取得的重要成就，号召工人阶级以更大的热情投入战斗中。①

除此之外，各国共产党通过合法途径参与议会斗争的努力并未停止。例如，在奥地利格拉茨市，奥地利共产党通过改善民众住房条件获得了越来越多的支持。2021 年 9 月 26 日，在格拉茨市最新一次议会选举中，奥共以 28.84%的得票率首次成为议会第一大政党。同年 11 月 17 日，该党与绿党、社会民主党组成联合政府，奥共领导人卡尔成为格拉茨市首任女市长，她也是奥地利首位具有共产党员身份的市长。在法国，共产党通过与当前发展态势较好的绿党合作，在一些地区参加竞选并获得了议席而成为参政党。

---

① May Day：From Workers' Resistance to Workers' Revolution，2022-05-01，https：//www.liberationnews.org/may-day-from-workers-resistance-to-workers-revolution/.

在亚洲，日本共产党坚持以科学社会主义为指导思想，积极探索发达资本主义国家走向社会主义的道路，在迎来建党100周年之际，强调要从百年党史中汲取力量，继续坚持和平议会斗争路线、加强在野党统一战线，以加强党的建设和在野党共斗“两个中心任务”为引领，为实现建立在野党民主联合政府和共产主义目标而奋斗。与此同时，日本共产党还加强与欧洲左翼进步政党交流合作。2014年以来，日共确立“以欧洲为中心”[①] 的党际交往原则，强调加强与欧洲左翼进步政党的交流与合作。2022年11月，日共派代表团先后到法国、瑞典、德国、荷兰、比利时、奥地利等国家，与其左翼进步政党进行会谈。12月，日共参加第七届欧洲左翼政党大会。

可见，在当前艰难条件下，各国共产党一方面在国际上需要借助共产党和工人党国际会议这样的论坛进行发声，另一方面在本国则寻求通过与左翼政党、工会合作参与到议会斗争和社会运动中，其中一些政党通过隐蔽方式参与了社会运动而不能公开以工人运动领导者的身份出现。这是西方共产党面对恶劣的生存环境而做出的努力，它们从未放弃改变资本主义制度的努力和实现社会主义的理想。

六 总结与展望

纵观2022年以来的国际共产主义运动发展态势，总体来说呈现出“新的动荡变革期”和“历史十字路口”背景下的特征。面对纷繁复杂而又急剧动荡的国际局势，各国共产党在变动和不确定中寻找和把握稳定性因素，既抱有希望也存在迷茫，既有前进的动力也面临巨大阻力。这既是对各国无产阶级政党的智慧和决策定力的考验，也是对马克思主义的真理光辉的检验。正确的抉择将引领世界朝有利于社会主义和共产主义的方向顺利发展，而错误的方案将导致历史再次出现严重曲折。

---

① 『日本共産党第27回大会決議』，『しんぶん赤旗』2017年1月19日，第9~12頁。

总而言之，2022年以来，世界社会主义和国际共产主义运动的主要动力及发展方向取决于以下几个方面正反力量的博弈。

（一）中国式现代化的前进动力与外围阻力的博弈

新时代中国特色社会主义继续焕发活力，中国式现代化理论的创新和中国特色社会主义的实践新成就成为动荡世界中最大的稳定性因素。世界社会主义运动和各国共产党备受激励，以各种方式加以赞赏和肯定，由此坚定了共产主义的理想和信念。然而，作为世界社会主义运动当之无愧的引领者，中国同时承受了美西方资本主义国家的联合遏制与强力打压。美国在其《国家安全战略》中将中国视为计划取代美国成为世界头号强国的唯一“既有意图又有手段重塑国际秩序的竞争对手”。其从经济、科技、军事和战略方面全方位围堵中国，并不断在中国周边挑起事端。世界各国共产党一方面表达了对中国成功应对的支持以及继续引领国际共产主义运动发展的期望，另一方面也为中国感到担心而提醒中国警惕帝国主义挑起战争、破坏中国式现代化顺利推进的风险。各国共产党认为在以习近平同志为核心的中国共产党中央坚强领导下，中国能够保持战略定力，沉着应对挑战而最终取得胜利。

（二）世界社会主义国家的改革发展与党的自我革命风险的权衡

世界社会主义国家在执政党的领导下，继续成功推进社会主义改革和发展，成为世界社会主义运动最重要的实践来源和理论创新之源，中国、越南、古巴、朝鲜和老挝等社会主义国家描绘的本世纪中叶的发展蓝图，给国际共产主义运动持续带来新的希望。与此同时，各国执政党如何才能保持长久的先进性？红色政权如何才能长治久安？这些问题考验着各党自我革命的毅力和执政能力。近年来，社会主义国家执政党加强执政能力建设和打击腐败问题，这无疑有利于巩固人民对党的信心。然而，一大批官员纷纷因为腐败而下马，对党的干部队伍的威望造成了伤害，而且，贪污腐败问题犹如牛皮癣而难以根治，长期以来对党的肌体健康造成严重威胁。能否有效处理这个问题，将是对社会主义国家执政党的长期考验。

（三）美西方发动“新冷战”与维护世界和平与进步力量的较量

美国为维护其霸权地位，一方面在国际上拉帮结派，缔结所谓“民主联盟”，另一方面将中国、俄罗斯作为战略竞争对手，并冠以所谓的“专制政权”，美西方依靠其技术优势，从科技、军事、金融等各个方面遏制打压中国，企图全面发动“新冷战”，并在中国周边构筑包围圈。在这样的背景下，中国一方面保持自身的战略定力，做好自己的事情，增强应对各类风险和挑战的本领；另一方面主张弘扬全人类共同价值，积极推动构建人类命运共同体，发出“全球发展倡议”“全球安全倡议”“全球文明倡议”，这些方案得到世界所有进步力量的支持，中国成为维护世界和平和公平正义的最重要力量，伴随着中国式现代化的成功推进，中国将成为世界社会主义航船的压舱石。

（四）各国共产党的碎片化趋势与联合力量的抗争

俄乌冲突引发各国共产党对帝国主义战争的新思考，也引发了各党在思想理论方面的分歧，这些分歧一定程度上加剧各国共产党内部和国际组织的分裂，2023 年 9 月“欧洲共产党倡议”宣布终止活动就是其中一个例证。与此同时，加强联合以抵制帝国主义战争、倡导世界进步与和平的呼声也同样急迫，第 22 次共产党和工人党国际会议上的激烈争论与最终达成《最后宣言》说明了这一点。此外，在 2022 年，世界多国毛主义政党结成了一个新联合组织：2023 年 6 月 19 日，尼泊尔共产党（毛主义中心）、尼泊尔人民社会主义党（JSP）、尼泊尔共产党（联合社会主义者）和尼泊尔共产党（Biplav）四个政党在尼泊尔国民议会上宣布成立社会主义阵线。这些充分表明，在当前，马克思主义国际联合思想继续指导世界各国共产党创造适应时代要求的新平台。此外，在当前西方社会运动频发背景下，欧美各国共产党也努力探寻参与工人运动和社会运动的新契机，同时未放弃与西方左翼政党联合参选而继续走议会斗争的道路。

然而，总体来看，西方各国共产党的情况并不乐观。这是因为，一方面，当前西方社会“后政治”化大环境下，民众的利益诉求和不满情绪无法在政党政治和代议制民主的框架内得到承认和表达；另一方面，在当前西方“身份政治”和右翼民粹主义盛行的背景下，各国共产党思想理论和生存状况受到严重冲击，它们淡化了无产阶级先锋队的色彩，却未能摆脱弱小和边缘化的命运，普遍面临着党员人数少、政治和社会影响力低下等多重困境。有些党虽然采取与其他左翼党联合参选方式而偶尔实现境况改善，但得票数和议席数总体呈现下降趋势，民众支持率不断下滑。例如，葡萄牙共产党与葡萄牙绿党组成民主团结联盟（CDU）参与议会选举，选举结果时好时坏，但总体得票率下滑，由 1987 年的 12.2%降至 2022 年的 4.4%。尽管这样，参与合法议会斗争依然是西方共产党的主要策略，当前还难以找到其他替代资本主义的新路径，即使有些新的探索也面临强大阻力。例如，日本共产党实行“在野党共斗”策略、尼泊尔两党联合执政等，其最终都面临被挤压或被分裂的艰难处境。

展望 2023 年，世界之变、时代之变、历史之变继续以前所未有的方式展开，国际格局更加动荡不安。伴随着美西方继续强化“新冷战”思维，对中国、俄罗斯等非西方民主国家进行步步紧逼的打压围堵乃至战争挑衅，不同制度和意识形态的斗争加剧。帝国主义战争、“新冷战”、左翼联合、团结与联合等将继续成为各国共产党探讨的理论焦点，世界社会主义和国际共产主义运动将以中国式现代化的推进为引领，不断向前发展。

预计，影响 2022 年国际共运发展态势的上述主要因素不会发生明显改变，正反力量的较量也依然处于胶着状态。其中，俄乌冲突未出现终止迹象反而有可能进一步扩大。北约进一步扩张，美西方继续加大对乌克兰的军事装备力度，不断挤压俄罗斯的战略和生存空间。美西方加紧联手日韩等盟友围堵中国，加大对台湾的军售和“台独”势力的支持，并不断在南海周边国家进行挑拨离间，甚至在南亚以重金诱惑和谎言鼓动尼泊尔共产党联合政权脱离中国的影响，推动联合政权走向分裂。在西方，各国共产党依然被冠以各种污名，例如日共被认定为“暴力革命政党”而失去群众的支持，波兰、乌克兰共产党被禁止活动，西方各国共产党生存环境艰难。各国共产党探索新联合的努力成果喜忧参半。国际共产主义运动走势继续处于艰难徘徊中。

2023 年是中国全面贯彻党的二十大精神的开局之年，是为全面建设社会主义现代化国家奠定基础的重要一年。以习近平同志为核心的中国共产党中央将加快构建新发展格局，以夯实我国经济发展的根基、增强发展的安全性稳定性，增强我国的生存力、竞争力、发展力、持续力，护航中华民族伟大复兴进程，以期胜利实现全面建成社会主义现代化强国目标。新时代新征程上中国特色社会主义稳定发展，继续成为世界各国共产党最重要最坚定的信心和希望。习近平关于“我们依然处在马克思主义所指明的历史时代”的重要论断，体现了世界社会主义发展的历史进程，昭示着世界社会主义发展的方向。

参考文献

1. 习近平：《高举中国特色社会主义伟大旗帜 为全面建设社会主义现代化国家而团结奋斗——在中国共产党第二十次全国代表大会上的报告》，人民出版社，2022。
2. 《“中国的宝贵经验为其他国家提供重要借鉴”》，《人民日报》2022 年 10 月 29 日。
3. 周淼：《总体力量上升 区域差异显著——2022 年外国左翼运动新动态》，《当代世界》2023 年第 2 期。
4. 辛向阳、潘金娥主编《国际共产主义运动发展报告（2021 ~ 2022）》，社会科学文献出版社，2023。
5. 22nd IMCWP, Contribution by Lao People's Revolutionary Party, http://www.solidnet.org/article/22nd-IMCWP-Contribution-by-Lao-Peoples-Revolutionary-Party.

热点聚焦篇

Hot Spots in Focus

Y.2
百年大变局背景下两制关系的特征与走势

刘海霞*

摘　要： 新的动荡变革期，国际格局呈现出新的发展态势：全球战略环境日益恶化，地缘政治竞争影响显著，全球经济复苏乏力，西方国家抗议浪潮此起彼伏；乌克兰危机对国际体系造成的巨大冲击成为重构两制关系的重要变量，两种制度的竞争合作呈现出新的特征。美西方对华政策出现变化、意识形态竞争呈现出新特点，竞争式依存将成为“新常态”。中国要积极发挥国际塑造力，推动两制格局朝着有利于社会主义的方向发展。

关键词： 新的动荡变革期　国际格局　两制关系

当前，世界面临百年未有之大变局，疫后重建叠加乌克兰危机，加剧地

* 刘海霞，中国社会科学院马克思主义研究院当代资本主义研究室主任、研究员。本文审读专家为中共中央党校胡振良教授。

缘政治紧张，传统安全和非传统安全挑战层出不穷，世界进入“新的动荡变革期”。一方面，欧美国家内部出现社会动乱和政治变革的双重趋向，中美、中欧、中日、美欧、美日等大国关系和区域关系都出现新的动荡组合，全球南方国家也出现新的不确定因素。另一方面，欧洲安全框架、全球治理体系、联合国都面临着新的变革。习近平总书记在中国共产党第二十次全国代表大会上指出：“世界又一次站在历史的十字路口，何去何从取决于各国人民的抉择。”① 新的动荡变革期，乌克兰危机对国际体系造成的巨大冲击成为重构两制关系的重要变量，两种制度的竞争合作呈现出新的态势和特征。研判两制关系的发展趋向，需要深刻认识国际格局的新发展态势，既要看到国际垄断资本主义的实质、美国联欧制华的策略短期内不会改变，又要看到跨大西洋联盟的分歧、乌克兰危机后美国两线作战的困局以及欧盟在美中关系上两面下注的复杂心态，更要看到激烈竞争下各国的相互依存程度空前加深。种种态势要求中国积极发挥国际塑造力，力争在良性竞争中推进以协调、合作、稳定为基调的中美关系和新型国际关系，使两种制度的较量最终倾向于社会主义一方。②

一　国际格局发展主要态势特征

“2022 年，无论对世界还是中国而言都是承前启后的关键一年：放眼世界，变革和动荡两种趋势持续演进，团结与分裂两种取向相互激荡。”③ 随着北约卷入乌克兰危机的程度不断加深，一方面，美西方围绕乌克兰的联盟得以进一步巩固，引发了世界秩序的结构性转折，并极大地加深了世界经济复苏的不确定性；另一方面，新的地缘大国不断崛起，深刻改变了地缘政治

① 《习近平著作选读》第一卷，人民出版社，2023，第 49 页。

② 刘海霞：《世界百年未有之大变局下两种制度竞争合作的新态势》，《世界社会主义研究》2022 年第 4 期。

③ 王毅：《胸怀天下，勇毅前行　谱写中国特色大国外交新华章——在国际形势和中国外交研讨会上的演讲》，外交部网站，2022 年 12 月 25 日，http：//switzerlandemb. fmprc. gov. cn/web/wjbzhd/202212/t20221225_10994826. shtml。

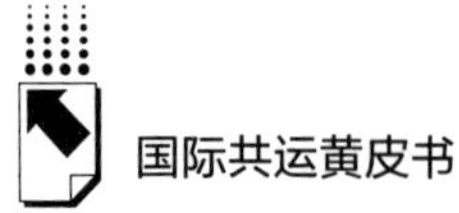

版图，“在这个新的多极世界里，不同国家和政府模式正在争夺权力和影响力”①。全球战略环境、政治生态、经济前景以及社会分层都发生了显著变化。

（一）全球战略环境日益恶化

地区热战和“新冷战”加剧了全球战略环境的恶化。2022 年爆发的乌克兰危机导致欧洲乃至战后国际秩序发生重大改变。德国外交政策出现明显调整，承诺今后将 GDP 的 2%用于国防；芬兰正式加入北约，使北约和俄罗斯之间的直接边界长度增加了一倍；瑞典在申请入约过程中……这些给北约的未来和后“冷战”秩序带来巨大改变，逐步形成以北欧和中东欧地区为边界的新的对抗前沿，大大改变全球战略格局。俄乌冲突硝烟未散，巴尔干半岛又矛盾激增。塞尔维亚由于不惧欧美的胁迫，一直不同意制裁俄罗斯，招致西方国家的敌视。美西方一再加大对乌克兰的援助力度，加剧了国际战略环境的恶化。截至 2023 年 1 月 27 日，美国、德国等西方国家承诺向乌克兰提供 321 辆主战坦克。援乌坦克会把西方与俄罗斯的对抗推向新高度，彻底破坏德国乃至整个欧洲和俄罗斯的关系，美主导的“反俄阵线”与俄罗斯力推的“反美军事联盟”会加剧世界的动荡，甚至有引发第三次世界大战的风险。

2022 年 2 月 11 日拜登政府发布《美国印太战略》报告，提出要“寻求塑造中国所处的战略环境”，以压缩中国战略空间。这将增加国际形势的不确定性和不稳定性。美西方还在亚洲用乌克兰问题类比台湾问题，制造台海危机，日本首相岸田文雄（Fumio Kishida）甚至宣称“今天的乌克兰可能是东亚的明天”②。2022 年 12 月 16 日，日本内阁审议通过《国家安全保障战略》《国家防卫战略》《防卫力量整备计划》三份安全战略文件，更多地

---

① 《德国总理朔尔茨：中国崛起不是孤立中国、遏制合作的理由》，参考消息网，2022 年 12 月 8 日，http：//m. cankaoxiaoxi. com/column/20221208/2497918. shtml。

② “‘Ukraine Today Could be East Asia Tomorrow’：Japan PM Warns”，https：//www. france24. com/en/live-news/20220610-ukraine-today-could-be-east-asia-tomorrow-japan-pm-warns.

向美国和北约倾斜，目标直指中国，声称日益强大的中国是日本最大的“安全威胁”，日本有必要提升自己的反击能力。此举意在为日本摆脱《和平宪法》束缚、扩张军备寻找借口。

（二）地缘政治竞争影响显著

欧洲议会研究服务中心提交的一份报告认为，各种全球行为体越来越多的单边行动，体现了“回归更现实的国际关系的愿景，权力、利益和地缘政治将占据主导地位”①。东盟和非洲成为大国竞争博弈的新舞台。

非洲具有重要地缘政治意义。由于非洲人口快速增长，自然资源丰富，联合国投票集团规模庞大，对全球大国仍然至关重要。2022 年 12 月 13 日至 15 日，时隔八年的第二届美国—非洲领导人峰会在美国首都华盛顿举行，“目标是在中国和其他美国竞争对手争夺非洲大陆影响力之际重振美国与非洲的伙伴关系”②。白宫国家安全顾问杰克·沙利文（Jake Sullivan）表示，政府承诺将在未来三年内在非洲花费 550 亿美元，用于“广泛的部门，以应对我们这个时代的核心挑战”③。虽然多个非洲国家元首表示不希望成为大国竞争的角斗场，但是美西方为了扩大在非洲的力量渗透，还会经常使用“经济胁迫”“债务陷阱外交”等词来污蔑中国对非政策。

东盟也有着越来越重要的战略和经济地位。2022 年 11 月 12 日，美国和印度同一天将本国和东盟的关系升级为全面战略伙伴关系。欧盟和东盟互为对方第三大贸易伙伴，欧盟是东盟第二大外国投资者。2022 年 12 月 14

---

① Suzana Anghel and Beatrix Immenkamp, “On the Path to ‘Strategic Autonomy’: The EU in an Evolving Geopolitical Environment”, https://www.europarl.europa.eu/RegData/etudes/STUD/2020/652096/EPRS_STU(2020)652096_EN.pdf.

② Elizabeth Hagedorn, “At Biden's First Africa Summit, US Plays Catch-up to China”, https://www.al-monitor.com/originals/2022/12/bidens-first-africa-summit-us-plays-catch-china.

③ Seung Min Kim and Fatima Hussein, “China Casts Long Shadow over US-Africa Leaders Summit”, https://www.ksby.com/news/national/china-casts-long-shadow-over-us-africa-leaders-summit.

日，欧盟和东盟领导人在布鲁塞尔举行首次面对面峰会，欧盟宣布根据其“全球门户”（Global Gateway）计划为东盟地区投资100亿欧元，为抗衡中国的“一带一路”倡议提供替代方案。

（三）全球经济复苏乏力且失衡

随着下行风险显现，三个关键因素正在影响全球增长前景：持续高企的通胀迫使许多主要经济体收紧货币政策；新冠疫情的后续影响依然存在，面对数字化转型的加速，发达国家与发展中经济体的鸿沟继续拉大；乌克兰危机和对俄罗斯的相关制裁导致供应链中断、加剧粮食和能源危机，全球经济振兴面临巨大挑战，欧洲经济形势尤不乐观。

经济合作与发展组织表示，“自上个世纪70年代以来最严重的能源危机将引发经济急剧放缓，全球经济放缓对各经济体的影响并不均衡，随着俄乌战争影响商业活动并推动能源价格飙升，欧洲首当其冲。该组织预测，2023年全球经济增长将降至2.2%，2024年上升至2.7%；欧元区2023年经济增速将放缓至0.5%，2024年恢复至1.4%；美国2023年经济增速将放缓至0.5%；英国负增长0.4%”①。

（四）西方国家抗议浪潮此起彼伏

2022年，法国、英国、德国、意大利、瑞典等国家相继爆发大规模抗议浪潮，既凸显出欧洲民众对政府援助乌克兰、制裁俄罗斯的不满，也折射出欧洲国家贫富差距和能源危机引发社会分化等问题加剧。这些抗议浪潮主要归于三个原因：乌克兰危机加剧了欧洲能源和经济危机；生活成本急剧上升，生活质量大幅下降；欧洲民众在利益屡遭美国侵蚀后不断觉醒。“2023年2月24日，七国集团首脑宣布将与伙伴国一道向乌克兰提供总计390亿美元的援助，以支持乌重建。欧盟已向乌克兰提供了价值至少80亿欧元的

---

① 《经合组织调低全球经济预期 美国明年仅增0.5%?》，搜狐网，https://gov.sohu.com/a/609211847_121282114。

武器和军事装备。在高通胀、高物价、高能源价格的社会环境下，美欧政府持续军援乌克兰的行为已引发民众强烈不满。德国、法国、意大利、英国等多国民众不断走上街头，反对北约国家向乌克兰继续输送武器，呼吁和平解决俄乌冲突。”①

二　各界对当前国际局势的看法与主张

世界局势波诡云谲，国际社会对乌克兰危机走向、是否出现“新冷战”局面等问题提出不同看法，面对四大赤字的加重，中国提出化解世界危机的中国方案。

（一）中国对当前国际局势的判断

中国国内对当前局势的判断集中地体现在中共二十大报告和党中央的其他政策文件中。

1. 世界之变、时代之变、历史之变正以前所未有的方式展开

中共二十大报告指出：“一方面，和平、发展、合作、共赢的历史潮流不可阻挡，人心所向、大势所趋决定了人类前途终归光明。另一方面，恃强凌弱、巧取豪夺、零和博弈等霸权霸道霸凌行径危害深重，和平赤字、发展赤字、安全赤字、治理赤字加重，人类社会面临前所未有的挑战。世界又一次站在历史的十字路口，何去何从取决于各国人民的抉择。”② 中国国务委员王毅也指出：“在新的世界图景中，冲突、对抗、遏制、脱钩违背潮流、注定失败，和平、发展、合作、共赢才是人心所向、大势所趋。”③

---

① 《反战浪潮席卷西方 欧洲数万民众游行抗议对乌军援》，华夏网，https：//www. huaxia. com/c/2023/03/02/1625394. shtml。

② 习近平：《高举中国特色社会主义伟大旗帜，为全面建设社会主义现代化国家而团结奋斗——在中国共产党第二十次全国代表大会上的报告》，《光明日报》2022 年 10 月 16 日。

③ 王毅：《胸怀天下，勇毅前行　谱写中国特色大国外交新华章——在国际形势和中国外交研讨会上的演讲》，外交部网站，2022 年 12 月 25 日，http：//switzerlandemb. fmprc. gov. cn/web/wjbzhd/202212/t20221225_ 10994826. shtml。

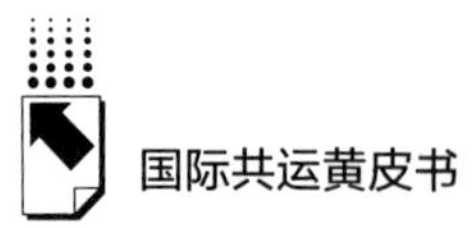

2. 百年大变局与世纪疫情的后续影响还在交织发挥作用，世界进入新的动荡变革期

中共二十大报告指出：“当前，世界百年未有之大变局加速演进，新一轮科技革命和产业变革深入发展，国际力量对比深刻调整，我国发展面临新的战略机遇。同时，世纪疫情影响深远，逆全球化思潮抬头，单边主义、保护主义明显上升，世界经济复苏乏力，局部冲突和动荡频发，全球性问题加剧，世界进入新的动荡变革期。”①

3. 提出化解世界危机的中国方案

中共二十大报告指出：“必须坚持胸怀天下。中国共产党是为中国人民谋幸福、为中华民族谋复兴的党，也是为人类谋进步、为世界谋大同的党。我们要拓展世界眼光，深刻洞察人类发展进步潮流，积极回应各国人民普遍关切，为解决人类面临的共同问题作出贡献，以海纳百川的宽阔胸襟借鉴吸收人类一切优秀文明成果，推动建设更加美好的世界。”②

党的二十大闭幕不久，习近平就开启了繁忙的“元首外交月”。密集来访的国家元首中既有西方国家，也有发展中国家，越共中央总书记阮富仲（Nguyen Phu Trong），古共中央第一书记、古巴国家主席迪亚斯-卡内尔（Miguel Díaz-Canel），老挝人革党中央总书记通伦·西苏里（Thongloun Sisoulith）、德国总理奥拉夫·朔尔茨（Olaf Scholz）等人纷纷来访。通过一系列元首外交，中国阐释了对目前国际局势的看法和应对方案，体现了中国负责任的大国担当。2022 年 12 月 1 日，习近平同欧洲理事会主席米歇尔（Charles Michel）举行会谈时指出：“面对当前世界之变、时代之变、历史之变的加速演进，中共二十大给出了关于未来之路的中国答案，那就是：对内坚持中国特色社会主义道路，坚持以人民为中心的发展思想，坚持深化改革开放；对外坚定奉行独立自主的和平外交政策，坚持维护世界

① 习近平：《高举中国特色社会主义伟大旗帜，为全面建设社会主义现代化国家而团结奋斗——在中国共产党第二十次全国代表大会上的报告》，《光明日报》2022 年 10 月 16 日。

② 习近平：《高举中国特色社会主义伟大旗帜，为全面建设社会主义现代化国家而团结奋斗——在中国共产党第二十次全国代表大会上的报告》，《光明日报》2022 年 10 月 16 日。

和平、促进共同发展的外交宗旨，致力于推动构建人类命运共同体。”[①] 2023 年2 月，中国提出政治解决乌克兰问题的十二条方案，广受国际社会好评。

（二）国际社会对国际局势的认识和判断

1. 对乌克兰危机的判断不断调整

美国外交家亨利·基辛格（Henry Alfred Kissinger）2022 年 12 月 17 日在《旁观者》（*The Spectator*）杂志的一篇文章中说，乌克兰危机必须以谈判结束，“如果通过战斗或谈判无法恢复乌克兰和俄罗斯之间先前的分界线，则可以考虑适用自决原则的选择。和平进程的目标应包括两个要素：各国应增强乌克兰的自由，并发展新的国际架构，特别是中欧和东欧的国际架构。俄罗斯最终必须在这个架构中找到自己的位置”[②]。而随着局势的演进，基辛格改变了态度。2023 年 1 月 18 日，基辛格在世界经济论坛（WEF）的视频讲话中表示，乌克兰加入北约将是战争的“适当结果”。这意味着他改变了之前的立场，即基辅不应该加入西方军事联盟。基辛格认为中立的乌克兰不再有意义。他还表示，战后应该给俄罗斯“重新加入国际体系的机会”[③]，并表示美国应该加强对基辅的军事援助。[④] 随着俄乌冲突的加剧，意大利、德国、法国等也在不断调整对乌克兰危机的态度，在援助乌克兰问题上最终受到美国的很大影响。

2. 欧美对“新冷战”态度有所不同

美国《外交》杂志网站 12 月 6 日发表德国总理奥拉夫·朔尔茨的文章

---

① 《习近平同欧洲理事会主席米歇尔举行会谈》，司法部网站，http：//www. moj. gov. cn/pub/sfbgw/gwxw/ttxw/202212/t20221201_ 468451. html。

② Henry Kissinger，“How to Avoid Another World War”，https：//bulgaria. postsen. com/world/91500/Henry-Kissinger-How-to-avoid-another-world-war. html.

③ “Kissinger Flips，Says Ukraine Should Join NATO in Davos Speech”，https：//www. planet-today. com/2023/01/kissinger-flips-says-ukraine-should. html.

④ “Kissinger Flips，Says Ukraine Should Join NATO in Davos Speech”，https：//www. planet-today. com/2023/01/kissinger-flips-says-ukraine-should. html.

《全球化转折点：如何在多极时代避免新冷战》。文章指出："世界正面临一个时代的结构性转折点。俄罗斯对乌克兰的战争终结了一个时代。德国和欧洲可以帮助捍卫基于规则的国际秩序，同时又不接受这样的宿命论观点，即世界注定会再次分裂成若干相互竞争的集团。与此同时，我们在意识形态和地缘政治竞争中被一分为二的经历让我们对新冷战的风险有特别的意识。中国的崛起并不意味着有理由孤立北京或遏制合作。"①而美国时任众议院议长麦卡锡（Kevin McCarthy）和议员加拉格尔（Mike Gallagher）认为中国和美国陷入了冷战，"为了赢得新冷战，我们必须以强硬政策回应中国的进攻，加强我们的经济，重建我们的供应链，为人权发声，反对军事侵略，结束窃取美国人的个人信息、知识产权和就业机会的行为"②。这也是美国共和党和民主党为继续打压中国寻求两党合作的惯用手段。

3. 美国加快构筑反华包围圈

中国驻旧金山、纽约总领事馆前经济商务参赞何伟文在《环球时报》2023年年会上的演讲中指出："为了实现阵营化的地缘政治，美国在大西洋方向搞G7，搞'奥库斯'联盟；在印太方向部署印太战略，启动印太经济框架；在产业方向，强化美欧政治观共同基础上的价值链，排除中国的芯片供应链；在军事方面，强化北约，并把北约活动扩大到亚太；在中美双方的双边关系上，增加对台湾、台海问题的挑衅，突出对新疆问题的干预，这是整个多边战略中的组成部分。"③

三　欧美对华政策深刻影响国际格局

新的动荡变革期，两制关系也呈现出新动向，美西方对华政策和竞争方

① 《德国总理朔尔茨：中国崛起不是孤立中国、遏制合作的理由》，参考消息网，http：//m.cankaoxiaoxi.com/column/20221208/2497918.shtml。

② Kevin McCarthy and Mike Gallagher, "China and the US are Locked in a Cold War. We Must Win It. Here's How We Will", https：//freepolitics.net/2023/01/17/china-and-the-us-are-locked-in-a-cold-war-we-must-win-it-heres-how-we-will/。

③ 何伟文：《中美矛盾依然是双边问题，但应放到全球地缘政治格局中看待》，百度，https：//baijiahao.baidu.com/s?id=1752741165734728287&wfr=spider&for=pc。

式都出现了新变化，世界期待中国积极发挥国际塑造力，推动世界力量对比朝着有利于和平和发展的方向前行。

（一）美西方对华政策出现新变化

一是美欧都强化了对中国的围堵和打压。欧美都视中国为“系统性竞争对手”。2022 年 1 月拜登提出，“我们不需要对抗，但我们会有激烈的经济和技术竞争。我们将坚持包括中国在内的所有人都应遵守的相同的规则”[①]。在 2021 年 2 月成立了五角大楼中国工作组后，美国国务院 2022 年 12 月 16 日又成立“中国组”（China House），这些中国组的成立旨在为落实美对华竞争的目标服务。欧盟对中国政策也发生了很大变化，欧洲认为与中国的深度相互依赖让其产生了脆弱性，对华政策将走向“原则优先”：“对欧洲而言，与中国保持正常贸易往来的经济关系有可能成为一种负担。”[②] 2021 年 12 月 2 日，美欧举行了对华对话第二次高级别会议，联合声明中重申了美国与欧盟密切合作的重要性，以维护基于规则的国际秩序，包括确保所有国家的公平竞争环境，还强调了保护知识产权、关键基础设施和敏感技术的重要性，以及就增强经济韧性、减少漏洞和脆弱性以及防范风险（包括非市场做法）的工具共享信息的重要性。[③] 2023 年 1 月 10 日，欧盟委员会主席冯德莱恩（Ursula Von Der Leyen）在发言中指责中国主导国际秩序威胁欧洲发展。可见，美欧协调了对华政策，态度都更为强硬。

二是欧洲体现出更多左右摇摆的矛盾性。2022 年德国总理朔尔茨、欧洲理事会主席米歇尔访华，2023 年 4 月初法国总统马克龙（Emmanuel

---

① Dipaneeta Das，“Joe Biden：US，China Need to Have Technological & Economic Competition，Not Confrontation”，https：//www. republicworld. com/world－news/us－news/joe－biden－us－china－need-to-have-technological-and-economic-competition-not-confrontation-articleshow. html.

② “Towards a ‘Principles First Approach’ in Europe’s China Policy，http：//ccilc. pt/imprensa/towards-a-principles-first-approach-in-europes-china-policy/.

③ “U. S. -EU Trade and Technology Council Inaugural Joint Statement”，https：//www. whitehouse. gov /briefing － room/statements- releases/2021 /09 /29 /u － s － eu － trade － and － technology － council － inaugural － joint － statement /.

Macron）和欧盟委员会主席冯德莱恩访华，都体现了欧洲加强对华关系、反制美国执行《削减通胀法案》以在经贸上“盘剥”欧盟的意图。但是欧洲又不得不进行多方利益博弈。外媒文章《欧洲在新冷战中选择了一方——中国》就指出，在这种“新冷战经济”的背景下，欧洲选择背叛美国、与中国站在一起将有助于实现自给自足。这一点在德国体现得最明显。朔尔茨领导的三党联合政府中，社民党、绿党和自民党各自关注点不同，价值追求不同，对华政策系各派斗争博弈的结果。在朔尔茨成功访华的背景下，德国外交部牵头起草的新对华战略（草案）凸显了三党之间的利益冲突和党派斗争。①

三是美日、欧日加快结盟反华步伐。美军正式启用关岛新基地，欲重新部署军力对抗中国。2023 年 1 月 11 日，日本首相岸田文雄在伦敦与英国首相苏纳克（Rishi Sunak）举行会谈并签署了防务协议——《互惠准入协定》（RAA），英国成为第一个与日本达成此类协议的欧洲国家。根据该协定，双方将能够在彼此的领土上部署军事力量。英国、意大利和日本 2022 年 12 月表示，它们将联合研发一种新型六代战机。②

（二）美西方对华遏制手段多样化

1. 美西方制造“民主与威权”对立，大力推行美式价值观

拜登认为民主与威权主义之间的斗争是这个时代的决定性挑战。美国召开的所谓“民主峰会”的基本主题是“就如何加强民主政体和抵制威权主义、打击腐败、促进和保护各地人民的人权作出具体承诺，采取行动”。③

---

① “German Minister Wants China Cooperation Dependent on Rights Situation-Spiegel”，https：//www. usnews. com/news/world/articles/2022-11-16/german-minister-wants-china-cooperation-dependent-on-rights-situation-spiegel.

② “UK，Japan Sign Reciprocal Defense Treaty for Troop Deployments”，https：//en. mercopress. com/2023/01/12/uk-japan-sign-reciprocal-defense-treaty-for-troop-deployments.

③ “Remarks by President Biden at the Summit for Democracy Opening Session”，https：//www. whitehouse. gov/briefing-room/speeches-remarks/2021/12/09/remarks-by-president-biden-at-the-summit-for-democracy-opening-session/.

俄罗斯有媒体报道，美国国务院将为“在中国推广美式价值观”的项目拨款15万美元。拨款文件中明确指出：“该计划的目标是在项目结束时，目标受众将表现出对美国价值观和文化的深入理解。”[①] 德国由于经济部和外交部都是由绿党执掌，在涉华敏感性问题方面也常“意识形态化”。

2. 宣称加强民主技术合作，围堵中国科技发展

技术竞争被美国认为是“与中国竞争和对抗的主要场所”。美国参议院通过“民主技术伙伴关系法案”（Democratic Technical Cooperation Act），授权在民主国家之间建立技术伙伴关系。2022年8月，拜登签署了《芯片与科学法案》，承诺为美国半导体芯片制造业提供527亿美元的激励性投资，其目的是提升美国相对于中国的竞争力，并拉拢日本、韩国和中国台湾地区，建立所谓的“四方芯片联盟”。据新加坡《联合早报》网站1月28日报道，“彭博社引述知情人士的话说，在1月27日结束的谈判中，美国已和荷兰及日本就限制向中国出口一些先进的芯片制造设备达成协议。报道称，美荷日协议旨在削弱中国研制自己的芯片的能力，将把美国于2022年10月采取的一些出口管制措施扩大到荷兰和日本的企业，包括荷兰半导体设备制造商阿斯麦、日本大型光学仪器制造商尼康和半导体制造设备巨头东京电子有限公司”[②]。

（三）西方对华竞合关系将成为“新常态”

这主要表现在以下两个方面。

第一，“竞争加剧，依存加深”将是中美关系的“新常态”。随着中国实力的不断增强和国际影响力的不断提升，习惯用“修昔底德陷阱”渲染“中国威胁论”、用“金德尔伯格陷阱”指责中国搭便车的美国不会轻易放

① 《美国将拨款在中国推广美式价值观》，https://s.weibo.com/weibo?q=%23%E7%BE%8E%E5%9B%BD%E5%B0%86%E6%8B%A8%E6%AC%BE%E5%9C%A8%E4%B8%AD%E5%9B%BD%E6%8E%A8%E5%B9%BF%E7%BE%8E%E5%BC%8F%E4%BB%B7%E5%80%BC%E8%A7%82%23。

② 《外媒称美荷日达成芯片管制协议》，参考消息网，http://m.cankaoxiaoxi.com/finance/20230128/2502955.shtml。

弃对中国的竞争战略。但是中美已是不可分割的利益共同体，合则两利，斗则俱伤。

第二，在可预见的未来，美西方对华政策还会以竞争为底色，同时又会防止双方走向冲突和对抗。美国智库兰德公司（RAND Corporation）的报告《中国的大战略》概述了美中关系未来三种可能的轨迹："第一条轨迹：并行伙伴，实际上是回到2018年之前的美中关系状态。第二条轨迹，碰撞竞争，设想一种更具竞争性和火药味的关系，对抗和冲突的可能性增加。第三条轨迹，各行其是，假设两国不会积极合作，也不会发生直接冲突。"① 中美关系是否根本好转取决于美国是否能坚持中国的三条"底线"：第一，美国不得挑战、诋毁甚至试图颠覆中国特色社会主义道路和制度；第二，美国不得试图阻挠甚至打断中国的发展进程；第三，美国不得侵犯中国国家主权，更不能破坏中国领土完整。②

（四）中国应积极发挥国际塑造力

2022年的国际局势可谓多重矛盾叠加，各种危机交织，但是面对美西方的全方位打压，中国的国际影响力反而有所上升。《环球时报》旗下环球舆情调查中心进行的33国民意调查显示，62%的受访者认为中国的国际影响力上升，而认为美国国际影响力上升的只有31%。与此同时，更多的受访者认为俄乌冲突是俄罗斯与北约之间的冲突，而近半受访者认为北约扩张给世界"造成安全威胁"。③ 中国应从以下几个方面积极发挥国际塑造力，推动世界力量对比朝着有利于社会主义的方向发展。

第一，坚守底线，和美国开展多层级互动。在维护中国核心利益的前提下，与美国开展有理、有利、有节的斗争与合作。

---

① "China's Grand Strategy: Trends, Trajectories, and Long-Term Competition", https://www.rand.org/content/dam/rand/pubs/research_reports/RR2700/RR2798/RAND_RR2798.pdf.

② 王毅：《明确中方对中美关系的三条底线》，央视网，https://news.cctv.com/2021/07/27/ARTIVSzkQGJuYN6tScMDK0Y1210727.shtml。

③ 陈子帅、丁雅栀：《33国六成受访者：中国国际影响力上升，超半数不再信"美国梦"》，《环球时报》2022年12月20日。

第二，积极发展中欧关系，“国际形势越动荡，全球挑战越突出，中欧关系的世界意义就越凸显”①。习近平主席同米歇尔举行会谈时，就中欧关系发展提出四点看法：一是要秉持正确认知；二是要妥善管控分歧；三是要开展更高水平合作；四是要加强国际协调合作。正如俄罗斯政治学家德米特里·韦尔霍图罗夫所评论的：“西方的反华阵线对部分欧洲国家不利，这些欧洲国家正在寻求动摇这一阵线的办法。”②

第三，中国在竞争中要依靠关键核心技术制胜。欧美都越来越重视技术的地缘政治意义，欧盟委员会甚至认为，“技术的地缘政治是我们供应链的核心”。习近平指出：“当今世界正经历百年未有之大变局，科技创新是其中一个关键变量。我们要于危机中育先机、于变局中开新局，必须向科技创新要答案。”③ 在即将到来的地缘科技十年中，数据和技术将对地缘政治、全球竞争和全球合作机会产生极大的影响，中国如果想在两制关系中占据更大的优势，就必须把关键的核心技术掌握在自己手里。

第四，正确处理两制关系，发挥社会主义优越性。中国反对以“竞争”定义中美关系，强调“携手共建人类命运共同体”才是国际社会努力的方向。处理两制关系，首先要看到两种制度“替代与被替代”的长远趋势，即社会主义代替资本主义的历史必然性，这是社会主义制度的优越性使然。其次要正确看待竞争与合作的关系。两种制度除了相互竞争外，还是相互借鉴、相互合作的关系。

第五，加强国际联合，增强社会主义制度的全球吸引力。中国不仅在国内消除了极端贫困，还为国际和平与发展做出巨大贡献。在中国的斡旋下，沙特和伊朗同意复交，基辛格评论说这“改变了国际外交的职权范围”。中

① 《习近平同欧洲理事会主席米歇尔举行会谈》，求是网，http：//www. qstheory. cn/yaowen/2022-12/01/c_ 1129176320. htm。

② 《关于中国，这话他俩“似乎听进去了”》，《参考消息》2023 年 4 月 10 日。

③ 《习近平主持中央政治局第二十四次集体学习并讲话》，中国政府网，http：//www. gov. cn/xinwen/2020-10/17/content_5552011. htm。

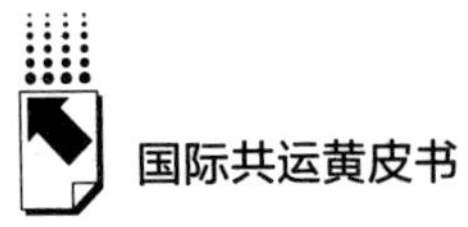

国在国际秩序重塑中发挥着越来越大的作用，不仅加强了国际联合，还使社会主义模式得到越来越多的认可。意大利《二十一世纪马克思》杂志主编安德烈·卡托内（Andrea Catone）指出，中国共产党推动了世界社会主义的发展。“中国共产党极大地丰富了国际共产主义运动理论。所有指导中国革命和社会主义实践取得胜利的理论，都为丰富和发展马克思主义和社会主义理论作出了巨大贡献。”①

习近平曾指出：“认真做好两种社会制度长期合作和斗争的各方面准备。在相当长时期内，初级阶段的社会主义还必须同生产力更发达的资本主义长期合作和斗争。”② 在相当长的时期内，中美双方需要互相尊重彼此的核心利益，并促使美欧承认跨大西洋联盟不足以重塑世界，各方应积极管控分歧，加强合作，在良性竞争中展示中国的道路自信、理论自信、制度自信、文化自信，实现竞争共存的繁荣，推进以协调、合作、稳定为基调的中美关系和“相互尊重、公平正义、合作共赢”的新型国际关系；同时中国将继续以建设“一带一路”为契机推动构建人类命运共同体，使两种制度的较量最终倾向于社会主义一方。③

参考文献

1. 《习近平谈治国理政》第 4 卷，外文出版社，2022。
2. 《中共中央关于党的百年奋斗重大成就和历史经验的决议》，人民出版社，2021。
3. 习近平：《高举中国特色社会主义伟大旗帜　为全面建设社会主义现代化国家而团结奋斗——在中国共产党第二十次全国代表大会上的报告》，人民出版社，2022。

① 姜辉主编《共同见证百年大党：百位国外共产党人的述说》，当代中国出版社，2021，第 351 页。

② 习近平：《关于坚持和发展中国特色社会主义的几个问题》，《求是》2019 年第 7 期。

③ 刘海霞：《世界百年未有之大变局下两种制度竞争合作的新态势》，《世界社会主义研究》2022 年第 4 期。

4. “China’s Grand Strategy：Trends，Trajectories，and Long-Term Competition”，https：//www. rand. org/content/dam/rand/pubs/research_ reports/RR2700/RR2798/RAND_ RR2798. pdf.

5. 刘海霞：《世界百年未有之大变局下两种制度竞争合作的新态势》，《世界社会主义研究》2022 年第 4 期。

Y.3
中共二十大的重大意义：世界各国共产党的视角

王子凤*

摘　要： 中国共产党第二十次全国代表大会的胜利召开，引起国外共产党的高度关注。国外共产党对习近平再次当选中共中央总书记表示祝贺，对中共二十大取得的成果给予高度评价，肯定了新时代十年中国取得的历史性成就、中国式现代化的世界意义，盛赞了中国对世界的重大贡献。国外共产党不仅探寻中国成功密码、借鉴中国经验以谋求自身发展，也表达了对中国继续发挥大国大党责任、完善全球治理体系、推动构建全球新秩序的期待。

关键词： 中共二十大　国外共产党　中国特色社会主义　世界意义

2022年10月16日至22日，中国共产党第二十次全国代表大会（以下简称“中共二十大”）在北京召开。中共二十大是中国人民迈向新的百年征程上具有里程碑意义的政治大事，引起世界各国共产党的高度关注。各国共产党纷纷发来贺电、贺函，祝贺习近平再次当选中共中央总书记，一些共产党领导人以发表文章和评论、接受采访、参加理论研讨会发言等形式，对中共二十大取得的成果给予高度评价。各党点赞新时代中国取得的伟大成

---

* 王子凤，中国社会科学院马克思主义研究院助理研究员。本文审读专家为中共中央对外联络部当代世界研究中心柴尚金研究员。

就，热议中国式现代化及其世界意义，强调借鉴中国经验，谋求自身发展，共同应对全球性挑战，不断推动世界社会主义运动走向复兴。

一　国外共产党以多种方式关注中共二十大的召开

中共二十大是在世界之变、时代之变、历史之变的百年未有之大变局下、和平与发展的时代主题也正面临严峻挑战的背景下召开的，国外共产党高度关注这一盛事，以各种方式表示祝贺。

（一）各党致电致函表示热烈祝贺

从中共中央对外联络部新闻办公室公布的国外政党的致电致函来看，国外共产党对中国二十大的关注超过以往任何一次大会。在大会召开之际，除了越南共产党、朝鲜劳动党、老挝人民革命党、古巴共产党四个现实社会主义国家执政党一如既往地致以热烈祝贺外，其他亚非拉国家和地区发展中国家共产党，以及发达资本主义国家共产党等也纷纷发来贺电贺函。

国外共产党纷纷祝贺习近平再次当选中共中央总书记，赞扬习近平总书记是一位具有崇高政治威望、非凡政治智慧和高超治国理政能力的大党大国领袖，认为习近平再次当选中共中央总书记是众望所归，体现了中国人民对他的高度信任、无限尊敬和真诚爱戴，这不仅是中国人民的正确选择，也是世界进步力量的期待。同时国外共产党也表示，相信在以习近平同志为核心的中共中央的领导下，中国人民一定能够在全面建设社会主义现代化国家新征程上取得更加辉煌的成就。

（二）通过媒体发表评论，高度肯定中共二十大的重要意义和中国特色社会主义所取得的成就

在中共二十大召开前夕，俄罗斯联邦共产党中央执行委员会主席根纳季·安德烈耶维奇·久加诺夫（Gennady Andreyevich Zyuganov）接受中共中

央主办媒体《光明日报》采访，他肯定了习近平新时代中国特色社会主义思想的创新性贡献，称中国特色社会主义在中国共产党的领导下取得了历史性成就。[①] 在中共二十大召开期间，老挝人民革命党中央总书记、老挝国家主席通伦·西苏里（Thongloun Sisoulith）在中央广播电视总台人物访谈节目《高端访谈》中表示，在以习近平同志为核心的中国共产党中央的领导下，中国正健康稳定地向前发展，中共二十大及其重大成果将惠及全中国人民，助力实现第二个百年奋斗目标。老挝国会副主席宋玛·奔舍那（Sommad Pholsena）在做客《中国日报》访谈节目时，高度赞扬中国共产党坚守以人民为中心的初心使命，并高度肯定人人共享发展成果的中国式现代化道路。[②] 巴西共产党主席、巴西新任科技部长卢西亚娜·桑托斯（Luciana Santos）就中共二十大接受新华社采访时表示：中国在脱贫攻坚、经济、生态、民生以及外交等方面都取得重大进展；中国作为一个负责任大国，在应对新冠病毒、气候变化、践行多边主义等领域作出了巨大努力。桑托斯还期待中国在推动全球经济复苏和区域安全方面作出更大贡献。[③] 巴西共产党中央委员会委员、国家政治委员会（政治局）成员何塞·雷纳尔多·卡瓦略（Jose Renaldo Carvalho）表示，中共二十大取得丰硕成果是中国人民在实现祖国全面振兴和建设现代化发达民主文明社会主义强国的快速征程中又迈出的一步。[④]

---

① On the Eve of the 20Th Congress of the Communist Party of China, the Chairman of the CC Cprf Gennady Zyuganov Gave an Interview to the Popular Chinese Newspaper *Guangming Ribao*, https: //cprf. ru/2022/10/on-the-eve-of-the-20th-congress-of-the-communist-party-of-china-the-chairman-of-the-cc-cprf-gennady-zyuganov-gave-an-interview-to-the-popular-chinese-newspaper-guangming-ribao/.

② 《专访老挝国会副主席：中国模式成功关键是不盲从西方，走自己的路》，《中国日报》2022年10月27日。

③ Luciana Santos e o 20° Congresso do PC da China, https: //pcdob. org. br/noticias/luciana-santos-e-o-20-congresso-do-pc-da-china/.

④ 20° Congresso PCCh: União Socialista, Rejuvenescimento Comum e Nacional, https: //pcdob. org. br/noticias/20o-congresso-pcch-uniao-socialista-rejuvenescimento-comum-e-nacional/.

（三）各国共产党人和学者通过参加理论研讨会表达对中共二十大的赞赏和对中国的支持

2022 年 11 月 7 日，越共中央党校即越南胡志明国家政治学院与中国中央广播电视总台亚洲非洲地区语言节目中心联合举办了“新征程 共命运”中越理论研讨会，会上发布了中越学者共同编写的新书《新时代中国特色社会主义对当代世界的意义》（越语版），宣介新时代中国理论创新的成果，两国与会专家学者对中共二十大精神尤其是中国式现代化发展道路的内涵、意义及其对越南的启示进行了交流，越南多家主流媒体参与报道。2022 年 11 月 18 日，中国驻俄罗斯联邦大使馆举办了“新时代新征程”二十大精神研讨会，俄国家杜马（议会下院）第一副主席、俄共中央委员会第一副主席、俄中友协主席伊万·伊万诺维奇·梅利尼科夫（Ivan Ivanovich Melnikov）出席并作主旨发言。来自俄联邦委员会（议会上院）、国家杜马、主要政党、外交部、俄中友协、学术界的 30 余人与会。与会嘉宾热烈祝贺中共二十大胜利召开和习近平同志再次当选中共中央总书记，相信中国共产党在习近平总书记的英明领导下，定将带领中国取得更大成就，朝着全面建成社会主义现代化强国的宏伟目标迈进。与会嘉宾表示，中共二十大对于中国乃至俄罗斯和整个世界都具有重要意义。① 2022 年 11 月 25 日至 26 日，第三届“中国共产党与世界”国际学术会议——“中国式现代化与人类文明新形态”在中国人民大学举行，来自南非、巴西、阿根廷、越南、秘鲁、津巴布韦等国的共产党和左翼政党领导人以及国内外知名专家学者出席并就中共二十大的主要议题进行了广泛交流和研讨。古巴共产党中央国际关系部特致贺信，祝会议取得圆满成功。南非共产党总书记索利·马派拉（Solly Mapaila），巴西共产党副主席、国际关系书记沃尔特·索伦蒂诺（Walter Sorrentino），巴西劳工党官方基金会阿布拉莫基金会董事会成员、巴伊亚联邦大学副校长派尼尔顿·席瓦尔·菲略（Penildon Silva Filho），阿根廷共和

① 《俄各界看好中国“新时代新征程”》，《光明日报》11 月 22 日。

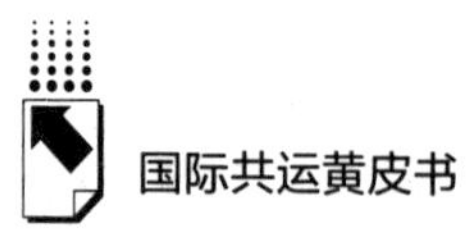

国团结党国际关系负责人玛利亚诺·恰尔法迪尼（Mariano Ciafardini），秘鲁共产党（团结）全国政治委员会委员、国际关系书记希尔德布兰多·卡瓦纳·塞戈维亚（Hildebrando Cahuana Segovia）等出席开幕式并作发言。①

二　高度肯定新时代十年中国所取得的历史性成就和中共二十大的里程碑意义

国外共产党普遍认为，中共十八大以来，中国特色社会主义进入新时代，在以习近平同志为核心的中共中央的领导下，党和国家事业取得了历史性成就，发生了历史性变革，脱贫攻坚战取得全面胜利，创造了彪炳史册的人间奇迹，新时代十年中国为人类进步作出巨大贡献。与此同时，各党认为中共二十大具有里程碑意义，为中国未来指明发展方向。

（一）盛赞中国新时代十年所取得的历史性成就

国外共产党高度赞赏中国共产党在新时代十年创造了举世瞩目的成就，认为以习近平同志为核心的中共中央团结带领中国人民，不断取得中国特色社会主义新胜利、取得新成就、创造新辉煌。

首先，高度肯定中国脱贫攻坚战取得了全面胜利。2020 年底，中国宣布消除了绝对贫困，全面建成小康社会。俄罗斯联邦共产党中央执行委员会主席久加诺夫指出，中国在较短时期内实现了高科技产业建设和人民生活水平提升方面的巨大飞跃，仅中国近年来打赢脱贫攻坚战的事实，就足以说明其政策取得的卓越成果。② 前法国共产党全国书记、法国参议院副议长、法共全国委员会主席皮埃尔·洛朗（Pierre Laurent）在接受采访时说，过去十年，中国持续快速发展，但最令人感慨的是中国脱贫攻坚所走过的道路，正

① 《中外政要和学者共议“中国式现代化与人类文明新形态”｜第三届“中国共产党与世界”国际学术会议召开》，百度，2022 年 11 月 27 日，https：//baijiahao.baidu.com/s?id=1750611841991455889&wfr=spider&for=pc。

② 《俄共领导人久加诺夫：中共树立“建设性改革”榜样》，参考消息网，2022 年 10 月 18 日。

如中国领导人和中国共产党所承诺的那样，中国通过推动国家的不断发展，摆脱绝对贫困，全面建成小康社会。[①] 尼泊尔共产党（联合马列）领导人、联邦院主席迪姆希纳（Ganesh Prashad Timilsina）表示，在以习近平同志为核心的中共中央领导下，中国在经济和科技发展方面取得令人钦佩的巨大成就。[②] 巴西共产党主席、巴西新任科技部长卢西亚娜·桑托斯表示，在中国共产党和国家主席习近平的领导下，中国实现全面建成小康社会的目标，为全球减贫事业作出了重大贡献。[③]

其次，赞赏新时代十年经济发展取得的重要成就。一些国外共产党认为，在新发展理念的指引下，中国不断推动高质量发展，经济实力、综合国力跃上新台阶，为世界复苏提供强大动能。巴西共产党中央委员会委员、国家政治委员会（政治局）成员何塞·雷纳尔多·卡瓦略表示，中国始终强调必须贯彻新发展理念，同时坚持社会主义市场经济改革方向和高水平对外开放，加快构建国内国际双循环相互促进的新发展格局。凭借中国新时代十年取得的辉煌胜利，中国能够加快推动高质量发展。[④] 玻利维亚争取社会主义运动党主席、前总统胡安·埃沃·莫拉莱斯·艾玛（Juan Evo Morales Ayma）表示，在中国共产党的卓越领导下，中国成为世界经济强国，这一成就令人钦佩。[⑤]

最后，称赞中国共产党实行自我革命是巩固党的领导地位的重要保障。国外共产党普遍认为，中共十八大以来，中国共产党不断推进全面从严治党，将新时代党的建设不断推向新高度。越南共产党中央书记处书记、中央宣教

---

① 《专访：中国式现代化是中国创造的符合中国国情的发展模式——访法国参议院副议长、法共全国委员会主席皮埃尔·洛朗》，中国政府网，2022 年 10 月 25 日，http：//www. gov. cn/xinwen/2022-10/25/content_5721270. htm。

② 《世界政党政要和社会各界继续祝贺中共二十大成功举行》，中央广电总台客户端，2022 年 10 月 22 日，https：//news. cri. cn/20221022/ef5c5553-9d57-c06c-f818-b2c7533e861a. html。

③ Luciana Santos e o 20° Congresso do PC da China，https：//pcdob. org. br/noticias/luciana-santos-e-o-20-congresso-do-pc-da-china/.

④ 20° Congresso PCCh：União Socialista，Rejuvenescimento Comum e Nacional，https：//pcdob. org. br/noticias/20o-congresso-pcch-uniao-socialista-rejuvenescimento-comum-e-nacional/.

⑤ 《世界政党政要和各界人士继续祝贺中共二十大胜利召开》，中国政府网，2022 年 10 月 19 日，https：//www. gov. cn/xinwen/2022-10/19/content_5719941. htm。

部部长阮仲义（Nguyen Trong Nghia）在接受《人民日报》记者专访时表示，中共二十大报告鲜明提出“完善党的自我革命制度规范体系”，强调坚持制度治党、依规治党，以党章为根本，以民主集中制为核心，完善党内法规制度体系，增强党内法规权威性和执行力，形成坚持真理、修正错误，发现问题、纠正偏差的机制。他认为，中共十八大以来，中共中央权威和集中统一领导得到有力保证，党的领导制度体系不断完善，党的领导方式更加科学。①

（二）肯定中共二十大具有里程碑意义

国外共产党普遍认为，中共二十大为中国未来发展作出战略部署，指明发展方向，擘画了中国特色社会主义未来发展的宏伟蓝图，是中国迈向百年新征程具有里程碑意义的政治大事。

越南共产党中央在贺电中表示，大会提出一系列重大路线方针，为中国在2035年基本实现社会主义现代化、本世纪中叶建成富强民主文明和谐美丽的社会主义现代化强国锚定前进方向。② 朝鲜劳动党总书记、国务委员会委员长金正恩（Kim Jong-un）表示，中共二十大对中国党和人民更加紧密地团结在以习近平同志为核心的中共中央周围，在习近平新时代中国特色社会主义思想旗帜下，推进中华民族伟大复兴历史进程，具有划时代意义。③ 老挝人民革命党中央总书记、国家主席通伦表示，中国共产党第二十次全国代表大会必将取得重大成果，惠及全中国人民，这些成果将成为强大动力，助力实现第二个百年奋斗目标和建设新时代中国特色社会主义。④ 老挝人民革命党中央办公厅副主任京培·蒙昂维莱（Kingphet Mongkhunvilay）说，中

---

① 《“中国的宝贵经验为其他国家提供重要借鉴”》，《人民日报》2022年10月29日。

② 《朝鲜越南老挝古巴党中央热烈祝贺中共二十大召开》，中国政府网，2022年10月16日，http：//www. gov. cn/xinwen/2022-10/16/content_5718893. htm。

③ 《朝鲜越南老挝古巴领导人热烈祝贺习近平当选中共中央总书记》，中国政府网，2022年10月23日，http：//www. gov. cn/xinwen/2022-10/23/content_5721052. htm。

④ 《高端访谈——专访老挝国家主席通伦》，央视新闻客户端，https：//content-static. cctvnews. cctv. com/snow-book/index. html？ item_ id = 5452790107315943553&t = 1666362483227&toc_ style_ id = feeds_ default&share_ to = copy_ url&track_ id = 09f0c5fb-07a4-4cae-bdc6-dac5b96c6eb1。

共二十大是一次引领未来的大会，既是对实际工作的引领，也是对理论创新的推进，中共二十大报告提出的“坚持人民至上，坚持自信自立，坚持守正创新，坚持问题导向，坚持系统观念，坚持胸怀天下”①，既是对过往经验的系统总结，也为未来工作提供科学指引。②

巴西共产党中央委员会委员、国家政治委员会（政治局）成员何塞·雷纳尔多·卡瓦略表示：“中共二十大明确了党的中心任务，即带领中国各族人民共同努力，实现全面建设社会主义现代化强国的第二个百年奋斗目标，以中国式现代化道路推进中华民族伟大复兴。”③ 塞浦路斯劳动人民进步党总书记斯蒂芬努（Stefanou）表示，中国共产党在过去一百年中开创了中国社会、经济、文化发展的新道路，中共二十大必将深刻影响中国的未来发展。④ 秘鲁共产党表示，中共二十大制定重要政策和行动计划，动员全国各族人民坚定信心，增强历史主动性，在已经取得伟大成就的基础上继续开拓创新，勇往直前。⑤

三　肯定中国在维护世界和平与发展、推动构建国际更加公平的世界秩序方面做出积极贡献

国外共产党普遍认为，当今世界面临各种危机和严峻挑战，正处于地缘政治急剧转型的过程当中，中国在国际舞台上保持着引领地位，在维护世界和平、安全与稳定方面发挥了决定性的作用，为不稳定的世界提供了更多的确定性，为全球治理提供了中国方案。它们希望中国继续发挥大国大党的影

① 《习近平著作选读》第一卷，人民出版社，2023，第50页。

② 《“这是一次具有里程碑意义的大会”——国际社会热议中共二十大对中国和世界的深远影响》，《光明日报》2022年10月24日。

③ 20° Congresso PCCh: União Socialista, Rejuvenescimento Comum e Nacional, https://pcdob.org.br/noticias/20o-congresso-pcch-uniao-socialista-rejuvenescimento-comum-e-nacional/.

④ 《世界政党政要和社会各界继续祝贺中共二十大成功举行》，中国政府网，2022年10月22日，http://www.gov.cn/xinwen/2022-10/22/content_5720952.htm。

⑤ XX Congreso Nacional del Partido Comunista de China será el 16 de octubre, https://pcp.pe/xx-congreso-nacional-del-partido-comunista-de-china-sera-el-16-de-octubre/.

响力，不断推进多边国际体系和格局的改革，为应对全球性问题作出更大贡献。

（一）中国为世界和地区和平发展作出积极贡献

越南共产党中央书记处书记、中央宣教部部长阮仲义认为，中共二十大为中国党和国家开启第二个百年新征程指明了前进方向，“在以习近平同志为核心的中共中央领导下，中国共产党和中国人民必将完成中共二十大提出的各项目标，书写中国国家发展和中国特色社会主义建设的崭新一页，为地区和世界和平与繁荣作出积极贡献”①。老挝国会副主席宋玛·奔舍那说，“一带一路”倡议和构建人类命运共同体的提出，展现了中国共产党为中国人民，乃至全人类谋幸福的国际主义情怀。“一带一路”倡议和“互利共赢”理念日益得到各国人民的积极响应和广泛支持，在推动中国自身发展的同时，也促进了世界的互联互通与共同繁荣。② 柬埔寨人民党中央常委、未来首相候选人洪玛奈表示，在中国共产党英明领导下，中国取得举世瞩目的伟大成就，为维护世界和平稳定、促进发展繁荣作出重要贡献。柬方愿同中方加强交流合作，深化柬中命运共同体建设，更好造福两国和两国人民。③

还有国外共产党表示，习近平总书记在中共二十大报告中再次提出“坚持经济全球化正确方向，共同营造有利于发展的国际环境，共同培育全球发展新动能”等一系列事关全球经济发展的中国方案，中国始终是全球经济发展的贡献者和推动者。巴西共产党主席、巴西新任科技部长卢西亚娜·桑托斯表示，中国在推进全球治理和坚守多边主义等方面作出重大努力，虽然西方大国试图行使单边霸权，称中国是“系统性竞争对手”，但中

① 《“中国的宝贵经验为其他国家提供重要借鉴”》，《人民日报》2022 年 10 月 29 日。

② 《专访老挝国会副主席：中国模式成功关键是不盲从西方，走自己的路》，《中国日报》2022 年 10 月 27 日。

③ 《世界政党政要和各界人士继续祝贺中共二十大胜利召开》，中国政府网，2022 年 10 月 19 日，https：//www. gov. cn/xinwen/2022-10/19/content_5719941. htm。

国政府建立了广泛的合作协议网络，特别是通过“一带一路”倡议，各国通过双赢的合同、技术和创新领域的专业知识交流，促进各自的经济和社会发展。①

（二）赞赏中国在构建更加公平的世界秩序方面发挥重要作用

尼泊尔共产党（毛主义中心）主席普拉昌达（Prachanda）表示，十年来，习近平同志提出的“中国梦”和“一带一路”倡议在世界上产生积极影响，为各国加强合作，推动建立公正、美好、和平的国际秩序营造了良好氛围。②巴勒斯坦人民斗争阵线总书记艾哈迈德·马吉达拉尼（Ahmed Majdalani）在《中国日报》撰文表示，中国始终坚持向世界展示真实、立体、全面的中国，努力让国际社会更好地了解中国的政治制度、发展道路和全球视野。文章还指出，近年来，美国等一些国家肆意传播西方价值观，加剧意识形态分歧，让世界见证了多次大国之间的争端。在一些国家高歌多边主义，暗地里却公然搞排他集团之时，中国始终坚定维护多边主义，重申各国都要践行真正的多边主义，强调联合国框架下的国际体系才是唯一的国际体系。在地区和全球会议上，中国始终强调处理国家关系应严格遵循以《联合国宪章》宗旨和原则为基础的国际关系基本准则。③ 前法国共产党全国书记、法国参议院副议长、法共全国委员会主席皮埃尔·洛朗表示，“资本主义经历数个世纪的发展，带来大量污染并攫取全世界资源，造成了今天全球生态问题困境，我们必须创造新的经济发展模式，创造一个更加公平、更加共享、更加尊重所有国家的国际秩序，而中国显然将在全球发展中发挥举足轻重的作用”。④

---

① Luciana Santos e o 20° Congresso do PC da China，https：//pcdob. org. br/noticias/luciana-santos-e-o-20-congresso-do-pc-da-china/.

② 《世界政党政要和各界人士继续祝贺中共二十大胜利召开》，中国政府网，2022 年 10 月 19 日，https：//www. gov. cn/xinwen/2022-10/19/content_5719941. htm。

③ 《巴勒斯坦政要：中国是真正的人权捍卫者》，《中国日报》2022 年 10 月 17 日。

④ 《专访：中国式现代化是中国创造的符合中国国情的发展模式——访法国参议院副议长、法共全国委员会主席皮埃尔·洛朗》，中国政府网，2022 年 10 月 25 日，http：//www. gov. cn/xinwen/2022-10/25/content_5721270. htm。

四　赞赏中共二十大的理论成果是对马克思主义中国化时代化的重大创新，中国特色社会主义对世界社会主义发挥重要引领作用

（一）赞赏习近平新时代中国特色社会主义思想对马克思主义的重大贡献

俄罗斯国家杜马国际事务委员会第一副主席、俄罗斯联邦共产党中央副主席德米特里·格奥尔基耶维奇·诺维科夫（Dmitriy Georgievich Novikov）表示，当今中国是国际共产主义运动发展的“灯塔”，是人类进步的“火车头”。中共二十大是中国和世界发展的一个里程碑。它深刻总结了过去百年中共发展经验，其中最重要的一条就是加强党的领导，而习近平同志再次当选中共中央总书记是确保党的路线方针不动摇的最坚强保证。① 古巴共产党中央第一书记、古巴共和国国家主席米格尔·迪亚斯-卡内尔·贝穆德斯（Miguel Díaz-Canel Bermúdez）在致中国最高政治领导人的贺电中表示，作为中国共产党的领导人，习近平作出了理论和实践贡献，在习近平总书记的领导下，中国共产党和中国人民将在新时代中国社会主义建设中不断取得新成就。② 越南共产党中央总书记阮富仲（Nguyễn Phú Trọng）向中国共产党与世界马克思主义政党论坛发来贺信，对中国共产党和人民在社会主义建设事业中所取得的重大成就表示祝贺，这些成就包括创新运用和发展马克思主义，形成中国特色社会主义理论体系。自中共十八大以来，在以习近平同志为核心的中共中央的领导下，新时代的中国特色社会主义理论为马列主义的发展作出了重大贡献。③

① 《驻俄罗斯使馆举办“新时代新征程”二十大精神研讨会》，中华人民共和国驻俄罗斯联邦大使馆，2022 年 11 月 21 日，http：//ru. china-embassy. gov. cn/sghd/202211/t20221121_10978559. htm。

② Envía Díaz-Canel mensaje de felicitación y apoyo a Xi Jinping，http：//www. pcc. cu/noticias/envia-diaz-canel-mensaje-de-felicitacion-y-apoyo-xi-jinping.

③ 《越共中央总书记阮富仲向中国共产党与世界马克思主义政党论坛致贺信》，越通社，2022 年 7 月 29 日，https：//zh. vietnamplus. vn/越共中央总书记阮富仲向中国共产党与世界马克思主义政党论坛致贺信/170575. vnp。

越南共产党中央书记处书记、中央宣教部部长阮仲义表示，中共二十大报告提出，不断谱写马克思主义中国化时代化新篇章，是当代中国共产党人的庄严历史责任。中国共产党坚持把马克思主义基本原理同中国具体实际相结合、同中华优秀传统文化相结合，勇于进行理论探索和创新，并取得重大理论创新成果，为其他社会主义国家带来启示。[①] 越南胡志明国家政治学院副院长黎文利（Le Van Loi）在“新征程 共命运”中越理论研讨会的致辞中表示，中共十八大以来，中国共产党坚持把马克思主义同中国具体实际相结合，同中华优秀传统文化相结合，习近平新时代中国特色社会主义思想对当代世界具有重大意义。[②] 越南胡志明国家政治学院新闻与宣传学院哲学系主任、副教授阮明环（Nguyen Minh Hoan）表示，在中国的社会主义建设事业中，中国共产党创造性地坚持、发展和运用马克思主义，把马克思主义基本原理同中国具体实际相结合，同中华优秀传统文化相结合，坚持运用辩证唯物主义和历史唯物主义，不断推进马克思主义的中国化时代化，走出了中国特色社会主义道路，形成了习近平新时代中国特色社会主义思想，系统、科学地回答了中国共产党为什么能、中国特色社会主义为什么好等重大理论问题。本次大会上，中国共产党在总结十八大以来成功经验的基础上，提出一系列新思路、新战略、新举措。与此同时，中国共产党根据理论创新和实践发展的需要修订党章，这无疑将进一步推动马克思主义中国化时代化实现新的飞跃。[③]

（二）中共二十大为世界社会主义发展发挥了重要引领作用

国外共产党表示，中共二十大胜利召开是中国的大事，也是世界的大事。中共二十大为中国未来发展擘画了宏伟蓝图，不仅对中国具有重要意义，也为世界打开了新的机遇之窗。[④] 中国开创了符合新的时代背景和本国

---

① 《“中国的宝贵经验为其他国家提供重要借鉴”》，《人民日报》2022 年 10 月 29 日。

② 《总台“新征程 共命运”中越理论研讨会成功举行》，央视网，2022 年 11 月 8 日，http：//www. cctv. cn/2022/11/08/ARTIya2eG9I3RvUZFtNKvBbk221108. shtml。

③ 《中国共产党理论创新探索适合本国国情的发展道路》，《广西日报》2022 年 10 月 28 日。

④ 《中共代表团出席相关国际会议并访问土耳其、黎巴嫩、西班牙和塞尔维亚》，中联部网站，2022 年 12 月 8 日，https：//www. idcpc. org. cn/lldt/202212/t20221208_150724. html。

具体实际的社会主义发展模式与道路，取得了历史性成就，鼓舞了全世界各国共产党人对社会主义理想的追求。

越共中央书记处书记、中央宣教部部长阮仲义在接受记者专访时说，“中共二十大不仅是中国和中国人民的大事，也备受世界瞩目。中国取得的成功进一步彰显了社会主义道路的正确性和社会主义制度的优越性。中国的宝贵经验为其他国家提供重要借鉴，尤其是那些正在寻找符合本国国情发展道路的发展中国家。”① 老挝国会副主席宋玛·奔舍那说，中国共产党领导的政治优势和社会主义体制的巨大优越性，为包括老挝在内的广大发展中国家探索符合本国国情的发展道路注入了信心和力量。② 斯里兰卡人民联合阵线领袖、政府总理迪内什·古纳瓦德纳（Dinesh Gunawardana）表示，中国共产党带领中国坚定走中国特色社会主义道路，开创了引领世界发展的伟大新时代，促进了亚洲、非洲、拉丁美洲乃至全世界所有国家共同繁荣。③ 澳大利亚共产党指出，中共二十大是中国共产党生命中的一个特殊时刻，是对中国共产党人在争取独立、自由和中国特色社会主义的过程中英勇斗争和做出牺牲的铭记。中国共产党的历史证明要始终坚持社会主义和共产主义理想，中共二十大鼓舞了全世界共产党人为捍卫工人阶级和人民权利，争取民主权利、社会主义和统一家园而斗争。中国为世界的和平与发展作出巨大贡献，为当前给世界各国人民带来灾难的冲突找到外交解决方案。中国建成富强民主文明和谐美丽的社会主义现代化强国的第二个百年奋斗目标，激励着全世界的共产主义者为建设有自己特色的社会主义而不懈奋斗。④巴西共产党副主席、国际关系书记沃尔特·索伦蒂诺表示，中共二十大为中国的战略发展指明了方向，将开启社会主义现代化的新纪元，赋予社会主义以

---

① 《“中国的宝贵经验为其他国家提供重要借鉴”》，《人民日报》2022 年 10 月 29 日。

② 《专访老挝国会副主席：中国模式成功关键是不盲从西方，走自己的路》，《中国日报》2022 年 10 月 27 日。

③ 《世界政党政要和各界人士继续祝贺中共二十大胜利召开》，中国政府网，2022 年 10 月 19 日，https：//www.gov.cn/xinwen/2022-10/19/content_5719941.htm。

④ CPA Greeting to the CPC's New Leadership，https：//cpa.org.au/statement/2022-2/cpa-greeting-to-the-cpcs-new-leadership/.

新的内涵。[①] 英国共产党总书记罗伯特·格里菲斯（Robert Griffiths）表示，中共二十大是中国特色社会主义道路上的又一个里程碑，这将有助于推进国际共产主义运动、维护世界和平与环境安全，推动世界社会主义力量不断向前发展。[②]

五　强调中国式现代化为世界贡献了中国智慧，中国特色社会主义发展道路为世界各国提供重要借鉴

国外共产党表示，中共二十大报告全面阐释的中国式现代化、中国在经济高质量发展、消除贫困以及加强党的自身建设等方面的宝贵经验，对于其他国家具有重要的借鉴意义，中国式现代化丰富了人类社会实现现代化的路径选择。

德国共产党教育委员会委员理查德·霍曼（Richard H. Hmann）认为，不同于西方的自由市场主义，中国在现代化的进程中探索出的国家监管与市场自由相结合的社会主义市场经济模式显现出了巨大的生命力。[③] 皮埃尔·洛朗接受记者专访时表示："人类社会尝试过（不同发展模式），中国探索出一条新的道路，一条适合中国国情的发展道路，中国式现代化是中国创造出的一种符合中国国情的发展模式，中国经过发展取得重要国际地位，这使得中共二十大对中国、对中国人民以及对全世界都极为重要。"[④] 俄罗斯联邦共产党中央执行委员会主席久加诺夫表示，中国式现代化具有自身特

① 《中外政要和学者共议"中国式现代化与人类文明新形态"——第三届"中国共产党与世界"国际学术会议召开》，人民网，2022 年 11 月 27 日，http：//world. people. com. cn/n1/2022/1127/c1002-32575276. html。

② 《英国共产党总书记格里菲斯：中国人民拥有无限的自豪感》，光明网，2022 年 6 月 29 日，https：//m. gmw. cn/baijia/2022-06/29/35847268. html。

③ 王峰：《海外学者论中国式现代化的世界意义》，《中国社会科学报》2023 年 3 月 30 日。

④ 《专访：中国式现代化是中国创造的符合中国国情的发展模式——访法国参议院副议长、法共全国委员会主席皮埃尔·洛朗》，中国政府网，2022 年 10 月 25 日，http：//www. gov. cn/xinwen/2022-10/25/content_5721270. htm。

色，中国探索出的这条道路善于制定面向未来数十年的发展计划，加大投入为各领域发展奠定基础，与此同时特别注重人才培养。过去数十年来，中国发展取得辉煌成就，这再次证明了中国现代化方针的正确和“以人民为中心”思想的伟大。这是意义重大的现代化建设，也为世界树立了榜样、指明了方向。[①] 老挝国会副主席宋玛·奔舍那认为，“中国共产党带领中国实现现代化，不仅借鉴西方国家经验，更重要的是要走中国自己的发展道路，要保证每一个人都能享受到发展的成果”。[②] 他还表示：“中国式现代化发展的成就告诉我们，现代化不是西方化，各国都可以有适合本国的现代化。”[③]南非共产党代表索利·马派拉表示，中国共产党通过百余年奋斗，领导中国发展成为世界第二大经济体，成功地消除了绝对贫困，以中国式现代化全面推进中华民族伟大复兴，这为非洲和世界各地的政治组织提供了重要经验。[④] 老挝人民革命党中央委员会在贺信中表示，在中国共产党坚强英明领导下，中国人民砥砺前行、奋发有为，在中国特色社会主义建设事业中取得了举世瞩目的伟大成就。特别是中共十八大以来，以习近平同志为核心的中共中央团结带领中国人民实现新的跨越式发展，顺利实现全面建成小康社会的第一个百年奋斗目标，历史性解决了绝对贫困问题，国际地位日益提升。中国共产党和兄弟般的中国人民取得的历史性成就，为包括老挝在内的广大发展中国家提供了宝贵经验、树立了典范，也为全球发展事业作出了重大贡献。[⑤] 老挝国会副主席宋玛·奔舍那表示，中国在短短的时间内，让全国近1亿农村贫困人口实现脱贫，解决了很多国

---

① 《俄共领导人久加诺夫：中国找到符合国情的现代化道路》，中国日报网，2022年11月17日，https：//cn. chinadaily. com. cn/a/202211/17/WS637610b7a3109bd995a50970. html。

② 《专访老挝国会副主席：中国模式成功关键是不盲从西方，走自己的路》，《中国日报》2022年10月27日。

③ 《为世界点亮进步与发展的希望之灯——国际社会热议中国式现代化的世界意义》，《解放日报》2022年10月20日。

④ 《中外政要和学者共议“中国式现代化与人类文明新形态”——第三届“中国共产党与世界”国际学术会议召开》，人民网，2022年11月27日，http：//world. people. com. cn/n1/2022/1127/c1002-32575276. html。

⑤ 《朝鲜越南老挝古巴党中央热烈祝贺中共二十大召开》，中国经济网，2022年10月16日，http：//www. ce. cn/xwzx/gnsz/szyw/202210/16/t20221016_38177382. shtml。

家都没有解决的问题，“中国是如何实现精准扶贫的？我想最重要的是中国人经常说的‘授人以鱼不如授人以渔’”。[①] 巴基斯坦正义运动党主席、前政府总理伊姆兰·汗（Imran Khan）表示，中国是国际社会公认的领导力量，是发展中国家的榜样和灵感源泉。中国特色社会主义和中国的治理体系已成为为人民谋幸福的典范。[②]

结　语

中共二十大的胜利召开引起国外共产党的极大关注，表明中国共产党在世界社会主义运动中的影响力和引领力不断提升。自 1848 年《共产党宣言》发表到中共二十大胜利召开的 170 多年间，世界社会主义运动的重心经历了三次变迁，即从西欧到东欧和苏联，再到东亚，现在到了中国。中国共产党是世界上最大的马克思主义执政党，在中国共产党的坚强领导下，中国不断夺取社会主义事业新胜利，在世界政党史上创造了伟大奇迹。中国的快速发展无疑是世界社会主义运动向前发展的重要推动力。面对百年未有之大变局，在世界社会主义运动复杂多变的背景下，各国共产党期盼中国以中共二十大为契机，以崭新的姿态继续为世界未来发展发挥示范和引领作用，继续推动世界社会主义运动从低潮走向复兴。

参考文献

1. 《朝鲜越南老挝古巴党中央热烈祝贺中共二十大召开》，中国经济网，2022 年 10 月 16 日，http：//www. ce. cn/xwzx/gnsz/szyw/202210/16/t20221016 _ 38177382. shtml。

---

① 《专访老挝国会副主席：中国模式成功关键是不盲从西方，走自己的路》，《中国日报》2022 年 10 月 27 日。

② 《多国政党政要继续祝贺中共二十大胜利召开》，中国政府网，2022 年 10 月 21 日，http：//www. gov. cn/xinwen/2022-10/21/content_5720779. htm。

2.《“中国的宝贵经验为其他国家提供重要借鉴”》，《人民日报》2022 年 10 月 29 日。
3.《为世界点亮进步与发展的希望之灯——国际社会热议中国式现代化的世界意义》，《解放日报》2022 年 10 月 20 日。
4. 余维海、王晓青：《国外共产党和工人党眼中的中共二十大：精髓要义与伟大意义》，《社会主义研究》2023 年第 1 期。

Y.4
俄乌冲突：国外共产党的视角

余维海　王晓青*

摘　要： 2022年俄乌冲突爆发后，国外共产党表达了严重的关切，通过发表声明、召开讨论会议、对难民开展人道主义援助、组织示威游行和反战集会等方式发声发力。国外共产党在反战声明或评析文章中，从俄罗斯安全受威胁、世界市场争夺、美国挽救相对衰落局面、资本主义危机转移、极端民族主义势力的种族侵略以及媒体的驱动等角度分析了俄乌冲突的原因，批判了帝国主义挑起战争的侵略行径、资本主义政府的反动性、虚伪和平观和服务于垄断资本的本质，强调俄乌冲突的后果惨重，将使世界和平与安全面临严峻的危机。对于如何解决俄乌问题，国外共产党从不同角度出发提出了自己的看法：参与方当务之急是通过对话谈判形成政治解决方案；从长远看，欧洲各国应构建保障地区安全的新集体安全体系；共产党人应承担起维护和平的历史使命。国外共产党对俄乌问题的理论分析和开展的声援、批判、斗争行动具有积极的意义，彰显了无产阶级政党的正义性、先进性和团结精神。

关键词： 国外共产党　俄乌冲突　无产阶级国际主义

* 余维海，华中师范大学政治与国际关系学院教授、博士生导师，研究方向为当代世界社会主义与国外共产党；王晓青，华中师范大学政治与国际关系学院博士研究生，研究方向为当代世界社会主义与国外共产党。

俄乌冲突是2022年国际社会的热点问题，是影响世界和平与安全的重大危机事件。俄乌冲突爆发后，国外共产党不畏反共势力的攻击和威胁，通过多种形式表达了自己反对战争、捍卫和平的坚定立场，并在科学社会主义理论指导下，对俄乌冲突的原因、本质、后果和应对策略进行了系统分析，就俄乌冲突涉及的理论问题，比如什么是帝国主义、如何理解法西斯主义、资本主义危机与社会主义革命的关系展开了深入的研讨。国外共产党的聚力表达和斗争行动具有重要意义，推动了反战和平运动的发展，对资本主义的反动政策形成一定的牵制，助推了国际共产主义运动的高涨，彰显了无产阶级政党的人道主义和国际主义精神。

一 国外共产党对俄乌问题高度重视

对国际和地区热点问题发声是当代国际共运的重要议程。2022年伴随俄乌局势的愈益紧张化，国外共产党紧密跟踪事态的演变，积极开展多种形式的线上线下行动，发出了共产党人的响亮声音，显示了当前共产党对此事件的极高关注度。

第一，公开发声，表明对俄乌冲突的态度和立场。在俄乌冲突爆发及其持续的过程中，国外大多数共产党借助官网、党报、脸书、推特等媒介，以党中央、党的国际部或党的领袖的名义发表公开信、声明和理论文章，表达对俄乌局势的看法。这些话语集中围绕和平、民主、主权、社会主义、帝国主义、法西斯主义、北约、美国、欧盟、乌克兰、俄罗斯等关键词展开，充分体现共产党的阶级、人民和社会主义立场。在俄乌冲突爆发前，俄罗斯联邦共产党、希腊共产党、加泰罗尼亚共产党人党、南斯拉夫新共产党、德国的共产党、土耳其共产党等纷纷发表紧急声明，表达对战争风险的担忧。在2月24日俄乌冲突爆发之初，西班牙共产党、希腊共产党、墨西哥共产党、捷克和摩拉维亚共产党、英国共产党、塞浦路斯劳动人民进步党、印度共产党（马克思主义）、伊拉克共产党、巴基斯坦共产党、加拿大共产党、爱尔兰共产党等就俄乌冲突发表官方声明。2022年随着俄乌局势的变化，国外共产党发布了一系列官方声明，呈现发声的共产党数量多、发声频次高、议题集中的特点。

第二，在党内重要会议中，就俄乌问题进行深入研判。俄乌冲突已经成为2022年度国外共产党党代会、各级党组织会议研讨的高频问题。俄罗斯共产主义工人党于3月26日至27日在莫斯科召开了中央委员会全体扩大会议，会议议题之一是讨论“党对乌克兰和顿巴斯武装冲突阶段的态度，以及党当前的工作策略”，中央委员会书记维克托·秋尔金（Виктор Тюлькин）撰写了会议报告①。西班牙共产党在4月9日召开的中央委员会会议上，明确表达了该党的主张，即各方立即停火，并采取措施保护和尊重民众，反对泽连斯基政府对包括共产党、社会民主党在内的左翼力量的迫害②。4月6日至10日印度共产党（马克思主义）召开的第23次全国代表大会通过的政治决议中，俄乌冲突也是决议关注的重要问题，决议认为“这实际上是一场以乌克兰为战场的俄罗斯与美国/北约之间的战争”③。7月1日至3日，加拿大共产党第40次全国代表大会通过的政治决议中，“乌克兰战争”“反帝国主义”成为重点内容之一。④

第三，身体力行，发起支援难民的人道主义行动。部分国外共产党积极开展物资筹措运动，援助那些因冲突而流离失所、失去生活保障的民众。塞浦路斯劳动人民进步党发起了为乌克兰人民征集基本生活物资的运动。日本共产党向联合国儿童基金会捐赠近两百万日元，用于帮助乌克兰冲突地区的

---

① RCWP-CPSU，“Информационное сообщение о Пленуме ЦК РКРП-КПСС”，https://rkrp-rpk.ru/2022/03/30/%d0%b8%d0%bd%d1%84%d0%be%d1%80%d0%bc%d0%b0%d1%86%d0%b8%d0%be%d0%bd%d0%bd%d0%be%d0%b5-%d1%81%d0%be%d0%be%d0%b1%d1%89%d0%b5%d0%bd%d0%b8%d0%b5-%d0%be-%d0%bf%d0%bb%d0%b5%d0%bd%d1%83%d0%bc%d0%b5-%d1%86-6/.

② PCE，“No es el momento de enviar más armas a Ucrania，sino de trabajar por la paz y el fin inmediato del conflicto”，https://pce.es/no-es-el-momento-de-enviar-mas-armas-a-ucrania-sino-de-trabajar-por-la-paz-y-el-fin-inmediato-del-conflicto/.

③ CPIM，23rd Congress Political Resolution，https://www.cpim.org/documents/23rd-congress-political-resolution.

④ CPC，Political Resolution of the 40th Central Convention，https://communist-party.ca/political-resolution-of-the-40th-central-convention/.

儿童。白俄罗斯共产党的格罗德诺市委员会积极组织向乌克兰难民提供财政援助的行动，将筹集到的款项捐赠于红十字会戈梅利（Homyel）州分会。俄罗斯联邦共产党的伏尔加格勒（Volgograd）、下诺夫哥罗德（Nizhni Novgorod）、梁赞（Ryazan）等地区委员会为顿巴斯难民提供人道主义援助。从2022年3月21日到12月19日，俄罗斯联邦共产党中央委员会全年共派遣11批人道主义救援车队，以帮助顿涅茨克和卢甘斯克的居民。在12月19日的救援车队上，“车队运送的150吨货物，除了传统的和当前必备的食品、药品和保暖内衣外，还包括大量喜庆的新年儿童礼物”①。

第四，走上街头，举行反战游行示威运动，增强斗争的社会声势。绝大多数共产党发出了反对战争、争取和平的呼吁，部分共产党则行动起来，发起了反战运动。丹麦共产党高喊“停止战争和战斗”“争取和平与裁军”的口号，在哥本哈根（Copenhagen）、奥胡斯（Aarhus）、欧登塞（Odense）、奥尔堡（Aalborg）和埃斯比约（Esbjerg）等地举行了游行示威；瑞士共产党等于贝林佐纳（Bellinzona）的市政广场举行示威运动，声援顿涅茨克人民。4月6日，希腊共产党等部分政党和社会组织在希腊国会前的宪法广场举行罢工集会，要求政府保障人民收入和增加工人工资，并反对政府参与战争，该场集会使雅典大型工作场所和公共交通等重要部门陷入瘫痪②；4月22日，意大利共产党高举“为了和平与工作!”的旗帜举行游行示威，反对战争造成的基本生活必需品价格的上涨以及工人工作的不稳定。③ 自3月两名乌克兰共产党人——米哈伊尔·科诺诺维奇（Mikhail Kononovich）和他的兄弟亚历山大·科诺诺维奇（Aleksander Kononovich）——被监禁后，许多共产党和共青团发起了要求乌克兰政府释放科诺诺维奇兄弟的行动，在线征集请愿书签名，向当地的乌克兰大使馆发出信函，甚至到大使馆附近游行

① КПРФ отправит на Донбасс 104-й гумконвой, http://wpered.su/2022/11/18/kprf-otpravit-na-donbass-104-j-gumkonvoj/.

② KKE, “Los trabajadores griegos se movilizan contra los altos precios y la participación en la guerra imperialista”, https://www.mundoobrero.es/pl.php? id=13281.

③ PCI, “22 Aprile Sciopero contro la guerra”, https://ilpartitocomunista.it/22-aprile-sciopero-contro-la-guerra/.

示威，为科诺诺维奇兄弟的最终获释而团结努力。因俄乌冲突导致能源价格上涨和生活压力增加，欧洲许多地方的工人阶级走上街头，自9月份后更是掀起了抗议斗争的高潮，许多共产党成为抗议斗争的积极宣传者、参与者，甚至组织者。

第五，发表联合声明和宣言，筑成国际协调斗争网络。联合声明日渐成为各党彼此联系、聚力发声的重要窗口，“在一定程度上展现了一致的理论观点和斗争方向”。[①] 俄乌局势愈演愈烈后，团结网、马列主义政党和组织国际会议（团结与斗争）、革命政党和组织国际协调等左翼平台相继发布了系列联合声明。其中，团结网发布的题为《对乌克兰帝国主义战争说不!》的声明，44个共产党及30个共青团共同签署；英国共产党、爱尔兰共产党、伊朗人民党联合发起的《为了和平和公正解决乌克兰冲突——共产党和工人党的联合声明》，获得10个共产党签署支持。由俄罗斯共产主义工人党发起的《共产党和工人党联合声明》，得到6个政党的签署支持。南非共产党（马列主义）、多哥共产党、德国马列主义党等34个革命政党和组织国际协调成员签署了题为《积极抵抗帝国主义军事准备对俄乌冲突的威胁!》的声明。马列主义政党和组织国际会议（团结与斗争）官网相继在2月20日、28日就俄乌局势发布两篇联合声明，主题分别为：“加强反对战争政策的斗争!”“停止乌克兰战争，坚决抵抗一切战争行为!”

二　国外共产党对俄乌问题的基本认识

总览国外共产党发表的声明文件，可以发现国外共产党对于俄乌问题的分析遵循着“此问题缘何产生，背后蕴含怎样的深层逻辑，将带来何种后果，该如何应对”的逻辑线条。

---

① 余维海：《近年来世界共产党联合化新趋势与我们的应对》，《科学社会主义》2021年第2期。

（一）俄乌问题是多种因素合力作用的结果

乌克兰危机是21世纪以来欧洲最严重、最令人担忧的政治事件，对于其产生原因的分析是国外共产党声明中的重要内容。多数国外共产党采用恩格斯“历史合力论”的方法论，认为俄乌问题是多种因素综合作用的结果。总体上看，国外共产党对俄乌冲突的原因分析可以概括为以下几点。

一是俄罗斯安全受到威胁。该观点认为，在苏联解体后的30多年中，美国和北约奉行扩张主义政策，不断吸纳前苏联加盟共和国和中东欧的国家，在东欧建立军事基地、部署军事力量包括导弹系统，扶植亲美政权，借此对俄罗斯实行渐进式围攻，使俄罗斯边境遭受巨大的安全压力，而让乌克兰加入北约的努力无疑将“长期酝酿”的矛盾点燃。在第22次共产党和工人党国际会议上，共产党联盟—苏联共产党（UCP-CPSU）认为：“顿巴斯与基辅之间的军事冲突不能被视为帝国主义战争。基辅政权在美国的指示下挑起的与俄罗斯的武装对抗，不是直接意义上的帝国主义战争，而是俄罗斯基于北约扩张和法西斯主义的扩张对其国家安全带来外部威胁进行的斗争。”①

二是美俄对世界市场的激烈争夺。持此观点的国外共产党指出，战争是通过军事手段进行经济剥削。战争的爆发归根结底源于资本主义以利润为主要驱动力的竞争模式，只要资本主义制度存在，世界范围内的冲突甚至战争就不会停止，因为“如果动乱和纷争能带来利润，它就会鼓动动乱和纷争”②，而当前俄乌冲突实质上就是由以美国为首的西方国家与俄罗斯就世界市场份额、能源、物流基础设施包括运输路线进行激烈争夺引起的一场权力斗争。葡萄牙共产党提出：“乌克兰局势不仅仅是领土或边界划界的争

① UCP-CPSU, “Speech by the Representative of the Ucp-Cpsu at the 22nd International Meeting of Communist and Workers' Parties in Havana”, https://cprf.ru/2022/12/speech-by-the-representative-of-the-ucp-cpsu-at-the-22nd-international-meeting-of-communist-and-workers-parties-in-havana/.

② 《马克思恩格斯文集》第5卷，人民出版社，2009，第871页。

端，更是资本主义大国更广泛冲突的一部分，它们旨在以围困、对抗和战争等武力方式强化经济利益关系，从而侵占自然资源和能源资源。”① 巴勒斯坦共产党指出，世界资产阶级的两极为控制原材料来源、影响力和市场而进行的斗争已经导致了战争。今天在乌克兰土地上存在的冲突就是最大的证明，不仅俄罗斯和乌克兰人民，而且世界各国人民都面临能源价格上涨和食物短缺的挑战。②

三是美国试图挽救衰落局面。部分共产党认为，俄乌冲突是美国把乌克兰当作“炮灰”，挑起的一场代理人战争，其目的是向俄罗斯发起挑衅，以保持其在世界上的统治地位。巴西的共产党就指出，2008 年金融危机后，伴随着俄罗斯在国际上影响力的增强，以及俄罗斯与欧洲国家政治经济上的频繁互动，再加上德国之于欧盟日益提升的影响力，美国作为一个绝对大国的地位呈现出相对下降的趋势。③ 而俄乌冲突，无疑是拜登上台后，以侵略方式挽救美国衰落局面的开端。葡萄牙共产党指出，美国以其强大的政治、经济和军事手段，与七国集团中的其他主要资本主义大国一起，为了应对自身面临的严重危机和相对衰落局面，竭力遏制世界舞台上对帝国主义构成挑战的力量，并对不服从其命令的国家和人民奉行干涉和侵略政策。当前北约的继续扩张、将乌克兰纳入其好战战略、不断升级对俄罗斯联邦的对抗和战争就是这一政策的体现。④

四是转移资本主义危机。国外共产党认为，2008 年金融危机的爆发以及 2020 年以来的新冠疫情，使资本主义社会面临严峻的结构性危机，而在新自由主义的支配下，资本主义对于危机的应对极度低效，政治、经济和社

① PCP，“Defender a paz，travar a escalada de confrontação”，https：//www. pcp. pt/defender-paz-travar-escalada-de-confrontacao.

② Palestinian CP，“22nd IMCWP，Contribution by the Palestinian CP”，http：//www. solidnet. org/article/22nd-IMCWP-The-Struggle-Against-USA-and-NATO-Imperialism-which-Seek-World-Hegemony-is-the-Key-Task-of-the-Progressive-Forces/.

③ PCB，“Declaração Política sobre a crise militar na Ucrânia”，https：//pcb. org. br/portal2/28478.

④ PCP，“22nd IMCWP，Contribution by the Portuguese CP”，http：//www. solidnet. org/article/22nd-IMCWP-Contribution-by-the-Portuguese-CP/.

会问题与日俱增，国内矛盾日益激化，促使资本主义选择通过国际冲突来掩盖或者化解危机。爱尔兰共产党提出："西方帝国主义经济正处于极度衰退之中，而其所擅长的唯一战略是煽动地方和区域冲突，推动大大小小的战争，以加剧全球军事紧张局势，进而掩盖其日益暴露的经济和政治弱点。"① 2022 年第 22 次共产党和工人党国际会议上由俄罗斯联邦共产党和俄罗斯共产主义工人党等 31 个政党签署的题为《反对美国和北约帝国主义谋求世界霸权的斗争是进步力量的关键任务》的决议中指出，世界各国人民正在目睹资本主义普遍危机的迅速加剧。帝国主义无法应对日益突出的矛盾，对人类的危害越来越大。它越来越频繁地诉诸挑衅和冲突。今天，由美国领导的北约组织和其指挥的 50 多个掠夺国家正在利用乌克兰班德拉派的追随者，致力于在政治、金融、经济和军事领域，镇压和肢解俄罗斯。其目的是消除竞争和重新划分势力范围，建立美国在 21 世纪的世界霸权。②

五是极端民族主义势力的种族侵略。该观点认为自 2014 年美国和北约扶植泽连斯基担任总统后，泽连斯基政权对外成为执行美欧政策的工具，对内使自己依附于乌克兰民族主义者，使该国法西斯和纳粹势力在社会、媒体以及军队和警察部队中发挥越来越大的作用，这些极右翼力量在 2014~2022 年，至少对顿巴斯地区 14000 多名讲俄语的民众进行了公开的歧视性攻击，③ 使顿巴斯地区局势愈益恶化，从而促使俄罗斯总统普京发起一项防止"乌克兰东部种族灭绝"的特别军事行动。④ 白俄罗斯共产党中央委员会指出，俄罗斯的军事行动完全是为了压制乌克兰纳粹政权，使乌克兰去纳粹化

① CPI, "The Irish Establishment are Collaborators in NATO Military Strategies", http: //www.solidnet.org/article/CP-of-Ireland-The-Irish-establishment-are-collaborators-in-NATO-military-strategies/.

② Solidnet, "The Struggle Against USA and NATO Imperialism which Seek World Hegemony is the Key Task of the Progressive Forces", http: //www.solidnet.org/article/22nd-IMCWP-The-Struggle-Against-USA-and-NATO-Imperialism-which-Seek-World-Hegemony-is-the-Key-Task-of-the-Progressive-Forces/.

③ PCdob, "Nota CPN: Por um acordo de paz na Ucrânia", https: //pcdob.org.br/documentos/nota-cpn-por-um-acordo-de-paz-na-ucrania/.

④ CPIML-ND, "Oppose Russian Aggression against Ukraine! Down with Imperialist Military Alliances Including NATO!", https: //www.cpimlnd.org/oppose-russian-aggression-against-ukraine-down-with-imperialist-military-alliances-including-nato/.

和军事化，以确保该地的持久和平与安全。[①] 第 22 次共产党和工人党国际会议通过的一份决议指出，“我们将尽一切努力防止俄罗斯重蹈南斯拉夫、伊拉克或利比亚的覆辙……反动派寻求牢固而长期地建立其新秩序。俄罗斯不能输掉反对纳粹主义的战争”[②]。

六是媒体的刻意鼓动和渲染起到推波助澜作用。加拿大共产党提出，加拿大广播公司等媒体利用公共信息传播途径鼓吹俄罗斯和乌克兰之间的战争不可避免，助长大战在即的舆论声势，充当了“战争驱动者”的角色。[③]瑞士共产党于 1 月 25 日发布的声明《对俄罗斯的战争说不！——反对美国和欧盟煽动战争的行径》强调，媒体（包括瑞士媒体）和西方政府正在越来越多地煽动针对俄罗斯和其他不服从大西洋命令的国家的新冷战，并试图推动热战的爆发。[④] 加泰罗尼亚共产党人党于 2 月 22 日发文指出，部分政界人士和媒体并非为和平对话解决冲突服务，而是都在使用典型的冷战论调，散布俄罗斯可能入侵乌克兰的言论，这只会使形势更加恶化。[⑤]

（二）垄断资本是俄乌冲突的幕后推手

国外共产党认为，资本主义国家的政府充当着大型垄断公司的行政委员会，它们的任何政策都服务于垄断资本的利益。俄乌冲突也不例外，大型垄断资本是幕后的赢家和主推手。爱尔兰共产党指出，“虚伪和双重标准是帝

---

① CPB，“ЗАЯВЛЕНИЕ ЦЕНТРАЛЬНОГО КОМИТЕТА И СОВЕТА КОММУНИСТИЧЕСКОЙ ПАРТИИ БЕЛАРУСИ”，http：//www. comparty. by/news/zayavlenie-centralnogo-komiteta-i-soveta-kommunisticheskoy-partii-belarusi-1.

② Solidnet，“22nd IMCWP，The Struggle Against USA and NATO Imperialism which Seek World Hegemony is the Key Task of the Progressive Forces”，http：//www. solidnet. org/article/22nd-IMCWP-The-Struggle-Against-USA-and-NATO-Imperialism-which-Seek-World-Hegemony-is-the-Key-Task-of-the-Progressive-Forces/.

③ CPC，“No to War in Europe”，https：//communist-party. ca/no-to-war-in-europe/#more-4226.

④ CPS，“No alla guerra contro la Russia!”，https：//www. partitocomunista. ch/？ p=6086.

⑤ PCC，“Communists of Catalonia on the War Escalation on Ukraine”，http：//www. solidnet. org/article/Communists-of-Catalonia-Communists-of-Catalonia-on-the-war-escalation-on-Ukraine/.

国主义的标准要素，它们在全球发动了无数次非法战争，以促进和捍卫跨国公司和垄断资本主义的利益。战争和战争威胁一直是帝国主义列强服务于其经济战略的工具"[①]。在第 22 次共产党和工人党国际会议上，乌克兰共产党指出，"当前法西斯主义的威胁是真实存在的，美国和北约利用乌克兰人在乌克兰领土上发动的战争本质上是一场完全为了美帝国主义利益的战争"[②]。

比利时工人党在《美国真的想帮乌克兰吗?》一文中详细阐明了俄乌冲突爆发后的三大获益方。一是美国军火企业。雷神（Raytheon Company）、洛克希德·马丁（Lockheed Martin Space Systems Company）等军工跨国公司大发战争财，不仅美国军事"援助"乌克兰的数十亿美元落入这些公司的金库中，而且德国等欧盟国家为扩充军力，也纷纷与其签订订购合同。二是美国的化石燃料企业。欧洲领导人通过增加对美国页岩气的订购量试图减少对俄罗斯天然气的依赖。三是华尔街的金融部门。一方面，俄罗斯向欧洲输送石油和天然气的不确定性，引发能源价格的波动，为美国投资者提供了疯狂投机的对象。另一方面，对俄罗斯的制裁也为美国投资者提供了在海外市场的黄金机会，如美国高盛公司（Goldman Sachs）等金融机构以极低的价格购买俄罗斯公共债务并转售，在此过程中赚取了丰厚的利润。[③] 美国共产党在声明《不要对乌克兰开战，不要对俄罗斯开战，不要战争》中的观点与比利时工人党一致，认为美国政府拉开了由经济利益推动俄乌冲突的帷幕，不仅导弹制造商和飞机制造商从东欧的战争中获利，大型石油和天然气公司也是这场战争的大赢家，此外华尔街的金融部门也没有放过利用战争发财的机会。[④]

① CPI, "CP of Ireland, End the war in Ukraine- Dismantle NATO", http: //www. solidnet. org/article/CP-of-Ireland-End-the-war-in-Ukraine-Dismantle-NATO/.

② CPU, "22nd IMCWP, Contribution by the CP of Ukraine," http: //www. solidnet. org/article/22nd-IMCWP-Contribution-by-the-CP-of-Ukraine.

③ PTB, "Les États-Unis veulent-ils réellement venir en aide au peuple ukrainien ?", https: //www. ptb. be/les_tats_unis_veulent_ils_r_ellement_venir_en_aide_au_peuple_ukrainien.

④ CP USA, "No War on Ukraine, No War on Russia, No War Period! ", https: //www. cpusa. org/article/no-war-on-ukraine-no-war-on-russia-no-war-period/.

（三）资本主义政府的虚伪和反动性暴露无遗

国外共产党指出，美国和欧盟等西方列强在俄乌冲突爆发后，在世界人民面前竭力伪装，披着民主和平的外衣，打着维护人权和主权的旗号，不断煽动和助长冲突的火焰，扰乱国际和地区安全秩序。摩尔多瓦共产党人党在4月4日至18日对1109位民众进行了访问调查，结果显示超过43%的摩尔多瓦人认为，北约、西方和泽连斯基政府应为乌克兰危机负责。[①]

第一，国外共产党批判西方资本主义政府的两面派作风和伪和平民主立场。瑞典共产党强调，美帝国主义在俄罗斯行动面前的虚伪是无可争辩的。过去几十年来，美国对伊拉克的打击，北约对南斯拉夫和利比亚的轰炸，对科索沃的空袭，都是置国际法与《联合国宪章》于不顾的表现。当前俄乌问题也是由于美国和北约公然违背与俄罗斯签订的协议，不断挑战俄罗斯的安全底线引起的。同时，冲突爆发后美国一边大谈反对战争，维护主权和正义，一边却不断向乌克兰支援军事武器，加大对俄罗斯的制裁力度，这无疑是虚假的人道主义及和平主义。[②] 丹麦共产党向丹麦政府发出质问："当美帝国主义列强在中东对库尔德人民犯下罪行时，你们选择向美国提供帮助，但是现在却谈论乌克兰人民的自决权。现在欧洲发生了战争，你们也是随时准备支持乌克兰，然而当巴勒斯坦人民在过去74年里一直在呼救时，这种同情又在哪里？"[③] 西班牙人民共产党批判西欧各国对待难民的不同适用标准，即对乌克兰难民持开放政策，但是对叙利亚、也门、马里、阿富汗、巴勒斯坦、厄立特里亚、刚果民主共和国等地因帝国主义侵略而流离失所的难

---

① PCRM, "21.04.2022: Более 43% молдаван считают, что в войне в Украине виноваты НАТО, Запад и Зеленский", http://www.pcrm.md/main/index_md.php?action=news&id=18517.

② SKP, "Uttalande: Nej till krig－Vi fördömer Rysslands angrepp på Ukraina", https://www.kommunisterna.org/nyheter/2022/02/uttalande-nej-till-krig-vi-fordomer-rysslands-angrepp-pa-ukraina.

③ DKP, "Besættelse, krig og kampen om fred", http://kommunisterne.dk/2022/04/19/besaettelse-krig-og-kampen-om-fred/.

民关闭边界，酿成成千上万名难民死亡的悲剧。[①]

第二，一些国外共产党批判了资本主义政府的独裁和反动性。比如，英国共产党在《谴责俄乌冲突期间对共产党人的审查和镇压的声明》中揭露了资本主义政府限制言论自由的行径。该党指出，俄罗斯 RT 电视台（Russia Today）及其卫星频道已被禁止进入包括英国在内的欧洲主流广播网络，反战和批评北约的观点被排除在大多数媒体报道之外，而且也很少或根本没有关于泽连斯基总统镇压乌克兰社会主义和进步组织的报道，这种对言论自由的限制将严重影响英国和其他北约成员国公民未来向政府问责的能力。[②] 德国共产党在第 22 次共产党和工人党国际会议的发言中指出，德帝国主义及其政府严重限制了民主权利，“反共产主义和对俄罗斯联邦的敌意日益增加，社会主义运动的标志，比如 5 月 8 日和 9 日在柏林出现的苏联国旗和许多其他标志，以及所有被认为是‘亲俄’的东西都被禁止”[③]。葡萄牙共产党也指出，俄乌冲突成为帝国主义进一步攻击自由和权利的借口，它们披着反战的外衣，伪造、歧视、操纵和审查信息，攻击民主和抵抗受压迫的力量，粉饰法西斯主义的概念，为反共主义和极右翼势力的发展铺平道路，毫无疑问，这是一种危险的倾向。[④]

（四）俄乌冲突加剧了全球动荡不安的局势

在全球化时代，俄乌冲突不仅仅对东欧地区带来灾难性后果，同时也给世界和平以及世界人民的生存和发展带来巨大挑战。

一是对世界和平与发展造成威胁。帝国主义过去给以叙利亚为中心的地

---

① PCPE，“La Guerra Imperialista Es Una Amenaza Para Toda La Humanidad. Por La Paz Y El Desarme，Ni Bases Ni Otan”，https：//pcpe. es/la-guerra-imperialista-es-una-amenaza-para-toda-la-humanidad-por-la-paz-y-el-desarme-ni-bases-ni-otan/.

② CPB，“CP of Britain，Communist Party Media Statement on Ukraine War”，http：//www. solidnet. org/article/22nd-IMCWP-Contribution-by-the-CP-of-Vietnam/.

③ DKP，“22nd IMCWP，Contribution by the German CP”，http：//www. solidnet. org/article/22nd-IMCWP-Contribution-by-the-German-CP/.

④ PCP，“22nd IMCWP，Contribution by the Portuguese CP”，http：//www. solidnet. org/article/22nd-IMCWP-Contribution-by-the-Portuguese-CP/.

中海东部地区、以也门为中心的阿拉伯半岛、以朝鲜半岛为中心的东北亚地区、以委内瑞拉为中心的加勒比地区带来了硝烟和战争[①]，而如今又将触角伸向东欧地区，进一步恶化了世界的不安全局势。墨西哥共产党指出："乌克兰危机进一步暴露出帝国主义内部矛盾的交叉性、多样性及并发性，在这些矛盾的激化下，帝国主义列强越来越走向战争对抗。"[②] 同时，在2008年金融危机以及新冠疫情的叠加影响下，世界各国的经济都面临不同程度的发展困境。俄乌冲突爆发后，以美国为首的资本主义大国对俄罗斯全方位制裁所引发的生产和燃料费用上涨、部分产品进出口贸易受阻，乌克兰粮食大幅减产以及欧洲难民危机加剧，无疑使世界经济形势雪上加霜。

二是为国际极端政治势力的生长提供了温床。国外共产党强调，这场冲突不仅对俄罗斯和乌克兰的安全和发展构成了严重威胁，它还助长了俄乌两国乃至整个欧洲的民族主义、极右翼和反民主倾向的发展，并为外国军事干预提供了更多借口。比如，英国共产党提出："俄乌冲突强化了乌克兰境内民族主义者、极右翼和法西斯势力的地位。在乌克兰几个主要城市的安全机构中，极端右翼军事组织得到了发展，法西斯亚速营的规模、影响力和声望也都有所壮大。"[③] 此外，西班牙共产党、法国共产党也都表示担忧欧洲恐俄情绪的滋长，以及由盲目爱国情绪引发法西斯主义行径。

三是使广大人民群众处于水深火热之中。国外共产党就提出，西方资本主义列强虽然是战争的制造者，但是处于社会最底层的人却是战争后果的承担者和牺牲者，"战争是一场人道主义悲剧，平民受害者是其最大的表现"[④]。美国工人世界党发文强调，俄乌冲突使乌克兰人民处于水深火热之

① 杨守明：《金融危机以来国外共产党对当代帝国主义的分析和批判》，《当代世界与社会主义》2019年第3期。

② PCM，"Sobre Antagonismo Interimperialistas en Ucrania"，http：//www.solidnet.org/article/CP-of-Mexico-Sobre-antagonismo-interimperialistas-en-Ucrania/.

③ CPB，"Communist Party Media Statement on Ukraine War"，http：//www.solidnet.org/article/CP-of-Britain-Communist-Party-media-statement-on-Ukraine-War/.

④ PCPE，"Guerra De Ucrania. Segundo Comunicado Del Pcpe"，https：//pcpe.es/guerra-de-ucrania-segundo-comunicado-del-pcpe/.

中，背井离乡，流离失所；俄罗斯人民面临十分艰难的处境，将因西方制裁而食不果腹，遭受贫困率大幅上升的打击，以及无法获得适当的药品、供暖和运输的燃料；欧洲的工人阶级生活成本上升，实际收入下降，生活愈益贫困；美国工人需应对不断上涨的油价、潜在的低工资以及种族主义、仇外势力和盲目爱国主义思潮的抬头。① 塞浦路斯劳动人民进步党也指出，已经采取的制裁措施将不仅对俄罗斯，对欧洲，而且对全人类将产生深远和不可预测的后果，将加重人们的贫困和社会苦难。②

三　国外共产党应对俄乌问题的策略主张

对于如何解决俄乌问题，国外共产党从不同主体出发提出了自己的主张：对于俄乌双方而言，立即停火，和平对话解决争端是最正确之举；对于整个欧洲而言，构建新的集体安全体系是长久之策；对于共产党人自身而言，也要承担起自己的使命任务，为构建更加稳定和谐的人类社会而努力。

（一）当务之急是通过对话谈判形成政治解决方案

冲突参与方回到谈判桌前，开展对话协商，签订和平协议，结束冲突局势是全世界共产党人共同的呼声。印度共产党、爱尔兰共产党、加拿大共产党、芬兰共产党、法国共产党、伊拉克共产党、葡萄牙共产党、印度共产党（马克思主义）等大多数国外共产党在诸多场合呼吁通过对话谈判以认真、建设性和现实主义的方式解决俄乌冲突。印度共产党总书记拉贾（D. Raja）在《停止战争——进行对话》一文中表示："尽管俄罗斯和乌克兰之间的会谈尚未取得任何具体成果，但应该强调的是，这场冲突只能通过在没有外来干涉的情况下坐在谈判桌上来解决。""战争不会带来任何解决办法，我们呼吁以

① WWP，"Disband NATO-the U. S. War Provocateur"，https：//www. workers. org/2022/02/62086/.

② AKEL，"Ανακοίνωση της Κ. Ε. ΑΚΕΛ για τη ρωσικΝή εισβολή στην Ουκρανία"，https：//akel. org. cy/oukrania-2/.

和平方式结束争端，否则它很可能会诱发使用核武器的世界大战。"① 芬兰共产党也强调："乌克兰、俄罗斯和整个欧洲都必须在乌克兰实现停火，并推动外交谈判达成和平协议。其中一个重要部分是乌克兰的军事不结盟。俄乌冲突不会以战争结束，而是以协议结束。"② 伊拉克共产党指出："我们与世界各地兴起的爱好和平的力量一道，谴责这场战争，呼吁立即停止战争，诉诸联合国主持下的谈判，认真对话，达成协议，保证各方的利益，让平民百姓放心，让所有人民享有安全与和平、远离战争祸害和罪恶的权利。"③

（二）从长远看，构建新集体安全体系对于保障欧洲和平至关重要

一些欧洲国家共产党指出，俄乌冲突的爆发，对欧洲安全局势造成严重威胁，重塑欧洲集体安全体系，巩固国际和平与安全尤为重要。法国共产党提出，武力的语言应让位于外交的努力。一方面，应在联合国的组织下，召开一次和平与安全会议，达成一项友好合作条约，缓和俄乌紧张局势；另一方面，从长远来看，与北约军事封锁逻辑不同，应在欧洲建立一个新的集体安全空间，以全面解决欧洲各国在安全、环境、民主、社会、经济和商业方面的问题。④ 西班牙共产党指出，只有多边国际秩序才能保证人类社会的和平与繁荣。欧洲各国要捍卫以对话、外交和政治谈判解决矛盾和问题的道路，克服冷战思维，加快推进裁军进程，消灭大规模毁灭性武器，同时要积极构建集体安全体系，给乌克兰、俄罗斯乃至所有欧洲人民以和平的生存空间。⑤

---

① CPI, "Stop the War-Engage in Dialogue", http://www.solidnet.org/article/CP-of-India-Stop-the-War-Engage-in-Dialogue/.

② CPF, "22nd IMCWP, Contribution by the CP of Finland", http://www.solidnet.org/article/22nd-IMCWP-Contribution-by-the-CP-of-Finland/.

③ ICP, "22nd IMCWP, Contribution by the Iraqi CP", http://www.solidnet.org/article/22nd-IMCWP-COntribution-by-the-Iraqi-CP/.

④ PCF, "Ukraine: Non à la guerre, la France doit porter urgemment une offre de paix (PCF - Fabien Roussel)", https://www.pcf.fr/ukraine_non_a_la_guerre_la_france_doit_porter_urgemment_une_offre_de_paix_pc.

⑤ PCF, "No a La Guerra: El Partido Comunista de España condena el ataque de la Federación Rusa a Ucrania", https://pce.es/el-partido-comunista-de-espana-condena-el-ataque-de-la-federacion-rusa-a-ucrania/.

捷克和摩拉维亚共产党在《促进和平解决乌克兰冲突》一文中指出，该党支持根据国际法原则、《联合国宪章》和欧洲安全与合作会议的文件和平解决乌克兰冲突，同时致力于在欧洲构建一个确保所有国家和平与安全的新的安全架构，以防止欧洲大陆战争悲剧的再次发生。[①]

当然，对于这一主张，有的党也提出了不同的看法，比如，希腊共产党针对西班牙共产党提出的建立集体安全体系的倡议发表了自己的观点，“西班牙共产党的案文呼吁建立一个‘新的人类安全体系’，以应对贫困、饥饿、失业、疾病、不平等、缺乏基本公共服务、气候变化或军事冲突问题，但是要认识到一个事实即只要市场规律和资本主义生产方式还存在，就不可能有这样的制度，提倡资本主义可以‘人性化’是一种乌托邦观点”。[②]

（三）共产主义者应承担起维护和平的历史使命

匈牙利工人党提出，“我们正处于全世界工人和被压迫人民面临严重危险的时刻。美国和北约正在把我们推向第三次世界大战和核灾难的边缘”，“谁能提供可靠可行的替代方案？资本的力量？自由派？保守派？极右翼？法西斯主义者？我们全世界的马克思主义政党？是的，还是要由我们承担起这一历史责任”[③]。那马克思主义政党该如何承担起这一历史责任呢？国外共产党主要提出了以下三点主张。

第一，联合进步力量，发起反战和平运动。国外共产党指出，社会主义力量联合和平组织、民主和进步人士发起强大的反战运动是争取和平的良好

① KSCM, “KSČM prosazuje mírové řešení situace na Ukrajině”, https://www.kscm.cz/cs/aktualne/aktuality/kscm-prosazuje-mirove-reseni-situace-na-ukrajine.

② KKE, “Confrontation Between the Usa-Nato-Eu And Russia: Open Letter of the International Relations Section of the CC of the KKE about the Resolution of the CP of Spain”, http://www.solidnet.org/article/CP-of-Greece-CONFRONTATION-BETWEEN-THE-USANATO-EU-AND-RUSSIA-Open-letter-of-the-International-Relations-Section-of-the-CC-of-the-KKE-about-the-Resolution-of-the-CP-of-Spain/.

③ Hungarian WP, “22nd IMCWP, Contribution by the Hungarian WP”, http://www.solidnet.org/article/22nd-IMCWP-Contribution-by-the-Hungarian-WP/.

开端。意大利重建共产党强调，以共产主义国际主义为行动指南，建设不分种族和政治派别的自下而上的团结网络，与和平主义、女权主义以及环保主义者一起发起声势浩大的反战运动，支持和声援战争受害者是当前共产党人的重要任务。[①] 美国共产党在第 22 次共产党和工人党国际会议的发言中指出，“那么我们如何对抗帝国主义呢？对我们来说，答案是振兴基础广泛、力量强大的和平运动”，“当前的和平运动是支离破碎的，缺乏反帝和国际主义的指导原则。我们承诺努力改变这种状况，建立一个庞大的国际和平阵线。这一阵线既包括完全反对战争和支持和平解决方案的有组织的和平社会正义运动，也包括现存的社会主义国家和保持一定程度自主政策的其他发展中国家，同时也包括今天在座的所有共产党和工人党”[②]。加拿大共产党也呼吁加拿大的民主力量，特别是和平组织和工人运动动员起来反对作为工人阶级和世界人民主要敌人的帝国主义，反对日益增加的战争危险。[③]

第二，建立包括工人阶级和人民群众在内的广泛阵线，是反对帝国主义的必要条件。伊朗人民党指出，共产党人最重要的是重新获得劳动人民以及其他社会阶层的信任，以动员起广泛的统一人民阵线。如果没有建立起广泛的人民阵线，极右翼和法西斯主义反动势力将获得影响力，然后获得政治权力，同时，无法建立反对地方反动政权和帝国主义的广泛统一人民阵线的另一个后果是无法捍卫世界和平和人类的安全，正如俄乌冲突悲惨事件的后果所表明的那样，世界正朝着以美国和北约为首的快速军事化方向蹒跚前行。[④] 葡萄牙共产党也指出，对于葡共来说，反对法西斯主义的威胁，反对帝国主义的侵略，捍卫和平与裁军的斗争，与反对剥削和压迫，争取主权、

---

① PRC, “Sabato 5 marzo a Roma contro la guerra. L' appello di Fairwatch”, http: //www. rifondazione. it/primapagina/? p=49729.

② CP USA, “22nd IMCWP, Contribution by the CP USA”, http: //www. solidnet. org/article/22nd-IMCWP-Contribution-by-the-CP-USA/.

③ PCC, “Act Now to Stop the US-NATO Drive to War With Russia!”, https: //communist-party. ca/act-now-to-stop-the-us-nato-drive-to-war-with-russia/.

④ Tudeh Party of Iran, “22nd IMCWP, Contribution by the Tudeh Party of Iran”, http: //www. solidnet. org/article/22nd-IMCWP-Contribution-by-the-Tudeh-Party-of-Iran/.

民主、社会进步的更广泛的斗争以及动员工人阶级和其他反垄断阶级和阶层建立广泛阵线的斗争是分不开的，这些为具体的和当前的目标而进行的斗争是推进社会变革的基本和必要因素，也是为革命性地克服资本主义这一战略目标而斗争的基本和必要因素。

第三，推翻资本主义，实现社会主义，是实现人类社会永久和平的根本之举。国外共产党普遍认识到，以利润为行为导向的资本主义是导致世界冲突和战争的根源，只要资本主义存在，人类世界就难以实现真正的和平，而社会主义作为资本主义的对立物和取代物，以无产阶级和广大人民群众的利益为本，以实现全人类的解放为价值目标，构建的是和谐自由平等的社会。因此，国际工人阶级团结起来开展争取和平与社会主义的斗争，推翻资本主义是根本之举。奥地利劳动党指出："在垄断资本主义的制度背景下，强大的和平运动只能暂时迫使统治者实现和平。而世界人民的永久和平只有在社会主义条件下才能实现。因此，坚定不移地进行反对资本主义、反对帝国主义的无产阶级革命斗争，是最好的和平政策。"① 爱尔兰工人党指出："俄乌问题归根结底还是由资本主义制度的内在动力引起的，因此，推翻金融资本操控的社会，建立一个为整个人类服务的计划经济体系，才能彻底规避国际社会战争和冲突不断的局面。"②

结　语

俄乌冲突是21世纪资本主义世界继伊拉克、阿富汗、叙利亚、利比亚等的战争之后又一场大规模武装冲突事件，给欧洲乃至全世界都带来了深远影响。面对这一冲突事件，国外共产党积极发声发力，呈现出极高的参与度，展示了2022年度国际共运的高涨之势，这既体现了国外共产党对危机

① PdA，"No to Imperialist War! For Peace Through Socialism!"，http：//www.solidnet.org/article/Party-of-Labour-of-Austria-No-to-imperialist-war-For-peace-through-socialism/.

② WPI，"WPI Statement on Ukraine"，http：//www.solidnet.org/article/WP-of-Ireland-WPI-Statement-on-Ukraine/.

事件的严重关切，同时也是共产党人肩负的“利用经济危机或国与国之间的战争造成的有利形势，组织无产阶级去夺取政权”① 的使命任务使然。

国外共产党的反战声援、批判和斗争彰显了无产阶级政党的正义性和国际主义精神。首先，国外共产党始终以维护人民的利益为重，站在人民的立场上看待俄乌问题。正如《共产党宣言》中所指出的：“在无产者不同的民族的斗争中，共产党人强调和坚持整个无产阶级共同的不分民族的利益。”②它们对帝国主义置人民的生命财产安全和人类社会的和谐稳定于不顾而挑起战争的侵略行径进行了强烈批判，对资本主义政府的反人民政策、大型垄断资本大发战争财的恶劣行径进行了严厉谴责，并对受冲突影响的民众进行了物资支援和国际声援，充分表明了共产党人以人为本、爱好和平、反帝反垄断的价值诉求。其次，俄乌冲突期间，国外共产党共同开展示威游行、联合签署反战声明以及声援遭到攻击的乌克兰共产党、科诺诺维奇兄弟等社会主义组织和共产主义者等行动，展现了无产阶级政党的团结精神和联合化的态势。

国外共产党对俄乌冲突的理论分析，坚持了马克思主义的方法论和原则。一方面，国外共产党采用历史合力论对俄乌冲突的原因进行了分析，认为俄乌冲突是多种因素综合作用的结果。它们还用阶级分析法对俄乌冲突的本质展开了分析，强调只要资本主义存在，那么人类社会永久和平与安全就难以实现，社会主义仍然是及时和必要的。另一方面，国外共产党对俄乌冲突涉及的国际共运传统理论问题，如战争与革命、主权与安全、资本主义、法西斯主义、帝国主义、社会主义等进行了广泛讨论，话语体系和阐释逻辑体现了无产阶级政党的传统特征。当然，一些共产党对“什么是帝国主义，什么是法西斯主义”等问题出现了差异性认知。大不列颠共产党（马列主义）官网刊发的文章《谁因错误地将俄罗斯贴上“帝国主义”标签而受益?》中就反对希腊共产党以及瑞典共产党将俄罗斯视为帝国主义，认为这

① 高放、李景治、蒲国良主编《科学社会主义的理论与实践》（第五版），中国人民大学出版社，2005，第 312 页。

② 《马克思恩格斯选集》第 1 卷，人民出版社，2012，第 413 页。

是对列宁帝国主义论的修正。[①] 这些分歧体现了科学社会主义理论在应用于现实实践中各党产生了认知差异，也体现了与一战和二战时期帝国主义和纳粹法西斯主义的反动行径相比，当代资本主义愈益伪装化，从而影响到社会主义力量的判断。因此，俄乌冲突从某种程度上给国外共产党的理论认识提出新的挑战。

参考文献

1. 柴尚金：《当今国外共产党发展新态势》，《世界社会主义研究》2021 年第 11 期。
2. 于海青：《坚定行进在推动人类发展进步的道路上——2022 年外国共产党的新发展与新动向》，《当代世界》2023 年第 1 期。
3. 余维海、陈姣：《第 22 次共产党和工人党国际会议评析》，《当代世界社会主义问题》2022 年第 4 期。
4. 22nd International Meeting of Communist & Workers Parties，http：//www. solidnet. org/meetings - and - statements/imcwp/22nd - International - Meeting - of - Communist - Workers-Parties/.

① CPB（ML），“Who Benefits by Falsely Labelling Russia as ‘Imperialist’?”，https：//thecommunists. org/2022/04/11/news/theory/who-benefits-falsely-labelling-russia-imperialist-ukraine-war/.

Y.5
国际金融新动荡：基于列宁“帝国主义论”的解读

邢文增*

摘　要： 2022年以来，国际金融市场出现激烈动荡，给全球经济稳定和国际秩序带来新的挑战。许多国家货币急剧贬值，一些发展中国家出现资本外流、偿债成本上升、输入性通胀加剧等问题，部分国家甚至陷入货币或债务危机。从表面上看，美国加息以及俄乌冲突是引发上述问题的直接结果；从其深层根源来看，则依然未能跳出列宁在“帝国主义论”中的视野，即源于金融资本的扩张以及帝国主义的寄生性和腐朽性。金融资本的全球扩张与掠夺暴露了帝国主义的深层次矛盾，不仅使国际金融市场发生动荡，还将对国际格局产生重要影响。

关键词： 国际金融动荡　“帝国主义论”　国际格局

2022年以来，在美联储持续加息以及俄乌冲突的双重影响下，国际金融市场出现激烈动荡。一些国家本币急剧贬值，出现资本外流、输入性通货膨胀、外债上升等情况，严重影响了其国内金融和经济。本文将透过列宁“帝国主义论”的视角，分析国际金融市场新动荡背后深层次的根源，探寻其对国际格局和国际共产主义运动带来的影响。

---

* 邢文增，中国社会科学院马克思主义研究院副研究员，研究方向为当代资本主义与科学社会主义。本文审读专家为山东大学政治学与公共管理学院崔桂田教授。

一　2022年以来国际金融市场出现了新一轮剧烈动荡

2022年以来国际金融市场剧烈动荡，许多国家都出现本币大幅贬值的状况，发展中国家更是出现资本外流、外债偿还成本上升、输入性通货膨胀加剧等情况，部分国家陷入货币或债务危机。

（一）美联储持续加息引发系列金融动荡

2022年，美国遭遇了40年来最严重的通货膨胀，消费者价格指数（CPI）同比涨幅在6月达到9.1%。为抑制通货膨胀，美联储从3月开始了多轮加息。3月16日，美联储宣布上调联邦基金利率目标区间25个基点（0.25%至0.5%），这是美联储自2018年12月以来首次加息。5月4日，美联储决定将美国联邦基金利率上调50个基点，这也是美联储22年来首次一次升息0.5%。6月、7月、9月和11月美联储又连续四次加息75个基点。12月14日，美联储再次宣布上调联邦基金利率。经过7轮调整，美联储在2022年累计加息425个基点。

由于美元的特殊地位，美联储的持续加息不仅会影响国内经济，更会影响国际金融局势。

1.美元强势引发多国货币大幅贬值

在美联储的加息政策下，美元走势强劲。与此相反，其他国家货币则大幅贬值。2022年7月，欧元兑美元汇率自2002年12月以来首次跌破平价。英镑兑美元汇率9月26日一度跌至1比1.03附近，达到1985年以来最低点。9月22日，日元兑美元汇率盘中一度逼近146比1关口，创24年来新低。同期，韩元兑美元汇率跌破1400的关口，创下2009年3月31日以来的最低纪录。

广大发展中国家货币同样大幅贬值。如土耳其里拉在9月20日兑美元汇率约为18.31比1，与2019年相比贬值幅度超过了50%，与2022年初相比下跌幅度也超过了35%。在黎巴嫩，尽管其官方汇率一直保持在约1500比1，但黑市汇率却不断下跌，在2022年9月19日甚至跌至39000比1左右。即使是本币相对坚挺的埃及，在2022年上半年埃镑兑美元汇率也明显下跌，幅度超过20%。

2. 一些国家政府被迫出手干预汇率市场

汇率的短期剧烈波动为国际金融资本找到了投机的空间，多国货币遭到国际资本的做空。据资料显示，截至2022年8月29日，韩国K0SPI的卖空交易中外国投资占比约72%，韩国央行已打响了“韩元保卫战”。[①] 管理着约1120亿美元资产的对冲基金“蓝湾”宣布，英镑已成为该基金最大的货币空头头寸，原因是该基金预期英国当局几乎无力阻止英镑下滑。

为改善这一状况，多国采取了汇率干预举措。日本政府在2022年9月22日买入大笔日元以提振汇率，这也是自1998年6月17日以来的首次汇率干预。随着日元的继续贬值，日本政府又于10月21日和24日连续两个工作日实施非公开外汇干预，总额高达6.35万亿日元。印度央行自2022年3月以来一直在出售其美元储备并回购卢比。截至8月份，印度回购了430亿卢比。然而，面对美元的强势上涨，各国政府的举措收效甚微。

3. 美元加息引发了全球央行加息潮

由于美元的主导地位，美元加息以及美元上涨对各国经济产生极大影响，多国出现输入性通货膨胀。为遏制通胀，稳定汇率，多国采取加息政策。如瑞士央行于2022年9月22日加息75个基点，结束了持续8年的负利率政策。同一天，英国央行和挪威央行也分别加息50个基点。欧洲央行于9月初进行了第二次加息。泰国、匈牙利、南非、菲律宾、印尼、越南等国家也都纷纷宣布加息。彭博社统计显示，2022年以来，约有90个经济体的央行提高了利率，其中一半央行有过单次上调至少75个基点的记录，创下了15年来全球货币政策最广泛的紧缩纪录。[②]

---

① 《美联储持续加息引发国际金融市场动荡》，百度，https://baijiahao.baidu.com/s?id=1744952080873228081&wfr=spider&for=pc。

② 《美联储激进加息引发全球“加息潮”》，《人民日报》（海外版）2022年10月6日。

4. 资本回流美国加重了新兴经济体和发展中国家的债务负担

美元升值引发国际资本向美国回流，这又导致流出国的本币资产价值进一步下跌，进而使资本流出加剧。国际金融协会（IIF）数据显示，在2022年7月，新兴市场已连续第5个月遭投资组合资本流出，创下2005年以来的净流出时间最长纪录。[①]

对于新兴经济体和发展中国家来说，资本回流美国导致其外部融资环境进一步恶化，债务利息负担加重，偿债成本不断上升，许多国家无法偿还债务，陷入债务危机。如2022年7月斯里兰卡政府宣告破产，不仅无法偿还高达510亿美元的外债，而且国内也出现了物资匮乏、物价飞涨等多重危机。7月13日，白俄罗斯未能支付2290万美元到期利息，也被认为构成违约。世界银行发出警告称，随着金融环境收紧和美元升值，25%的新兴市场正处于或接近债务困境，60%以上的低收入国家面临债务困境。[②] 美国密苏里大学堪萨斯城分校经济学教授迈克尔·赫德森（Michael Hudson）也指出，第三世界国家正面临着国内债务紧缩，无法在不贬值的情况下偿还美债。国际原材料都是以美元计价的，所以当美元升值时，这意味着这些使用本国货币的国家，不得不支付更多的本国货币，来购买铜、石油、食品，或者其他的原材料。[③]

5. 银行系统性风险加剧，多家银行倒闭或面临巨大风险

在美联储大幅加息和全球货币高度紧缩的背景下，银行的系统性风险加剧，出现流动性和清偿能力不足等问题。受此影响，美国硅谷银行于2023年3月10日破产。随后的3月12日，美国纽约州金融服务部门以“系统性风险”为由，宣布关闭总部位于纽约的签名银行。美财政部部长珍妮特·耶伦（Janet L. Yellen）在2023年3月12日接受美国哥伦比亚广播公司《面

---

① 《美联储激进加息“收割”全球，世界经济衰退风险增大》，澎湃，https：//m.thepaper.cn/baijiahao_20220598。

② 陈佳怡、范子萌：《美联储强势加息“收割”全球 脆弱经济体债务危机暗流涌动》，《上海证券报》2022年9月29日。

③ 《美联储加息引发多国经济动荡“去美元化”呼声高涨》，https：//www.13xe.cn/archives/23765.html。

向全国》节目采访时指出，硅谷银行的问题显示，由于美方处于更高的利率环境，银行所持债券等金融资产市价不断下跌，因而“这家银行问题的核心不是技术行业的问题”。[①]

硅谷银行和签名银行的倒闭也引发了市场对金融体系的担忧，恐慌情绪蔓延至欧美整个银行业，许多银行股价大幅下跌，面临巨大风险。如 2023 年 3 月 13 日，美国 KBW 银行指数跌幅超过 11%，第一共和银行、阿莱恩斯西部银行等的股票多次发生熔断。市场恐慌情绪增加并迅速蔓延。3 月 17 日，穆迪将美国第 14 大银行第一共和银行的评级下调至“垃圾级”。3 月15 日，欧洲瑞士信贷银行股价一度暴跌 31%。3 月 19 日，瑞士联邦委员会确认瑞银集团将收购瑞士信贷银行。

（二）对俄金融制裁可能引发全球金融支付系统裂变与动荡

2022 年，美西方为遏制俄罗斯，利用俄乌冲突对其实施金融制裁，使俄罗斯金融秩序受到冲击。

1. 将俄罗斯主要金融机构列入 SDN 清单[②]冻结其资产

2022 年 2 月 22 日，美国财政部海外资产控制办公室（OFAC）将俄罗斯对外经济银行和俄罗斯工业通讯银行及其子公司列入 SDN 清单。2 月 24 日，美国又将多家俄罗斯、白俄罗斯、哈萨克斯坦银行列入 SDN 清单，其中包括俄罗斯第二大金融机构俄罗斯外贸银行。被列入 SDN 清单的银行及其持有 50%或以上股份的实体将被施行冻结在美资产及禁止交易的措施。[③]

---

① 《美国财长：硅谷银行破产主因在于美联储加息》，百度，https：//baijiahao. baidu. com/s?id=1760294361356000945&wfr=spider&for=pc。

② SDN 是 Specially Designated National 的缩写，即特别指定国民。SDN 清单由美国财政部海外资产控制办公室（OFAC）发布，是根据 OFAC 管理的各种制裁计划而定，包含属于美国一系列经济贸易制裁对象的个人和实体。SDN 清单带有金融制裁属性，如果被列入该清单，实际上就被切断了与美国相关的业务或金融交易。

③ 沈姿英、彭俊、符欣：《俄乌冲突背景下美西方对俄制裁介绍以及对中国企业的影响》，北大法宝，https：//www. pkulaw. com/lawfirmarticles/aac462b92c68f3ce1979984e2737951abdfb. html。

欧盟成员等西方国家也采取了类似的方式对俄罗斯主要金融机构进行制裁，以限制其融资或筹集新资金来资助俄罗斯对乌克兰的行动。

2. 将俄罗斯部分银行从 SWIFT[①] 体系中移除

2022 年 2 月 26 日美国与欧盟、英国和加拿大发表共同声明，宣布将采取措施，进一步将俄罗斯隔绝于国际金融体系之外。3 月 2 日，欧盟决定将俄罗斯外贸银行、俄罗斯国有开发银行、俄工业通讯银行等 7 家俄罗斯银行从 SWIFT 支付系统中除名。由于 SWIFT 是全球银行机构最常用的跨境支付系统，全世界几乎所有的重要金融机构都是该系统的成员，因此，将俄部分银行从 SWIFT 系统中移除，被人称为西方丢向俄罗斯的“金融核弹”。[②]

3. 冻结俄罗斯央行的外汇储备

2022 年 4 月 21 日，俄罗斯央行行长纳比乌琳娜（Эльвира Набиуллина）表示，西方国家共冻结了俄罗斯央行近 3000 亿美元的外汇储备。11 月 30 日，欧盟委员会主席乌尔苏拉·冯德莱恩（Ursula von der Leyen）在声明中称，欧盟已冻结俄罗斯中央银行 3000 亿欧元的储备金，并建议没收其他已冻结的俄罗斯资产。

受金融制裁影响，俄罗斯的金融秩序受到巨大冲击。卢布兑美元的汇率在数周之内从 79：1 急剧下跌到 150：1，俄罗斯的金融资产也遭到评级机构恶意降级，其国债评级被信用评级机构降为垃圾级，俄罗斯企业在美欧资本市场的股价也出现暴跌。

对俄罗斯的金融制裁在冲击俄罗斯金融秩序的同时，也为其他国家敲响了警钟。许多国家认识到美欧单方面冻结他国资产的行为对国际规则的破

---

① SWIFT 是指由环球同业银行金融电讯协会管理的国际资金清算系统，全称是 Society for Worldwide Interbank Financial Telecommunications。环球同业银行金融电讯协会创建于 1973 年，总部设在比利时首都布鲁塞尔，主要职能是在全球银行系统之间传递结算信息。如今其网络已遍布全球 206 个国家和地区的 8000 多家金融机构，提供金融行业安全报文传输服务与相关接口软件，支援 80 多个国家和地区的实时支付清算系统。

② 《这 7 家俄罗斯银行被移除 SWIFT，专家：欧美“金融核弹”烈度大大降低》，百度，https：//baijiahao. baidu. com/s？ id = 1726245034266026382&wfr = spider&for = pc。

坏，同时“货币武器化”也将侵蚀美元的主导地位，引发全球金融信用危机，并动摇现有的国际货币体系和世界金融体系。在这种状况下，包括中国在内的许多国家进一步优化外汇储备结构，减少美元比重。正如前印度中央银行行长拉詹（Raghuram Rajan）所指出的：“在冻结了俄罗斯中央银行外汇储备之后，中国、印度和许多其他国家会为它们的外汇储备担忧。”① 据统计，全球持有美债规模排名前两位的日本与中国，分别在 2022 年减持 2245 亿美元及 1732 亿美元的美债，法国、沙特、以色列等多国自去年以来也抛售了大量美国国债。②

与此同时，将俄罗斯移出 SWIFT 系统也将推动其他地区性的货币结算系统的发展，美元的国际垄断地位将进一步遭削弱。许多国家不得不建设自己的支付系统来替代 SWIFT，从而导致全球支付体系呈现碎片化。其实俄罗斯为了预防西方切断其银行与 SWIFT 系统的联系，早在 2018 年就开始建立俄罗斯央行金融信息传输系统（SPFS），作为 SWIFT 系统在国内市场上的替代选择。2023 年 2 月，俄罗斯央行宣布，SPFS 拥有 469 个参与机构，包括 14 个国家的 115 个外国实体。③ 中国也将进一步推动人民币国际化。这些都将引发全球金融支付系统的裂变。

二 新一轮国际金融动荡的深层根源

当前，世界格局虽然出现了很多新的特征，但依然处于列宁所说的从资本主义向社会主义过渡时期，而资本主义则处在垄断资本主义和金融帝国主义时期。2022 年以来国际金融的动荡态势表面上似乎只是美国加息以及俄乌冲突等引发的金融行为的结果，然而，从其深层根源来看，仍然未脱离列

① 转引自余永定《美国对俄罗斯的金融制裁及其警示作用》，上海发展研究基金会网站，http：//www. sdrf. org. cn/index. php？ ac = article&at = read&did = 984。

② 《除了中国，还有多国央行也在抛售美债!》，上观，https：//export. shobserver. com/baijiahao/html/594736. html。

③ 《俄媒：俄罗斯央行宣布禁止俄金融机构在国内交易时使用 SWIFT 系统》，中国经济网，http：//intl. ce. cn/sjjj/qy/202303/22/t20230322_38455542. shtml？wo。

宁“帝国主义论”中所指出的金融资本的扩张以及帝国主义的寄生性和腐朽。只不过随着时间的推移和帝国主义国家金融力量的发展，这种寄生性和腐朽更为明显，手段也更为多样化。

（一）列宁对金融资本帝国主义本质特征的分析

资本的本性就是追求利润，对此马克思等经典作家早已进行过深刻的论述。在进入帝国主义阶段后，随着金融资本和金融寡头的形成，帝国主义出现了其特有的寄生性，对全世界的掠夺更为疯狂。正如列宁所指出的，“资本主义的寄生性和腐朽……是资本主义的最高历史阶段即帝国主义所特有的”。[①]

在资本主义社会，其一般特性“就是资本的占有同资本在生产中的运用相分离，货币资本同工业资本或者说生产资本相分离，全靠货币资本的收入为生的食利者同企业家及一切直接参与运用资本的人相分离”。[②] 而到了帝国主义阶段后，随着工业资本和银行资本融合成为金融资本以及金融寡头的形成，上述分离也达到了极高的程度。相对于其他形式的资本，金融资本具有无可比拟的优势，通过参与制等方式支配着全国大部分资金，使垄断资本的触角伸向各个角落。对于金融资本在掠夺财富方面的作用，列宁曾在《帝国主义是资本主义的最高阶段》中描述道：“集中在少数人手里并且享有实际垄断权的金融资本，由于创办企业、发行有价证券、办理公债等等而获得大量的、愈来愈多的利润，巩固了金融寡头的统治，替垄断者向整个社会征收贡赋。”[③] 从国际范围来看，金融资本的统治意味着少数拥有金融“实力”的国家处于和其余一切国家不同的特殊地位。通过资本输出，帝国主义国家的金融集团利用其垄断优势攫取全球财富，极少数帝国主义国家依靠“剪息票”等掠夺全世界，使得寄生性和腐朽成为这一阶段所特有的表现。

---

① 《列宁选集》第 2 卷，人民出版社，2012，第 581 页。

② 《列宁选集》第 2 卷，人民出版社，2012，第 624 页。

③ 《列宁选集》第 2 卷，人民出版社，2012，第 618 页。

对于金融资本统治下的帝国主义寄生性和腐朽，列宁通过实证研究指出，“帝国主义就是货币资本大量聚集于少数国家，其数额，如我们看到的，分别达到1000—1500亿法郎（有价证券）。于是，以‘剪息票’为生，根本不参与任何企业经营、终日游手好闲的食利者阶级，确切些说，食利者阶层，就大大地增长起来。帝国主义最重要的经济基础之一——资本输出，更加使食利者阶层完完全全脱离了生产，给那种靠剥削几个海外国家和殖民地的劳动为生的整个国家打上了寄生性的烙印”，“在世界上‘贸易’最发达的国家，食利者的收入竟比对外贸易的收入高4倍！这就是帝国主义和帝国主义寄生性的实质。因此，‘食利国’（Rentnerstaat）或高利贷国这一概念，就成了论述帝国主义的经济著作中通用的概念。世界分为极少数高利贷国和极大多数债务国”。①

（二）本轮国际金融新动荡更加凸显了金融帝国主义的寄生性

2022年以来国际金融市场的新动荡是美西方国家利用金融霸权掠夺全球财富的结果，而这一结果能够实现的根基在于垄断资本尤其是金融资本的全球统治。20世纪七八十年代以来，随着传统的殖民帝国主义向新帝国主义的过渡，金融资本的规模愈发惊人，列宁所说的“帝国主义就是货币资本大量聚集于少数国家”这一特点也更为明显，这不仅使得金融资本全球统治的范围更广，将更多的发展中国家纳入其掠夺领地，而且实现金融掠夺的方式更多。在这种情况下，美西方拥有着大量的货币资本，利用金融霸权攫取全球财富，帝国主义的寄生性更为凸显。

这种金融霸权一方面体现在金融规则、金融秩序、金融手段等的制定和执行由霸权国来决定，这些国家拥有利用金融规则占有和剥夺其他国家财富的利器。在这次俄乌冲突中，美西方对俄罗斯的金融制裁就是这种金融霸权的体现。实际上，通过金融制裁来直接掠夺他国财富一直是美西方的重要手段。在这一过程中，银行体系与支付清算体系是其执行金融制裁的重要渠

① 《列宁选集》第2卷，人民出版社，2012，第661、662页。

道。如从1950年以来，美西方对朝鲜实施了多次金融制裁。早在1950年，美国杜鲁门就宣布对朝鲜实施全面制裁，其中就包括冻结朝鲜在美国资产等。其后，对朝鲜又发动了多轮制裁。譬如，2009年8月，美国根据第13382号总统令对朝鲜光山银行实施金融制裁，冻结该银行在美国的账户和金融资产。除对朝鲜外，对苏联、中国、伊朗等多个国家，美西方都实施过多次金融制裁。俄乌冲突爆发以来，美国更是冻结俄罗斯外汇储备，制裁俄主要银行，并将大多数俄银行排除在SWIFT系统之外，导致国际金融及大宗商品市场剧烈波动。

金融霸权另一方面的体现就是美元霸权。二战后期，以美元与黄金挂钩、国际货币基金组织成员的货币与美元保持固定汇率为基本内容的布雷顿森林体系的建立，确立了以美元为中心的国际货币体系，美元也由此确立了全球硬通货地位。布雷顿森林体系瓦解之后，美国又建立起“石油美元”体系，美元的霸权地位依然持续。在美元霸权的支撑下，美国通过货币升值或贬值引发其他国家经济出现巨大波动，保障美国经济的优势地位。同时，美联储按照美国利益需要，在“开闸放水”和“落闸限流”之间反复横跳，利用货币流动从他国攫取经济利益。美国货币政策处于扩张周期时，大量资本流向全球，助推资产价格泡沫，赚取高额增值收益；美国货币政策进入收缩周期时，资本回流美国，把本币大幅贬值、资产价格崩盘的恶果留给他国。①

无论是上述哪一种表现形式，从其根源来看，金融霸权都是金融资本全球统治的结果。在这种统治下，金融资本和金融寡头可以赤裸裸地利用国际规则或印发美元来劫掠全球，其财富的增长建立在对全球的掠夺之上，充分印证了列宁所指出的“极少数最富强的国家剥削愈来愈多的弱小国家”②，其寄生性的特质也暴露无遗。

① 杜静、欧阳为、张欣：《“我们的货币，你们的麻烦”——起底美元霸权》，中国日报网，https：//cnapp. chinadaily. com. cn/a/202211/08/AP6369bc94a31056d49c04aa13. html。

② 《列宁选集》第2卷，人民出版社，2012，第684页。

三　国际金融新动荡对国际格局和两制关系的影响

金融资本的全球扩张与掠夺不仅使国际金融市场发生动荡，帝国主义的深层次矛盾进一步展露在世人面前，还将影响世界金融系统乃至国际格局的走向。

（一）国际金融新动荡使发达资本主义国家间的矛盾冲突加深

在当前的货币体系下，美元汇率的变化会对各国经济产生重要影响，而这也是美联储调整政策的目的之一。在历史上，我们可以看到，美联储多次通过货币政策的调整来实现遏制他国的快速发展势头、维护美国的霸权地位等目的。譬如，20 世纪 80 年代，美国为改善国际收支的不平衡，通过“广场协议”使日元对美元大幅升值，导致日本出口受到巨大挫折，这也成为日本经济陷入长期衰退的一个重要诱因。在欧元诞生后，统一的欧洲货币对美元霸权形成了挑战，美国通过挑起科索沃战争使大量国际资本逃离欧洲，致使欧元对美元汇率一路下跌。2008 年国际金融危机爆发后，美联储亦是通过量化宽松政策超发美元，换取他国财富，从而实现转嫁危机的目的。

而 2022 年美联储持续加息，从表面上看是为了遏制国内的通货膨胀，但从其结果来看，欧元、日元等发达国家货币都大幅贬值，不仅使这些国家出现了严重的输入性通货膨胀，而且也削弱了欧元等的国际地位，进一步维护了美元的霸权。实际上，近年来，随着欧盟力量的日益强大，欧元已经对美元形成了巨大的挑战。在 2021 年 10 月欧盟和西巴尔干领导人峰会期间，法国总统马克龙就公开表示，欧元作为一个重要的政策工具，欧盟应当进一步推动欧元的国际化，以便保护欧盟企业免受美国通过美元以及美式标准施加的“长臂管辖”。而欧盟委员会也在 2021 年 1 月公布了一份旨在强化欧元国际地位与强化欧洲金融体系建设的战略性文件，其目的就是抗衡美元的霸权以及美国单边域外的制裁行为。[①]

然而，随着美联储的7轮加息，欧元等货币表现出了其在当前的货币体系中的脆弱性，对美元霸权的挑战力度已经大幅降低。而日本则因货币大幅贬值，能源等原材料进口成本大幅增加，经济增长放缓，2022年第三季度经济呈负增长。因此，在这种情况下，由美联储加息引发的国际金融动荡必然会使发达资本主义国家间暗流涌动，冲突加深。

（二）霸权国与发展中国家间的矛盾加剧

国际金融动荡给世界各国带来了巨大的冲击，尤其是对发展中国家而言，不仅要面对国内的通货膨胀、外资流出、外债成本的提高，还要面对出口的持续下滑等困境。

以越南为例，2022年以来，美联储激进加息使新兴市场货币普遍承压，越南盾也无法避免，兑美元汇率累跌超7%。部分外资从下半年已开始从越南股市撤离。同时，由于欧洲通胀高企，消费者购买力快速下滑，导致越南2022年的出口订单量急剧下降。根据越南海关总局的数据，9月以来，越南货物贸易进出口持续下滑。9月出口额298.2亿美元，环比下降14.6%。10月上半月较9月下半月出口下降了17.5%。出口订单的下滑导致越南多家企业不得不裁员、停工。越南劳动总联团（VGCL）劳资关系司司长陈氏清河（Tran Thi Thanh Ha）表示，根据越南劳动总联团的调查，共441家企业（其中外资企业331家，占逾75%）、62.4786万名员工受到冲击。此外，有近9万名员工遭企业拖欠缴纳社会保险、医疗保险和失业保险费，金额超过2兆越南盾（约人民币5.8亿元）。近2000名员工被欠薪，金额约700亿越南盾。[②]

---

① 《“硬刚”美元霸权，法国总统马克龙哪来的底气?》，腾讯网，https：//view. inews. qq. com/k/20211028A0CWHQ00？web_ channel = wap&openApp = false。

② 《越南制造遇寒冬：订单骤减、工人返乡、外资撤离》，https：//mp. weixin. qq. com/s？_ _ biz = MzA3MjY5NTcyNQ = = &mid = 2652845438&idx = 1&sn = 30fb86fb22cbe76337994f1e138845e4&chksm = 84f1ffbcb38676aad95f0c146b387873be769aa5fbd3b0023120c20a243e7f5e2a50d94abadb&scene = 27。

越南的状况也是许多发展中国家的缩影。美国主流媒体《华尔街日报》在 9 月 18 日刊发了标题为《美元走强给全球经济带来麻烦》的报道。《金融时报》网站 10 月 3 日刊登了洛克菲勒国际董事长鲁奇尔·夏尔马（Ruchir Sharma）的文章《拜登应该对美元采取措施》。文章指出，美元在全球范围内持续走强加重了全球金融市场的压力。[①] 许多发展中国家更是直接对美元霸权引发的后果进行了谴责。肯尼亚智库学者指出，美联储激进加息将加剧发展中国家面临的挑战，进一步削弱非洲大陆经济复苏前景。[②] 墨西哥学者表示，美国在国际金融体系中的影响力和美元霸权只为其本国利益服务。美国制定货币政策罔顾他国利益，是典型的单边主义表现。美联储持续加息将给拉美地区乃至世界经济发展带来不利影响。[③]

（三）构建更加公正合理的国际秩序势在必行

基于美元霸权带来的金融冲击，美元主导的国际金融体系日益丧失国际社会的信任，欧洲、亚洲、中东地区等纷纷探索“去美元化”的路径，力图改变不合理的国际金融体系与国际秩序。

为减少西方制裁对本国经济的伤害，俄罗斯已经率先宣布推动“去美元化”，俄罗斯央行不断减持美元在国际储备中的份额。同时，俄罗斯自 2022 年 4 月起向“不友好”国家和地区供应天然气时改用卢布结算。

除被制裁的俄罗斯外，其他许多国家也都加快了“去美元化”进程。如印度央行建立了用于国际贸易的印度卢比结算机制，以色列央行在 2022 年开始将加元、澳元、日元和人民币纳入其外汇储备，并进一步降低美元在其外汇储备中的比例。

中国也一直在为改变不合理的国际货币体系而努力。为对抗美元霸权，

① Ruchir Sharma，“Biden Should Act Now on the Wrecking-ball Dollar”，https：//www.ft.com/content/38ca6bdd-068e-4fe2-a684-484a5725ad8d.

② 《非洲智库学者：美联储激进加息进一步削弱非洲复苏前景》，新华社内罗毕 2022 年 11 月 21 日电。

③ 王钟毅、徐烨：《多国专家批美利用美元霸权向拉美输出通胀》，新华社墨西哥城 2022 年 9 月 7 日电。

中国一直在呼吁国际结算货币多元化，致力于提高发展中国家在国际金融机构中的权重和代表性，推动构建公正合理的国际金融体系。在美元霸权不断冲击国际金融市场和国际经济秩序的背景下，中国所提出的构建人类命运共同体的理念也得到越来越多国家的认可和赞同。而随着中国在全球经济中的地位不断提升，人民币国际化也进入了新的阶段。2022 年 8 月，国际货币基金组织对 SDR 货币篮子权重进行了调整，人民币权重由 10.92%上调至 12.28%。有 80 多个境外央行或货币当局将人民币纳入外汇储备。①

“去美元化”的探索不仅表明多国欲减轻对美元的依赖，同时也表明国际金融体系改革势在必行，构建一个合理的多边国际金融体系以及国际经济秩序，践行真正的多边主义是对抗金融霸权的正确路径。正如耶鲁大学高级研究员史蒂芬·罗奇（Stephen S. Roach）所指出的：“全球金融体系是需要改革的，我们希望能够有一个国际金融体系让我们更好地跨越下一场危机。”②

同时，“去美元化”以及人民币国际化进程的发展等也体现出国际金融体系变迁背后国际格局的发展。不仅美元霸权日益受到削弱，在国际格局中美国的优势地位也受到越来越大的挑战。推进国际格局的多极化不仅是各国在金融方面的要求，更是对公正合理的国际经济秩序、国际政治秩序的呼唤。

结　语

在《帝国主义是资本主义的最高阶段》中，列宁通过充分的论证指明帝国主义是过渡的资本主义，这是由帝国主义的基本矛盾所决定的。作为资

① 《80 多个国家和地区将人民币纳入外汇储备》，光明网，https：//m. gmw. cn/baijia/2022-09/26/1303154383. html。

② 《圆桌论坛 | 后危机时代的国际金融体系改革》，https：//mp. weixin. qq. com/s? _ _ biz = MzAwMTE4NjI5Ng = = &mid = 2649545163&idx = 1&sn = 328c4590aae9de3240a6e5e6dc863e90&chksm = 82c5f95cb5b2704ad8fe4479d041a580629667859dfa9173762dae2985182a65b6a2dd80f30f&scene = 27。

本主义垄断阶段的帝国主义，不仅没有克服资本主义的固有矛盾，而且使所有的矛盾进一步尖锐化。但随着二战后尤其是20世纪80年代以来资本主义的发展变化和世界社会主义遇到挫折，许多人对帝国主义的腐朽性和垂死性、资本主义的历史命运以及社会主义的前途产生了疑问，更对列宁“帝国主义论”的适用性产生了疑问。而本轮国际金融动荡深刻表明，新帝国主义的本质并没有变，垄断资本尤其是金融垄断资本对全球的剥削仍在加剧，帝国主义的寄生性腐朽性更加突出，这也就决定了其终将被社会主义所取代的历史命运并未改变。

同时，我们也可以看到，与美国等推行金融霸权掠夺全球财富形成鲜明对比的是，中国一直致力于构建人类命运共同体。正因如此，中国共产党第二十次全国代表大会召开后，多国领导人先后访华，这表明，世界更加坚信中国将继续致力于推进全球共同发展，推动更加公正合理的国际秩序的构建。同时，饱受金融霸权压榨的发展中国家团结与合作的意愿也会更加强烈，并为最终实现一个更加公平和光明的未来而共同努力。

参考文献

1. 程恩富、鲁保林、俞使超：《论新帝国主义的五大特征和特性——以列宁的帝国主义理论为基础》，《马克思主义研究》2019年第5期。
2. 徐以升、马鑫：《金融制裁：美国新型全球不对称权力》，中国经济出版社，2015。
3. 王伟光：《国际金融垄断资本主义是垄断资本主义的最新发展，是新型帝国主义》，《社会科学战线》2022年第8期。

Y.6

苏联成立100年：国际共运视域的回探

王 游　苑秀丽*

摘　要： 苏联的建立、发展与解体在国际共产主义运动史上都产生了极其重大的影响。2022年，在世界动荡不安的大背景下，尤其是在俄罗斯与乌克兰发生冲突之际，关于苏联的成立与解体等重大历史问题再次引起了世界各国的关注。本文结合世界舆论热点，重温苏联的前世今生；从国际共运视角总结苏联社会主义的历史经验教训，回顾和总结苏联兴亡对世界格局特别是对国际共产主义运动的影响及启示。在当今世界，正确认识、评价与苏联相关的历史问题依然有着重要的理论和实践意义。

关键词： 国际共产主义运动　苏联　世界格局　俄乌冲突

2022年是苏维埃社会主义共和国联盟（简称苏联）成立100周年，同时也是它解体31周年。苏联的建立、发展与解体在国际共产主义运动史上都产生了极其重大的影响。2022年，伴随着俄乌冲突和戈尔巴乔夫等一批苏联关键历史人物的去世，涉及苏联的重大历史问题重新引起了世界各国的关注，成为国际共运研究领域绕不过的话题。本文结合世界舆论热点，重温苏联的前世今生；从国际共运视角总结苏联社会主义的历史经验教训，回顾苏联兴亡对世界格局特别是对国际共产主义运动的影响及启示。

---

* 王游，中国社会科学院马克思主义研究院助理研究员，研究方向为苏联史；苑秀丽，中国社会科学院马克思主义研究院研究员。本文审读专家为中国社会科学院马克思主义研究院林建华教授。

一　世界各地与苏联相关的纪念活动

1922 年 12 月 30 日，俄罗斯、白俄罗斯、乌克兰和外高加索联邦（包括格鲁吉亚、阿塞拜疆和亚美尼亚）4 个苏维埃社会主义共和国的代表在莫斯科大剧院举行第一次代表大会，组成苏维埃社会主义共和国联盟。大会批准了苏联成立宣言和联盟公约，规定各共和国平等平权，既可以自愿参加，也有权自由退出。大会选举出了以加里宁等 4 人为主席的中央执行委员会，成立了以列宁为主席的联盟人民委员会，一个拥有崭新制度的国家诞生了。[①] 苏联的建立是十月社会主义革命的伟大成果，它不仅对国际共产主义运动，而且对世界被压迫民族的解放斗争起到了巨大的推动作用，改变了单一资本主义制度主导的世界格局。2022 年，围绕苏联的成立与解体，世界多地举行了一系列纪念活动。

俄罗斯联邦共产党作为苏联共产党的直接继承者，对纪念苏联成立 100 周年最为重视。2021 年 10 月 29 日，俄罗斯联邦共产党中央委员会和中央纪律检查委员会联席全会作出了《关于苏维埃社会主义共和国联盟成立 100 周年纪念的决议》[②]。该决议拟定并指导实施了一系列纪念工作和活动。俄罗斯联邦共产党中央委员会主席团和中央书记处、党的地区和地方支部委员会开展系统工作；计划举办大规模公共活动，包括学术会议、群众集会、“圆桌会议”、展览、庆典和晚会；俄罗斯联邦共产党中央委员会主席团、秘书处与国际共产主义运动相关同志、属于共产党联盟的兄弟政党和左翼爱国力量人民阵线的友邦组织协调并筹备苏联成立 100 周年纪念活动；向全俄抗议运动协调总部提出，在准备和举行抗议活动时，要反映苏联成立 100 周年的主题；《真理报》编辑部、俄联共中央网站、电视频道“红色路线”、《政治启蒙》杂志、俄联共地区委员会的报纸和网站、社交媒体网络中党组

---

① 第二次世界大战后，苏联一共有 15 个加盟共和国。

② https：//kprf. ru/party-live/cknews/206256. html.

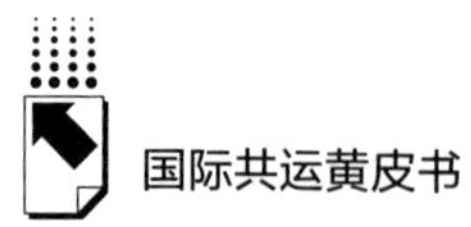

的管理员系统地准备涵盖苏联成立100周年的主题，揭示这一事件的历史意义，并揭露伪造历史的行为；俄罗斯联邦共产党中央委员会政治研究中心在2022年培训计划中列入一个专门讨论苏维埃社会主义共和国联盟成立100周年的主题活动；设立俄联共中央“苏联百年”纪念章。俄罗斯联邦共产党中央鼓动和宣传部与中央委员会事务部一起制定并提交俄罗斯联邦共产党中央委员会主席团批准关于奖章的设计和规定草案。

2022年，俄联共筹备的一系列纪念活动相继举行，并于12月达到了高潮。12月5日，俄罗斯联邦共产党中央委员会召集全俄爱国群众集会，纪念苏联成立100周年，活动的主题是：“我的祖国是苏联!”该活动之所以选在12月5日，是为了纪念86年前的这一天（1936年12月5日）通过的苏联新宪法。12月8日晚，莫斯科工会大厦举办了“纪念苏联成立100周年音乐会”。会前，俄联共中央委员会主席根·安·久加诺夫作了致辞。① 12月13日，久加诺夫在国家杜马全体会议上向记者发表讲话，列举了苏联的五大历史贡献。②

左翼人士建立了纪念苏联成立100周年专题网站（ussr100. ru），专门介绍纪念活动的讯息。从网站中可以看到，纪念活动形式多样、内容丰富。如2022年12月17日，在莫斯科企业家协会、布莱克霍斯集团董事会的赞助下，一场名为“我的地址是苏联”的节日庆典音乐会在莫斯科举行，可容纳3500人的大厅座无虚席。庆典音乐会的主持人是苏联时期的知名人士——中央电视台和全联盟电台的播音员，“音乐会的组织者试图充分呈现当时苏联音乐中存在的流派，并反映苏维埃国家的主要文化成就……关于苏联人民生活的愿望和梦想”。③ 12月22日，高等教育界的自治非营利组织“弗·沃·日里诺夫斯基世界文明大学”举行国际学术会议，议题有“从基督教

---

① https：//kprf. ru/party-live/cknews/215109. html.

② https：//www. rline. tv/news/2022-12-13-gennadiy-zyuganov-stoletniy-yubiley-sssr-my-dostoyno-vstretim-po-vsey-rossii/.

③ https：//ussr100. ru/index. php/novosti/96-v-moskve-sostoyalos-torzhestvennoe-meropriyatie-posvyashchjonnoe-100-letiyu-obrazovaniya-sssr.

价值观到共产主义的道德准则：未实现的希望”“共产主义文明和现代世界秩序”“建设新文明经济的问题：从共产主义理想到知识与风险的文明”“苏联的民族关系”等。俄罗斯和外国的知名科学家、联邦和地区代表、大学教授等研究人员以及文化界人士参加了会议。① 12 月 30 日，俄罗斯电视台 REN-TV 制作了题为《苏联成立 100 周年：苏联是如何建立的》的专题节目。②

2021 年 12 月，越南通过播出纪录片、发表论著等方式开展了纪念活动。10 月 26~30 日，越南中央军委机关报《人民军队报》网站连载五篇题为《苏联解体 30 年和越南的经验教训》的系列文章，探讨苏联解体的原因。③ 17~26 日，由胡志明市电视台制作的 10 集纪录片《1991 年冬天》在越南 HTV9 台连续播出。该纪录片由河内国家大学下属人文社科大学新闻传媒学院的裴志忠（Bùi Chí Trung）教授指导制作，通过采编多位国内外专家学者的访谈，使用多个首次公布的珍贵史料，全面系统地回顾了苏联解体的历史过程，探讨苏联解体的原因及对越南建设社会主义的启示。④ 12 月 31 日，原胡志明国家政治学院副院长阮曰草（Nguyễn Viết Thảo）在越南共产党电子报网的“捍卫党的思想基础”专栏上发表文章《社会主义：世界历史的必然》。⑤

2022 年 12 月 26 日，中华人民共和国驻俄罗斯联邦大使张汉晖就苏联成立 100 周年接受“今日俄罗斯”国际新闻通讯社书面专访。张汉晖高度评价了世界上第一个社会主义国家苏联的历史贡献，并表示，苏联对中国来说具有特殊意义——十月革命为中国送来了马克思列宁主义。在中国的解放

---

① https：//ussr100. ru/index. php/novosti/93-konferentsiya-posvyashchennaya-100-letiyu-sssr.

② https：//ren. tv/longread/1060789-100-letie-so-dnia-obrazovaniia-sovetskogo-soiuza-kak-byl-sozdan-sssr.

③ https：//media. qdnd. vn/long-form/30-nam-lien-xo-sup-do-va-bai-hoc-cho-viet-nam-bai-5-quan-doi-cong-cu-manh-va-tin-cay-nhat-khoanh-tay-dung-nhin-53242.

④ https：//www. vietnamplus. vn/phim-tai-lieu-mua-dong-nam-1991ve-su-tan-ra-cua-lien-xo-sap-len-song/761291. vnp.

⑤ https：//dangcongsan. vn/bao-ve-nen-tang-tu-tuong-cua-dang/chu-nghia-xa-hoi-mot-tat-yeu-cua-lich-su-the-gioi-601099. html.

事业中，中国人民永远不会忘记苏联人民的真诚帮助。他总结道："苏联存在了69年，对全球格局和国际关系发展产生了巨大而深远的影响，在人类历史上留下了深刻而持久的印记。我们必须站在历史的角度，客观评价苏联这段历史。研究苏联历史，总结其经验教训，对于中俄关系发展具有特殊重要价值。正是因为站在昔日中苏关系的肩膀上，吸取了历史经验教训，中俄关系才有今天的大发展，中俄全方位战略协作才能如此深入和顺畅。我们纪念苏联成立100周年，纪念中苏传统友谊，就是为了更好地巩固和深化中俄两国和两国人民的友谊，全面推进中俄各领域友好合作。"① 张汉晖大使的讲话受到了俄左翼人士的关注和支持。②

二 对苏联相关历史事件和人物的探讨

2022年，苏联成立、苏联解体以及俄乌冲突爆发等重大问题引发国际社会广泛关注，一些国家的左翼人士从国际共产主义运动的视角对其进行了探讨和评述。

（一）对苏联成立及苏联解体的评价

在对苏联成立的评价方面，争议较大。《关于苏维埃社会主义共和国联盟成立100周年纪念的决议》认为，苏联的成立标志着"俄罗斯和整个世界历史上一个质的新阶段的开始"。同时，该决议也高度颂扬了这一事件的世界性意义："世界地图上出现了一个前所未有的平等人民自愿联盟，其共同目标是建设社会主义。新国家强烈谴责民族仇恨和不平等、殖民主义和沙文主义、民族压迫、帝国主义暴行和战争。……列宁领导的布尔什维克党为后世的正义人士和社会主义战士提供了一个很好的参考。"③

有学者肯定了苏联在凝聚多民族国家方面的贡献。苏维埃国家在经历了

---

① https：//finance. sina. com. cn/jjxw/2022-12-27/doc-imxyayvx1269595. shtml.

② https：//dzen. ru/a/Y725Z4OOOTkU2yUZ.

③ https：//kprf. ru/party-live/cknews/206256. html.

革命动荡之后付出了巨大的努力，通过建立一种历史性的新型国家——苏维埃社会主义共和国联盟，重新凝聚起分裂的社会，苏维埃社会主义共和国联盟团结了200多个民族。很多民族在这个新型国家中建立起了自己的民族国家。苏维埃国家民族政策的核心是采取有效举措帮助众多民族摆脱贫穷落后。① 列宁面对沙俄帝国崩溃后极其复杂的政治局势，采取灵活应对的方式，采取联邦制作为苏联的基本政治架构，使已经走向破碎的旧俄统治区又基本恢复了统一。

在各种观点中，俄罗斯联邦共产党依旧坚持自己的传统立场，指出："毁灭苏联不仅是对一个特定国家的罪行。这是对全人类、对今世后代、对未来的犯罪。苏联的毁灭使世界产生了巨大倒退。人类要花很长时间来弥补失去的机会。资本必将激烈抵抗，这将为许多国家和人民带来巨大的痛苦和巨大的牺牲。对苏联的破坏性犯罪被虚伪的民主和人权口号所掩盖。"俄联共认为，苏联解体绝非人民自身的选择，其证据是"毁灭苏联的政治集团有意忽略了1991年3月17日联盟公投的结果。他们在1991年12月苏联解体期间粗暴地违反了法律规范，并在1993年10月残酷地镇压了苏维埃政权的捍卫者"。②

（二）关于俄乌冲突历史根源的争论

2022年，苏联最大的两个加盟共和国——俄罗斯与乌克兰爆发军事冲突。而且，这一年卷入战火的不止俄乌两国。2022年9月，亚美尼亚和阿塞拜疆就争议领土再度开战，此次交火是2020年第二次纳卡战争的延续。9月16日，吉尔吉斯斯坦和塔吉克斯坦两国之间爆发了大规模武装冲突。至此，苏联十五个加盟共和国中，已有六国陷入与曾经的"兄弟国家"的战争。有学者认为，这些战争的爆发无不显示着戈尔巴乔夫的巨大的负面政治遗产。尤其是俄罗斯和乌克兰的战争，实际上体现了苏联解体后的政治态

① 〔俄〕弗拉基米尔·尼古拉耶维奇·舍甫琴科：《30年后深析苏联解体原因》，陈爱茹译，《世界社会主义研究》2022年第2期。

② https：//kprf.ru/party-live/cknews/206256.html.

势。2022 年爆发的俄乌冲突无疑是苏联解体 31 年后整个“欧亚”走向何方的关键节点。俄罗斯和乌克兰是二战结束以来欧洲最惨烈战争的直接交火方，战争对俄乌两国的发展走向带来深刻的影响。有人惊呼“新冷战”正在加速到来，世界将重新划分为两个相互对立的阵营。苏联解体后，北约于 1999 年开启向原东欧社会主义阵营国家的扩张之路。如今，在苏联各个加盟共和国中，有的早已完全倒向西方，冲在反俄的第一线；有的继续与俄罗斯维持着紧密的关系，形成了“后苏联空间”；有的则在亲俄和亲西方中不断摇摆，陷入了“东西困境”。①

有学者认为，对俄而言，在国际权力转移不断加速、中美战略竞争日趋激烈的情况下，通过欧亚地缘政治和经济区块的重组获得更大发展潜力无疑是最优选择。俄罗斯一些分析家指出，俄未能在美国主导的自由国际秩序中找到一席之地，现在反而有机会在由“大欧亚”等思想形成的“后美国秩序”中获得有利地位。②

对于出兵乌克兰的原因，俄罗斯强调，北约东扩和乌克兰谋求加入北约是迫使其出兵乌克兰的根本原因。③ 5 月 9 日，泽连斯基在纪念二战“胜利日”的讲话中表示，俄乌战争“不是两军之间的战争，而是两种世界观的战争，是野蛮世界对文明世界的侵袭”。④ 有学者认为，自普京执政以来，俄罗斯对外政策的核心目标就是恢复世界大国地位，特别是保持对“后苏联空间”的主导性影响。曾任美国中央情报局俄罗斯分析主管的乔治·比贝在《国家利益》网站撰文称，在俄罗斯人心中，所谓“俄罗斯想要征服乌克兰”的说法太牵强，尽管仍有许多人怀恋苏联时代，但很少有人想要

---

① 隋鑫、于洋、柳玉鹏：《北约挤压俄罗斯到底苦了谁》，《环球时报》2021 年 12 月 24 日。

② 杨成：《“欧亚”不会走向终结》，《世界知识》2022 年第 14 期。

③ Владимир Путин, Обращение Президента Российской Федерации, 24 февраля 2022, http://kremlin.ru/events/president/news/67843.

④ President of Ukraine Volodymyr Zelenskyy, “Address by the President of Ukraine on the Day of Victoryover Nazism in World War II”, May 9, 2022, https://www.president.gov.ua/en/news/zvernennya-prezidenta-ukrayini-z-nagodi-dnya-peremogi-nad-na-74925.

重建它。[①]

有学者则认为，正是代表国际金融资本和军工复合体的美国及其盟友迫使俄罗斯作出反应，导致俄乌矛盾激化。“苏联解体、东欧剧变之后，美国自认为其霸主地位坚不可摧，竭力使世界格局维持在单极化状态。”“2022年2月爆发的俄乌冲突，实际上是西方国家为了维持其国际霸权采取的又一次极端措施。”“俄乌冲突是一场本可以避免的战争，许多矛盾本可以通过文明对话找到解决办法。然而，美国等西方国家却优先考虑使用武力和推进对俄罗斯的围攻使俄乌矛盾升级到兵刃相接的地步。挑动战争是美国等西方国家争夺霸权和化解自身危机的惯用伎俩”。[②]

（三）对戈尔巴乔夫个人的身后评价

2022年8月30日，前苏共中央最后一任总书记戈尔巴乔夫病故。同年，还有多位在苏联解体过程中扮演过重要角色的政要逝世[③]。戈尔巴乔夫的去世再一次引起人们的思考。

苏联解体30多年来，世界上对戈尔巴乔夫的评价一直处于两极分化状态，既有高度的赞扬，也不乏“背叛”之类的词语。许多人把他视为苏联解体的罪魁祸首，但很多西方人士将戈尔巴乔夫称作结束冷战的“英雄”。戈尔巴乔夫去世后，欧美国家领导人纷纷用“勇气”、“和平人士”及“为俄罗斯带来自由”等话语称赞他。

对于许多俄罗斯人来说，苏联的解体是一场悲剧，带来了十年大规模的贫困，也让俄罗斯在全球舞台上的地位被削弱。俄罗斯联邦共产党对戈尔巴乔夫持严厉批判态度。据塔斯社报道，俄联共中央委员会主席久加诺夫表示，他不同意一些西方国家领导人对戈尔巴乔夫的评价，反对美国总统拜

---

① 张浩、谷棣：《苏联解体　俄乌渐行渐远30年》，《环球时报》2022年3月3日。

② 〔阿根廷〕鲁文·达里奥·古塞蒂：《和平与发展：俄乌冲突背景下对时代主题的思考》，楼宇译，《世界社会主义研究》2022年第10期。

③ 2022年5月4日，曾任白俄罗斯最高苏维埃主席的舒什克维奇去世。5月10日，乌克兰前总统克拉夫丘克病故。6月19日，《别洛韦日协定》的起草者之一布尔布利斯病逝。

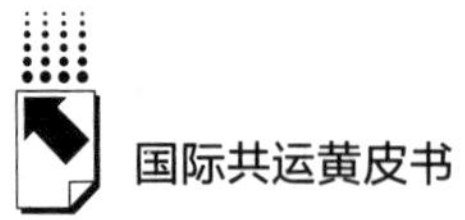

登、法国总统马克龙等多位领导人的表态。久加诺夫说："在俄罗斯的历史中，戈尔巴乔夫属于那一类统治者，他们给俄罗斯人民、我们的盟友带来了绝对的灾难与悲痛。"①

在中国，对戈尔巴乔夫的评价多批评之声。有学者指出，戈尔巴乔夫在关键时候没有挽救苏联，没有挽救苏联共产党。他对苏联解体负有主要责任。历史人物要放在特殊的历史背景下看。戈尔巴乔夫没有把马克思主义的普遍原理和优秀俄罗斯文化结合，和俄罗斯的国情结合，最终没有成功。②有学者梳理从赫鲁晓夫时代到戈尔巴乔夫时代的历史，认为苏联亡党亡国的原因是多方面的，其中，从赫鲁晓夫到戈尔巴乔夫，领导集团在思想上政治上的蜕化变质是苏联亡党亡国的根本原因，具体表现在八个方面：在信仰上，从动摇、背离、放弃到彻底背叛社会主义、共产主义理想信念；在理论上，从不学、不懂、偏离到最终背离、背叛马克思列宁主义；在政治上，从弱化、歪曲到彻底否定、背叛党的领导和马列主义建党原则；在经济上，从"公有化程度越高越好"到抛弃社会主义公有制、搞全盘私有化；在组织上，从放弃党的工人阶级先锋队性质、任人唯亲、拉帮结派到公开篡夺党的领导权；在作风上，从形式主义、官僚主义到背离、背叛人民群众的根本利益；在外交上，从惧美、争霸到迎合以美国为首的西方帝国主义并投降；在人生观上，从追求个人升迁、小家庭特权享受的个人主义到成为颠覆党和国家政权的野心家、阴谋家。③

三　苏联成立与解体对国际共运与世界格局的影响新探

1991 年的苏联解体对国际共产主义运动产生了极大的负面影响，国际

① https：//baijiahao. baidu. com/s？ id = 1742688759693936465&wfr = spider&for = pc.

② https：//roll. sohu. com/a/581551758_151176.

③ 李慎明等：《苏联亡党亡国的根本原因、教训与启示——写在苏维埃社会主义共和国联盟成立 100 周年之际》（上），《世界社会主义研究》2022 年第 9 期。

共产主义运动一度跌入低谷。2022 年，在百年未有之大变局的复杂形势下，科学认识和评价苏联成立、苏联解体、俄乌冲突等重大事件，聚焦苏联的兴衰及其世界影响，有助于我们总结国际共产主义运动发展的经验与启示。

第一，要科学评价和总结苏联成立对国际共产主义运动的贡献。俄罗斯联邦共产党对苏联存续 69 年间的成败得失，苏共对党、社会主义国家、多民族国家的治理经验进行了总结，认为虽然对苏联的诽谤层出不穷，但是，大多数苏联人认为苏联时代是各方面发展的顶峰，是祖国历史的鼎盛时期。《关于苏维埃社会主义共和国联盟成立 100 周年纪念的决议》回顾了苏联社会主义建设史，特别是列宁、斯大林时期的历史，高度评价了苏联每个历史阶段的成就。该决议指出：“从新政权成立的第一天起，布尔什维克在国家政策上的远见就表现出来了。作为共产主义学说基础的无产阶级国际主义已经显示出其无限的潜力。”① “即使在一个世纪之后，列宁—斯大林的政府原则仍然是最先进的。历史已经证明了这一点。它完全击败了现代‘颠覆者’和‘审判者’将苏联覆亡的责任归咎于布尔什维克党的领导人的企图。苏联宪法和在其基础上制定的加盟共和国宪法是世界上最先进的。工人享有广泛的民主权利和自由，积极参与政府的权利得到保证，并引入了独特的社会保障制度。”② 该决议肯定了第二次世界大战中“数十万阿塞拜疆人、哈萨克人、吉尔吉斯人、塔吉克人、土库曼人、乌兹别克人以及前土尔克斯坦其他民族的代表与俄罗斯人、乌克兰人、白俄罗斯人并肩作战”③，肯定了战后年代苏联的成绩，苏联的国家制度在创纪录的时间内恢复国民经济，实施太空计划，并实现与资本主义世界的军事对立等。

有学者认为，苏联时期曾经创造出举世震惊的经济增长奇迹，也出现过社会发展停滞的时期，但其对世界历史进程的影响至今犹在。该学者从三个方面阐述了苏联的成立是人类历史发展不朽的里程碑：苏联为人类创立新型的社会主义生产方式；苏联在人类历史发展上第一次真正实现了人民当家作

① https：//kprf. ru/party-live/cknews/206256. html.

② https：//kprf. ru/party-live/cknews/206256. html.

③ https：//kprf. ru/party-live/cknews/206256. html.

主和社会公平正义；苏联开辟了人类历史“新纪元”，为广大被压迫民族摆脱帝国主义束缚指明方向；苏联的建立开启了人类历史新纪元。[①] 苏联的建立改变了世界战略格局的面貌。社会主义苏联的解体，使世界上失去了与以美国为首的资本主义国家相抗衡的重要力量。有左翼人士阐述了苏联解体对世界格局的影响。2023 年 1 月，一位署名为“彼得堡观察者”的评论家于社交媒体上发表题为《苏联成立 100 年了。为什么纪念日如此安静?》的文章。文中写道：“正是由于苏联的存在，西方国家有必要提高员工的生活水平，西方中产阶级的高生活水平与苏联的存在捆绑在一起。随着苏联离开世界舞台，跨国公司和寡头集团开始发动大规模攻势掠夺中产阶级，无论是在自由市场领域还是在房地产、汽车的所有权方面。……资本主义不再有对手……”[②] 越南学者认为：“尽管国际共产主义运动的历史充满坎坷艰辛，但历史的发展已经证明，社会主义社会体现人类对美好生活的崇高追求，是人类社会发展的必然趋势。尽管苏联解体对国际共运造成沉重打击，但各个社会主义国家走出危机，探索出具有本国特色的社会主义道路并不断发展壮大，这是不容辩驳的事实，也是社会主义的历史必然性所在。”[③] 回顾列宁逝世后斯大林、赫鲁晓夫、勃列日涅夫、安德罗波夫和戈尔巴乔夫在苏联进行的五次改革，总结苏联解体带给越南革新事业建设的经验教训，有学者认为尽管苏联解体是世界革命运动的巨大损失，但这并不能改变当今时代的必然性，即从资本主义向社会主义过渡的历史必然。[④] 苏联的建立对世界社会主义运动，对东方被压迫民族的解放斗争起到了巨大的推动作用。苏联在20 世纪的世界舞台上拥有举足轻重的地位。要正确认识和评价苏联及社会

---

① 《专家评苏联成立百年：人类历史发展不朽的里程碑》，俄罗斯卫星通讯社，2022 年 12 月 28 日，https：//sputniknews. cn/20221228/1046722994. html。

② https：//dzen. ru/a/Y725Z4OOOTkU2yUZ.

③ https：//dangcongsan. vn/bao-ve-nen-tang-tu-tuong-cua-dang/chu-nghia-xa-hoi-mot-tat-yeu-cua-lich-su-the-gioi-601099. html.

④ https：//www. tapchicongsan. org. vn/web/guest/chi-tiet-tim-kiem/-/2018/824711/nhin-lai-qua-trinh-cai-cach%2C-cai-to-o-lien-xo-va-nhung-bai-hoc-đoi-voi-cong-cuoc-đoi-moi-o-viet-nam. aspx.

主义制度的意义及贡献。

第二，正确认识和总结苏联解体对各加盟共和国人民命运的影响。苏联解体是彻底改变世界的重大事件。2022 年在原苏联版图上爆发的三场战争有力地证明，苏联解体带给人民的苦难并没有终结。有学者指出："2022 年是苏维埃社会主义共和国联盟成立 100 周年，又是苏联亡党亡国 31 年。苏联亡党亡国是人类历史上的大悲剧、大曲折，更是世界社会主义发展史上的一次大灾难、大倒退。"有学者指出了苏联解体对经济带来的极其惊人的破坏。

在德国，东欧与国际研究中心举办了多次名为"后苏联时代"的系列学术研讨会，讨论苏联解体对世界产生的影响，认为苏联解体改变了地缘政治格局与欧洲秩序，促成了经济全球化。[①] 联邦德国政治教育中心官方网站刊载了有关"苏联解体的影响"的系列评论文章。[②] 这些文章从俄罗斯高等教育转型、受苏联解体影响的无国籍者、年轻一代的政治态度等层面分析了苏联解体这一历史性事件对不同人群的影响。不过，囿于意识形态的不同，政治教育中心主要以西方意识形态中的"民主""自由"等观点评价苏东国家的转型过程与转型成果。

2022 年的世界复杂动荡，要认真总结、吸取苏联解体的世界影响。"戈尔巴乔夫是在一个极端复杂、对苏联不利的背景下上台的。事实证明，在担任苏联领导人期间，他对国内和国际形势的判断存在非常严重的错误，他实施的政策对国家是灾难性的，带来的是国内经济秩序的混乱，民众对国家体制丧失信心。"有学者指出："戈尔巴乔夫刻意迎合美国和西方，无论是西方的理念，还是西方的政策规划，他都无原则迎合，从而导致苏联内部动荡，乃至最终崩溃，更招致苏联在国际事务中影响力和实力的实质性削弱，

---

① "30 Postsoviet years", https://www.zois-berlin.de/ueber-uns/aktuelles/30postsovietyears (2022-1-18).

② "30 Jahre Zerfall der Sowjetunion-Generationen", https://www.bpb.de/internationales/europa/russland/analysen/340826/30-jahre-zerfall-der-sowjetunion-generationen-20-09-2021 (2022-1-18).

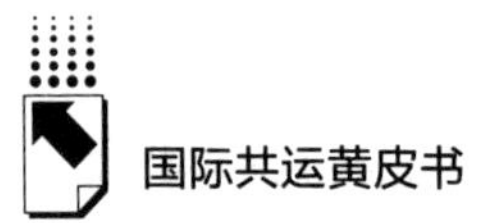

直到最终的解体。所以从中国人的角度看，我们尤其需要警惕西方外部势力对别国进行和平演变的企图。”[①] 苏联亡党亡国的悲剧，是20世纪留给全世界共产党人和人类文明进步事业的沉重又难得的反面教材。“对于苏联亡党亡国根本原因解读所涉及的重大是非原则，必须旗帜鲜明地坚持正确的政治立场。如果对苏联亡党亡国的根本原因不能得出、作出准确和科学的结论，就可能直接或间接冲击、动摇我们中国共产党和社会主义中华人民共和国的源头、根基。”[②]

第三，深刻认识苏联解体对世界格局的影响。苏联解体后，俄罗斯及其他原苏联加盟共和国在诸多方面面临巨大挑战。频发的地区性武装冲突成为后苏联空间的一个突出问题，也成为国际安全的难题之一。俄罗斯在后苏联空间的利益面临挑战。并且，俄罗斯在同西方争夺后苏联空间的过程中屡遭困境。在地缘政治方面，拉脱维亚、爱沙尼亚、立陶宛等国加入北约和欧盟。欧洲军事与政治版图发生急剧变化，俄罗斯的战略空间受到严重挤压。东欧、中亚和外高加索的一些国家也成为西方遏制、干涉俄罗斯的前沿阵地。乌克兰是一个典型例子。“苏联解体后，克里米亚以自治共和国身份成为乌克兰的一部分，直到2014年。”“苏联时期的战略资产，成了俄乌之间的‘炸点’”。[③] 如何应对，是俄罗斯领导人难以回避的问题。当前，俄乌冲突陷入了相持战和消耗战。一方面，俄罗斯未能达到战前拟定的速战速决的目标；另一方面，乌克兰的损失也极为惨重，失去了数百万人口，五分之一的国土陷入战火。这场暂时没有胜利者的战争无言地向世人诉说着苏联解体的悲剧性后果。

回顾历史，苏联的建立对世界社会主义运动，对东方被压迫民族的解放斗争起到了巨大的推动作用。特别是第二次世界大战结束后，一大批获得独

---

① 隋鑫、谢戎彬、陈青青、柳玉鹏、董铭：《戈尔巴乔夫病逝，世界唏嘘》，《环球时报》2022年9月1日。

② 李慎明等：《苏联亡党亡国的根本原因、教训与启示——写在苏维埃社会主义共和国联盟成立100周年之际》（上），《世界社会主义研究》2022年第9期。

③ 傅涞：《“结盟”三百年，剪不断理还乱》，《环球时报》2022年3月2日。

立和解放的民族国家建立，展现了世界各民族平等交往、共同发展的光明前景。在苏联解体后，以美国为首的西方资本主义大国，针对第三世界弱小国家发动了多场侵略战争，成为破坏世界和平的主要因素。但是，与此同时，发动战争的西方大国非但未能一劳永逸地独霸世界，反而使自身陷入了空前危机中。“当前人类面临的真正威胁并非俄乌冲突发展成更大规模战争的潜在可能性，而是如何让称霸世界数个世纪、现正面临急剧衰落的盎格鲁—撒克逊帝国收起其肆意妄为的野心，接受与其他国家一起营造一个更加民主且倡导和平发展的世界。”① 从这一点来看，各国共产党人和进步力量依然任重道远。

参考文献

1. В Москве состоялось торжественное мероприятие, посвящённое 100 – летию образования СССР. https://ussr100. ru/index. php/novosti/96 – v – moskve – sostoyalos–torzhestvennoe–meropriyatie–posvyashchjonnoe–100–letiyu–obrazovaniya–sssr.
2. 李慎明等:《历史虚无主义与苏联解体》,《世界社会主义研究》2022 年第 1 期。
3. 《专家评苏联成立百年：人类历史发展不朽的里程碑》，俄罗斯卫星通讯社，2022 年 12 月 28 日，https://sputniknews. cn/20221228/1046722994. html。

① 〔阿根廷〕鲁文·达里奥·古塞蒂：《和平与发展：俄乌冲突背景下对时代主题的思考》，楼宇译，《世界社会主义研究》2022 年第 10 期。

Y.7

《真理报》创刊110周年：历史意义与现实启示

王　晶*

摘　要： 2022年是《真理报》创刊110周年。作为苏共执政期间党的重要喉舌，《真理报》呈现了不同时期党的方针、政策和新闻思想，是苏联时期最权威的报纸。作为无产阶级党组织的一部分，《真理报》坚持党对党报的领导权，发挥集体组织者的作用，将各国共产党紧密团结在共产国际的周围。该报对共产国际的影响几乎是决定性的，其社论和其他重要文章常被许多国家重要报纸转载，办报经验曾被其他国家共产党直接照搬，故而有"报纸的报纸"之称。回顾《真理报》的创办情况及其历史意义，对于进一步做好新时代党报党刊工作、守好世界社会主义意识形态的主阵地具有一定启发意义。

关键词： 《真理报》　共产国际　党报理论　国际共运

《真理报》（俄文名字是 *Пра вда*，英文名字是 *Pravda*）在1912年创刊，1918年至1991年间是苏联共产党中央委员会的机关报，1991年被时任俄罗斯联邦总统叶利钦下令取缔，但同名报纸不久就又开始发行。原《真理报》的大部分职员于1999年加入了新创建的网络媒体《真理在线》（Pravda. ru）。现

* 王晶，中国社会科学院马克思主义研究院副研究员，主要研究方向为舆论与治国理政、宣传史论、政党政治。本文审读专家为中国社会科学院马克思主义研究院林建华教授。

在发行的《真理报》是俄罗斯联邦共产党的机关报。在共产国际时期（1919~1943年），《真理报》对国际共产主义运动产生了重要的影响，一些共产党的中央机关报，如德国共产党的《红旗报》、法国共产党的《人道报》、越南共产党的《真理报》等都是受到其影响而创办的。

2022年，正值《真理报》创刊110周年。本文通过回顾《真理报》创办的历史背景、创办过程和指导思想，从国际共运史的视角探讨了《真理报》的历史意义和作用，并尝试分析新的时代背景下党报在国际共运中发挥怎样的功能与作用。

一 《真理报》的创办背景、过程和思想

《真理报》创刊后，发展迅速，在其全盛时期，曾向世界40多个国家和地区派驻记者，在153个国家拥有订户，有10个国家将该报译成本国文字发行，其办报经验被很多国家共产党直接照搬。《真理报》的社论和其他重要文章不仅在苏联国内，而且常被许多国家重要报纸转载，因而有“报纸的报纸”之称。

（一）创办背景

《真理报》是在沙皇俄国极端专制的环境下创办的。它的创办，源于两个迫切需求。一个是组织团结广大群众的需求。1905~1907年俄国大革命失败以后，俄国进入了斯托雷平反动时期（俄文名是 Столыпинская реакция，英文名是 Government Actions and Peasant Reactions During the Stolypin Reforms）。布尔什维克转入地下，革命处于低潮。到1910年，俄国工业才开始复苏，工人运动有了重新高涨的迹象。1912年的连纳惨案（The Lena Massacre）是工人运动高涨、创办《真理报》的触发点之一。1912年4月4日，军队奉宪兵队长的命令，向走去同西伯利亚连纳金矿资方进行谈判的手无寸铁的工人群众开枪，死伤500多人。这一流血事件成为群众的革命情绪转变为革命行动的动力，助推革命高潮的到来。参与抗议连纳惨案的罢工工人将近30

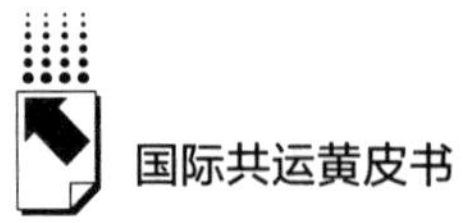

万名。随后，参加五一罢工的工人将近 40 万名。这是即将到来的大运动的先声。正如列宁所指出的，1912 年的革命高潮，就罢工运动的规模来看，并不次于 1905 年。[①] 在连纳事件期间，合法出版的报纸对工人阶级的意义表现得特别明显。[②] 但当时的合法报纸《明星报》（俄文名字是 *Звезда*，英文名字是 *Zvezda*）是以进步工人为阅读对象的周报，读者数量有限，而新的革命运动的高潮到来时，党需要创办能够让更广泛的工人群众阅读的日报。于是，真正群众性的工人报纸《真理报》就在这个革命浪潮里诞生了。

另一个是俄国社会民主工党对于合法出版物的迫切需要。“当时地下组织完全掌握在布尔什维克手中（孟什维克逃跑了），而合法的组织形式（杜马党团、报刊、疾病互助会、保险会以及工会组织）还没有完全从孟什维克手中夺回。这是布尔什维克为把取消派（孟什维克）从工人阶级的合法形式的组织中驱逐出去而进行坚决斗争的时期。把孟什维克‘撤职’的口号是当时工人运动中最流行的口号。《真理报》刊载了很多关于驱逐一度盘踞在保险组织、疾病互助会和工会组织内的取消派的消息。工人选民团的六个代表席位都从孟什维克手中夺过来了。”“这是拥护布尔什维克的工人为维护党而进行的一场真正英勇的斗争，因为沙皇政府的爪牙并没有打瞌睡，他们在迫害和消灭布尔什维克，而被迫转入地下的党如果没有合法的掩蔽物就不能继续发展。此外，在当时的政治条件下，如果不争得合法组织，党就不能接触广大群众并把他们团结在自己的旗帜周围，党就会脱离群众，变成与世隔绝的孤立的集团。”[③] 为了号召全党做好组织上思想上的准备，列宁认为需要创办合法的、公开的布尔什维克报纸。

（二）创办过程

1910 年 8 月，在第八次国际社会主义者代表大会上，列宁提出了在彼得堡

① 〔苏〕鲍·尼·波诺马辽夫主编《苏联共产党历史》，人民出版社，1960，第 174 页。

② 〔苏〕鲍·尼·波诺马辽夫主编《苏联共产党历史》，人民出版社，1960，第 174 页。

③ 《纪念〈真理报〉创刊十周年》，《斯大林论文学与艺术》，人民文学出版社，1959，第 96~97 页。

（Петербург）出版合法报纸的主张。1912 年 4 月，列宁指示中央委员会财务局给《明星报》寄 3000 卢布。这 3000 卢布奠定了《真理报》的物质基础。革命作家高尔基捐献了 2000 卢布，彼得堡工人的捐款也达到了 2200 卢布，这样，办报基金就超过了 7000 卢布。4 月 10 日，尼·古·波列塔也夫（Николай Гурьевич Полетаев）从彼得堡行政长官那里取得出版日报的许可证。由于《明星报》的鼓动和广大工人群众的同情以及工厂里大批工人自愿捐款，[①]创办该报的技术前提和物质前提已经具备。《真理报》是俄国工人阶级特别是彼得堡的工人阶级努力的成果。没有这种努力，它就无法存在。4 月 15 日《明星报》郑重宣告新的工人日报名字为《真理报》。

在《真理报》创办前夕，杜马代表米·尼·波克罗夫斯基（Михаил Николаевич Покровский）和波列塔也夫、作家奥尔明斯基（Орминский）、巴图林（Николай Николаевич Батурин）、斯大林商妥了《真理报》的编辑方针，并且编排了该报的创刊号。《真理报》的创刊号写道："谁经常阅读《明星报》并且知道它的撰稿人（也是《真理报》的撰稿人），谁就不难了解《真理报》的工作方针。""我们还希望工人不要仅限于同情，而要积极地参加我们的办报工作。工人们不要说写作是他们所'不习惯的'工作：工人作家不是现成从天上掉下来的，而只是在写作的过程中慢慢锻炼出来的。所需要的只是更勇敢地动手去干：跌一两次跤，以后就学会写作了……"[②] 与《明星报》不同，《真理报》的对象不是先进工人而是广大工人阶级群众，它帮助先进工人把俄国工人阶级中已经觉醒过来参加新斗争但在政治上还落后的广大阶层团结在党的旗帜周围。正因为如此，当时《真理报》给自己规定了一项任务：培养工人出身的作家，并吸引他们参加报纸的领导工作。

《真理报》是在沙皇俄国封建统治下出版的，沙皇警察动辄罚款、没

① 《纪念〈真理报〉创刊十周年》，《斯大林论文学与艺术》，人民文学出版社，1959，第 94 页。

② 《纪念〈真理报〉创刊十周年》，《斯大林论文学与艺术》，人民文学出版社，1959，第 95 页。

收、搜查、逮捕工作人员和编辑，捣毁编辑部等。编辑部不得不时时刻刻设法摆脱这种情况，利用一切合法的机会出版。一张报纸被封了，就出版另外一张报纸作为回答。在两年多的时间里，《真理报》每天都出版，但是用了许多不同的名称，如“工人真理报”“北方真理报”“劳动真理报”“无产阶级真理报”“真理之路”等。

1912 年 9 月、10 月，《真理报》编辑部没有很好地贯彻党的精神，还试图与孟什维克友好相处，以便走“第三条道路”。为此，列宁多次批评该报“不善于战斗”。1913 年 1 月 8 日至 14 日，列宁主持通过了《关于〈真理报〉编辑部的改组和工作》的决议，2 月 4 日，俄国社会民主工党俄国局成员同《真理报》举行联席会议，会上任命雅可夫·米哈伊诺维奇·斯维尔德洛夫（Яков Михайлович Свердлов）为《真理报》主编，具有审查和否决所有文章的权利，走“第三条道路”的调和派编辑被调离，改组完成。此后，该报几乎每天都刊登列宁的文章，布尔什维克杜马代表开始为该报撰稿。1914 年，《真理报》被“捣毁”，人员被逮捕。1917 年 3 月 3 日，布尔什维克党彼得堡委员会通过了恢复《真理报》的决定。斯大林成为党和国家主要领导人之后，主持《真理报》的编辑工作。

（三）创办思想

1895~1917 年，列宁在国外从事革命活动时，国际共运正处于第二国际时期，他从第二国际各国马克思主义政党那里学到了不少经验。因此，列宁领导的俄国社会民主工党与其他国家工人政党有着密切联系，党的组织结构和党报理念也与欧洲其他政党相似。但是，沙皇俄国的封建环境使俄国党组织经常遭到破坏，很多成员和小组活动不得不处于秘密状态，这种不利形势导致党组织出现了狭隘的派别斗争。列宁根据俄国的特殊环境，发展、创新了马克思主义，他的思想和论著在很大程度上是在党内派别斗争中形成和完善的。列宁的党报思想，最具独创性的是他赋予了党报的组织作用，通过报纸的代办员系统，联络处于分散状态的各国各个社会民主主义小组，最终在马克思主义的思想基础上重建党组织。十月革命胜利后，列宁的革命理论被许多国家特别是不发达国家的革命者学习、接受，列宁的革命思想和党报理论通过第三国际对各国共产党产生很大影响。共产国际后期，由于斯大林成为苏联国家领导人，他的党报思想对共产国际各支部影响很大。

二　《真理报》在国际共运史上的历史意义

1917年布尔什维克取得国家政权后，在国际共运中的地位迅速上升，而作为该党的中央机关报，《真理报》的办报经验经过共产国际的宣传，被其他国家共产党直接照搬；它发挥党报的组织和动员作用，成功向世界其他社会主义国家输出了苏联意识形态，对共产国际的影响几乎是决定性的。

（一）坚定维护党的领导

1912年《真理报》创办时，布尔什维克并未获得报纸的领导权。为此，列宁指示报纸必须与孟什维克取消派进行坚决的斗争。但参加创办工作的斯大林采取的是调和的态度，在创刊号文章《我们的目的》中，《真理报》追求的目的是："以国际社会民主主义的光芒照耀俄国工人运动的道路，在工人中间传播关于工人阶级的朋友和敌人的真情，捍卫工人事业的利益。"随后，文章强调："既然我们对敌人应该势不两立，我们之间就得互相忍让。对工人运动的敌人要斗争，在运动内部却要和平，要同心协力地工作，——这就是《真理报》在自己的日常工作中所将遵循的方针。"① 显然，这个办报方针与列宁的指示精神是相悖的。在该报创刊后的半年中，《真理报》都没有贯彻布尔什维克党中央的决议，也没有同孟什维克主办的《光线报》（*Луч*）进行论战。相反，《真理报》对孟什维克取消派采取温和态度，使用党内有"左"倾态度的人撰稿，还计划与《光线报》合作，共同刊登双方撰稿人的稿件，甚至删除了列宁稿件中批评孟什维克取消派的内容。列宁多

---

① 《我们的目的》，《真理报》创刊号，1912年4月22日，载《斯大林全集》第2卷，人民出版社，1953，第243页。

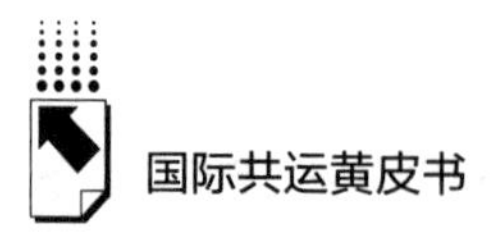

次批评该报编辑部："工人民主派的起领导作用的机关报，在这个时刻应该执行鲜明的、坚决的、确定的政策。《真理报》实际上在很多方面是起领导作用的机关报，但是它没有执行这种政策。"[①] "它执行的是某种'自己的'、昨天由某人杜撰出来的第三条路线"，[②] 不利于布尔什维克组织上和行动上的统一，势必造成党内分裂。

1912 年 10 月 13 日，列宁写信给《真理报》编辑部，要求向彼得堡工人选民团的初选人代表大会更坚决地阐明布尔什维克的选举纲领，公布布尔什维克复选环节候选人的全部名单，《真理报》要为杜马选举出专号。[③] 1913 年 1 月，党中央委员会作出改组《真理报》编辑部的决议。决议要求"编辑部更严格地遵守和执行党的一切决议"[④]。"编辑部对彼得堡社会民主主义工人的党的生活反应不力。转述党的决议或者提及这些决议必须无条件地用合法的形式。"[⑤] 4 月，列宁回到彼得堡亲自主持《真理报》编辑部工作，纠正了《真理报》的错误立场，他指出，"《真理报》还担负着一种特殊的极为重要的责任：'它能率领谁'——这一问题所有的人都在关心，所有的人都力图从字里行间找到答案"[⑥]。《真理报》改组后，布尔什维克真正掌握了报纸的领导权，从思想上和政治上粉碎了孟什维克取消派，并把机会主义分子从党的队伍中清除出去。

列宁关于党对党报的领导权思想不只是体现在《真理报》编辑工作上，也体现在共产国际工作中。共产国际成立后至 1922 年，全世界一共建立了 40 多个共产党。各国共产党在共产国际的统一领导下，开展无产阶级革命，以实现共产主义作为自己的纲领，这就使共产主义运动具有了世界规模。其

---

① 《列宁全集》第 46 卷，人民出版社，2017，第 173 页。

② 《列宁全集》第 46 卷，人民出版社，2017，第 174 页。

③ 《列宁全集》第 18 卷，人民出版社，1959，第 634 页。

④ 《关于〈真理报〉编辑部的改组和工作》，载《列宁全集》第 22 卷，人民出版社，2017，第 286 页。

⑤ 《关于〈真理报〉编辑部的改组和工作》，载《列宁全集》第 22 卷，人民出版社，2017，第 287 页。

⑥ 《致〈涅瓦明星报〉编辑部（1912 年 7 月 24 日）》，载《列宁全集》第 46 卷，人民出版社，2017，第 133~134 页。

中，《真理报》成为苏联执行领导权的重要阵地。该报关注和报道殖民地和落后国家的革命情况与条件，把共产国际和各国未来的共产主义者组织起来，指导建立新型政党。列宁对各国党的报刊与该国党中央的关系要求是，“不管整个党目前是合法的或是不合法的，一切定期和不定期的报刊、一切出版机构都应该完全服从党中央委员会”。① 俄共（布）1919 年的八大组织章程，包括中央委员会机关报体制首先被推广到共产国际内部，然后被推广到各国共产党中，包括作为共产国际支部的中国共产党。1920 年 7~8 月，共产国际第二次代表大会通过的组织章程第 17 条规定：“共产国际各支部的指导性的机关刊物必须刊登共产国际执行委员会的一切决议和正式的文件；各支部的其他刊物也应尽可能地刊登这些决议。”②

斯大林成为苏联国家领导人之后，强调必须使共产国际各国党布尔什维克化。1926 年之后，共产国际几乎所有的重要会议，都得经过联共（布）同意，联共（布）党内的斗争也扩大到国际上，各国党的宣传语言也苏联化了。1937 年之后，斯大林“党的利益高于形式上的民主”的思想，被贯彻到共产国际的领导机构和报刊中，共产国际的报刊成为刊载决议和宣传要点的主阵地，不再有思想交流和讨论的内容。

（二）党报是集体的宣传员、鼓动员和组织者

1902 年，列宁在《做什么?》中指出，一个办得很好的全俄的战斗报纸，不仅应当成为集体的鼓动者，还应当成为集体的组织者。③ 这里的“集体”，是指当时分散在俄国各地的党的各个小组或个人的总和，是“俄国社会民主工党”这个意义上的“集体”。因为当时的“党”并未存在，说“党的组织者”不合适。1903 年党的二大之后，党有了代表大会选举产生的中央领导机构，列宁再没有使用“集体的组织者”这样的概念说明党报的作用。

---

① 《加入共产国际的条件》，载《列宁全集》第 39 卷，人民出版社，2017，第 205 页。

② 《共产国际文件汇编（1919-1932）》第 1 册，生活·读书·新知三联书店，1965，第 75~77 页。

③ 转引自《斯大林论文学与艺术》，人民文学出版社，1959，第 96~97 页。

《真理报》发挥了集体的鼓动者和组织者的作用。该报是在彼得堡工人革命运动浪潮中创办的，创办初期，党的中央领导机构难以直接领导地方党组织，列宁主要通过信件和撰稿方式直接领导报纸。《真理报》不仅是总结布尔什维克在争取合法工人组织方面的成就的报纸，也是把这些组织团结在党的地下根据地周围并把工人运动引向一定目标的组织中心。因此，《真理报》既是群众性的工人日报，也是彼得堡党的活动中心，在一定程度上代行党的领导机构的职能。

在组织团结广大群众方面，《真理报》主要做了三个方面的工作。一是在每份报纸上都登载几十篇工人通讯。这些通讯描述了工人艰苦的暗无天日的生活，举出了警察暴行和厂主虐待工人的具体事实。仅在一年之内，就刊载了11000多篇工人通讯，平均每日发行四万份，个别月份平均每日发行达六万份。[①] 到1914年夏天，在俄国的924个居民点中都有《真理报》的订户。这些订户和庞大的工人通讯员队伍，是在群众中宣传列宁思想和布尔什维克口号的主力军。工人把《真理报》看成自己最亲密的报纸，他们给工人报刊的全部集体捐款中，有4/5捐给布尔什维克的《真理报》。二是组织工人阶级进行罢工斗争。每期《真理报》都及时报道罢工消息，这些信息大都是从劳资斗争的前线得来的真实情报。这些报道把工人们团结得更紧密，并且鼓舞他们加强阶级斗争。《真理报》由于说出了工人们的要求，组织了其他企业和城市的工人支援罢工者，吸引了越来越多的工人阶层参加斗争。三是团结领导各地农民。《真理报》曾经发表列宁的几十篇谈论农民生活的各个方面的文章。列宁写道："农民的情况大致是这样：在一个拥有2000多俄亩土地的地主周围，大约有300家用祖传的陈旧办法耕种自己贫瘠的土地的农户。这种大地主土地占有制是农民贫困和饥饿的根源。"[②]《真理报》向农民指出，摆脱奴役的唯一出路是在工人阶级的领导下与沙皇和农奴制地主进行斗争。

除了组织团结广大群众，《真理报》编辑部还担负了相当大一部分党的

① 参见《列宁选集》第4卷，人民出版社，1972，第713页。

② 〔苏〕鲍·尼·波诺马辽夫主编《苏联共产党历史》，人民出版社，1960，第176页。

组织工作。在这里，列宁会见地方党支部的代表，听取工厂里党的工作的报告，从这里转发出彼得堡党委会和党中央委员会的指示，还协助在企业中建立新的党组织。此外，《真理报》在保卫地下组织和争取合法工人组织同取消派进行斗争方面发挥了重要的组织作用，布尔什维克因此而团结强大，成为组织1917年十月革命的强大无产阶级政党。①

1922年，成为苏联党和国家主要领导人的斯大林在纪念《真理报》创办十周年时首次提到“党报的组织作用”。1923年，斯大林在《报刊是集体的组织者》中指出：“共产党的报纸首先要关心被剥削者和斗争中的工人的利益。它应当是我们的优秀宣传员和鼓动员，是无产阶级革命的宣传指导员。我们的报纸应当负责搜集全体党员的宝贵经验，并把这种经验传授给他们，作为不断检查和改进共产党工作方法的指导方针。这种经验应当在全国编辑人员会议上进行交流，同时，通过交换意见，在会上尽量取得全党报刊的一致步调和方向。这样，党的报刊以及每一份报纸都将成为我们革命活动的优秀组织者。如果共产党报纸，特别是主要的报纸不进行这种总结性的和有意识的组织工作，那末，党内的民主集中制和合理的分工就未必能够实现，党的历史任务因而也就未必能够完成。”②

《真理报》在组织动员俄国国内广大群众方面发挥了重要作用，它在特殊时期为劳动人民在第二次资产阶级民主革命中的胜利准备了舆论条件，正如斯大林所说：“1912年的《真理报》为布尔什维主义1917年的胜利奠定了基础。”③

（三）党报党刊成为无产阶级党组织的一部分

1912~1914年，俄国工人群众的政治参与意识很强，《真理报》主要通

① 《纪念〈真理报〉创刊十周年》，《斯大林论文学与艺术》，人民文学出版社，1959，第96~97页。

② 孙武霞、许俊基编《共产国际与中国革命资料选辑（1919—1924）》，人民出版社，1985，第116页。

③ 《列宁选集》第4卷，人民出版社，1972，第713页。

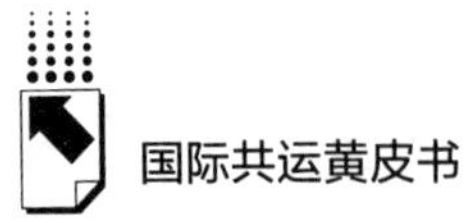

过发动工人群众捐款和订阅报纸来维持报纸运转。“《真理报》在问世后的第一年中得到了1000多个工人团体的支援，为俄国主要工业区即莫斯科中部地区的工人报纸奠定了基础。”“上千个工人团体在资金上支援《真理报》，这就意味着以各种方式支援《真理报》的工人团体的数目要多得多，意味着在《真理报》的周围团结和联合起来的不只是一两万工人。毫无疑问，《真理报》的读者和拥护者的团体数目要比捐款的团体数目多许多倍，他们写信、写通讯支持《真理报》，协助推销报纸，并向工人和劳动群众中的新读者介绍报纸，等等。”①“截至1914年5月按整数统计，给《真理报》捐款的工人团体是6000个，给取消派捐款的将近1500个。”②

苏俄实行新经济政策后，广告重新成为报刊的经济来源之一，《真理报》也开始刊登广告。但在党的十一大上，列宁由于身体原因没有出席，会议通过了阿纳斯塔斯·伊凡诺维奇·米高扬（Анастас Иванович Микоян）的修正案，禁止作为党中央机关报的《真理报》刊登广告，其他地方党报可以刊登。列宁得知这项决议后，建议撤销禁止《真理报》刊登广告的决议，理由是，党报应该通过刊登广告增加收入，减轻国家负担。列宁的建议被接受并执行。

《真理报》的办报经验、基本观点和做法作为一种原则得到共产国际的确认。1921年7月12日，共产国际第三次代表大会通过的《共产党的组织建设、工作方法和工作内容提纲》指出：“对大多数共产党来说，因而也是对世界革命无产阶级的共同的政党组织——共产国际来说，它们的共同任务就是必须同还保持着统治地位的资产阶级作斗争。战胜资产阶级，夺取资产阶级所掌握的政权，这是各国的党在最近期内所负的主要的具有决定性意义的任务。因此，各资本主义国家的共产党在进行一切组织工作时，主要应该

① 《〈真理报〉创刊一周年纪念》，载《列宁全集》第23卷，人民出版社，2017，第97页。

② 《关于社会民主党杜马党团内部斗争问题的材料》，载《列宁全集》第24卷，人民出版社，2017，第107页。

注意建立一些能够保证无产阶级革命战胜有产阶级的组织。”①

在列宁看来，党报党刊应该成为无产阶级党组织的一部分，对资产阶级报纸展开激烈批判。这一思想也被贯彻在相应文件中，“共产党报纸绝不应当变成象资产阶级报纸，以及所谓‘社会党’报纸那样的资本主义企业。我们的报纸必须保持独立，而不依靠资本主义信贷机构。对于那些处于合法地位的群众性政党来说，妥善组织广告业务（这项工作大大有助于报纸经费的维持），决不能使报纸落到例如要靠大广告订户来维持的地步。相反，我们的机关报在一切有关无产阶级和社会的问题上采取毫不妥协的立场，才大大有助于为自己建立极高的威信。我们的报纸也不应投‘大众’之所好，供他们欣赏惊人消息或消遣之用；不应当为图挤入沙龙而甘愿容忍小资产阶级文学家和名记者的批评”②。文件还要求：“共产党报纸必须努力使自己成为共产主义的企业，即成为无产阶级的战斗组织，成为革命工人、报社的全体固定工作人员、排字工人、印刷人员、行政工作人员、报刊推广和分发人员、为党报搜集地方材料并在支部讨论和整理这种材料的通讯员等等的集体。”③

（四）党报成为社会主义建设的工具

推翻资产阶级的临时政府以后，列宁认为，随着党的工作重点的转移，报刊也应把宣传重点从政治论战转到以生产建设为中心上面。

报刊应该成为社会主义建设的工具，是列宁在1918年4月《苏维埃政权的当前任务》中反复阐述的观点。文章指出：“报刊应当成为我们加强劳动者的自觉纪律、改变资本主义社会陈旧的即完全无用的工作方法或偷懒方法的首要工具，它应当揭露每个劳动公社经济生活中的缺点，无情地抨击这

---

① 孙武霞、许俊基编《共产国际与中国革命资料选辑（1919—1924）》，人民出版社，1985，第93页。

② 孙武霞、许俊基编《共产国际与中国革命资料选辑（1919—1924）》，人民出版社，1985，第115页。

③ 孙武霞、许俊基编《共产国际与中国革命资料选辑（1919—1924）》，人民出版社，1985，第116页。

些缺点，公开揭露我国经济生活中的一切弊病，从而呼吁劳动者的舆论来根治这些弊病。”[①] “我们应当而且一定要把报刊从发表耸人听闻的消息的工具，从报道政治新闻的普通工具，从驳斥资产阶级谎言的工具，变成在经济上重新教育群众的工具，变成向群众介绍如何按新的方式组织劳动的工具。”[②] 1918 年 9 月，列宁在《论我们报纸的性质》一文中强调：“现在，老一套的政治鼓动，即政治空谈，占的篇幅太多了，而新生活的建设，建设中的种种事实，占的篇幅太少了。”“多谈些经济。但经济不是指‘泛泛的’议论、学究式的评述、书生的计划以及诸如此类的空话，——可惜所谓经济往往正是这样的空话。不是的，我们需要的经济是指搜集、周密地审核和研究新生活的实际建设中的各种事实。”[③]

在相关政策方针制定上，列宁强调生产宣传的重要性。1920 年 11 月，列宁《关于生产宣传的提纲》的第二条中强调：“指导性的报纸，首先是《消息报》和《真理报》，应当做到：（一）减少政治方面的篇幅，扩大生产宣传的版面；（二）对党和苏维埃机关施加影响，使它们在全部工作中用更大的力量来进行生产宣传；（三）尽量在全国范围内经常地进行生产宣传工作，制定多种措施来开展和改进生产宣传，特别是检查它确确实实已经取得了哪些成绩。”[④]

在报刊实践中，列宁强调介绍各方面的劳动经验，通过树立典型来指导社会主义建设。副农业人民委员恩·奥新斯基曾在《真理报》上发表题为《地方经验的新材料》的文章。1922 年 4 月 12 日，列宁在致恩·奥新斯基的文章中指出：“我们最缺的正是这类文章，我认为每个人民委员部都应该‘设置’一名政论家（同人民委员部和人民委员的工作有最密切联系的人）来撰写这类评论。”“对地方经验、详情细节、实际做法、实际经验的研究要具体、

① 《〈苏维埃政权的当前任务〉一文初稿》，载《列宁全集》第 34 卷，人民出版社，2017，第 136 页。

② 《〈苏维埃政权的当前任务〉一文初稿》，载《列宁全集》第 34 卷，人民出版社，2017，第 137~138 页。

③ 《论我们报纸的性质》，载《列宁全集》第 35 卷，人民出版社，2017，第 91、92 页。

④ 《列宁全集》第 40 卷，人民出版社，2017，第 16 页。

再具体，要深入到现实生活中去，既深入县的，也深入乡的、村的；要分析：在什么地方、什么人、为什么（用什么办法）能在极度贫困和经济严重破坏的情况下取得实际的、虽然是不大的改善；不要怕揭露错误和无能；要广泛介绍并大力宣扬任何一个表现稍为突出的地方工作人员，把他树为榜样。这种工作做得愈多，愈是深入生动的实际，使自己和读者不去理会莫斯科文牍主义者和知识分子（总之是苏维埃官僚主义分子）的污浊空气，那么我们的报刊和我们的整个建设事业就会愈有成效地得到改善。”①

在国际共运史上，《真理报》亦具有特殊的意义。《真理报》同机会主义分子、资产阶级代理人斗争，以马克思主义精神团结教育各国工人和农民，巩固了党同群众的联系，加强了共产国际的团结，“这个国际不仅在名称上回复到马克思主义，而且正以它的全部思想政治内容和全部行动来实现马克思的革命学说，把资产阶级机会主义的歪曲清除干净”②。

三　现实启示

21 世纪以来，世界形势和格局发生了重大变化，中国逐渐走向世界政治和经济舞台的中央，使正处于低谷的世界社会主义焕发生机。在新的时代背景和形势下，中国的党报党刊需向世界提供怎样的中国智慧和中国方案，以促进世界社会主义国家团结和国际共产主义运动发展，是需要思考的时代命题。

（一）牢牢掌握党对党报的领导权

党报工作者要有“党的机关报”的责任意识，坚持党的领导，积极宣传贯彻党的最新理论和重大方针政策。党的日报、周报这类出版周期短的报纸，应该根据形势变化，正确体现党纲和党的政策原则，这是报纸党性的重

---

① 《致恩·奥新斯基（1922 年 4 月 12 日）》，载《列宁全集》第 52 卷，人民出版社，2017，第 384、384~385 页。

② 《俄共（布）纲领草案》，载《列宁全集》第 36 卷，人民出版社，2017，第 98 页。

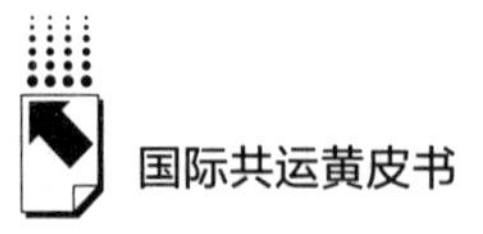

要体现。《真理报》的办报史，是一部贯穿着反“左”、反右两方面斗争的历史，其历史经验表明，党报能否及时同错误倾向作斗争，是是否坚持党性的重要标志。党报如果不用党的理论和策略原则坚定自己的立场，或者任由错误思想泛滥，就会对党的事业造成很大危害。

（二）发挥党报党刊的组织和动员作用

党报党刊的组织和动员作用是不可估量的。在中国革命战争中，中国共产党根据根据地地处农村或山区、交通和通讯不便的特殊情况，通过报纸传播党的指示，使中央和各地的党报发挥了巨大的宣传和组织作用。新中国成立后，中共党报党刊在巩固人民政权、推动国民经济发展过程中同样发挥了重要作用。党的十八大以来，中共党报党刊坚持用习近平新时代中国特色社会主义思想团结、凝聚人民，用社会主义核心价值观凝聚人心，主流思想舆论不断巩固壮大，国家文化软实力和中华文化影响力大幅提升，全党全社会思想上的团结统一更加巩固；在国际层面，中共党报党刊也充分发挥了团结其他社会主义国家的重要功能，将各国共产党紧密联系起来。

（三）发挥党报党刊在宣传阐释新时代党的外交思想方面的作用

2022 年 5 月 22 日，在第 75 届联合国大会开幕式上，联合国秘书长古特雷斯指出，当今世界面临五大挑战：地缘政治紧张、气候危机、全球互不信任、数字世界凸显阴暗面和新冠全球大流行。面对这些风险和挑战，全世界人民只有携手与共，共建、共治、共享，才能获得人类的未来。中共党报党刊要深入阐释习近平外交思想的内涵与时代价值，例如，“一带一路”倡议倡导通过共建与合作尽可能地消除共建国家和地区的地缘冲突，以互利共赢和互联互通代替对抗，这不仅有经济意义，还具有深远的地缘政治意义。同时，需团结组织其他社会主义国家、新兴经济体和广大发展中国家的主流媒体，共同为构建人类命运共同体、解决全球性难题作出宣传努力。

（四）发挥党报党刊继续推动世界社会主义运动的作用

新时代中国特色社会主义与世界社会主义发生了更加密切、更为明确的联系。随着中国日益走近世界舞台中央，中国特色社会主义事业已成为21世纪世界社会主义最为重要的部分。中共党报党刊作为世界社会主义意识形态的主阵地，首先要把宣传阐释马克思主义中国化最新理论成果作为首要任务，积极宣介中国之路、中国之治、中国之理，向世界讲好中国故事、传播中国声音、贡献中国智慧，为世界社会主义的建设和发展提供借鉴。其次要更好发挥中共党报党刊在国际舆论场中议题设置、热点引导、舆论斗争等方面的主导作用，努力团结其他国家建立国际舆论统一战线，在构建现代化传播体系中发挥重要的支撑作用。

参考文献

1. 《列宁全集》，人民出版社，2017。
2. 《纪念〈真理报〉创刊十周年》，《斯大林论文学与艺术》，人民文学出版社，1959。
3. 孙武霞、许俊基编《共产国际与中国革命资料选辑（1919—1924）》，人民出版社，1985。

改革发展篇

Reform and Development

Y.8 中国开启全面建设社会主义现代化国家新征程

马丽雅*

摘　要： 2022年是中国共产党历史上具有里程碑意义的一年。中国共产党第二十次全国代表大会胜利召开，总结新时代十年的生动实践和伟大变革，明确全面建成社会主义现代化强国的战略安排，开启中国特色大国外交的新篇章。作为马克思主义中国化时代化的最新成果，中国共产党坚持和发展习近平新时代中国特色社会主义思想，持续推进中国式现代化的理论发展。以新时代新征程上的中心任务为指引，中国共产党用中国式现代化致力于实现复兴伟业，也将为国际共产主义运动和人类进步事业作出更大贡献。

关键词： 中国共产党　新时代中国特色社会主义　中国式现代化

---

* 马丽雅，上海社会科学院中国马克思主义研究所副研究员，研究方向为马克思主义中国化、西方中国观等。本文审读专家为上海社会科学院研究生院党委书记轩传树研究员。

2022年是中国共产党第二十次全国代表大会召开之年，是中国推进实施“十四五”规划的关键之年，是在新征程乘势而上向着第二个百年奋斗目标迈进的开局之年。2022年，中国共产党承前启后，总结新时代变革性实践，开启社会主义现代化新征程，形成了一系列新思想新战略。展望未来，围绕新时代新征程的使命任务，中国共产党将继往开来，不断推进中国特色社会主义事业，为国际共产主义运动和人类进步事业作出更大贡献。

一 继续推进新时代伟大实践，开启中华民族伟大复兴新征程

2022年，在全面建设社会主义现代化国家新征程上，中国经济行稳致远，加强党的建设，推进新时代中国特色大国外交，展现中华民族伟大复兴壮丽前景。

（一）经济行稳致远，开创改革开放新局面

经济发展方面展现出澎湃活力与光明前景。在高效统筹疫情防控和经济社会发展、多项稳定宏观经济大盘的政策陆续推出并加快落地的情况下，2022年中国国内生产总值（GDP）超过121万亿元，按不变价格计算，较上年增长3.0%；以2019年为基期，疫后三年的年均复合增速为4.5%，在全球主要经济体中居前列。[①] 按年平均汇率折算，中国经济总量达18万亿美元，稳居世界第二位。[②] 12月15日至16日，中央经济工作会议召开，强调“坚持发展是党执政兴国的第一要务，发展必须是高质量发展，完整、

① 《经济研究》智库经济形势分析课题组：《在再平衡中重拾增长动能——2022年中国经济回顾与2023年经济展望》，中国社会科学院经济研究所网站，2023年1月28日，http://ie.cass.cn/academics/economic_trends/202301/t20230128_5584374.html。

② 《中华人民共和国2022年国民经济和社会发展统计公报》，国家统计局，2023年2月28日，http://www.gov.cn/xinwen/2023-02/28/content_5743623.htm。

准确、全面贯彻新发展理念”。12 月 14 日发布的《扩大内需战略规划纲要（2022-2035 年）》对实施扩大内需战略进行长远谋划。世界知识产权组织发布的《2022 年全球创新指数报告》显示，2022 年全球创新指数方面中国排名第 11 位，连续十年稳步提升，位居 36 个中高收入经济体之首。中国经济正在以高质量发展的确定性来对冲前进路上的一切不确定性。

2022 年，中国实行了更加积极主动的开放战略，推动形成更大范围、更宽领域、更深层次的对外开放格局。中国货物进出口总额首次突破 40 万亿元大关，达到 42.1 万亿元，比上年增长 7.7%；对“一带一路”共建国家进出口额创历史新高，达 13.8 万亿元，比上年增长 19.4%；高质量实施《区域全面经济伙伴关系协定》（RCEP），推动区域一体化合作走向深入。① 面对严峻的国际环境和繁重的国内改革发展稳定任务，中国共产党迎难而上，不断开创改革开放新局面。

（二）推进新时代党的建设新的伟大工程

2022 年 10 月 16 日至 22 日，中国共产党第二十次全国代表大会胜利召开，与会代表 2296 名。这次大会是中国共产党迈上全面建设社会主义现代化国家新征程、向第二个百年奋斗目标进军的关键时刻召开的一次十分重要的大会。大会主题是：高举中国特色社会主义伟大旗帜，全面贯彻新时代中国特色社会主义思想，弘扬伟大建党精神，自信自强、守正创新，踔厉奋发、勇毅前行，为全面建设社会主义现代化国家、全面推进中华民族伟大复兴而团结奋斗。大会对全面建成社会主义现代化强国两步走战略安排进行宏观展望，科学谋划未来 5 年乃至更长时期党和国家事业发展的目标任务和大政方针。大会通过了《中国共产党章程（修正案）》，此次党章修改的部分主要集中在九个要点：增写党百年奋斗的重大成就和历史经验的内容；充实完善习近平新时代中国特色社会主义思想的科学内涵和历史地位相关内容；

---

① 《风高浪急彰显韧劲——〈2022 年国民经济和社会发展统计公报〉评读》，《经济日报》2023 年 3 月 1 日。

坚定维护以习近平同志为核心的党中央权威和集中统一领导；分两步走的战略安排写入党章；以中国式现代化全面推进中华民族伟大复兴的奋斗目标写入党章；把逐步实现全体人民共同富裕写入党章；把坚持新时代党的组织路线写入党章；把伟大建党精神写入党章；把“以伟大自我革命引领伟大社会革命”写入党章。①

2022 年，中国共产党在反腐败、加强多党合作和政治协商等方面持续推进党的建设。在反腐败方面，中国共产党重拳反腐、步履不停，反腐高压态势不减。《中华人民共和国监察法实施条例》首次以法律法规形式对“一体推进不敢腐、不能腐、不想腐”作出规定，该表述被写入党章，以党的根本大法的权威性和严肃性为反腐败斗争提供根本遵循。在中共二十大闭幕不久，习近平总书记主持中央政治局会议，审议《中共中央政治局贯彻落实中央八项规定实施细则》，释放出加强作风建设的信号。政治协商是中国共产党领导的多党合作和政治协商制度的重要组成部分。2022 年 6 月，中共中央印发的《中国共产党政治协商工作条例》是中共中央专门规范政治协商工作的第一部党内法规。7 月 29 日至 30 日，中央统战工作会议时隔七年再次召开，阐明了新时代统战工作一系列重大理论和实践问题。

（三）推动构建人类命运共同体，开创中国特色大国外交新局面

2022 年，中国在全面建设社会主义现代化国家新征程上，以元首外交为引领，以推动构建人类命运共同体为主线，全方位开展中国特色大国外交，为维护世界和平、促进共同发展作出了新的贡献。

2022 年 9~12 月，习近平主席开启疫情以来首个线下高访季，集中体现了中国特色大国外交的价值取向和独特风格。短短四个月中，习近平主席相继出席 5 场多边峰会，包括 9 月在乌兹别克斯坦撒马尔罕召开的上海合作组织成员国元首理事会第二十二次会议、11 月在印度尼西亚巴厘岛

① 《党的二十大党章修改的九个要点》，《学习时报》2022 年 12 月 2 日。

召开的二十国集团领导人第十七次峰会、11 月在泰国曼谷召开的亚太经合组织第二十九次领导人非正式会议，以及 12 月在沙特阿拉伯利雅得召开的首届中国—阿拉伯国家峰会和中国—海湾阿拉伯国家合作委员会峰会。除了参加多边峰会，习近平还先后与越共中央总书记阮富仲（10 月 31 日），德国总理朔尔茨（11 月 4 日），美国总统拜登（11 月 14 日），法国总统马克龙（11 月 15 日），日本首相岸田文雄（11 月 18 日），古巴共产党中央委员会第一书记、古巴国家主席迪亚斯-卡内尔（11 月 25 日）等 40 多个国家的领导人举行双边会晤，实现了新征程上中国共产党对外工作的崭新开局。

党的二十大报告对中国特色大国外交进行了系统总结和精炼概括，强调了中国共产党不仅是一个为中国人民谋幸福、为中华民族谋复兴的党，也是一个为人类谋进步、为世界谋大同的政党。回顾 2022 年，中国的一系列外交政策与实践也始终高举构建人类命运共同体旗帜，为促进世界和平与发展，推动人类文明进步作出新贡献。2022 年 4 月，习近平主席在博鳌亚洲论坛上首次提出全球安全倡议，该倡议显示了中国致力于维护世界和平、推动解决全球性的安全问题，一经提出便得到了国际社会的高度重视和积极响应，半年多时间就获得了 70 多个国家的赞赏和支持。6 月，习近平主席在金砖国家领导人会晤期间主持首次全球发展高层对话会，推出了中国落实全球发展倡议的 32 项主要举措，设立开放式项目库，成立全球发展促进中心。截至 2022 年 12 月，已有近 70 个国家加入了“全球发展倡议之友小组”，100 多个国家还有包括联合国在内的多个国际组织支持这一倡议。[①] 中国奉行开放的区域主义，共建稳定繁荣的亚洲家园，推动周边命运共同体建设迈出坚实步伐。中国与东盟达成全面战略伙伴关系行动计划；1 月，习近平主席同哈萨克斯坦共和国总统、吉尔吉斯共和国总统、塔吉克斯坦共和国总统、土库曼斯坦总统、乌兹别克斯坦共和国总统举行中国同中亚五国建交

① 王毅：《胸怀天下，勇毅前行　谱写中国特色大国外交新华章——在国际形势和中国外交研讨会上的演讲》，外交部网站，2022 年 12 月 25 日，http：//switzerlandemb. fmprc. gov. cn/web/wjbzhd/202212/t20221225_10994826. shtml。

30 周年视频峰会。6 月举行的“中国+中亚五国”外长第三次会晤明确建立元首会晤机制，中国—中亚命运共同体更加紧密。2022 年，“一带一路”合作稳步推进。据统计，2022 年 1~11 月，中国与“一带一路”合作伙伴的贸易额增长了 20.4%，中欧班列累计开行 15162 列、发送货物 147.5 万标箱，同比分别增长 10%、11%。① 上述事实有力表明，“构建人类命运共同体是世界各国人民前途所在”②。中国将“始终不渝坚持走和平发展道路，始终做世界和平的建设者、全球发展的贡献者、国际秩序的维护者”③。

二　理论创新开辟马克思主义中国化时代化新境界

2022 年，党的二十大报告等一系列马克思主义纲领性文献对党的十八大以来中国共产党的理论创新新鲜经验进行了科学概括和高度凝练，推进和拓展中国式现代化的理论发展和创新，在科学内涵、世界观方法论等方面进一步坚持和发展习近平新时代中国特色社会主义思想，体现了党的理论创新与探索的新进展。

（一）“三件大事”“十六个方面”科学评价新时代十年的生动实践和伟大变革

党的二十大报告第一次定义了新时代十年对中国共产党和中国人民的事业“具有重大现实意义和深远历史意义的三件大事”，其中，第一件大事是迎来中国共产党成立一百周年；第二件大事是中国特色社会主义进入新时代；第三件大事则是完成脱贫攻坚、全面建成小康社会的历史任务，实现第一个百年奋斗目标。对十年来党和国家所取得的历史性成就、发生的历史性

---

① 《年终报道·2022 奔向美好丨共建“一带一路”共创美好未来》，新华网，2022 年 12 月 24 日，http://www.xinhuanet.com/2022-12/24/c_1211712011.htm。

② 习近平：《高举中国特色社会主义伟大旗帜 为全面建设社会主义现代化国家而团结奋斗——在中国共产党第二十次全国代表大会上的报告》（2022 年 10 月 16 日），人民出版社，2022，第 62 页。

③ 《习近平在博鳌亚洲论坛 2022 年年会开幕式上发表主旨演讲》，《人民日报》2022 年 4 月 22 日。

变革所进行的十六个方面的新概括中，既有原创性思想又有变革性实践，体现了理论与实践的有机统一。

报告从党的领导、经济、政治、社会、文化、生态等十六个方面全面总结了新时代十年伟大实践所取得的根本性变革以及新鲜经验。十八大以来，中国特色社会主义进入新时代，经济快速发展、社会长期稳定，在改革发展稳定、内政外交国防、治党治国治军等方面取得了一系列历史性变革，具有标志性意义的成就包括：取得了“两个确立”重大政治成果，即确立习近平同志党中央的核心、全党的核心地位，确立习近平新时代中国特色社会主义思想的指导地位；党在革命性锻造中更加坚强更富活力，找到了自我革命这一跳出治乱兴衰历史周期率的第二个答案；胜利实现全面建成小康社会目标，统筹推进经济建设、政治建设、文化建设、社会建设、生态文明建设即“五位一体”总体布局，协调推进全面建成小康社会、全面深化改革、全面依法治国、全面从严治党即“四个全面”战略布局，系统推进经济社会发展各项工作；显著提高维护国家安全能力，开创维护国家安全新局面；中国的国际地位显著提高，国际影响力持续增强；中国制度优势更加彰显，总结概括了中国特色社会主义的根本制度、基本制度和重要制度，各方面制度更加成熟更加定型。①

（二）坚持和发展习近平新时代中国特色社会主义思想

2022 年，党的二十大报告通过系统归纳和概括习近平新时代中国特色社会主义思想的主要内容、世界观方法论，阐释“两个结合”，进一步推动了习近平新时代中国特色社会主义思想的发展，深化了中国共产党对马克思主义中国化时代化的基本经验和根本规律的认识。

“十个明确”“十四个坚持”“十三个方面成就”系统概括习近平新时代中国特色社会主义思想的主要内容。党的二十大报告指出：“中国共产党为什么能，中国特色社会主义为什么好，归根到底是马克思主义行，是

① 江金权：《新时代十年的伟大变革》，《求是》2022 年第 22 期。

中国化时代化的马克思主义行。”[1] 中国共产党的鲜明政治品格和强大政治优势是坚持马克思主义科学理论指导，这也是中国共产党百年来始终坚定信仰信念，善于把握历史发展规律和大势，把握历史主动的根本所在。党的十八大以来，中国共产党勇于在一系列变革性实践中进行理论探索和实践创新。作为这些重大理论成果的集中体现，党的二十大报告从三个方面对习近平新时代中国特色社会主义思想的主要内容进行了更系统更全面的概括。第一方面是基本理论，即党的十九届六中全会审议通过的《中共中央关于党的百年奋斗重大成就和历史经验的决议》中概括的“十个明确”。第二个方面是基本方略，即党的十九大报告中就新时代中国共产党治国理政重大方针原则总结的“十四个坚持”。第三个方面是历史性成就，即《中共中央关于党的百年奋斗重大成就和历史经验的决议》第四部分总结的新时代“十三个方面成就”，论述了指导伟大实践的新理念新思想新战略。[2] 三者相结合形成了一个完整的理论体系。

“六个必须坚持”概括习近平新时代中国特色社会主义思想的世界观和方法论。这是中国共产党第一次从世界观和方法论的高度出发，概括推进中国共产党的理论创新的科学方法以及正确路径，旨在为在新时代新征程中进一步坚持和发展马克思主义，推进马克思主义中国化时代化提供科学指引。党的二十大报告从六个方面对习近平新时代中国特色社会主义思想所蕴含的政治立场、理论品格、精神气质和思想方法进行了阐述，强调必须坚持人民至上、必须坚持自信自立、必须坚持守正创新、必须坚持问题导向、必须坚持系统观念、必须坚持胸怀天下。[3] 其中，“必须坚持人民至上”排在“六个必须坚持”的第一位，“人民”一词在整个报告中先后出现了 170 多次，

① 习近平：《高举中国特色社会主义伟大旗帜 为全面建设社会主义现代化国家而团结奋斗——在中国共产党第二十次全国代表大会上的报告》（2022 年 10 月 16 日），人民出版社，2022，第 16 页。

② 冯俊：《全面建设社会主义现代化国家的政治宣言》，《解放日报》2022 年 10 月 31 日。

③ 习近平：《高举中国特色社会主义伟大旗帜 为全面建设社会主义现代化国家而团结奋斗——在中国共产党第二十次全国代表大会上的报告》（2022 年 10 月 16 日），人民出版社，2022，第 19~21 页。

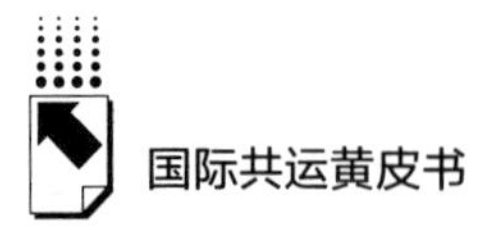

体现了中国共产党鲜明的人民立场。对习近平新时代中国特色社会主义思想的世界观和方法论的概括使这一科学理论体系拥有更为坚实的哲学基础，是相互联系、内在统一的有机整体。[①]

“两个结合”明确推进马克思主义中国化时代化的根本途径。马克思逝世12年之后，恩格斯与德国著名经济学家韦尔纳·桑巴特（Werner Sombart）讨论《资本论》的时候谈道：“马克思的整个世界观不是教义，而是方法。它提供的不是现成的教条，而是进一步研究的出发点和供这种研究使用的方法。”[②] 马克思主义作为实践的理论，只有为人民群众所掌握，才能转化为强大的物质力量。习近平总书记在党的二十大报告中指出：“只有把马克思主义基本原理同中国具体实际相结合、同中华优秀传统文化相结合，坚持运用辩证唯物主义和历史唯物主义，才能正确回答时代和实践提出的重大问题，才能始终保持马克思主义的蓬勃生机和旺盛活力。”[③] 党的二十大闭幕后，10月28日，习近平总书记在考察河南安阳殷墟博物馆时强调，中华优秀传统文化是中国共产党创新理论的“根”，中国共产党推进马克思主义中国化时代化的根本途径是“两个结合”。[④] 具体而言，新时代新征程上坚持以马克思主义观察时代、把握时代、引领时代，着力解决在改革开放和社会主义现代化建设进程中遇到的实际问题；要充分发掘和运用中华优秀传统文化中的精华，将马克思主义基本原理与中华民族的历史文化、思维方式和民族心理结合起来，赋予科学的真理以鲜明的中国特色，使马克思主义被中国人民所理解和接受、认同和信仰、掌握和运用，以巩固马克思主义中国化时代化的历史基础和群众基础，使马克思主义在新时代真正成为认识世界和改造世界的强有力的物质力量。

---

① 林建华：《习近平新时代中国特色社会主义思想的世界观和方法论》，《思想教育研究》2022年第11期。

② 《马克思恩格斯文集》第10卷，人民出版社，2009，第691页。

③ 习近平：《高举中国特色社会主义伟大旗帜 为全面建设社会主义现代化国家而团结奋斗——在中国共产党第二十次全国代表大会上的报告》（2022年10月16日），人民出版社，2022，第17页。

④ 参见《习近平在陕西延安和河南安阳考察时强调 全面推进乡村振兴 为实现农业农村现代化而不懈奋斗》，《人民日报》2022年10月29日。

（三）概括提出并深入阐述中国式现代化理论

党的二十大报告明确提出，中国共产党在新时代新征程中的核心使命和任务，就是“团结带领全国各族人民全面建成社会主义现代化强国、实现第二个百年奋斗目标，以中国式现代化全面推进中华民族伟大复兴”[①]。针对这一使命和任务，中国共产党对中国式现代化的基本特征、本质要求和重要原则进行了系统论述，体现了其对中国式现代化道路的重大理论创新。

“五大方面”概括中国式现代化的基本特征。在新中国成立特别是改革开放以来关于落后国家进行社会主义现代化建设的长期探索和实践基础上，中国共产党成功推进和拓展了现代化的理论与实践。这一由中国共产党领导的社会主义现代化道路，既包含了人类现代化的共同特征，也蕴含着基于国情的中国特色。党的二十大报告对中国式现代化的中国特色从五个方面进行了概括：一是人口规模巨大；二是全体人民共同富裕；三是物质文明和精神文明相协调；四是人与自然和谐共生；五是走和平发展道路。这五大基本特征体现了中国式现代化的本质属性，显示中国的现代化发展道路与西方资本主义国家现代化道路的最本质区别。党的二十大召开后，“中国式现代化”成为多家外国媒体解读中国共产党的理论创新和党的二十大报告的重要关键词。英国广播公司（BBC）称，中国式现代化在某种意义上是解读中国未来发展路径的最新窗口。[②] 新加坡《联合早报》报道指出，中共二十大报告将“以中国式现代化全面推进中华民族伟大复兴”作为中国共产党下一阶段中心任务，并为“中国式现代化”作出明确定义。《日本经济新闻》刊文称，对“中国式现代化”的强调意味着中国不会选择过去西方国家依靠战

---

① 习近平：《高举中国特色社会主义伟大旗帜 为全面建设社会主义现代化国家而团结奋斗——在中国共产党第二十次全国代表大会上的报告》（2022 年 10 月 16 日），人民出版社，2022，第 21 页。

② 《党的二十大报告，外媒关注这些点》，深圳卫视深视新闻，2022 年 10 月 17 日，https://www.sztv.com.cn/ysz/zx/zw/79011946.shtml。

争、殖民、掠夺等为发展中国家带来不幸的现代化道路。①

“三个维度”展现中国式现代化的本质要求。党的二十大报告第一次对中国式现代化的本质要求从政治、战略、全球视野三个视角出发进行了明确规定，即“坚持中国共产党领导，坚持中国特色社会主义，实现高质量发展，发展全过程人民民主，丰富人民精神世界，实现全体人民共同富裕，促进人与自然和谐共生，推动构建人类命运共同体，创造人类文明新形态”②。从政治本质出发，“坚持中国共产党领导，坚持中国特色社会主义”这两个坚持强调了党的领导这一中国式现代化最突出的政治优势，以及中国特色社会主义这一旗帜方向，体现了中国式现代化的原则要求。从战略本质出发，“实现高质量发展，发展全过程人民民主，丰富人民精神世界，实现全体人民共同富裕，促进人与自然和谐共生，推动构建人类命运共同体”这一表述从经济、政治、生态、外交等方面对新时代中国式现代化的实践要求进行了界定，以明确的目标导向，展现了中国式现代化的全面性、系统性、协调性和多维性。从全球视野出发，“推动构建人类命运共同体，创造人类文明新形态”则揭示了中国式现代化道路为世界文明创造了崭新的形态，推进了人的全面发展和社会共同进步，展现了中国式现代化的世界意义。

“五个坚持”体现中国式现代化的重大原则。随着中国共产党进入奋进新征程、夺取新胜利的关键时期，严峻挑战与有利机遇并存。为完成新时代新征程的使命任务，中国共产党未雨绸缪，在总结新时代十年伟大变革和创造性突破，以及中国共产党关于社会主义现代化长期探索所取得的重要成就和经验的基础上，针对当前党和国家发展的新形势新问题新任务，对全面建成社会主义现代化强国进行了战略性部署，创造性地提出了

---

① 转引自《国际舆论聚焦二十大：“中国式现代化”成解码中国关键词》，光明网，2022 年 10 月 18 日，https：//m. gmw. cn/baijia/2022-10/18/36096237. html。

② 习近平：《高举中国特色社会主义伟大旗帜 为全面建设社会主义现代化国家而团结奋斗——在中国共产党第二十次全国代表大会上的报告》（2022 年 10 月 16 日），人民出版社，2022，第 23~24 页。

全面建设社会主义现代化国家的五大原则：坚持和加强党的全面领导，坚持中国特色社会主义道路，坚持以人民为中心的发展思想，坚持深化改革开放，坚持发扬斗争精神。“五个坚持”相辅相成，其中，党的全面领导是引领中国式现代化建设和发展正确方向的根本保证，中国特色社会主义道路是推动中国发展进步的必由之路，以人民为中心的发展思想是中国式现代化理论与实践的根本立场，深化改革开放是社会主义现代化国家新征程向前推进的根本动力，发扬斗争精神是实现中华民族伟大复兴的着力点。“五个坚持”既反映了党的十八大以来中国共产党关于中国式现代化道路探索的一系列理论与实践创新，又是对新时代推进中国式现代化发展的客观规律总结。

三　中国式现代化为人类文明发展作出新贡献

从诞生之日起，中国共产党就把为人民谋幸福、为民族谋复兴作为自己的初心和使命，历经百年矢志不渝。作为国际共产主义运动的重要力量，它也是一个致力于为人类谋进步、为世界谋大同的党。党的十八大以来，关于中国式现代化道路理论与实践的成功探索，使中国共产党关于建设社会主义现代化强国的规律性认识上升到一个新的理论高度，为全面推进中华民族伟大复兴指明了正确道路，也为世界现代化发展、人类文明进步以及世界社会主义运动作出了重大贡献。

（一）推进人类现代化历史进程

中国式现代化基于自身国情所体现的中国特色丰富和发展了现代化的内涵与实现方式，走出了不同于西方模式的现代化新路。在世界现代化的历史视野和理论视野中，现代化曾经是资本主义的专利，以资本主义的方式完成一个国家的工业化、城市化和市场化，似乎是人类实现现代化的唯一路径。然而，马克思主义并非一成不变，社会主义的理论和实践自马克思主义理论创立以来，始终是随着时代、科学的发展而不断发展、开拓前进的。1988

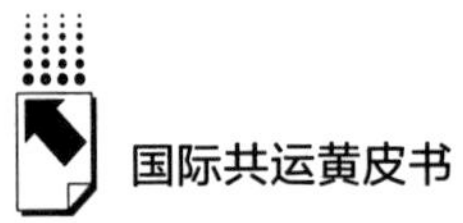

年 5 月，邓小平同志在会见莫桑比克总统若阿金·希萨诺（Joaquim Alberto Chissano）时曾谈道："要讲社会主义，也只能是讲符合莫桑比克实际情况的社会主义……世界上的问题不可能都用一个模式解决。中国有中国自己的模式，莫桑比克也应该有莫桑比克自己的模式。"① 改革开放以来，中国坚持独立自主，始终根据自身的实际情况和客观条件，探索适合自己发展的时间表和路线图，发挥社会主义制度优越性，自力更生，在世界上人口规模最大的国家搞现代化建设。

正如习近平总书记所说："世界上没有放之四海而皆准的具体发展模式，也没有一成不变的发展道路。历史条件的多样性，决定了各国选择发展道路的多样性。人类历史上，没有一个民族、没有一个国家可以通过依赖外部力量、跟在他人后面亦步亦趋实现强大和振兴。那样做的结果，不是必然遭遇失败，就是必然成为他人的附庸。"② 中国式现代化的理论和实践用雄辩的事实向后发国家证明：哪怕并不具备先发国家所拥有的那些发展条件，发展中国家也可以实现跳跃式发展。这需要后发国家"基于自己的国情，制定科学的经济社会发展战略，发挥后发优势，从而将强烈的现代化意愿转化成经济发展的实际效果"③。作为现代化浪潮中的后来者，中国用事实拓展了发展中国家走向现代化的途径，提供了不同于资本主义现代化道路的另一种选项，推进了世界现代化的历史进程。

（二）创造人类文明新形态

当前，世界之变、时代之变、历史之变相互叠加并向纵深发展。中国与世界所面对的风险与挑战、矛盾与问题比以往任何时候都要复杂。百年来，中国共产党带领中国人民坚持独立自主进行现代化建设，取得了宝贵的文明成果，创造了一种人类文明的新形态。

---

① 《邓小平文选》第 3 卷，人民出版社，1993，第 261 页。

② 《习近平谈治国理政》，外文出版社，2014，第 29 页。

③ 中国式现代化研究课题组：《中国式现代化的理论认识、经济前景与战略任务》，《经济研究》2022 年第 8 期。

改革开放以来，中国式现代化的积极探索，伴随着西方“历史的终结”和“文明的冲突”的声浪，实现了文明的巨大转型，不断拓展和深化现代化的广度、深度和精度，延伸着现代文明的价值意蕴，探索和创立了一个具有包容性的文明新形态。这一新形态“与西方国家创造的资本主义文明形态存在显著差异，具有诸多资本主义文明形态所不具备的特性和优势”①，人类文明新形态的形成，不仅意味着长久以来占据主导地位的西方文明中心论的破产，也显示了人类文明的多样性。正如习近平总书记指出的：“不同历史和国情，不同民族和习俗，孕育了不同文明，使世界更加丰富多彩。文明没有高下、优劣之分，只有特色、地域之别。文明差异不应该成为世界冲突的根源，而应该成为人类文明进步的动力。”② 包括乌拉圭广泛阵线主席费尔南多·佩雷拉（Fernando Pereira）在内的多位外国政要认为，中共二十大不仅对中国式现代化布局谋篇，也将为其他追求现代化的国家提供一份具有参考价值的样图。③“中国应当对于人类有较大的贡献”，这是新中国成立之初，毛泽东在《纪念孙中山先生》一文中提出的名句。从为推动人类文明作出重要贡献这一视角出发，以“创造人类文明新形态”为本质要求的中国式现代化作为中国特色社会主义理论与实践的重要产物，开启了人类文明的新样态，为中国乃至世界走向现代化提供了“中国智慧”，将在世界文明之林中焕发出鲜明的中国特色和永不褪色的精神价值。

（三）推动世界社会主义运动的发展

世界社会主义从空想走向科学、从理论走向实践、从一国实践走向多国发展的历程，显示了五百多年来人类对美好社会制度的执着追求，深刻改变了世界历史的发展进程。当今世界正经历百年未有之大变局，从世界社会主义历史的大视野来看，社会主义和资本主义之间依然面临着广泛、多样和复

---

① 李海青：《人类文明新形态的历史意义与世界贡献》，《解放日报》2022 年 10 月 31 日。

② 习近平：《共同构建人类命运共同体——在联合国日内瓦总部的演讲》（2017 年 1 月 18 日，日内瓦），《人民日报》2017 年 1 月 20 日。

③ 《从二十大报告中看到愈发自信的中国》，《法治日报》2022 年 10 月 19 日。

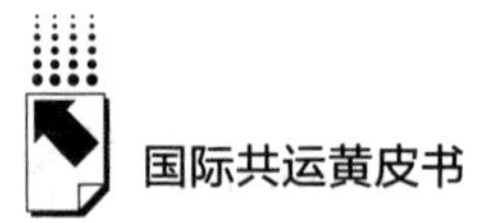

杂的斗争。中国式现代化道路的成功开辟，使社会主义和资本主义这两种在世界范围内长期共存的意识形态和社会制度的历史演进、抗争与较量发生了有利于社会主义的重大转变。从基本特征、本质要求和重要原则来看，中国式现代化进一步彰显了鲜明的中国特色社会主义伟大旗帜；从其丰富的理论创新和实践成果来看，新时代以来，不断成熟的中国特色社会主义制度，不断提升的国家治理体系和治理能力现代化水平，无不彰显了科学社会主义在21世纪的中国新的蓬勃生机和活力。其与30多年前苏联解体、东欧剧变时的情景形成鲜明对照，与今天的“西方之乱”形成鲜明对照，使得社会主义道路在世界范围内彰显出巨大吸引力。

中国式现代化道路是在同全球化相联系而不是相脱离的进程中形成和发展起来的，目的是使中国在社会主义基础上实现现代化。恩格斯在《英国工人阶级状况》一文中谈到人民关心共产主义时指出，共产主义“不仅仅是工人的事业，而且是全人类的事业”①。社会主义革命从文明中挣脱了资产阶级的枷锁，对人类进步事业来说，中国对整个世界的贡献不应只是经济、物质方面的贡献，还包括制度、思想层面的成绩。无论是中国式现代化的成功，还是中华民族伟大复兴的实现，都将进一步充实和发展共产党执政规律和社会主义建设规律，丰富人类社会发展的规律，充分展现世界社会主义运动的生机活力，推动国际共产主义运动向前发展。

四　前景展望

放眼世界，新时代中国特色社会主义正逐渐成为21世纪振兴国际共产主义运动和世界社会主义发展的中流砥柱。随着中国面对的战略环境日益严峻复杂，国内改革发展稳定的任务日益艰巨繁重，2022年中国共产党胜利召开二十大，在重大理论创新和实践探索方面把马克思主义中国化时代化推向了新的境界，为中国共产党指明了奋斗方向。2023年，中国共产党将按

① 《马克思恩格斯文集》第1卷，人民出版社，2009，第497页。

照党的二十大的战略部署，坚持统筹推进“五位一体”总体布局、协调推进“四个全面”战略布局，加快推进中国式现代化建设，将高质量发展作为全面建设社会主义现代化国家的首要任务，全方位开展中国特色大国外交，进一步彰显社会主义的制度优势。

参考文献

1. 习近平：《高举中国特色社会主义伟大旗帜 为全面建设社会主义现代化国家而团结奋斗——在中国共产党第二十次全国代表大会上的报告》（2022 年 10 月 16 日），人民出版社，2022。
2. 《习近平谈治国理政》，外文出版社，2014。
3. 林建华：《习近平新时代中国特色社会主义思想的世界观和方法论》，《思想教育研究》2022 年第 11 期。

Y.9
越南加强党的领导和政治系统建设，引领革新走向深化

潘金娥　韦丽春*

摘　要： 2022 年越南共产党全面推进党的建设和政治系统建设，在思想理论、制度建设和反腐方面取得重大进展。年内召开了党的十三届五中、六中全会，推动落实十三大决议，调整疫情管控政策并取得经济快速发展的良好效果。外交方面凸显了以党的外交引领国家外交的特征，并深化和拓展了政党外交。展望 2023 年，越共将继续推进党的建设和政治系统建设，经济社会发展因受到国际政治动荡和经济环境不利因素影响而面临的风险有所增加。

关键词： 越南共产党　社会主义法权国家　竹子外交

2022 年越南共产党落实十三大决议进入第二个年头。全面贯彻落实十三大决议是本年度最为重要的工作内容。其中，围绕加强党的领导这一主题，越共以前所未有的力度深入推进党建和反腐败工作。根据疫情和经济社会情况变化，越南政府进一步调整疫情防控政策，经济发展恢复快速增长，GDP 增长率超过 8%，为亚洲最高。2022 年，越南共产党在外交方面也强化了党的领导，继续加强以党的外交引领国家外交和人民外交，积极参与世界各国共产党和工人党的活动并进一步密切联系。展望 2023 年，由于受到国

* 潘金娥，中国社会科学院马克思主义研究院国际共产主义运动研究部主任、研究员，研究方向为当代世界社会主义；韦丽春，广西社会科学院助理研究员，研究方向为越南社会主义理论与实践。

际局势和世界经济不确定性的影响，越南经济在2022年第四季度增速开始下降，预计这样的趋势将延续到下一年，与此同时中国经济恢复较快增长将给越南经济发展带来机遇。2023年初以来，随着反腐的深化，多名高层官员引咎辞职，能否继续顺利推进反腐斗争将是越共2023年面临的一个挑战。

一　以党的建设引领国家政治系统的建设

为贯彻落实越共十三大提出的加强党的建设和政治系统建设的精神，2022年以来，越共中央书记处部署党政相关机构，同时采用正反两种策略，即从正面宣传党的思想理论的同时与错误思潮作斗争，从正面对党员干部进行思想教育的同时深入推动反腐败斗争，全面开展党和政治系统的整顿和建设，取得了显著成效。

（一）全面宣传阐释党的思想理论工作，开展斗争批判各种错误思潮

越共十三大后，在中央书记处的统一领导下，越共中央宣教部、越共中央理论委员会、越共中央党校、越南公安部、越共中央内政部等为牵头单位，越南国家电视台、越南《人民报》、《人民军队报》和越南国家政治出版社等主流媒体进行配合，开展了系统性的党的思想理论宣传教育活动。主要内容包括以下几个方面。

1. 系统编译出版党的重要文献和领导人重要著作，面向国内外阐释和宣传党的思想理论

编译出版的主要文献有以下几类。

（1）编译出版“越共十三大文件”丛书。

该丛书由越南国家政治出版社2022年1月出版发行，内容包括：十三大开幕致辞、政治报告、决议、闭幕词、18位政治局委员的简历和中央政治局、书记处、中央检查委员会、越共十三届中央委员会等成员名单等。丛书以越南语和英语、俄语、法语、西班牙语、汉语、老挝语、柬埔寨语7种

外语在国内外全面发行。

（2）选编并翻译出版越共中央总书记阮富仲的重要著作。

继2021年越共中央组织出版了阮富仲的两部著作《全党全民携手并肩，建设日益繁荣幸福的国家》和《团结坚信 将国家推向新阶段》后，2022年又选编出版了两部重要作品。

2022年2月，越南国家政治出版社出版《关于社会主义和越南社会主义发展道路的若干理论与实践问题》一书。该书精选了阮富仲总书记在越共十三大前后发表的重要讲话，总共29篇报告，其中包括发表于2021年5月16日的同名文章。29篇文章包括演讲稿具有高度的理论概括性，深刻总结了越南共产党在马克思列宁主义和胡志明思想的基础上对越南社会主义模式的独创性发展实践，以形象化、通俗易懂的语言介绍、分析和阐释越南社会主义模式的理论和实践问题，以及逐步建设越南社会主义的内容和方案。阮富仲总书记的著作是越南共产党理论创新的重要依据，是进行思想政治教育、提高干部党员和人民群众对社会主义和越南社会主义道路认识水平的重要文本。① 新书出版后，越共在党内、学界掀起学习高潮，该书成为越南进行理论研究的重要基础。越共中央举行了新书发布会进行广泛宣介，并启动了六种外语版的翻译出版工作，预计2023年将在越南国内外发行。

2023年1月，越共中央内政部、宣教部和越南国家政治出版社联合举行了阮富仲总书记的新书《坚决打好反腐败攻坚战 为党风廉政建设作出贡献》发布会。该书系越共中央反腐工作指导委员会成立10周年的献礼之作。全书分为三个部分。第一部分收集了阮富仲在全国反腐败工作会议上发表的4次重要讲话以及在中央反腐工作指导委员会常务委员会会议上发表的36次讲话的主要内容；第二部分精选了自20世纪70年代以来阮富仲关于

① 〔越〕谢玉晋：《阮富仲总书记的著作〈关于社会主义和越南社会主义发展道路的若干理论与实践问题〉是理论研究和实践总结的基础》，《政治理论》电子杂志，2022年3月13日，http：//lyluanchinhtri. vn/home/index. php/anh-chinh/item/4055-cuon-sach-mot-so-van-de-ly-luan-va-thuc-tien-ve-chu-nghia-xa-hoi-va-con-duong-di-len-chu-nghia-xa-hoi-o-viet-nam-cua-tong-bi-thu-nguyen-phu-trong-la-co-so-cho-viec-nghien-cuu-ly-luan-tong-ket-thuc-tien. html。

党的建设与整顿工作、党员干部道德修养的22篇文章；第三部分介绍了国内各界人士和国外代表的评价。

（3）选编和翻译出版《胡志明选集》。

根据越共中央书记处指示，越南胡志明国家政治学院负责主持和落实选编和翻译出版《胡志明选集》（八卷本）工作。本项工作2022年启动，2023年陆续出版，预计在2024年完成，并以汉语、俄语、英语、法语、西班牙语和老挝语6种语言面向世界出版发行，旨在向世界宣介越南共产党的历史和思想理论。

（4）选编出版《越南共产党编年史》。

2022年适逢越南共产党成立92周年，越南胡志明国家政治学院党史研究所与越南国家政治出版社合作出版《越南共产党编年史》7卷本作为献礼。该书精选了越南共产党历史上的重大事件，展现了1930年至2020年越南共产党诞生后领导越南革命的90年历程。

2. 以多种方式全面开展与错误思潮的斗争

越共十三大以来，敌对势力和反动分子不断散布信息和文章，除了否定马列主义和胡志明思想、否定越共的历史、否定革新路线等老生常谈的议题外，还出现了歪曲、抹黑越共十三大路线特别是人事工作和国会代表的选举等论调。还有一些敌对势力和流亡海外的反动分子、宗教极端分子，与政治投机分子相勾结，利用越南的土地政策、环境保护、新冠疫情等问题煽动骚乱。对此，越共中央理论委员会指导相关思想理论战线和党与国家主流媒体全面开展批驳工作，正面引导舆论。

（1）通过举行大型活动进行宣传和引导。

2022年越共中央宣教部和中央理论委员会牵头举办了“捍卫党的思想基础，在新形势下与错误和敌对观点作斗争”的国家级政论文章大赛。征文对象并不局限于本土越南人，海外越南人和外国代表亦可参加。越南国家电视台举办了隆重的授奖仪式，一等奖获奖者还包括中美两国马克思主义学者。这对于越南共产党在批判错误思潮中教育群众、引导舆论、增强社会凝聚力具有重要意义。

越共中央理论委员会配合越共中央宣教部向国内外宣介越共中央总书记阮富仲的著作，举办了名为“革新党对政治系统的领导方式的若干理论和实践问题”的全国性研讨会；与越共中央宣教部合作举办了名为“关于建立越南国家价值体系、文化价值体系、家庭价值体系和人类价值体系”的国家级研讨会；越共中央理论委员会还与越南国防部合作举办了主题为“军队在新形势下反对错误、敌对观点，捍卫党的思想基础”的研讨会等。

（2）在媒体上开设批驳错误思潮和防止“和平演变”专栏。

越共中央理论委员在其官网上设置“反对和批判错误与敌对观点”的专栏，针对错误、反动观点进行批驳并探讨相关应对措施，引导正面舆论。越共机关杂志《共产主义杂志》、《人民报》、《人民军队报》等重要媒体，都开设有“反对和平演变，与错误思潮作斗争”的专栏，经常发表具有深刻见解的文章和视频资料。

（二）加强反腐败制度建设，深入推进反腐败斗争

为了营造廉洁的政治环境、净化干部队伍，2022 年，越南共产党全面加强反腐败机制建设的同时，深入开展反腐败斗争，成效显著。

1. 继续筑牢反腐败大制度防火墙

2022 年，越共中央颁布了近 50 项关于党建和反腐的决议、指示、结论、条例和指导意见等，越南国会、政府、各部委颁布了 640 项关于经济社会管理和反腐反消极的重要法律文件，构筑不想贪、不能贪、不敢贪的防治贪污腐败防火墙。

2022 年 4 月越共中央政治局颁发了第 12-KL/TW 号《关于继续加强党对防止腐败和消极工作的领导的结论》，要求各级党委党组织特别是领导干部把防止贪污腐败和消极结合起来，认真贯彻落实该文件中提出的各项任务措施，包括：继续加大宣传教育力度，坚决、坚持在干部、党员、普通公职人员和人民群众中形成节俭、无腐败、无消极的文化；抓紧对防止贪污腐败、浪费和消极制度的审查、补充和完善，特别是调整易发生腐败和消极行

为领域的权力监督机制等。

2022 年 8 月，越共中央反腐工作指导委员会颁发了《关于预防和打击消极行为的实施细则》①，明确重点打击四类行为：一是违反党的方针路线和各项规章制度的行为；二是违反国家法律法规和其他相关规定的行为；三是违背民族优良文化传统、道德规范的行为；四是对党和国家的威望造成不良影响，削弱人民群众对党和干部的信心的行为。文件强调，防止消极的重点是防止干部、党员和普通公职人员，尤其是政治系统各级领导和管理干部的政治思想、道德和生活作风蜕化，也即防止文件中所列举的 19 种行为。

根据中央加强政治系统建设的要求，越南国会还对社会聚焦的尤其是涉及政治建设和反腐败问题的一些法律进行了修订，包括《土地法》《反腐败法》《节约和反浪费法》《监察法》《乡、坊、镇民主实践法》《公民接待法》等。这些法律的出台将有利于越南共产党依法治国，建设和完善社会主义法权国家。

2. 扩大反腐机制建设，建立省级反腐指导委员会

2012 年，越共中央成立了反腐工作指导委员会以取代政府总理指导下的反腐败指导委员会。委员会成立十年来在反腐败问题上取得显著成效。为实现反腐从上到下、从中央到地方统一进行，2022 年 5 月召开的越共十三届五中全会决定成立省（直辖市）级反腐指导委员会，并由各地省（市）委书记亲自担任委员会主任。越南社会舆论认为，成立省级反腐指导委员会是越共中央到基层反腐的“延长臂”，也是与腐败、消极现象作斗争的有效措施之一，这体现了越共中央反腐的决心，将助力反腐工作更务实、有效和及时进行，有助于改变越南反腐“上热下冷”的状况。这一决策有利于党中央对全国各地反腐工作的直接指导，破除地方和各部门反腐工作难以深入的难题。目前，各省级反腐指导委员会已开展工作并取得了成效，地方和基

---

① 参见越南法律图书馆，https：//thuvienphapluat. vn/van－ban/Tai－chinh－nha－nuoc/Huong－dan－25－HD－BCDTW－2022－noi－dung－cong－tac－phong－chong－tieu－cuc－525966. aspx。

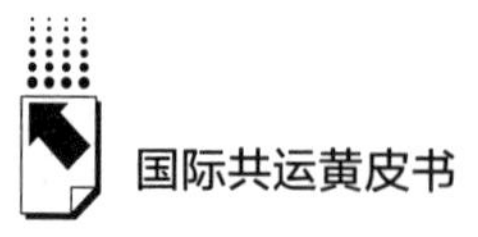

层的反腐倡廉工作有了明显进展。

3. 发挥社会组织和媒体在反腐败斗争中的作用

在总结 2012~2022 年反腐败反消极工作开展 10 周年的全国大会上，越共中央反腐工作指导委员会主任阮富仲强调了发挥人民在反腐斗争中的作用。他指出，越南的反腐斗争必须依靠人民、倾听民意、倾听舆论，从而正确选择和吸收但又不是简单地被舆论牵着走。在这方面阮富仲提出了五组措施，其中首要措施是“要继续推进和进一步提高党员干部和人民的反腐倡廉文化教育、宣传和建设的成效”①。

越共中央政治局第 12-KL/TW 号文件指出，要进一步发挥民选机构和代表、越南祖国阵线以及社会政治组织、新闻媒体和人民在反腐败反消极斗争中的作用。完善民选机构和代表、祖国阵线、团体和人民对反腐败反浪费反消极工作的监督机制。越共中央反腐工作指导委员会常务副主任、中央司法改革指导委员会常务副主任潘廷镯曾指出，近年来越南反腐工作取得突破，得益于新闻媒体等机构协调发挥作用。媒体机构在防止腐败和消极、维护人民利益的斗争中发挥了先锋带头作用，发挥了作为党的眼睛和耳朵的功能，成为当前反腐反消极斗争中党与人民之间的纽带。②

4. 劝诫污点官员主动引咎辞职

2022 年以来越南反腐的一个重要特点就是对上级主管官员进行问责。一旦现任或者前任下属出现贪腐现象，主管官员必须负连带责任。越共中央通过劝导方式，鼓励有污点的官员或者必须承担连带责任的官员主动提出辞职，以形成官场的所谓“辞职文化”。2022 年 9 月 8 日，越共中央政治局颁布关于中央政治局、书记处干部被处分后工作安排的第 20-TB/TW

---

① 《依靠人民开展反腐反消极斗争》，越南人民报网，2022 年 9 月 28 日，https://nhandan.vn/dua-vao-nhan-dan-de-dau-tranh-phong-chong-tham-nhung-tieu-cuc-post717183.html。

② 《新闻媒体在反腐败反消极中的作用》，越南人民报网，2022 年 8 月 3 日，https://nhandan.vn/vai-tro-bao-chi-trong-dau-tranh-phong-chong-tham-nhung-tieu-cuc-post708546.html。

号文件，提出鼓励受警告处分或谴责处分且能力有限、威信下降的干部主动辞职。10月15日，阮富仲在接触选民时强调欢迎有缺点的干部辞职，不能胜任现岗位要主动让位，让有能力的人来干，也可以换其他更合适的岗位，这是“让干部自我处分”，以免追究起来丧失颜面。时任越共中央书记处常务书记武文赏也多次公开劝诫有污点的官员主动提出辞职，以保持官场的良性循环。正是在各种舆论压力下，越南官场的“辞职文化”开始见效，2022年底和2023年1月，越南常务副总理范平明、副总理武德儋、国家主席阮春福等人先后向中央主动递交辞呈，越共中央两次召开特别会议予以批准，之后国会迅速表决通过罢免程序并选出新人接任。在1月初替换了两位副总理之后，3月1日原越共中央书记处常务书记武文赏通过同样的程序接替了阮春福作为国家主席的位置。越共以这种表面“柔软”却不设底线的彻底反腐形式，对各级官员发出强烈的警告信号，不少官员抱着侥幸的心态“静观其变”。越南政坛的剧烈变动，引发了世界各国的广泛关注。

5. 推动反腐工作取得实质性成效

2022年以来，越南反腐工作取得了重要突破。据越共中央反腐工作指导委员会的统计，2022年共有539名党员因腐败和故意违纪受到纪律处分，其中包括47名中管干部（比上一年增加15人）、5名中央委员；对3530个集体和8619名个人提出行政处分建议。各部委、地方政府共将557起（比2021年增加2倍以上）案件移送司法处理。尤其是越共中央还针对反腐败机构本身进行查处，2022年200多名反腐机构内的干部或普通公务员被纪律处分，其中74起移送司法机关。2022年，全国新起诉493起腐败案件，涉案1123人（比2021年增加163起、328人），[①] 共追回赃款82.56万亿越南盾和883公顷土地。

接下来可能还有更多的官员引咎辞职并被替换，一些人担心越南政

① 《越共中央反腐工作指导委员会第23次会议》，越通社，2023年1月12日，https://www.vietnamplus.vn/phien-hop-thu-23-cua-ban-chi-dao-trung-uong-ve-phong-chong-tham-nhung-post840945.vnp。

坛失去稳定。越共中央总书记阮富仲指出，这表明了越共中央反腐不设禁区的决心，受到了越南人民乃至世界各国的高度赞赏，进一步增强了人民对党和社会主义制度的信任，因此，防止贪污腐败斗争还将长期进行下去。

（三）推进国家政治系统建设，建设“社会主义法权国家”取得突破

越南共产党关于建设法权国家的观点始于 1994 年 1 月召开的越共七届中期会议，此次会议正式提出了按照法权国家的方向来建设国家的目标。在提出建设社会主义法权国家的观点之后，越南学界对社会主义法权国家的特征有过许多讨论，但一直没有形成统一的观点。“社会主义法权国家”尚未得到充分和有说服力的阐释，未形成完整理论概括，实践上也未能有效推动落实。因此，根据实践发展需要，越共提出要进一步建设和完善社会主义法权国家。

2022 年 11 月，越共中央颁布第 27-NQ/TW 号《关于继续建设和完善越南社会主义法权国家的决议》，明确了越南共产党对于继续建设和完善越南社会主义法权国家的观点、目标、重点及任务措施。本决议首次明确了越南社会主义法权国家的八个特征：一是由越南共产党领导；二是法权国家属于人民、来自人民和为了人民；三是承认和尊重人权和公民权，并依照宪法和法律加以保障和维护；四是国家按照宪法和法律运行，并依照宪法和法律来管理社会；五是国家的权力是统一的，国家机关在行使立法权、司法权和行政权过程中，要明确分工、密切配合和有效监督；六是法律公平、民主、人道、完备、同步、统一、及时、可行、公开、透明、稳定、易懂，得以严明和一贯地实施；七是法院只遵从法律、根据审判权进行独立判决、审判、会审；八是遵守和执行国际条约，在遵守《联合国宪章》基本原则和国际法的基础上维护国家的最高利益。

越共中央内政部部长潘廷镯在阐释这八个特征时指出：“法院只遵从法律、根据审判权进行独立判决、审判、会审”是被广泛承认的核心特征，

是法权国家不可或缺的价值。①

越南共产党还明确了建设和完善越南社会主义法权国家的三大重点任务。一是继续完善法律体系和法律实施组织机制；二是完善国家权力监督机制；三是深化司法改革，确保法院只遵从法律、依据审判权进行独立判决。

二 推动落实党的十三大决议，引领经济社会发展

2021 年 5 月，越南政府颁布了贯彻落实党的十三大决议的行动计划，以此作为各部委、行业和中央政府直属机关单位和省级地方机关单位贯彻落实十三大决议的根本遵循。2022 年，依据上述行动计划，越南继续开展贯彻落实党的十三大决议的各项行动，并根据新冠疫情变化情况，及时调整了防控措施，取得了经济快速发展的良好成绩。

（一）召开五中、六中全会推进落实十三大目标任务

2022 年 5 月和 10 月，越共先后召开了十三届五中全会和六中全会，贯彻落实十三大决议精神和发展规划。其中五中全会主要讨论和决定新时期越南经济社会发展各领域、党的建设和整顿、政治系统建设的基本方向和方针政策，六中全会主要讨论和决定未来社会主义法权国家建设和经济社会发展重大问题。

1. 越共十三届五中全会重点讨论夯实党的根基问题

2022 年 5 月召开的越共十三届五中全会讨论的问题主要涉及如下几个方面：一是土地政策问题；二是“三农”问题；三是集体经济问题；四是基层党组织建设问题；五是关于设立省级反腐指导委员会问题。

关于土地问题，越共中央总书记阮富仲强调了土地的全民所有制性质，由国家作为土地所有者代表进行统一管理。关于“三农”问题，阮富仲指

---

① 《越南共产党首次明确社会主义法权国家的特征》，越南之声电子报，2022 年 12 月 6 日，https://vov.vn/chinh-tri/lan-dau-tien-dang-xac-dinh-ro-dac-trung-nha-nuoc-phap-quyen-xhcn-viet-nam-post988608.vov。

出，农业、农民、农村发展问题具有长期战略意义，是经济社会快速可持续发展、维护政治稳定、确保国防安全的重要基础和力量；农业农村工业化和现代化是国家工业化和现代化进程中的重中之重，要将“三农”问题视为促进经济社会快速可持续发展、维护政治稳定、保障国防安全的重要基础和动力。关于集体经济，阮富仲指出，必须提高以新型合作社为核心的集体经济、合作经济的效率，将之视为越南经济体的一个重要组成部分。关于党的基层组织建设问题，阮富仲强调，党的基层组织是党的基础，是党群之间的桥梁，发挥着政治核心作用，要确保党在基层的领导。阮富仲指出，必须把各基层党组织政治任务执行情况和人民群众的满意度作为衡量基层党组织的领导能力和战斗力的标准。①

2. 越共十三届六中全会讨论了国家经济社会发展总体规划

2022 年 10 月越共召开十三届六中全会，主要讨论以下问题：一是关于 2022 年经济社会发展情况、预算执行情况及未来三年财政预算；二是关于《2021~2030 年国家发展总体规划及至 2050 年展望》的提案；三是关于《面向 2030 年推进国家工业化、现代化进程及至 2045 年愿景》的提案；四是对《关于进一步革新党对政治系统的领导方式的决议》实施 15 周年进行了总结，并对部分人事安排进行了调整。会议通过了《关于继续建设和完善越南社会主义法权国家的决议》。

其中，尤其值得注意的是，本次会议审议了《2021~2030 年国家发展总体规划及至 2050 年展望》。根据规划，越南到 2030 年将成为拥有现代化工业、中高收入的发展中国家；形成高效、统一、可持续的国家发展空间组织模式，建成具有活力的各大区域、经济中心和城市，同步建成现代化的基础设施网络体系；保持经济平衡，提高经济韧性；保障能源安全、粮食安全和水资源安全；保护好生态环境，适应气候变化；人民物质和精神生活得到改善；国防安全得到保障。国内生产总值（GDP）年均增长 7.0%左右，其

① 《阮富仲总书记在五中全会闭幕式上的讲话全文》，越南政府新闻网，2022 年 5 月 10 日，https：//baochinhphu. vn/toan-van-bieu-be-mac-hoi-nghi-trung-uong-5-cua-tong-bi-thu-nguyen-phu-trong-102220510181236166. htm。

中东南部地区和红河三角洲地区 GDP 增长在 8%至 8.5%之间。到 2030 年人均 GDP 将达到 7500 美元左右，服务业占 GDP 比重超过 50%，工业建筑业超过 40%，农林渔业在 10%以下。此外，要使河内和胡志明市成为全国南北两地的增长极，建成南北经济走廊、老街-河内-海防-广宁以及木牌-胡志明市-头顿经济走廊，各自拥有同步和现代化的基础设施体系，基本形成国家城市网络体系，确保国家级城市与城镇和农村地区之间的互联互通，城镇化率提升至 50%以上。实现国家数字化转型，发展数字政府、数字经济和数字社会；数字经济占 GDP 比重约为 30%。2030 年全国人口规模将达到 1.05 亿。人类发展指数（HDI）保持在 0.7 以上，平均预期寿命为 75 岁。受过技能培训的劳动者比例达 35%至 40%。2050 年成为高收入发达国家。2031~2050 年，年均 GDP 增长 6.5%至 7.5%。2050 年，人均 GDP 将达到 27000~32000 美元，城镇化率将达到 70%至 75%，人类发展指数处于较高水平，国防安全得到有力保障等。① 该文件还明确提出了社会经济空间的发展定位，将全国的发展空间划分为中游和北部山区、红河平原地区、北中部和中部沿海地区、西原地区、东南部地区、九龙江平原地区 6 个社会经济区域；构建区域组织模式和协调机制，以便实施区域内联动、促进区域间联动，提高资源的利用效率等。2023 年 1 月，越南国会主席王廷惠签发了《2021~2030 年国家发展总体规划及至 2050 年展望》。

（二）多管齐下高效统筹疫情防控与经济发展

2022 年，新冠疫情、俄乌冲突和世界经济震荡等多重内外因素对越南经济社会产生了较大的影响，越南政府采取积极措施，实施“安全灵活适应、有效控制疫情”的政策，力图高效统筹经济发展与疫情防控，取得了良好效果，疫情蔓延在下半年得到控制，经济增长强劲，全年 GDP 增长率超过了 8%，宏观经济指标保持稳定。

---

① 参见越南政府新闻网，2022 年 10 月 25 日，https://baochinhphu.vn/chinh-phu-ban-hanh-nghi-quyet-ve-quy-hoach-tong-the-quoc-gia-thoi-ky-2021-2030-102221025180028423.htm。

2022年1月，越南政府出台有史以来规模最大的经济社会复苏和发展计划，重点面向受新冠疫情影响的民众以及企业、合作社、经营户，为经济复苏发展创造动力的行业和部门在医疗保障、民生就业、恢复经营、基础设施建设、营商环境改善5个方面提供支持。具体包括于2022年上半年向务工人员提供3个月的住房租金支持（50万~100万越南盾/月），减免30%的土地和水面租金，2022~2023年提供每年2%的贷款贴息支持，推出下调0.5%~1%的贷款税率等金融支持政策。与此同时，越南政府决定在2022年内将商品和服务增值税率从10%降至8%，以减轻群众负担。

为促进各行业尽快恢复发展，越南从2022年3月15日起全面开放国门，出入境旅游和国内景区旅游不再受限。年内，政府出台了吸引外资的举措，并向各部委、中央机关和地方拨付约6.4亿美元的中央预算资金。

在各项新的政策支持下，2022年越南各行业恢复发展取得亮眼成效。据越南国家统计局的报告，2022年越南的GDP规模首次达到4090亿美元，GDP增长率超过8%，达到十年来最高增幅；外国直接投资近224亿美元，比上一年增长13.5%，实现五年来新高。进出口总额为7325亿美元，其中出口额3718.5亿美元，比上年增长10.6%。贫困率为3.6%，较2021年下降0.8个百分点。

三　加强党对外交工作的指导，拓展与世界各国政党的交流

越共十二大后，加强党对国家的全面领导是一个重要特点，其中外交部门是一个重点。在越共十三大前，2019年2月越共中央政治局印发“关于新形势下加强并提高党的外交成效”的第32-CT/TW号指示，强调“加强党的对外工作是首要的外交战略方向”、“是整个政治系统的任务”，“拓展党的对外关系，并推动其走向深入，为双边关系创造坚实的政治基础，为国家外交和民间交流争取支持并从政治上提供更多协助”。越共十三大明确提出了“构建以政党外交、国家外交和人民外交为三大支柱的全面、现代化

的外交体系”的指导方针，明确党的对外工作必须在创建和维护和平稳定环境、调动外部资源服务于发展、提升国家威望和国际地位方面发挥先锋作用。过去两年来，越共中央出台了多项举措落实上述精神，越共中央总书记阮富仲本人也发表了多次讲话，强化了越共中央对全国外事工作、越南国家总体外交的全面领导，并进一步加强和拓展了与世界各国政党尤其是共产党工人党的交流与合作。

（一）提出新时期越南外交的新思路新观点

2021 年 12 月 14 日，越共中央召开了首次全国外事工作会议，越共中央总书记阮富仲在大会上发表重要讲话，全面总结了 35 年来越南共产党领导外交工作的成就与不足，并对未来的发展做了全面部署。阮富仲指出，越南对外工作的指导思想是始终奉行独立、自主、和平、友好、合作与发展、多边化多样化的路线；越南对外工作要按照以下方向推进：协调、创新、有效地开展党的外交、国家外交和人民外交，全面开展各部门、各层级、各地方和企业的对外交流活动，推动对外关系更加深入、务实发展。在外交工作中，要坚持“以不变应万变”——在原则和战略性问题上要坚定，在方法和策略上要有灵活性，要不断创新工作方法。对外工作的基本任务是，在营造和维护和平稳定环境、调动外部资源促进国家发展、提升国家地位和威望方面发挥先锋作用。其中，维护和平稳定环境是经常性的重要任务，服务国家发展是中心任务，提升国家地位和威望是重大任务。[①]

在本次会议上，阮富仲还就打造越南特色的“竹子外交”进行了充分阐释。阮富仲指出，自 1930 年越南共产党成立至今 90 多年，越南已形成了自胡志明时代以来极为独特的外交风格，对此可以用“竹子外交”来概括。它具有竹子的“根固、身坚、枝柔软”的特点，集中体现了越南民族的灵魂、风骨和气魄，兼具柔韧、机敏而坚强、刚烈特征；既灵活、创新，又能在争取

① 《阮富仲总书记在全国外事工作大会上的讲话全文》，越南政府新闻网，2021 年 12 月 14 日，http：//baochinhphu. vn/Hoi-nghi-doi-ngoai-toan-quoc-2021/Toan-van-phat-bieu-cua-Tong-Bi-thu-Nguyen-Phu-Trong-tai-Hoi-nghi-Doi-ngoai-toan-quoc/456054. vgp。

民族独立、人民自由和幸福时体现出强大的本领，坚定不移、坚韧不拔地克服种种困难和挑战；既体现出团结、仁爱之情，又能坚定地维护国家和民族利益；刚柔并济、把握时势、知己知彼、知进知退、“随机应变”、“以柔克刚”。因此，要形成和发展富有民族特色的现代越南外交体系，即越南“竹子外交”。①

在上述精神指导下，越南政府总理、越共中央对外部、越南外交部领导先后就打造新时期越南全面、现代化的外交体现的战略方针进行了阐释。越南总理范明政提出了越南外交的“十四字方针”，越共中央对外部部长提出了党的外事工作的总体目标和工作重点，越南外交部部长裴青山也提出了越南外交的大国平衡思路和周边外交重点。

（二）积极开展与社会主义国家之间的交流

2022 年以来，越南进一步与中国、老挝、朝鲜、古巴 4 个社会主义国家开展友好交往。

1. 阮富仲访华在中越关系史上具有里程碑意义

2022 年 10 月 30 日至 11 月 1 日，越共中央总书记阮富仲对华进行了正式访问，这是阮富仲第三次当选后第一次出访，也是中共二十大后正式接待的第一位国家元首。中方给予最高规格的接待，还授予阮富仲“友谊勋章”。尤其值得注意的是，在阮富仲来访期间，天安门广场不仅悬挂两国国旗，而且同时悬挂两党党旗，在两党领导人举行会谈的会场也同时悬挂两国国旗和两党的党旗。这样的特殊安排，彰显出双方对此访的高度重视，表明两国关系的特殊性和重要性。② 正如习近平总书记多次指出的：“中越关系超越了一般意义上的双边关系，具有十分重要的战略意义。”③ 双方发表了

---

① 《阮富仲总书记在全国外事工作大会上的讲话全文》，越南政府新闻网，2021 年 12 月 14 日，http：//baochinhphu. vn/Hoi-nghi-doi-ngoai-toan-quoc-2021/Toan-van-phat-bieu-cua-Tong-Bi-thu-Nguyen-Phu-Trong-tai-Hoi-nghi-Doi-ngoai-toan-quoc/456054. vgp。

② 潘金娥：《阮富仲访华成果体现中越关系特殊性重要性》，《社会主义论坛》2022 年第 12 期。

③ 《习近平外交演讲集》第一卷，中央文献出版社，2022，第 312 页。

《关于进一步加强和深化中越全面战略合作伙伴关系的联合声明》，明确指出中越两党肩负各自社会主义事业的领导使命，新形势下，两党要巩固传统合作优势，支持两党两国各部门各地方及相关组织深化交流合作，为捍卫两党和两国社会主义政权、推动中越关系行稳致远保驾护航。两党在引领两国关系发展大局和发展方向方面形成重要共识。阮富仲此次访华，充分诠释了中共二十大“亲诚惠容”的周边外交精神，也充分展示越南共产党以党的外交引领国家外交的新路线。正如越共中央对外部中国-东北亚司原司长阮光荣指出的，在越中关系中，政党交往发挥着核心作用。自1991年两国关系正常化以来，尽管经历了艰难坎坷，但两国合作关系在各个领域逐步得到巩固和发展，许多问题得到了解决，其中党的关系起到了引领作用。[①] 当前世界正面临百年未有之大变局，中越两国社会主义建设正处于改革、革新的新阶段，有很多治国理政的新问题需要探索。在这个背景下，双方需要对国际、国内局势进行探讨、交流和沟通，这体现了社会主义国家之间的团结合作精神，有利于推动世界社会主义运动的发展。

在2023年中越两国人民共同的传统节日——癸卯春节到来之际，两党总书记互致新春贺信。习近平表示，2022年是对中越两党两国各自发展具有关键意义的一年，也是对中越关系而言具有里程碑意义的一年。[②]

2. 与老挝和古巴积极开展交流

越南、老挝两国具有特殊传统友好关系。2022年是越老建交60周年和《越老友好合作条约》签署45周年，包括两党中央书记处常务书记、国会主席和政府总理在内的党政高层进行了多次互访，两国还分别举行隆重的庆祝活动。阮富仲在庆祝仪式的讲话中指出，由胡志明主席、凯山·丰威汉主席和苏发努·冯主席等伟大领袖奠基，并由两国历代军民培育的越老特殊关系“独一无二”，已成为世界各国关系历史上的宝贵财富。阮富仲强调，

① 《越中关系：政党渠道发挥核心作用》，中国国际广播电台《国际在线》越南语频道，2022年6月30日，https：//vietnamese.cri.cn/2022/06/30/ARTIHgmbEC99Uh2vwl5wUxQH220630.shtml。

② 《习近平与越共中央总书记阮富仲互致新春贺信》，中国政府网，2023年1月14日，http：//www.gov.cn/xinwen/2023-01/14/content_5736901.htm。

“越南与老挝团结协作、守望相助是客观规律，关系到各自党、国家的发展壮大，这是两国的无价之宝，也是双方在未来携手共进的基础”。越老两国不仅是邻国，更是“同志加兄弟”。①

古巴和越南两党两国关系长期以来保持友好。2022 年越古两党两国关系迈上了新台阶。2022 年 9 月，古巴总理曼努埃尔·马雷罗·克鲁斯（Manuel Marrero Cruz）对越南进行正式友好访问。这是曼努埃尔自 2019 年 12 月上任以来首次出访拉丁美洲以外国家，也是时隔 49 年古巴总理再次对越南进行访问。11 月，越共中央委员会委员、司法部部长黎成龙对古巴进行工作访问，旨在在两国同志加兄弟的特殊友谊关系的基础上进一步深化越古两国法律与司法合作关系。12 月 1 日至 12 日，古巴共产党中央政治局委员、革命武装力量政治主任维克多·罗霍·拉莫斯（Víctor Rojo Ramos）对越南进行正式访问并出席 2022 年越南国际防务展。其间，越共中央政治局委员、书记处常务书记武文赏在河内会见了维克多一行。

（三）积极参与多边政党论坛，加强与世界各国共产党的交流

越共对参与世界政党交流一向持积极态度，2016 年就在河内举办了共产党和工人党国际会议（IMWCP）。2022 年 9 月，越共率团出席在韩国首尔举行的主题为“通过政党推动亚洲政治发展”的亚洲政党国际会议（ICAPP）。会上，越南共产党代表团就“政党在促进民主中的作用”这一主题进行了发言。2022 年 10 月，越共中央内政部副部长陈国强同志率团参加了在古巴举办的第 22 届共产党和工人党国际会议。会议期间，越南共产党代表团和多个与会代表团进行了会见、交流，就各党派发展、各国情况和推进双边关系交换了看法。

2022 年 7 月 28 日，中共中央对外联络部以视频方式举办中国共产党与世界马克思主义政党论坛，来自 70 多个国家 100 多个马克思主义政党、左

---

① 《越共中央总书记在越老建交 60 周年纪念大会上的讲话全文》，越南之声电子报，2022 年 7 月 18 日，https：//vov. vn/chinh-tri/toan-van-phat-bieu-cua-tong-bi-thu-tai-le-ky-niem-60-nam-quan-he-viet-lao-post957515. vov。

翼政党和政治组织的代表300余人参会。越共中央总书记阮富仲发来贺信，越共代表团通过视频参会并发言。

越共重视发展同印度共产党（马克思主义）、日本共产党等左翼政党的关系。2022年6月，越共中央政治局委员、书记处常务书记武文赏与印度共产党（马克思主义）总书记西塔拉姆·亚秋里（Sitaram Yechury）举行视频会谈。武文赏表示，越南共产党重视并愿意促进与印度共产党（马克思主义）的友好传统关系，鼓励两党和各类人民组织在庆祝越印建交50周年之际加强交流和协调。2022年10月，印度共产党（马克思主义）召开第24届代表大会，越共中央委员、朔庄省委书记林文敏率领越共代表团出席大会并致贺词，同时向印度共产党（马克思主义）总书记转交越共中央的贺信。

越共十分重视同日本共产党的友好合作关系。理论交流是越日两党合作关系的重要内容。2007年以来，双方建立了理论交流机制，迄今为止，越日两党已举办9次理论研讨会。越日两党在许多问题上，如时代的性质和内容，对资本主义和帝国主义的性质的认识、科学社会主义的价值和生命力的评价等有相似的观点。2022年10月，在日本共产党建党100周年之际，越共中央政治局委员、中央理论委员会主席、胡志明国家政治学院院长阮春胜率越共代表团对日本进行工作访问。其间，越日两党举行了第十次理论研讨会。

四 2023年展望

延续2022年的趋势，2023年越南政治与经济发展总体将保持良好态势。但经济受到外部因素不确定性影响增多，政治上还将面临反腐深化带来的调整，因此2023年影响越南经济社会稳定发展的风险将增加。

首先是政治方面。2023年初以来，伴随着反腐败和反消极现象的持续深化，越南政坛出现了较大的震动。预计，党建和反腐工作还将继续推进，从2022年的集中针对中管干部，逐渐下沉到县市和基层。鉴于国家高级官员做出了引咎辞职的表率，预计各部门和地方还将有一波因“辞职文化”

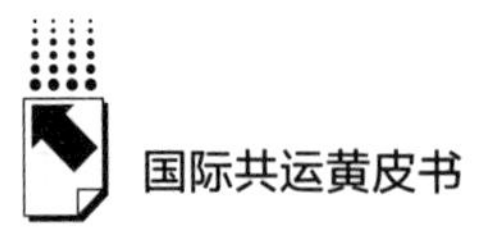

推广而主动辞职的官员。根据阮富仲的指示精神，廉洁文化建设、反腐制度建设、腐败案件查办工作、反腐机构建设等将是今后越南反腐的重点任务措施，随着地方省级反腐指导委员会的陆续建立和开展工作，预计今后越南的反腐范围会越来越广。从长远来说，肃清党内消极腐败现象无疑有利于净化党的肌体，提升党的领导能力和战斗力，然而冰冻三尺非一日之寒，因此必须以刮骨疗伤的决心继续长期推进，但这无疑将对政坛带来进一步冲击。这种冲击要保持在一定程度之内，才能保持越南经济社会的稳定发展。

其次是经济方面。由于越南属于开放外向型的经济体，因此外部因素对其影响较大。在俄乌冲突持续、美欧等越南主要出口对象出现了经济下滑和金融动荡的背景下，越南 2022 年经济增长率从第三季度的 13.71%下降到第四季度的 5.92%。第四季度，越南国内第五大银行西贡商业银行遭到挤兑，越南房地产暴雷，导致很多房地产从业人员面临失业，而在美联储加息和全球经济衰退的大背景下，越南出口订单大幅下降，企业开始裁员，通货膨胀率上升到 4.5%，达到越南近 7 年来最高。有鉴于此，越南国会提出 2023 年要优先保持宏观经济稳定、控制通胀、促进增长、确保经济大平衡。越南国会将 2023 年 GDP 增长目标设定为 6.5%。然而，在美国硅谷银行可能引爆新一轮金融和信用危机的背景下，越南经济第一季度增长率下降到 3.2%，要想实现年初提出的目标并非易事。与此同时，作为越南最大的贸易伙伴和重要投资来源国的中国自 2022 年 12 月起调整了疫情防控政策，并从 2023 年 3 月开始恢复正常国际人员往来，这使越南迎来旅游市场重新启动的机会，中国经济发展形势稳定将对越南经济社会发展产生积极作用，中越加强经贸合作将有利于化解越南经济面临的困难。

参考文献

1. 阮富仲：《关于社会主义和越南社会主义发展道路的若干理论与实践问题》，越南国家政治出版社，2022。

2. 潘金娥:《构建中越命运共同体的理论基础、历史经验与实践动力》,《马克思主义研究》2021 年第 7 期。
3. 潘金娥:《阮富仲访华成果体现中越关系特殊性重要性》,《社会主义论坛》2022 年第 12 期。
4.《阮富仲总书记在全国外事工作大会上的讲话全文》，越南中央政府新闻网，2021 年 12 月 14 日。
5. https：//thuvienphapluat. vn/van-ban/Tai-chinh-nha-nuoc/Huong-dan-25-HD-BCDTW-2022-noi-dung-cong-tac-phong-chong-tieu-cuc-525966. aspx.

Y.10 古共八大后古巴社会主义的新发展

贺 钦*

摘 要： 2022年，面对封锁、疫情及意外灾害等多重考验，古巴人民在古巴共产党的领导下，切实贯彻古共八大精神，深入推进模式更新，实现了国民经济的艰难复苏、党政制度建设的稳步推进、社会民生人权的优先保障和对外交往的多元拓展。古共八大以来，古巴党和政府在探索古巴特色的可行的社会主义道路上坚定前行，形成了统筹兼顾的发展局面和稳定可期的发展前景。未来，古巴党和政府仍将面临深入推进经济模式更新和反对美国封锁的两大历史任务。加强和维护迪亚斯-卡内尔第一书记党中央及全党的领导核心地位关乎古巴共产党在新发展阶段进一步增强凝聚力、战斗力和创造力。通过加强党的自身建设，锻造领导有力、团结奋进的古巴共产党，是确保古巴社会主义应对一切风险挑战、实现"繁荣、民主与可持续发展"的政治前提和根本保障。

关键词： 古巴共产党 古共八大 模式更新 对外关系

2022年，面对封锁、疫情及意外灾害等多重考验，古巴人民在古巴共产党的领导下，切实贯彻古共八大精神，深入推进模式更新，实现了国民经济的艰难复苏、党政制度建设的稳步推进、社会民生人权的优先保障和对外交往的多元拓展。

* 贺钦，中国社会科学院马克思主义研究院研究员，研究方向为古巴和拉美社会主义。本文审读专家为中共中央对外联络部当代世界研究中心柴尚金研究员。

一 着力突破经济更新瓶颈

自新冠疫情暴发以来，古巴经济模式更新举步维艰。一方面，古巴党和政府继续推进货币整顿、国企改革、促进中小微企业发展等结构性更新；另一方面，为稳定经济秩序，古巴政府推出了促进粮食生产和销售、鼓励就业和出口、增加居民收入等经济政策。根据古共八大对模式更新成就与问题的总结，古巴将针对更新整体滞后的局面，进一步破解阻碍生产力发展的体制机制问题，充分调动经济社会各部门资源，通过创新发展，巩固国有企业在国民经济中的主导地位，促进国有经济部门和非国有经济部门协同发展。

（一）国民经济实现艰难复苏

2022 年，面对疫情冲击和国际变局等不利影响，古巴经济实现艰难复苏，宏观经济稳中有进，旅游、交通等经济部门实现较快增长，镍、糖、蜂蜜、朗姆酒和生物制药成为重要出口创汇产品。

2022 年 12 月 12 日至 14 日，古巴第九届全国人大第十次会议在哈瓦那大会堂召开。古巴副总理兼经济计划部部长亚历杭德罗·希尔·费尔南德斯（Alejandro Gil Fernández）在报告中指出，在经历了 2020 年近 11% 的大幅下滑后，2021 年和 2022 年古巴经济小幅增长的趋势将有望延续到 2023 年，但仍未恢复到疫情前水平。2022 年，古巴实施了 75 项经济举措，经济略有复苏，提振效果较为有限，经济增长 2%，没有达到原计划 4%的指标，离恢复到 2019 年的水平还差 8%。2021 年 10 月至 2022 年 10 月，古巴通胀率为 40%，2022 年 1~10 月通胀率降至 29%。2022 年，古巴全年接待外国游客 170 万人，没有达到原定 250 万人指标。由于外汇短缺和美国对古巴封锁政策的强化，古巴经济仍面临较大困难，但经济更新的必要性与可行性得到了持续验证。

预计 2023 年，古巴经济计划增长 3%，低于 2019 年水平；商品和劳务计划出口 97.55 亿美元，比 2022 年增加 10.37 亿美元；预计接待外国游客

350万人，比2021年翻一番；计划生产糖45.52万吨，出口9万吨，并拨付16.48亿美元用于粮食进口，以支持标准家庭篮子和社会消费。目前，国际市场石油、大米、小麦、玉米和奶粉等价格上涨将影响古巴标准家庭篮子的支付成本，并将伴生输入性通货膨胀。①

（二）经济更新举措逐步显效

古共八大后，古巴继续推进300余项经济更新举措，加强战略经济部门更新，不断拓展对外经济关系。2022年7月，古巴全国人民政权代表大会通过了振兴国内货币市场、恢复国民生产、增加出口、允许中小微企业与国有或外国公司成立合资企业等经济促进和复苏一揽子计划。

各类经济主体活力得到进一步释放。2022年，古巴共有5895家中小微企业和59家非农牧合作社获批成立，创造了10万个就业机会。随着经济活动增加以及商品和服务供应水平的提高，古巴私营部门在生产结构中所占比例正逐步提高。②古巴经济计划部部长希尔认为，促进多种经济所有制发展增加了经济主体的多样化和互补性，但并不等于是新自由主义的调整方案，发展多种经济成分有助于改善市场供给、确保能源服务、稳定宏观经济、重现收支平衡、减少财政赤字、增加货币供给、促进社会就业等。③

经济特区建设持续发力。马列尔（Mariel）经济特区是古巴境内首个经济特区，是古巴重要的经济贸易活动聚集地。2022年，马列尔经济特区通过多项外资优惠政策，吸引外资规模持续扩大，生物医药、通信、新能源等领域的国际经济合作不断深化。古巴驻华大使卡洛斯·米格尔·佩雷拉（Carlos Miguel Pereira）表示，外商优惠政策的效果正逐步显现，预计特区

---

① Yaditza del Sol González, "Cuba prevé para 2023 un crecimiento del 3 % de su PIB", Granma, https://www.granma.cu/cuba/2022-12-12/cuba-preve-para-2023-un-crecimiento-del-3-de-su-pib-12-12-2022-22-12-45.

② 谢佳宁：《古巴加大经济改革力度》，《人民日报》2023年1月30日。

③ Yaditza del Sol González, "Cuba prevé para 2023 un crecimiento del 3 % de su PIB", Granma, https://www.granma.cu/cuba/2022-12-12/cuba-preve-para-2023-un-crecimiento-del-3-de-su-pib-12-12-2022-22-12-45.

每年将吸引20亿美元的外来投资。①

对外经济窗口更加活跃。2022年11月14~18日，第38届哈瓦那国际博览会（FIHAV2022）在古巴举行，来自中国、西班牙和墨西哥等62个国家和地区的400家企业参加了此次展会。其中，约70家古巴中小微企业参展，这是自1983年该博览会举办以来首次有古巴中小微企业参加。博览会旨在促进古巴中小微企业和非农业合作社的发展，促进古巴私营经济发展，拓展多元对外经济关系。博览会期间，还举办了古巴第五届外国投资论坛。

持续推进国有企业改革。2022年，古巴有480家国企亏损。2023年，古巴将推进更大规模的国有企业转型，通过差异化方式加强国企监管，根据国企不同的自主权限、管理模式和激励机制，逐步调整资源配置的行政指令机制，推进国企系统的资产重组与管理创新。2023年，预计古巴国企销售利润将出现增长，83家国企面临亏损风险。各类新增经济主体约4000个，占国内生产总值的12%~14%（按现价计算）。②

加强经济更新规划和落实。2022年12月14日，迪亚斯-卡内尔在古巴全国人大第十届常委会会议上作工作报告时指出，2023年将会是更好的一年，但需要制订更加全面的计划，规避工作上的惰性、官僚主义和自满。③2023年，古巴党和政府的工作重心包括实现国家宏观经济稳定、重组外汇分配机制、恢复国家电力系统、加速引进可再生能源、减少社会经济不平等、完善地方分权体制、推进国有企业改革、增加出口等。2023年，古巴还将实施农业增产计划，推进63项经济刺激举措，加大住房、水资源、食品、电力、交通、水泥、钢铁、旅游等部门的投资力度，其中用于粮农部门

---

① 谢佳宁：《古巴加大经济改革力度》，《人民日报》2023年1月30日。

② Yaditza del Sol González, “Cuba prevé para 2023 un crecimiento del 3 % de su PIB”, Granma, https://www.granma.cu/cuba/2022-12-12/cuba-preve-para-2023-un-crecimiento-del-3-de-su-pib-12-12-2022-22-12-45.

③ Yaima Puig, René Tamayo, Díaz-Canel: 2023 debe ser un año mejor, pero lograrlo demanda más que un plan integral, Partido Comunista de Cuba, 14 de Diciembre de 2022, https://www.pcc.cu/noticias/diaz-canel-2023-debe-ser-un-ano-mejor-pero-lograrlo-demanda-mas-que-un-plan-integral.

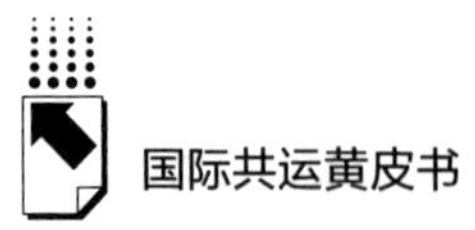

的投资和创新支出将超过 110 亿比索。①

面对更新进程中的资源短缺和外汇不足问题，古巴政府将进一步开源节流，通过资源整合和进口替代，提高生产效率和服务质量，增强国内产业满足内需的能力。为减少经济的脆弱性，古巴还将继续拓展多元对外经济关系，争取外资和国际援助，从而助力经济模式更新。

二　全面推进党政制度建设

2022 年，古共中央先后召开八届四中和五中全会，深入讨论加强党的领导、完善人民民主制度、推进法治国家建设等重要事项，研究部署经济、社会、政治及意识形态领域贯彻八大精神的相关举措。

（一）加强党的领导与建设

2022 年 12 月 9 日至 10 日，古巴共产党召开八届五中全会，重点落实古共八大决议，听取政治局工作报告，讨论经济、社会、意识形态、党的建设、党群关系及青年工作等问题。

古共中央组织部长罗伯托·莫拉莱斯·奥赫达（Roberto Morales Ojeda）在全会报告中指出，“当前古巴国内外形势极其复杂，意外灾害、电力系统耗损、经济短缺和通货膨胀对人民生活造成了负面影响，反古势力利用这些问题对古巴发起了猛烈的舆论攻势，企图颠覆和破坏古巴革命，我们党必须带领全国人民团结一心，克服困难，发扬创新精神，充分准备，持续推进国家发展”。全会强调了党的领导核心作用，要求全党持续改进党的工作作风和方法，不断深化党内民主，尊重民众意见，实事求是地决策和贯彻八大精神。全会高度关注高校系统的思想政治教育工作和青年工作，肯定了卫生系统党员的模范带头作用，总结了军队、工会、群众组织等部门的党建工作，

① Yaditza del Sol González，“Cuba prevé para 2023 un crecimiento del 3 % de su PIB”，Granma，https：//www. granma. cu/cuba/2022-12-12/cuba-preve-para-2023-un-crecimiento-del-3-de-su-pib-12-12-2022-22-12-45.

讨论了惩治违法、犯罪、腐败行为的举措，强调了促进多种经济成分共同发展和深化国有企业改革的重大意义。

全会指出，“加强人民团结”和“坚定思想信念”是古巴共产党两个基本工作原则，古巴共产党通过这两种方式得以应对“经济社会”和“政治意识形态”两大挑战。“团结合作”与“人民协商”在党的组织工作中发挥着重要作用，应进一步巩固党委的领导核心作用，重视党的基层组织建设，加强基层党组织与基层群众组织的互动与团结。[①]全会进一步明确了古共当前的工作战略，并通过了党加强团结和保持意识形态坚定性、开展经济斗争与和平斗争的指导方针。全会还提出，应加强共青团在国家整体战略中的作用，加紧研究部署应对国家经济政治挑战的措施，并适时召开党的第二届全国会议。[②]

（二）完善人民民主制度

2022 年 11 月底，古巴各地举行新一届市人民政权代表大会代表选举，这是古巴践行直接参与性民主的有效实践。800 多万名古巴公民自愿、自由、自发和匿名地参与选举，根据参选人的优点和能力，选出最合适的地方机构候选人。古巴领导人称这一天具有历史意义，尽管经济形势复杂，但大多数古巴人重申了他们对古巴政治选举制度的承诺和信心。2022 年 12 月 17 日，古巴成立新一届市人大。目前，古巴 50%的人大代表是从基层选出来的，古巴也是全世界女性人大代表（议会议员）占比第二高的国家。[③]

---

① Yaima Puig Meneses，Alina Perera Robbio，René Tamayo León，Rendición de cuentas del Buró Político，https：//www. granma. cu/pensar-en-qr/2022-12-09/rendicion-de-cuentas-del-buro-politico-09-12-2022-23-12-20.

② Inician Alina Perera Robbio，Yaima Puig Meneses，René Tamayo León，“Sesiones de trabajo del V Pleno del Comité Central del Partido Comunista de Cuba”，Granma，9 de diciembre de 2022，https：//www. granma. cu/cuba/2022-12-09/inician-sesiones-de-trabajo-del-v-pleno-del-comite-central-del-partido-comunista-de-cuba.

③ Susana Antón Rodriguez，Milagros Pichardo，Liz Conde Sánchez，Wennys Díaz Ballaga，Yaditza del Sol González，“Comienza hoy el Décimo Periodo Ordinario de Sesiones de la Asamblea Nacional del Poder Popular”，Granma，https：//www. granma. cu/cuba/2022-12-12/en-vivo-comienza-hoy-el-decimo-periodo-ordinario-de-sesiones-de-la-asamblea-nacional-del-poder-popular.

古巴全国划分为15个省和1个特区（青年岛特区），省下设168个市。2020年以前，古巴各省市实行“议行合一”制，省、市均不设省长和市长，行政事务由省人大主席和市人大主席兼任。根据2019年通过的古巴新宪法第175条和新选举法第240条，古巴各省市不再实行“议行合一”制度，人民政权代表大会分全国和市两级，取消省一级人大，各省省长及副省长由国家主席提名，由各省下属市的市人大代表选举产生。具体选举事项由新的全国选举委员会负责。2020年1月18日，古巴全国15个省167个市的12244名市人大代表在各市人大会议上选举通过了由国家主席提名的15省省长及副省长。2020年1月25日，古巴各市人大代表投票通过了由市人大提名的市长。

（三）推进法治国家建设

自2011年古共六大正式启动模式更新以来，古巴不断完善法律法规体系，并提出了建设法治国家的目标。2019年通过的古巴新宪法进一步巩固了古巴社会主义的法治基础。为贯彻落实古共八大精神，古巴持续推进服务模式更新的法治国家建设。2022年12月，古巴司法部长奥斯卡·曼努埃尔·西尔韦拉·马丁内斯（Oscar Manuel Silvera Martínez）在古巴全国人大第九届立法会第十次常委会上总结了古巴2022年立法工作，并回顾了颁布2019年新宪法以来古巴法治体系建设取得的阶段性成就。

2022年，古巴先后通过了《粮食主权、粮食安全和营养安全法》《个人信息数据保护法》《宪法权利保护法》《自然资源与环保体系法》《保护文化遗产和自然遗产一般法》《刑法典》《版权法》《家庭法》《古巴共和国总审计长法和公共资金和行政管控法》《共和国总检察院法》《公共社会事业征用法》《促进和发展牲畜育种法》等14项新法律。2022年7月1日至11月20日，古巴批准的法令法规包括“关于更新汇率”的第63号法令、“关于农业用生物肥料、生物刺激剂和生物杀虫剂的生产、开发和使用”的第64号法令、“关于社会发展项目雇佣合同的社会保障”的第65号法令等。[①]另有《税法》《国有资产法》《公司法》《消费者权利保护法》《移民法》《中央国家行政机关法》《特别劳动制度法》《行政程序法》《军事犯罪法》《人口照顾法》《住房法》《透明度和信息获取法》《社团形式法》《公共卫生法》等16项法律被列入立法日程，提交下届立法机构审议决定。

古巴全国人大自2019年颁布新宪法以来，截至2022年12月，已通过了36项法律和83项法令。为加强法律规范、丰富提案内容、体现宪法意志，古巴全国人大鼓励古巴民众广泛参与草案讨论，充分发挥人民群众在社会主义立法工作中的积极性和主动性。

三　优先保障社会民生发展

2022年，受意外灾害、经济封锁与疫情的影响，古巴社会民生面临空前困难。古巴政府克服重重困难，把保障居民生活所需和公民社会权利列为古巴社会建设的优先事项，力图完善古巴社会治理体系，进一步提升古巴居民的获得感和幸福感。

（一）多措并举力保社会民生

2022年，古巴发生多起严重意外灾害，加重了古巴社会经济困难和人民生活负担。2022年5月6日，古巴国会大厦对面的萨拉托加（Saratoga）酒店因燃气泄漏发生剧烈爆炸，事故造成45人死亡、98人受伤，事故的救济、重建和赔偿耗费巨大。2022年8月7日，古巴马坦萨斯储油基地（Almacenamiento de petróleo en Matanzas）发生超级油轮爆炸，火灾造成四艘大型超级油轮库存损耗，经济损失达数百万美元，灾后重建任务繁重。2022年9月27日，伊恩飓风过境古巴，古巴西部地区电力、通信、房屋、基础设施和农作物遭受严重破坏，飓

① Susana Antón Rodriguez, Milagros Pichardo, Liz Conde Sánchez, Wennys Díaz Ballaga, Yaditza del Sol González, "Comienza hoy el Décimo Periodo Ordinario de Sesiones de la Asamblea Nacional del Poder Popular", Granma, https://www.granma.cu/cuba/2022-12-12/en-vivo-comienza-hoy-el-decimo-periodo-ordinario-de-sesiones-de-la-asamblea-nacional-del-poder-popular.

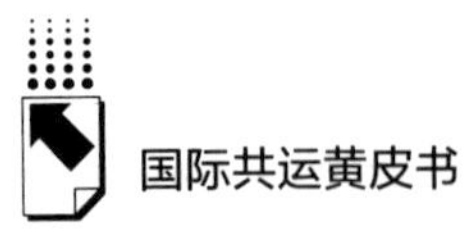

风还造成古巴首次全国性断电，迫使古巴政府第一次向美国政府求助。灾害发生后，古巴国家主席、总理等国家领导人先后十多次亲赴古巴比那尔德里奥（Pinar del Río）省灾区，慰问受灾群众，组织和推进灾后重建工作。

因美国对古巴的封锁禁运，古巴政府和人民在内部资源极其有限的情况下，难以获取生存亟须的某些食品、生活用品及药品等进口物资和国际援助。为应对意外灾害和经济封锁对古巴社会民生造成的影响，古巴政府将能源和粮食供给作为优先事项，通过统筹国内资源、优化零售渠道、提升进口比重和争取国际援助，力保古巴民众基本生活所需。2023 年，古巴规划建设 3 万套新房。与此同时，在农业、可再生能源和国家电网领域加大投资力度仍然是古巴政府的首要任务。[①]

2022 年，古巴疫情得以有效控制，新增确诊和死亡病例数持续下降，因疫情收紧的社会经济秩序有序恢复。截至 2023 年 2 月 1 日，古巴感染新冠肺炎死亡率为 0.77%，低于全球 1.0%和美洲 1.54%的死亡率。[②]截至 2022 年 1 月，古巴共拥有主权 01 号（Soberana01）、主权 02 号（Soberana02）、阿布达拉（Abdala）、曼比萨（Mambisa）和主权加强号（Soberanaplus）五款自主研发疫苗。古巴疫苗的安全性和免疫原性得到持续验证，新冠疫苗接种率位居世界前列。[③]受美国封锁影响，古巴疫苗至今未能得到世卫组织批准，古巴在疫苗研发、生物制药和医疗服务方面的优势未能得到有效利用和释放。

（二）新《家庭法》凸显社会关怀

2022 年 7 月 22 日，古巴第九届全国人大第九次常规会议表决通过了新《家庭法》。古巴新《家庭法》旨在争取两性平等，保护儿童、青少年、妇女、老年人、残疾人等弱势群体的合法权益，反对社会歧视，惩处

---

① 林朝晖：《古巴预计 2023 年经济增长 3%》，新华丝路，https：//www. imsilkroad. com/news/p/499053. html。

② Ministerio de Salud Pública de Cuba，“Parte de cierre del día 1 de febrero a las 12 de la noche”，https：//salud. msp. gob. cu/.

③ Our World in Data，“Share of People Vaccinated Against COVID-19”，https：//ourworldindata. org/covid-vaccinations.

家庭暴力等有违社会伦理的行为。2022 年 9 月 25 日，古巴经全民公投通过新的《家庭法》，古巴由此成为世界上第一个经全民公决产生《家庭法》的国家。

古巴官方表示，新《家庭法》是在心理学、社会学、人口学和法律领域进行大量调查的基础上制定的，旨在保障所有古巴居民的权利，是解决古巴家庭内部冲突的有效依据，这项新立法将使古巴成为一个更具包容性和团结性的国家。迪亚斯-卡内尔指出，新《家庭法》不寻求宽容，而是寻求尊重人民的权利，尊重人民不分种族、年龄、性别、性取向、残或弱的权利；感情和团结作为家庭关系的中心轴将得到加强，感情作为一种法律价值变得更加牢固。[①]新《家庭法》强调了家庭责任的平等，规定父母对孩子负有责任而非监控权，要求尊重儿童和青少年的尊严和身心健康。该法保护子女监护权、财产分配和继承权，主张防止和惩处家庭暴力，要求离婚时保护未成年人与其祖父母之间的沟通，并将继母、继父列为合法监护人，允许父母选择孩子的姓氏顺序。该法承认老年人享有自决、独立和机会平等权，高度肯定祖父母在传递价值观和传统、培育家庭认同感、照顾青年一代方面所发挥的重要作用，强调老年人有权在家庭中进行和谐密切的交流，主张扩大对老年人的保护，反对对老年人的歧视和暴力。新法还允许性别相同的伴侣组建家庭、收养孩子、合法使用人工辅助生育。作为天主教传统占主导的国家，同性婚姻合法化也遭到了古巴天主教徒的公开反对。

迪亚斯-卡内尔主席将新《家庭法》的通过描述为一个公民化、民主、诚实和透明的进程，有效选票占比 66.8%。他强调，“我们拒绝接受对社会主义的妖魔化，特别是在人权问题上，因为社会主义本质上是一种旨在最大限度实现社会正义的制度”。[②] 古巴全国人大主席埃斯特万·拉索（Esteban

---

① 参见古巴驻华大使馆的微博，https://www.weibo.com/gubadashiguan?is_all=1&is_search=1&key_word=%E6%84%9F%E6%83%85%E4%BD%9C%E4%B8%BA%E4%B8%80#_0。

② Díaz-Canel, “La participación popular es esencia de la democracia y sin ella no es posible el socialismo”, Granma, https://www.granma.cu/cuba/2022-12-14/diaz-canel-la-participacion-popular-es-esencia-de-la-democracia-y-sin-ella-no-es-posible-el-socialismo.

Lazo）指出，古巴新《家庭法》体现了何塞·马蒂（José Martí）关于“与所有人一起，为了所有人的利益”的精神。①

四 积极改善外部发展环境

2022年，时值古巴导弹危机60周年。古巴导弹危机是冷战时期美苏之间最激烈的一次直接对抗，因苏联在古巴部署导弹而美国坚持要求撤除导弹所引发。危机期间，核战争阴霾笼罩加勒比海，地缘战争一触即发。2022年，俄乌冲突的爆发促使国际社会对古巴导弹危机进行了历史回顾、反思与比较。有观点认为，两次危机反映了两个时代大国博弈和国际格局调整的必然逻辑，唯有合理管控大国关系和热战风险，才能有效规避国际冲突，维护国际和平大局。也有观点认为，两次危机虽处于不同时代，但其根本原因是一致的，美帝国主义的霸权行径导致了危机的升级，资本主义世界体系的内在矛盾决定了帝国主义的扩张逻辑，世界进步力量反对帝国主义的战争不可避免，只有团结一切进步力量开展反帝国主义斗争，才能最终赢得世界和平发展。

在冷战时期，美国和苏联对古巴的外交政策产生了重大影响，古巴与两国的关系都经历了双刃剑效应的考验。一位古巴官员曾感叹道，“历史让古巴尝尽了美帝国主义和苏联友谊的苦难”。20世纪80年代末90年代初，随着冷战的终结和国际形势的变化，古巴领导人审时度势，不断调整外交重心和布局，为古巴社会主义在21世纪的复苏和发展创造了难得的外部条件。

（一）在多元外交中拓展对外友好关系

2022年，古巴进一步加强与拉美国家、社会主义国家、其他发展中大国及发达国家等的友好关系，积极推动地区一体化与团结。

---

① Susana Antón Rodriguez，Milagros Pichardo，Liz Conde Sánchez，Wennys Díaz Ballaga，Yaditza del Sol González，“Comienza hoy el Décimo Periodo Ordinario de Sesiones de la Asamblea Nacional del Poder Popular”，Granma，https：//www.granma.cu/cuba/2022-12-12/en-vivo-comienza-hoy-el-decimo-periodo-ordinario-de-sesiones-de-la-asamblea-nacional-del-poder-popular.

构筑社会主义国家特殊友好关系。2022 年 9 月 29 日至 10 月 2 日，古巴总理马雷罗·克鲁斯（Marrero Cruz）访问越南，并与越南签署了两国经济、农业食品、卫生领域的合作协议。这是古巴总理作为政府首脑的首次亚洲之行。2022 年 12 月 14～15 日，古巴外长布鲁诺·罗德里格斯·帕里利亚（Bruno Rodríguez Parrilla）与越南外交部部长助理兼多边经济合作司司长阮明恒（Nguyen Minh Hang）会面，并就两国在国际事务上的基本立场和两国进一步加强各领域务实合作达成广泛共识。目前，作为古巴主要投资国，越南是古巴在亚太地区的第二大贸易伙伴。

加强南南合作与团结。2022 年 12 月 3～8 日，迪亚斯-卡内尔主席参加了第八届加共体-古巴首脑会议（CARICOM-CUBA Summit），并对圣文森特和格林纳丁斯（Saint Vincent and the Grenadines）、巴巴多斯（Barbados）、格林纳达（Grenada）三国进行国事访问。2022 年 8 月，古巴副总理里卡多·卡布里萨斯·鲁伊斯（Ricardo Cabrisas Ruíz）赴非洲参加非洲、加勒比和太平洋地区国家集团第十届首脑会议，并对安哥拉进行了国事访问。2023 年 1 月 24 日，迪亚斯-卡内尔主席在阿根廷举行的拉共体第七届领导人峰会上强调了地区团结的重要性，并指出“经济、社会和文化融合的战略愿景才能使地区走向可持续发展”。[①]

积极拓展跨区域战略合作。2022 年 11 月 16～27 日，迪亚斯-卡内尔主席对阿尔及利亚、俄罗斯、土耳其和中国进行国事访问，这是 2020 年新冠疫情暴发以来古巴国家元首的首次跨洲访问，旨在加强与上述国家的双边经济政治联系，寻求应对古巴国内能源、物资、外汇短缺等问题。此行是迪亚斯-卡内尔作为国家元首第三次访问俄罗斯。迪亚斯-卡内尔与普京进行了会面，并共同出席了位于俄罗斯的菲德尔·卡斯特罗纪念碑落成典礼。其间，迪亚斯-卡内尔还拜访了俄共领导人和俄罗斯石油公司。2022 年 12 月 9

① VII Cumbre de Jefas y Jefes de Estado y de Gobierno de la Celac en Argentina，teleSUR，https：//www. telesurtv. net/telesuragenda/argentina-vii-cumbre-jefas-jefes-estado-gobierno-celac-20230124-0023. html#：~：text=La%20VII%20Cumbre%20de%20Jefas%20y%20Jefes%20de，informe%20sobre%20presidencia%20pro%20tempore%20de%20la%20Celac.

日，迪亚斯-卡内尔应邀参加在吉尔吉斯斯坦首都比什凯克举行的欧亚经济联盟峰会电话会议，会议聚焦欧亚经济联盟一体化问题。

（二）在对美斗争中维护国家主权与国际和平

作为加勒比岛国，古巴内生资源有限，经济结构单一，地缘环境脆弱。美国对古巴的长期封锁是制约古巴发展的最大障碍。2022 年 11 月 3 日，第 77 届联合国大会再次以 185 票赞成、2 票反对、2 票弃权的结果通过要求美国终止对古巴的经济封锁的决议。这已是联合国会员国连续第 30 次以压倒性多数支持终止美国对古巴的封锁。古巴外交部长布鲁诺·罗德里格斯·帕里利亚在联大发言中指出，美国在加强对古封锁的同时，还利用媒体和社交网络操控数据，对古开展舆论战，企图破坏古巴稳定。

2022 年，拜登政府依然保持对古封锁政策，古巴政府在开展对美斗争的同时，积极寻求与美国友古派的接触和交流。2022 年 12 月 12 日，迪亚斯-卡内尔主席接待了由美国众议院规则委员会主席詹姆斯·麦戈文及该机构成员马克·波坎、特洛伊·卡特组成的美国国会代表团，古巴外交部长布鲁诺·罗德里格斯陪同会见。双方就共同关心的问题进行了交流，并一致表达了改善双边关系的意愿。

俄罗斯是古巴在欧亚大陆的重要友国。俄乌冲突爆发后，古巴谴责美国通过北约东扩蓄意制造地区安全威胁，并敦促美国和北约严肃现实地对待俄罗斯提出的安全保障要求。[①]古巴常驻联合国代表佩德罗·路易斯·佩德罗索（Pedro Luis Pedroso）大使在联合国大会关于乌克兰局势的紧急特别会议上指出，应通过外交途径解决冲突，保障所有国家的安全和主权，并给予合理的人道主义关切。作为《联合国宪章》缔约国，古巴捍卫国际法与世界和平，反对对任何国家使用或威胁使用武力，反对霸权主义、权力滥用和被

① MINREX, "Cuba: Llamamos a preservar la paz y la seguridad internacionales Declaración del Ministerio de Relaciones Exteriores", Granma, https://misiones.cubaminrex.cu/es/articulo/declaracion-del-ministerio-de-relaciones-exteriores-de-cuba-minrex-llamamos-preservar-la.

不公正对待。古巴对在俄乌冲突中丧生的无辜平民深表遗憾，古巴人民同乌克兰人民也有着真诚的友好关系。美国及北约对俄进行的渐进军事包围，使俄罗斯十几年来的安全保障要求被忽视。与此同时，美国及其部分盟友已多次使用武力入侵主权国家，理应对自身发动的掠夺战导致数十万平民罹难、数百万人无家可归和对地球造成巨大破坏负责。古巴主张通过和平方式以严肃的、建设性的和现实主义的外交途径解决冲突，从而确保所有国家的主权安全、地区稳定与国际和平。①

（三）在国际事务中践行多边主义与国际团结

2022 年，古巴成功举办了多场国际论坛和地区多边会议，为加强地区团结与国际合作提供了重要平台和精神支持。

承办第 22 届共产党和工人党国际会议。2022 年 10 月 27~29 日，第 22 届共产党和工人党国际会议在古巴首都哈瓦那举行，来自世界上 60 个国家的 78 个共产党和工人党的 145 名代表出席。本次会议的主题为“声援古巴和所有正在斗争的民族：团结统一我们在反对帝国主义斗争中将会更加强大，同社会与群众运动一道面对资本主义和资本主义政策、法西斯主义和战争的威胁，保护和平、环境、劳动人民权益、团结和社会主义”。与会代表就国际和地区形势、世界和平发展、环境问题、工人阶级和劳动人民面临的挑战等议题进行了交流。迪亚斯-卡内尔主席在致辞中指出，“团结的价值原则是共产党和工人党的剑和盾牌，应从科学上回归马克思主义，将理论转化为实践，并对组织先锋队进行科学、思想和政治培训，从而把握反帝国主义斗争的实质；在‘以人为本’的基础上，以工作和榜样为中心是古巴社会主义的两个核心要义，只有通过所有人的努力和协作，我们才能实现真正

① Pedro Luis Pedroso Cuesta, “Intervención del embajador Pedro Luis Pedroso Cuesta, Representante Permanente de Cuba ante las Naciones Unidas, en el período extraordinario de sesiones de emergencia de la Asamblea General de la ONU, sobre la situación en Ucrania”, https://misiones.cubaminrex.cu/es/articulo/intervencion-del-embajador-pedro-luis-pedroso-cuesta-representante-permanente-de-cuba-5.

的变革”。会议还通过了《最后宣言》和联合行动计划。①

承办第22届美洲玻利瓦尔联盟首脑峰会。2022年12月14日，美洲玻利瓦尔联盟-人民贸易协定（ALBA-TCP）第22届首脑峰会在哈瓦那举行。会议秉持团结合作、社会正义、经济互补的原则，聚焦疫情背景下的地区及国际形势，围绕联盟面临的挑战和协调机制完善进行讨论。会议再次强调了地区一体化与团结的重要性，并发表了峰会宣言《生命与独立联盟》。古巴外长罗德里格斯、玻利维亚总统阿尔塞、多米尼克总理斯凯里特等成员国代表参会。

承办“世界平衡”国际会议。“世界平衡”思想是由古巴民族英雄何塞·马蒂提出的关于建立国际政治经济新秩序、反对帝国主义，从而实现世界平衡的政治思想。2023年1月24~28日，第五届“世界平衡”国际会议在哈瓦那会议宫举行，来自近90个国家的1100多名知识分子、文化活动家、人权活动家及非政府组织代表等各界人士参加了会议。会议围绕多元文化与文明对话、社会运动的作用和挑战、和平与核裁军、水资源获取和保护、新信息技术风险与前景、社交网络道德与新闻责任、生态系统构建及防御、文化政策和国家认同、多边主义与全球挑战、可持续发展和社会公平、粮食安全、21世纪的教育和人权、反歧视、性别平等、新自由主义全球化中的工会、宗教、打击毒品犯罪和恐怖主义、青年的社会角色与作用、参与性民主等全球性议题展开了深入讨论。会议得到了联合国教科文组织等全球性组织的支持。会议闭幕当天还举办了何塞·马蒂诞辰170周年纪念活动。迪亚斯-卡内尔主席在会上强调了通过团结和对话来解决全球冲突的重要性。他指出，“马蒂思想是团结的基础和革命的政治原则，团结如同人民的觉悟是无法被封锁的，只有通过对话、思想和教育创建一个和平的世界，才

① XXII Encuentro Internacional de Partidos Comunistas y Obreros La Habana Cuba 2022, Plataforma Digital Izquierda Unida, https://izquierdaunida.cubava.cu/2022/11/01/xxii-encuentro-internacional-de-partidos-comunistas-y-obreros-la-habana-cuba-2022/#:~:text=El%20XXII%20Encuentro%20Internacional%20de%20Partidos%20Comunistas%20y, Comunista%20de%20Cuba%20%28CCPCC%29%2C%20Dr.%20Roberto%20Morales%20Ojeda.

能建设性地面对 21 世纪的多重挑战”。[①]

首次当选“77 国集团和中国”[②] 轮值主席国。2022 年 9 月 23 日，在纽约举行的“77 国集团和中国”会议上古巴当选该组织 2023 年轮值主席国。古巴外交部长罗德里格斯表示，古巴是第一次当选该组织轮值主席国，这是“巨大的责任”和“至高荣誉”，这“不仅是对我们国家的认可，更是一项巨大的责任，因为‘77 国集团和中国’是一个极为广泛和多样化的多边协调机构，我们不会辜负人们对古巴的信任”。[③]

（四）在元首外交中续写中古关系新篇章

应中共中央总书记、国家主席习近平邀请，古巴共产党中央委员会第一书记、古巴国家主席迪亚斯-卡内尔于 2022 年 11 月 24 日至 26 日对中华人民共和国进行国事访问。迪亚斯-卡内尔是中共二十大后访华的首位拉美和加勒比国家元首。此次访华是迪亚斯-卡内尔主席十年来的第四次访华，也是其在 2021 年古共八大上当选古共中央第一书记后的首次访华，更是中古两党召开新一届党代会后两党两国领导人的首次会面。11 月 25 日上午，中共中央总书记、国家主席习近平与古巴共产党中央委员会第一书记、古巴国家主席迪亚斯-卡内尔在人民大会堂举行会谈。会谈后，双方共同见证签署两国关于党际交流、外交部间磋商机制、共建“一带一路”、务实合作等双边文件，并发表《中华人民共和国和古巴共和国关于深化新时代中古关系的联合声明》。

---

① Prensa Latina，“Reitera presidente de Cuba necesidad de solidaridad mundial”，https：//www.prensa-latina.cu/2023/01/29/reitera-presidente-de-cuba-necesidad-de-solidaridad-mundial.

② 77 国集团成立于 1964 年，是由发展中国家组成的政府间国际组织，旨在加强团结合作以加快发展中国家经济社会发展进程。中国不是 77 国集团成员，但一贯支持该组织正义主张和合理要求。自 20 世纪 90 年代以来，中国同 77 国集团关系在原有基础上有了较大发展，通过“77 国集团和中国”这一机制开展协调与合作。“77 国集团和中国”目前是世界上最大的发展中国家合作组织，有 130 多个成员国。

③ 林朝晖：《古巴当选“77 国集团和中国”轮值主席国》，中华人民共和国驻古巴共和国大使馆网站，http：//cu.china-embassy.gov.cn/yw/gbyw/202209/t20220927_10772169.htm。

1. 新时代传承中古特殊友好关系

1960 年，34 岁的菲德尔·卡斯特罗在其于联合国大会的首次演讲中，力挺中华人民共和国在联合国大会中的合法地位。随后，古巴成为第一个与新中国建交的拉美和加勒比国家。中古建交 62 年来，面对国际风云变幻，两国在建设本国特色社会主义道路上携手并进，在国际事务上相互支持，双边关系成为社会主义国家团结合作、发展中国家真诚互助的典范。

中共十八大以来，两党两国领导人秉承中古传统友谊，携手推动双边关系续写新篇章。2014 年 7 月，习近平主席访问古巴，促进两党两国各领域务实合作不断深化。2018 年，时任古巴国务委员会主席兼部长会议主席迪亚斯-卡内尔访华。其间，中古两国签署“一带一路”合作谅解备忘录。

2020 年，在中古建交 60 周年之际，两党两国领导人互致贺电。习近平指出，中古关系经受住了国际风云变幻的考验，历久弥坚。劳尔·卡斯特罗表示，古巴始终与兄弟的中国、中国共产党、中国人民保持真挚的友谊，并深信古中友谊必将世代相传、万古长青。迪亚斯-卡内尔表示，古中双方一直把对方在社会主义建设上取得的成就视作自己的成就，古方愿不断巩固古中传统友谊，拓展各领域合作。

2021 年，在迪亚斯-卡内尔当选古共中央第一书记后，习近平总书记与其多次通电话，就深化两党两国关系达成重要共识。2021 年 7 月，迪亚斯-卡内尔向习近平致函祝贺中国共产党建党 100 周年，并先后出席在哈瓦那革命宫隆重举行的“中国共产党成立 100 周年”庆祝活动和中联部主办的中国共产党与世界政党领导人峰会。2021 年 12 月，中国与古巴签署了《中华人民共和国政府与古巴共和国政府关于共同推进“一带一路”建设的合作规划》，其中明确了中古共建“一带一路”的重点合作内容和合作项目，并提出了时间表和路线图。①

中古两国始终坚持在涉及彼此核心利益和重大关切的问题上相互支持。

① 《中国政府与古巴政府签署共建“一带一路”合作规划》，中华人民共和国驻古巴共和国大使馆网站，http://cu.chineseembassy.org/yw/zggx/202112/t20211226_10475784.htm。

2022年6月，在联合国人权理事会第50届会议上，古巴代表近70个国家做共同发言，坚定支持中方在涉疆、涉港、涉藏等问题上的立场，反对以人权为借口干涉中国内政。2022年9月，中国国务委员兼外长王毅在第77届联合国大会一般性辩论上坚定支持古巴人民捍卫国家主权、反对外来干涉和封锁的正义斗争。

2. 党际交往引领中古命运共同体建设

2022年3月，第四届中古两党理论研讨会举行。中古两党领导人分别致贺信，为新时期加强两党发展互鉴、深化团结合作提供了重要遵循。中古两党在研讨会上就治党管党等议题进行深入讨论，取得丰硕成果。

党的十八大以来，中国共产党高度重视与古巴共产党交流合作，两党交往开启了崭新局面。2014年7月，习近平主席访问古巴，在促进两国多领域合作的同时，也进一步推进了两党交流合作协议的落实与深化。2014年9月，第一届中古两党理论研讨会在北京召开，为深入推进两党理论交流搭建了机制化平台。2016年和2018年相继举办了第二届、第三届研讨会，两党聚焦共同关切，围绕改革开放条件下党的建设、以人民为中心和经济可持续发展、国家治理能力和治理体系建设等分议题展开交流研讨，有力地促进了两党建设和社会主义事业的发展。

第四届中古两党理论研讨会是在中国共产党走过百年历程，开启全面建设社会主义现代化国家、向第二个百年奋斗目标进军新征程和古巴共产党召开八大对党和国家发展作出战略部署的关键时刻召开的。面对新形势新任务，中古两党以“加强党的建设，奋进新时代中古社会主义新征程”为主题，围绕党领导经济社会发展、改革开放、科技创新、抗疫斗争和党的思想政治教育、干部培养、基层党组织建设等进行充分交流和探讨，直面时代挑战，总结历史经验，坚定迈向未来。

中共二十大召开后，古共中央第一书记迪亚斯-卡内尔致电祝贺，中共中央也在第一时间向古共中央通报了中共二十大精神。中古两党将进一步加强治党治国经验交流和战略沟通，携手构建中古社会主义命运共同体，在改革创新中开创两国社会主义发展新征程。面对世纪疫情和百年未有之大变局，中古两国将共谋合作，共话发展，进一步深化两国在政治、经济、社会、文化等领域的全面合作，不断拓展两国在金融贸易、绿色能源、数字经济、生物科技及医疗服务等前沿领域的合作。

2023 年 1 月 18 日，古巴驻华大使卡洛斯·米格尔·佩雷拉和中国国家国际发展合作署副署长唐文弘代表中古两国签署“中国向古巴捐赠 7 亿元人民币”的协议，这笔捐赠将优先用于对古巴社会产生重要影响的经济重点领域。古巴外交部长罗德里格斯在推特发文，感谢中国人民和政府对古巴的慷慨捐赠，这将有效增进古巴人民的福祉。①

结　语

古共八大以来，古巴党和政府经受住了重重考验，在探索古巴特色的可行的社会主义道路上坚定前行，形成了统筹兼顾的发展局面和稳定可期的发展前景。面对经济模式更新以来党内外出现的意识形态问题，古巴共产党坚持从严治党、思想强党，推进党的政治作风建设，严厉打击腐败犯罪和道德沦丧。面对经济与民生危机，古巴党和政府直面问题，稳步推进“面向 2030 年的经济社会发展计划”。在国际事务中，古巴坚定维护世界和平，积极致力于国际团结，国际影响力和感召力持续提升。未来，古巴党和政府仍将面临深入推进经济模式更新和反对美国封锁的两大历史任务。加强和维护迪亚斯-卡内尔第一书记党中央及全党的领导核心地位关乎古巴共产党在新发展阶段进一步增强凝聚力、战斗力和创造力。通过加强党的自身建设，锻造领导有力、团结奋进的古巴共产党，是确保古巴社会主义应对一切风险挑战、实现“繁荣、民主与可持续发展”的政治前提和根本保障。

① Redacción Digital，“Cuba agradece donativo de China ”，Granma，https：//www. granma. cu/cuba/2023-01-28/agradece-cuba-donativo-de-china.

参考文献

1. Susana Antón Rodriguez, Milagros Pichardo, Liz Conde Sánchez, Wennys Díaz Ballaga, Yaditza del Sol González, "Comienza hoy el Décimo Periodo Ordinario de Sesiones de la Asamblea Nacional del Poder Popular", Granma, https://www.granma.cu/cuba/2022-12-12/en-vivo-comienza-hoy-el-decimo-periodo-ordinario-de-sesiones-de-la-asamblea-nacional-del-poder-popular.
2. Yaima Puig Meneses, Alina Perera Robbio, René Tamayo León, Rendición de cuentas del Buró Político, https://www.granma.cu/pensar-en-qr/2022-12-09/rendicion-de-cuentas-del-buro-politico-09-12-2022-23-12-20.
3. Díaz-Canel, "La participación popular es esencia de la democracia y sin ella no es posible el socialismo", Granma, https://www.granma.cu/cuba/2022-12-14/diaz-canel-la-participacion-popular-es-esencia-de-la-democracia-y-sin-ella-no-es-posible-el-socialismo.
4. 徐世澄:《美国和古巴关系史纲》，中国社会科学出版社，2021。

Y.11
"我国第一主义时代"背景下朝鲜式社会主义的新开局

钱政宇*

摘　要： 2022年是朝鲜宣布进入"我国第一主义时代"的开局之年。面对奥密克戎病毒的侵袭，朝鲜劳动党高举"人民群众第一主义"的旗帜，依靠朝鲜式社会主义体制的优势，带领人民成功阻断疫情肆虐，取得了抗疫斗争的伟大胜利。与此同时，朝鲜劳动党继续推进八大提出的战略路线，巩固党的唯一领导体系，整顿国内经济，推动经济社会实现新的发展。展望2023年，朝鲜劳动党将以八届六中全会为新的起点，继续落实八大制订的五年经济发展计划，进一步加强完善国内经济基础，提高人民生活水平。

关键词： 朝鲜式社会主义　"我国第一主义时代"　"人民群众第一主义"

2022年是朝鲜历史上极不平凡的一年。这一年是朝鲜宣布进入"我国第一主义时代"的开局之年。在2021年1月，被称为具有"分水岭意义"的朝鲜劳动党第八次代表大会在平壤召开。金正恩在八大报告中明确提出朝鲜开启了新的发展时代，即"我国第一主义时代"（Era of Our Country's Firstism），并且指出新的时代"是由朝鲜劳动党迎头痛击历史的一切挑战，为人民专心一意、全力以赴，坚决强化自身力量，提高国家尊严和地位，进

---

* 钱政宇，中共中央党校（国家行政学院）研究生院博士研究生，研究方向为世界社会主义运动、朝鲜问题。本文审读专家为中国社会科学院马克思主义研究院潘金娥研究员。

行殊死斗争而诞生的自存繁荣的新时代”。“我国第一主义时代”是朝鲜劳动党对朝鲜社会主义事业发展阶段做出的历史性定位。在这个新的时代背景下，朝鲜劳动党对内将坚持“人民群众第一主义”作为基本政治方式，在制裁、疫情与自然灾害三大不利因素导致国内经济发展、民生保障遭遇前所未有的困难的条件下，强调“以民为天”“团结一心”“自力更生”执政理念，努力依靠自身力量和资源发展国内经济、改善民生，建设以自存繁荣为特色的“朝鲜式社会主义”；对外则根据当前国际格局及朝鲜半岛局势发生的一系列新变化，在“我国第一主义”理念指导下，以独立自主的方式主导外交和安全政策的价值取向，以积极的外交政策和强硬的安全政策保障国家核心利益。

2022 年也是贯彻落实朝鲜劳动党八大制订的五年经济计划的关键之年。这一年，面对新冠疫情肆虐，朝鲜以“国家最重大紧急事件”方针来应对。朝鲜劳动党坚持“人民群众第一主义”，将国家防疫工作纳入最大紧急防疫体系，协调党政、安全保卫和国防部门等国家机关联合行动，及时出台多项措施，成功克服疫情冲击和国内外诸多困难与挑战，实现了“朝鲜式社会主义”的新发展。

一 进一步巩固和加强党的领导

2022 年，世界格局演变更加错综复杂，朝鲜不仅要面对以美国为首的西方国家的制裁、孤立、封锁，还要应对突如其来、席卷全国的新冠疫情，社会主义建设事业经受了严峻考验。为了应对各种风险挑战，朝鲜劳动党高度重视党的领导作用，认为“党的建设事业就是革命事业，党的建设水平就是革命发展水平”，不遗余力加强党建工作，把党的建设作为做好一切工作的出发点和着力点。

（一）提出新时期党的建设纲领

朝鲜劳动党总书记金正恩提出新的历史时期党的建设纲领，使朝鲜劳动党拥有“完全符合我国具体实际且能够有效动员和利用自身发展潜力的实践武器”。① 为此，金正恩专门主持召开党中央书记局会议，专题讨论党务工作问题，还主持召开各级党委员会、组织部、党的生活指导部门工作人员参加的特别讲习会，这些连续召开的重要会议，均服务于确立党的唯一领导体系、加强党中央集中统一领导这一目标。2022 年 10 月 17 日，金正恩视察朝鲜劳动党中央干部学校，给学校师生进行了一次历史性纪念讲课。这次演讲，被朝鲜誉为“在千万人民对战胜前所未闻的挑战和难关，坚决引领朝鲜式社会主义事业走向新的胜利的伟大的朝鲜劳动党的绝对信赖空前得到加强的时期，坚定保证我们党的建设新的百年大计的不朽大纲”。②

金正恩从以下几个方面总结其执政以来朝鲜劳动党建设事业中的经验教训，并对未来的工作提出要求和希望。一是回顾十年来劳动党在发展过程中所取得的成就、新时代党的建设方向、改进后备干部培养途径等问题，指出经过十年的继承与发展，党的建设取得了三方面的成就：坚定维护并继承思想和领导的唯一性；大大强化领导职能和作用；进一步突出为人民服务的革命性质。二是恢复定期召开党的代表大会、党中央全会、政治局会议等党的重要会议制度；在党的重要会议上，及时集体议决回应革命发展要求和变化环境的全党斗争方向、路线和政策，且定期总结其执行情况，大大提高了党的领导的权威性；在全党确立及时传达党的文献和方针的有序体系，充实党的内部教育网络，使党的领导贯彻到基层；丰富以五大教育为主的党的思想教育内容，并大力开展了把“我国第一主义”升华为全民爱国精神的思想战。三是对全面加强党的队伍管理提出更为明确的要求，将重点抓好加强纪律工作视作“先决而迫切的任务”，积极落实在党内确立严格纪律的工作，全面提升党的领导能力和战斗力，发起一场旨在“扫荡滥用权势、耍官僚、

① 《〈劳动新闻〉：敬爱的总书记同志的领导是百战百胜的奇迹之力量》，朝中社，2022 年 11 月 2 日，http：//kcna. kp/cn/article/q/9a4c1036280e7582e0f6a3081458783d. kcmsf。

② 《在主体的革命政党建设史上值得大书特书的不朽大纲 敬爱的金正恩同志访问朝鲜劳动党中央干部学校并进行了纪念讲课》，朝中社，2022 年 10 月 18 日，http：//kcna. kp/cn/article/q/0c53748cdcf684cf03e0529ecc550f3d. kcmsf。

贪污腐败、单位特殊化和摊派收费行为”的战争。在这次纪念讲课中，金正恩提出了新时代朝鲜劳动党建设的总要求：“把朝鲜劳动党建设成为政治上成熟、组织上坚定、思想上纯洁、纪律上严格、作风上健康的党。”演讲后，朝鲜各道接连举行主题为“深入领会新时代党的建设思想和理论”的研讨会。

（二）继续加强党的基层组织建设

朝鲜劳动党一贯重视党的基层组织建设。2022 年 2 月，朝鲜劳动党召开第二次基层党委书记大会，金正恩致开幕词并做了总结，呼吁全体基层党委书记“要牢记自己作为人民的党、人民公仆党的政治工作者的本分，一致奋起投身于让我国人民早日过上好日子、把我们国家建设成为伟大的社会主义强国的神圣斗争”，指出“基层党委直接负责党员，是劳动群众政治生命的保护者，基层党委的作用决定本单位的发展和职工生活水平，因此，人人都关注此次大会上提出什么任务，以后在基层党委工作中发生什么变化”。本次大会使基层党委书记切身领会党中央的思想和战略意图，进一步增强了党的基层组织的向心力和凝聚力。正是得益于朝鲜劳动党基层组织的作用，2022 年 5 月，朝鲜有力应对了新冠疫情的高强度冲击，以较短的时间、较小的代价取得了疫情防控工作的胜利，实现了朝鲜式社会主义建设新发展。

（三）进一步推进党的宣传思想工作

2022 年 3 月 28 日，在召开第二次基层党委书记大会仅一个月后，朝鲜劳动党召开了第一次宣传部门干部讲习会，金正恩向会议发去题为《关于打破形式主义，从根本上革新党的思想工作》的信，提出“思想决定一切、调动人们的思想就无所不能的主体的思想论，无论今天还是将来，永远会充分显示其作为我们党的革命领导原则、政治哲学的正确性和生命力”的指示，将宣传思想工作确定为党务工作的重中之重，以回应敌对势力对意识形态的渗透。

二　依靠体制优势，成功战胜疫情

2022 年 5 月 8 日，首都平壤出现群体性疫情。5 月 12 日，朝鲜劳动党八届中央委员会第八次政治局会议承认，从 2020 年 2 月起长达两年三个月坚守的紧急防疫战线被击破。其以“国家最重大紧急事件”定义疫情。自此，朝鲜转入“最大紧急防疫体系”，开始为期三个月的抗疫防疫斗争。金正恩要求掌握防疫战主动权，稳定遏制并管控输入朝鲜境内的新冠病毒，尽快治愈感染者、在最短期内消除传播根源。经过 90 多天的艰苦奋斗，至 2022 年 8 月 10 日，朝鲜召开全国紧急防疫总结会议，宣布疫情危机“完全消除”，取得抗疫防疫的伟大胜利。这一胜利的取得，主要依靠的是体制优势和高度的组织纪律性。

（一）思想上高度重视

新冠疫情在全球暴发后，朝鲜立即将疫情上升到国家、民族生死存亡的高度，要求全党全军全国从思想上予以高度重视。2022 年 5 月，奥密克戎毒株传入朝鲜本土后，金正恩将此次疫情称为“建国以来最大国难”，将疫情对朝鲜的影响定义为超过朝鲜战争的严重程度，要以“全国一盘棋”的精神，成立以国家保卫省、国家科学技术委员会组成的国家紧急防疫司令部，在全国各地无差别采取最高等级的封锁隔离措施，并采取尽国家能力所及的其他所有措施。同时强调“科学防疫”，由国家媒体广泛宣传疫情及抗疫防疫科学知识，消除人民群众对疫情的恐慌情绪。

（二）动员国家力量抗击疫情

在疫情发生之前，朝鲜已经全力以赴进行了物质条件准备，包括进口医药及医疗物资进行防疫储备、扩大“高丽药”等传统医药的产能等。5 月疫情发生后，朝鲜立即动用国家医药储备、进一步扩大传统医药产能，以满足人民群众的医药需求。在疫情蔓延、医药供应紧张的困难条件下，紧急动员人民军军医部队进驻“决定国家防疫斗争成败的关键区、核心战区”首都平壤，对人民群众的主要医药来源——药店实施军管，并由人民军军医部队担负诊断、用药、送药上门等具体任务。同时，朝鲜向国内各医药生产厂家下达生产任务、提供制药原料，扩大传统医药产能，在西药不足的情况下，以传统医药作为抗疫防疫用药的重要补充。

（三）采取严格的管控措施

严格有效的封锁隔离措施是朝鲜得以战胜疫情的主要因素。所谓严格，是执行封锁隔离措施不动摇；所谓有效，是根据实际情况采取分区分级隔离、工作生产与防疫两不误的封锁隔离措施并取得实质性效果。具体如下：一是分区隔离，减少人口流动，将人口最稠密的平壤地区与各地隔离，各市郡与农村隔离；二是分级隔离，朝鲜采取工作单位、生产单位、生活单位三级隔离制，对党政机关、事业单位等采取办公场所就地隔离，对工矿企业、重点项目建设工地采取生产场所就地隔离，对居民采取居家隔离等措施。这些隔离措施依托既有的人口流动通行证制度，依靠的是全社会长年形成的高度组织纪律性，是朝鲜制度优势和朝鲜特色的具体体现。

（四）发扬互帮互助的社会主义道德风尚

面对疫情快速蔓延、医药供应短缺等不利情况，朝鲜除动员国家力量抗疫防疫之外，还积极倡导发扬“人人为我、我为人人”的社会主义道德风尚。金正恩带头向疫情严重地区捐献自家准备的药物，并号召党中央各部门的干部向疫情严重地区捐药捐资。在疫情初起的困难时期，这种做法及时解决了部分困难地区困难群众的医药需求，极大鼓舞了人民群众战胜疫情的信心。

（五）建立并完善国家应急体系

在抗疫防疫斗争的同时，朝鲜检讨了其国家应急体系建设的不足，借实施紧急防疫体系之机，建立和完善以防疫、防灾为核心的国家应急体系，并将其作为与经济建设并驾齐驱的国家首要工作之一，由内阁总理亲自挂帅，取得了一定成效。

在极端困难的条件下，朝鲜用短短三个月左右的时间取得抗疫防疫斗争的胜利，依托的是体制优势、制度优势，充分体现了“人民群众第一主义”“我们国家第一主义”等治国理政理念的正确性，实行了符合人民利益的正确政策和最佳措施。而朝鲜人民群众长期以来形成的高度组织性、自觉一致性和有意识的奋发性也为这些政策和措施的顺利实施提供了有力保证，从而在战胜疫情的同时实现经济建设、国防建设等国家重要事业的同步发展。

三　整顿夯实经济，增进人民福祉

朝鲜劳动党八大开幕式上，在总结党的七大制定的国家经济发展五年战略实施情况时，金正恩指出，“几乎所有部门在很大程度上没有完成五年战略目标”。[①] 因此，朝鲜劳动党八大在总结过去经验教训、分析当前国内外形势的基础上，重新制订了以“自力更生”为主题的新的五年经济发展计划，对过去的经济发展路线进行整饬、调整，以期在新的形势中推动经济社会发展、提高人民生活水平。

（一）坚决贯彻国民经济发展计划

朝鲜劳动党八届四中全会肯定了 2021 年来之不易的成绩，肯定这是在极端的环境中探索出来的能够稳定经济和靠自力生存的方法，要求经济部门坚决贯彻国民经济五年计划，振兴生产，大力推进整饬工作，使国家经济步入增长轨道，竭尽全力稳定乃至提高人民的生活水平。四中全会还提出了 2022 年经济建设各领域、各部门的计划指标。在发生疫情、国家防疫级别提升至最高水平并且在全国范围内实施封控管理的条件下，经济部门积极应

① 《金正恩同志在朝鲜劳动党第八次代表大会上致开幕词》，朝中社，2021 年 1 月 6 日，http：//www.kcna.kp/cn/article/q/14fc27966c933fb6980ab54d841a3869.kcmsf。

对疫情冲击，迅速整顿暂时混乱，根据疫情紧急状况周密组织和指挥一切工作，顽强推进经济政策执行活动，确保了2022年经济计划指标的完成。

（二）以基干工业部门为龙头，拉动国民经济发展

基干工业部门是朝鲜国民经济的龙头、命脉，由国家集中掌控，对经济发展具有重要作用。2022年，朝鲜在基干工业部门各领域的重点任务如下。冶金工业部门：在技术上进一步完善朝鲜式钢铁生产方法，按计划生产钢材，同时抓好产能扩建和现代化项目；化学工业部门：充分发挥新的化肥产能，搞活主要化工厂，在增加轻工业和制药工业原料产量的同时，推进具备新的化工部门结构的专项工程；电力工业部门：圆满保障当前电力需求，把生产提到更高水平，促进新的动力基地建设，利用各种自然能源提高发电能力；煤炭工业部门：继续大力开展高速掘进运动，扩大煤田，并采用先进的采煤方法和机械手段来增加煤炭产量；铁路运输部门：提高铁路的安全性、促进现代化，建立国家对全盘交通运输的统一指挥体系，分阶段推进国家运输工作；机械工业部门：保障国民经济各部门和单位执行整顿充实计划所需的项目设备，增加产量且提高质量。从2022年基干工业各部门的运行情况看，尽管受到疫情影响，但各部门基本完成或超额完成了计划指标，夯实了国家经济基础。

（三）以大规模基本建设为抓手，促进国民经济发展和民生改善

朝鲜劳动党八大制订的五年计划将基本建设放在经济工作首位，涉及全国各地区的大规模基本建设。2022年的代表性工程包括平壤和盛地区（Hwasong）一万套新建住宅工程、超大规模连浦（Ryonpho）蔬菜温室农场工程、各地区城乡住宅建设工程等。这些重点项目，不仅促进了国民经济相关部门的生产发展，也为改善民生提供了物质基础。

（四）集中力量进行粮食生产，努力解决粮食短缺问题

2022年是朝鲜劳动党八届四中全会提出“开创朝鲜式社会主义农村发

展伟大时代”的开局之年。朝鲜将增加农业生产、完全解决国家粮食短缺问题规定为农村发展战略的基本任务，并指出了要在今后10年内分阶段实现粮食生产目标和畜产品、水果、蔬菜、经济作物、养蚕业生产目标。但2022年春季朝鲜遭遇历史罕见的严重春旱，对粮食生产造成较大影响。对此，朝鲜动员一切可以动员的力量，以劳力和物资支援农村、投入抗旱斗争，以确保完成粮食生产计划指标，努力解决粮食短缺问题。同时，朝鲜改变以往的粮食生产结构，在确保传统主粮水稻种植的前提下，增加大麦、小麦的种植面积，以提高主要粮食产量。

（五）促进轻工业和食品工业发展，确保民生供应

粮食生产和日用消费品生产是朝鲜2022年经济发展中的两个重点，金正恩在八届五中全会上将其定义为“今年经济任务中的当务之急”，强调轻工业部门要把满足人民生活需求当作标准，大力开展生产斗争、增产斗争，采取切实可行措施改善人民生活，确保民生供应。因应这一要求，朝鲜更换了执行政策不力的中央轻工业部长，以显示促进轻工业、食品工业发展的决心。年末在平壤举办的系列日用消费品展览会显示，日用消费品生产取得了一定的成就。

（六）树立地方工业发展样板，促进地方工业发展

朝鲜地方工业基础薄弱，各地发展不均衡。针对这一情况，2022年朝鲜提出提供地方工业发展样板、促进地方工业发展的目标，以日用消费品生产和供应地方化为主要目标，建立地方工业体系。以2022年6月江原道金化郡地方工业工厂集中竣工为标志，其为地方工业改扩建及现代化改造提供了样板。

在制裁、疫情、自然灾害三大不利因素的持续影响下，朝鲜坚持“自力更生”“自力繁荣”原则，强力推进2022年经济发展计划，在国民经济各领域、各方面均取得一定成就。截至2022年底，各主要经济部门、单位均宣告基本完成或超额完成当年计划指标，为2023年即“为完成五年计划提供决定性保证的关键之年”开展工作奠定了基础。

四 贯彻朝鲜劳动党八大提出的外交方针

朝鲜劳动党八大提出，在进入“我国第一主义时代”后，必须根据国家战略地位的提升，相应地全面扩大和发展对外关系，从政治外交上可靠保证社会主义建设。外交工作要延续“自主”原则，并将“捍卫尊严、提高国家威力、维护国家利益”作为朝鲜外交工作的第一使命。

（一）巩固与传统友好国家的关系

2022 年，朝鲜延续劳动党八大提出的“全面扩大和发展对外关系”的总基调，进一步扩大和发展以朝中、朝俄关系为主的传统友好关系，与社会主义国家一起建立反美统一战线，从而在对美斗争中获得更多支持和声援。

金正恩在八大报告中对七大以来的对外关系进行总结，将朝中关系定义为“具有悠久历史根基的特殊关系”，并称朝鲜在七大以来对发展对华关系予以“首要关注”，根据新时代要求发展朝中友好关系，“谱写了以社会主义为核心的朝中友好关系的新篇章”。[①] 七大以来中朝首脑的五次会谈，“加深了战略沟通和彼此理解，增进了两党之间的同志信任，从而为加强和发展朝中关系提供了可靠保证”。同时，金正恩将朝鲜与古巴、越南等社会主义国家的外交关系定义为“特殊的同志关系、战略关系”，指出朝鲜在共同斗争中空前加强了与这些社会主义国家的团结并得到它们的声援；传统友好的朝俄关系在七大以来得到了新发展，奠定了扩大和发展朝俄友好关系的基础。

2022 年，朝鲜克服困难和阻力，进一步巩固中朝两党、两国间的传统战略关系。在新冠疫情持续影响下，两国人员往来停滞，但中朝两国元首仍保持密切文电往来，朝鲜也通过朝中社评论、《劳动新闻》社论等多种形

① 《引导我们朝鲜式社会主义建设走向新胜利的伟大斗争纲领》，朝中社，2021 年 1 月 9 日，http：//www.kcna.kp/cn/article/q/4bd89fa5293bdf0a82d3f4323d1636e2.kcmsf。

式，热切声援和支持中国在关切的重大国际和地区问题上的原则立场。中国共产党第二十次全国代表大会闭幕后，金正恩第一时间向习近平总书记发来贺电，祝贺习近平再次当选中共中央总书记，表示无论“形势如何变幻、挑战如何恶劣，毫不动摇地推进以社会主义为核心的两国关系发展”① 的坚定意志。《劳动新闻》刊发社论《祝贺习近平总书记同志领导下的中国共产党和人民》，强调“朝中两国在社会主义事业的历程上始终风雨同舟，经得住历史风云变幻，书写了举世瞩目的伟大友谊历史篇章”②，中朝友谊历久弥坚，顺应时代要求不断取得新进展。2022 年 8 月，时任美国众议院议长佩洛西公然窜访我国台湾地区后不久，朝鲜即通过朝中社刊载《朝鲜劳动党中央委员会向中国共产党中央委员会致声援信函》，严厉谴责美国的挑衅行为和对中国内政的粗暴干涉，表示“将一如既往地完全支持中国共产党在台湾问题上的正当立场和一切决心，且在其付诸实施之路上始终同中国同志们站在一起”③。朝鲜以实际行动证明了其继续维护好、巩固好、发展好中朝关系，推进两国社会主义事业，造福两国人民，为地区和平稳定与发展繁荣作出积极贡献的坚定决心。

（二）调整对美韩关系

在七大后的五年间，朝鲜试图与美国改善关系，并实现了朝美首脑会谈等历史性突破，取得了一定进展。但由于朝美谈判突然停滞，有所改善的外部环境重新变得困难、严峻，因此，朝鲜劳动党八大因应这一变化，调整了对外政策，将美国视为“制约朝鲜革命的基本障碍物、最大主敌”，并制定了“以强对强、以善对善”的对美政策原则。同时，强调“进一步扩大和

① 《朝鲜劳动党总书记金正恩同志向中国共产党中央委员会总书记习近平同志致贺电》，朝中社，2022 年 10 月 23 日，http://kcna.kp/cn/article/q/bcc9113cac9dc819b39af56cedaa3409.kcmsf。

② 《〈劳动新闻〉：祝贺习近平总书记同志领导下的中国共产党和人民》，朝中社，2022 年 10 月 24 日，http://kcna.kp/cn/article/q/d8580e37e06ad3ea8ee43f07d4999363.kcmsf。

③ 《朝鲜劳动党中央委员会向中国共产党中央委员会致声援信函》，朝中社，2022 年 8 月 10 日，http://kcna.kp/cn/article/q/cb89afc2a172ee393fcf29c14e3c19fa.kcmsf。

发展同社会主义国家的关系，加强同向往自主性的革命政党和进步政党的团结与合作，在全球范围内果敢开展反帝共同斗争，进一步改变国家的对外环境"。①

随着韩国尹锡悦政府上台、进一步加强全面美韩同盟关系，美国向韩日等国提供"延伸威慑"安全保障，恢复美韩联合军演并扩大规模、增加次数，对朝鲜进行军事施压，半岛紧张局势迅速恶化，持续较长时间的朝美谈判进一步陷入僵局。因应八大以来国际局势、半岛及地区局势的迅速变化，尤其是美韩的安全威胁，朝鲜采取了相应的军事应对措施，并在 2022 年 6 月的劳动党八届五中全会上调整了对美政策，将此前颇具灵活性的"以强对强、以善对善"的原则调整为强硬的"以强对强、正面输赢"，并在这一政策原则基础上，颁布核武力政策法令，放弃无核化意志、拒绝无核化谈判，且将此前以武力示威施压的军事应对措施升级为更具针对性的军事反制措施，与美韩展开了"以强对强、以正面对抗回应正面对抗"的强硬对峙。

上述调整，展现了朝鲜毫不妥协通过政治、军事、外交斗争迫使美国"取消敌朝政策"的坚定立场和决心，践行"捍卫尊严、提高国家威力、维护国家利益"的朝鲜外交使命。

五　总结与展望

朝鲜将 2022 年定义为"将载入共和国史册的辉煌胜利之年""共和国历史的伟大转折之年"。这一定义，显示了极其重要的意义，预示着金正恩执政十年之后朝鲜进入了真正意义上的金正恩时代，这个时代以"我国第一主义""人民群众第一主义"执政理念为主要标志。2022 年，朝鲜宣告其国力比以往任何时候都强大，拥有绝对实力、绝对国威，宣称朝鲜已跻身"世界强国"之列。

---

① 《引导我们朝鲜式社会主义建设走向新胜利的伟大斗争纲领》，朝中社，2021 年 1 月 9 日，http：//www. kcna. kp/cn/article/q/4bd89fa5293bdf0a82d3f4323d1636e2. kcmsf。

纵观2022年朝鲜走过的历程，以国民经济五年计划、国防发展五年计划为核心，朝鲜劳动党八大确立的经济建设与国防建设并举的总路线得到坚决贯彻落实。2022年底，朝鲜劳动党召开八届六中全会，总结2022年党和国家主要政策执行情况，肯定成绩、指出不足，并制订2023年的工作计划，提出完成国民经济五年计划的更高目标和庞大任务。从会议情况看，八届六中全会延续八届四中、五中全会以来的政治、经济、军事、外交等主要内外政策，在劳动党八大有关经济建设与国防建设并举基本路线的基础上，保持了各项政策的连续性、稳定性，为2023年进一步激发全党全民的斗争热情、更强更全面地推动社会主义建设提供了连续、有力的政策保障。

展望2023年，长期面临的制裁、疫情、自然灾害三大不利因素将有所减弱，这将给朝鲜的发展带来积极影响。预计，朝鲜将继续高举"我国第一主义""人民群众第一主义"大旗，坚定不移遵循劳动党八大制定的经济建设与国防建设并举基本路线，秉持"以民为天、一心团结、自力更生"十二字方针，在国家发展的各个方向上继续向前推进，取得更大的成就。

参考文献

[1]《朝鲜劳动党第八届中央委员会第八次政治局会议举行》，朝中社，http://kcna.kp/cn/article/q/b7723ea5ed8035777f255b0a75143b56.kcmsf。

[2]《敬爱的总书记同志的领导是百战百胜的奇迹之力量》，朝中社，http://kcna.kp/cn/article/q/9a4c1036280e7582e0f6a3081458783d.kcmsf。

[3]《在主体的革命政党建设史上值得大书特书的不朽大纲 敬爱的金正恩同志访问朝鲜劳动党中央干部学校并进行了纪念讲课》，朝中社，http://kcna.kp/cn/article/q/0c53748cdcf684cf03e0529ecc550f3d.kcmsf。

[4]《金正恩同志在朝鲜劳动党第八次代表大会上致开幕词》，朝中社，http://kcna.kp/cn/article/q/14fc27966c933fb6980ab54d841a3869.kcmsf。

[5]《朝鲜劳动党第七届中央军事委员会举行第四次扩大会议 金正恩同志主持党中央军委会扩大会议》，朝中社，http://kcna.kp/cn/article/q/287232812a4b77f335505dd77e5b8bfe.kcmsf。

Y.12

老挝社会主义革新理论与实践新进展

方文 海贤*

摘 要： 2022年，面对新的形势和任务，老挝人民革命党团结带领老挝各族人民不懈奋斗，召开了党的十一届四中、五中全会，总结执行十一大决议的主要成就，部署革新发展重点工作，持续推动经济建设、党的建设、法治国家建设和减贫事业取得新进展。老挝人民革命党加强对外交工作的引领，深化对外交流合作，党和国家最高领导人实现了就任以来对中国首访，中老命运共同体建设步入新征程。年内，老挝人民革命党还召开了第五次全国政治思想工作会议，强调进一步深化思想理论建设。展望2023年，老挝将继续深化全面革新，走适合自身的发展道路，加快社会主义现代化国家建设步伐。

关键词： 老挝人民革命党 思想理论建设 中老命运共同体

2022年对老挝来说是极不寻常的一年。面对复杂的国际形势和繁重的国内任务，老挝人民革命党（以下简称“老党”）团结带领老挝各族人民不懈奋斗，召开了党的十一届四中、五中全会，总结执行十一大决议取得的主要成效，部署革新发展重点工作，有力推动经济建设、党的建设、法治国家建设和减贫事业取得新进展。老党加强对外交工作的引

* 方文，苏州大学马克思主义学院、老挝-大湄公河次区域国家研究中心教授，研究方向为国外马克思主义；海贤，云南民族大学南亚东南亚语言文化学院副教授，云南大学马克思主义学院博士研究生。本文审读专家为中国社会科学院马克思主义研究院潘金娥研究员。

领，积极发展对外关系，党和国家最高领导人实现了就任以来对中国首访，中老命运共同体建设步入新征程。年内，老党还召开了第五次全国政治思想工作会议，强调进一步加强思想理论建设。展望2023年，老挝将继续深化全面革新，走适合自身的发展道路，加快社会主义现代化国家建设步伐。

一　召开老党十一届四中、五中全会

（一）总结执行十一大决议的主要成就，继续推进社会主义事业

2022年5月18日至26日，老党在万象召开了十一届四中全会。老党中央总书记、国家主席通伦·西苏里（Thongloun Sisoulith）主持会议并发表重要讲话。

全会总结了执行十一大决议的主要成就，高度评价了三中全会以来社会发展、深化革新、国民经济预算计划与货币计划执行方面取得的实际成效，充分肯定了“九五”规划贯彻落实情况。全会分析认为，尽管遭遇了全球经济低迷和新冠疫情等严重影响，革新发展面临一系列新挑战，但全党和全国各族人民团结一心，努力奋斗，战胜了重重困难，为政治稳定、社会安定、经济持续发展做出了重要贡献。全会强调，面对成绩，全党和全国各族人民要更加珍惜，继续保持优良传统，弘扬爱国主义、自力更生、自强不息的伟大精神，坚决克服一切阻碍革新发展的不利因素，为建设国家和保卫国家而不懈奋斗。在经济社会发展上，要搞好国内生产，坚持自给自足，自力更生，勤俭节约，做好疫情防控，确保人民群众正常的生产生活。

在肯定成绩的同时，全会实事求是地指出了一些亟待解决的问题，如经济发展和财政金融方面的困难，商品价格大幅上涨、石油短缺等。为此，全会强调，全党上下必须提高应对和解决实际问题的能力和水平，以巨大的勇气继续推进社会主义革新事业。具体措施包括以下几个方面。

一是要加强干部队伍建设，提高干部队伍素质，各级党委、党员干部要发挥模范带头作用，把党中央各项决议落实到实际工作中，发扬革命精神，增强主人翁意识，勇于肩负责任，树立服务意识，提高服务质量，在各方面实现强有力的深刻变革。

二是要在党的集中统一领导下，结合发展实际和时代特征，开展及时、广泛、深入的宣传工作，增强全社会和全国各族人民对党和国家路线、方针、政策的理解、把握和认同。进一步贯彻落实相关发展规划，实现既定的发展目标，保障和改善民生，努力解决人民群众的实际困难。深入开展理论研究，善于总结实践经验，提出迈向社会主义现代化国家新征程的新思想、新方法、新举措。

三是要不断完善人民民主政治制度，优化政府组织及相关机构的运行和管理机制，提高政府效能，做到务实、有力、透明地服务人民，巩固和完善人民所有制制度，使国家拥有一个稳固的地位和坚实的基础。

四是要抢抓符合老挝特点的发展机遇，不断提高经济社会发展水平，挖掘经济发展潜力，厚植高质量发展的动力，依法保障国内生产经营企业和服务业发展利益，促进中小型企业及小微企业发展，注重实体经济发展质量，增强国家区域和国际竞争动力。

五是要进一步改善投资环境，突破关键环节，加快招商引资步伐，促进贸易转型升级，鼓励生产领域的科技研发，扩大国内商品的出口，限制相关商品的进口。

六是要加强储备能源的管理，确保满足社会发展需求，鼓励和推广使用电动汽车等新能源汽车，逐步淘汰传统燃油汽车，改善公共交通服务。

（二）强调坚持党的全面领导，部署革新发展重点工作

2022 年 10 月 13 日至 20 日，老党十一届五中全会在万象召开，老党中央总书记、国家主席通伦·西苏里主持会议并发表了重要讲话。

全会强调必须坚持和加强党的全面领导，加强党的政治建设，发扬民主协商这一优良传统，增强全党和全国各族人民大团结，确保国家稳定、社会

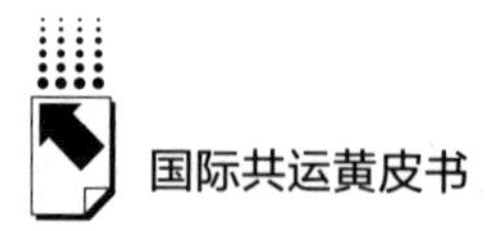

公平正义；党内政治生活对坚持和巩固党的领导具有重大意义，也是继承和发扬党的优良传统，坚持党内民主的重要形式；在日常的政治生活中，党员领导干部要严于律己，敢于自查自纠，在复杂多变的环境中不断磨炼自己，坚定理想信念，坚决维护党中央的集中统一领导；各级党委忠于党和人民，是团结带领全党和全社会发展进步的鲜明旗帜，今后要以更加坚定的决心，为党和国家事业发展而不懈奋斗。

全会要求全党上下要增强社会责任感，清醒认识国际安全形势的发展变化，把握好全球化背景下国家关系的复杂性和多变性，有效防范各种国际风险，要善于同一切困难作斗争，积极应对发展中的各种问题和挑战，如通货膨胀、汇率波动、生活成本上升、毒品犯罪等。

全会对进一步执行好十一大决议和“九五”规划，推动革新发展重点工作作出部署。

一是要树立良好的政治意识，善于总结借鉴新时代党的政治建设经验，各级党委要继续为党的事业发展建言献策，党员干部要主动下沉到基层，深入群众，为群众解决实际问题。

二是要加强对党员干部的教育培训，提高党员干部的政治素质、革命道德素质和自我改造能力，提高思想认识，对歪曲事实的不良言论要及时加以制止，杜绝个人主义、滥用职权、贪污腐败、奢侈浪费等不良现象。要进一步加强理论研究，实施思想理论研究工程，抓实重点研究内容，筹备好第五次全国政治思想工作会议。

三是要加强基础设施建设，实施“强基、强民”工程，提高人民群众综合素质，加强国防建设和基层主力军建设。

四是要坚决纠正和惩处党员干部违反党的规则和国家法律的行为。加大对监督检查工作的领导和监督力度，严格、果断、及时地纠正不良现象。

五是要加强党和人民群众对行政机关、法院和人民检察院职责落实情况的监督检查及指导。完善国家行政管理中的立法，完善复杂的组织结构，合理安排各岗位人员，精简公务员数量。

六是要积极解决汇率波动、通货膨胀、燃料短缺、生活成本高、物价过高等问题，及时恢复受到各种自然灾害影响的基础设施。要解决毒品、贩卖人口等影响社会稳定的重大问题，加强交通安全建设，保障人民群众生命财产安全。

七是要解决侵占土地和森林、非法开采矿产、非法经营、偷税漏税等问题。

二　老挝社会主义革新发展事业取得新进展

2022 年，老挝在加强党的建设、推进社会主义法治国家建设、发展经济和减少贫困等方面取得了积极成效。

（一）加强党的建设并取得实效

老党始终高度重视加强党的自身建设。凯山·丰威汉（Kaysone Phomvihane）曾强调："一个带领全国各族人民当家作主，进行社会主义建设的执政党，必须高度重视和加强党的建设。"① 2022 年，老党采取有效措施进一步加强党的建设，各级党组织和党员队伍建设取得显著成效。

一是坚持和加强党的全面领导。坚持和加强党的领导不但关系党和国家的长远发展，也是各项事业健康发展的根本政治保证。老党十一届五中全会认为，无论当前情况多么复杂，都要始终坚持和加强党中央的集中统一领导，加强党的领导不是空洞的、抽象的，而是要落实与体现在经济、政治、文化、生态、民生、外交和国防治安等各项工作、各环节中。为此，老党强调要在党中央的集中统一领导下，密切各个部门之间的联系，做到相互配合、互相监督，共同治理社会、服务社会、服务人民群众。为了使党全面领导更加坚强有力、领导能力和水平不断提高、领导作用更大发挥，老党提出要严肃党内政治生活，严明党的政治纪律，在重大决策上坚持好民主集中制原则。

① 老挝人民革命党中央宣传部：《凯山·丰威汉文集》第 3 卷，老挝出版社，2005，第 78 页。

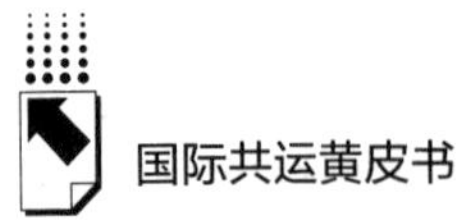

二是加强党的作风建设。其一，要求各级党员干部深入基层、深入群众、深入实际、深入农村和贫困地区，了解人民群众的生产生活情况，有效解决发展中的实际问题，坚决反对各种形式主义、贪图享乐和腐败行为。对此，老党中央总书记、国家主席通伦·西苏里强调，党员干部和国家工作人员要深入人民群众，用实际行动证明自己始终把人民群众放在首要位置，要一切为了人民利益，这样才能得到人民群众的拥护和支持。[①] 其二，要继续严格执行党的十一大制定的指导方针，要尊重和发挥人民当家作主的权利，使人民民主制度更加完善，要相信和依靠人民群众，要将维护人民群众的现实利益、为人民群众谋幸福作为党的领导的最高目标。其三，党员干部要进一步提高政治思想觉悟，继续坚持加强政治基础建设的战略和指导方针，从始至终都必须牢固树立人民群众在我心中的思想，把推动发展农村、打好消除贫困攻坚战作为奋斗目标。其四，要提高监察水平，对党组织和党员干部工作成绩和存在的不足要作出客观的监督评价，督促各级党组织和党员干部严格要求自己，增强团结，尽职尽责。

三是加强党员队伍建设。老党始终把纯洁党员队伍作为加强党的自身建设的重要内容和关键环节，坚持以马列主义、凯山·丰威汉思想为指导，以党的政治建设、思想建设、组织建设和领导作风建设为抓手，在党员队伍中大力弘扬党的优良传统，保持党员队伍的工人阶级先进性、革命性，使党员队伍始终是廉洁坚强稳固的先锋队。2022 年 9 月开始，老挝总理府办公厅开展了为期 45 天的政治管理理论培训，目的在于培养优秀的党员骨干，特别是建设扎实、深层次、有担当、有理想、有革命道德、对党信任和忠诚的党员干部队伍。这次理论培训要求保证党员队伍的质量，将党员骨干建设成为坚决拥护党的路线方针政策、敢于承担使命、踏实肯干的先锋模范，并使其积极发挥榜样的力量。为激励党员和广大干部职工勇于担当、积极作为，老挝内政部于 2022 年 8 月 9 日召

① 〔老〕通伦·西苏里：《在政治基础建设、农村发展、三建设工作总结大会上的讲话》，《人民报》2022 年 9 月 19 日。

开了2021年度优秀公务员表彰大会，宣读了2021年度优秀公务员表彰名单，并向考核结果为优秀记一等功、二等功、三等功的党员干部等颁发了荣誉证书。

（二）深入推进法治国家建设

建设社会主义法治国家是老党领导人民治理国家的基本方略。2022年，老党立足老挝具体实际，继续深入推进法治国家建设，并取得了良好效果。一是注重加强党对法治国家建设的领导。老党认为国家立法机关是人民权益的忠实代表，必须逐步完善与加强立法机关在制定和完善法律方面的职能，而这一切必须坚持党的全面领导，确保其正确的方向和社会公平正义。二是完善和强化政府行政管理体系，坚持依法行政。要求按照严格的法律法规管理国家，重点研究和优化中央和地方各级政府行政机构，使其紧凑、透明、简洁并且符合老挝实际。三是加强司法队伍建设。司法机关作为裁决和判决机构，注重完善各级人民法院的组织工作，培养承担责任的党员、法官等工作人员，使其不断提高伦理道德素质，忠于党和国家，更好为人民服务。四是进一步完善法制体系。2022年，国会修订9部法案，新增3部法案，加入了《国际职业安全与卫生公约》（International Convention on Labor Safety and Health）、《促进职业安全与卫生框架公约》（Convention on the Framework Programme for Promoting Labor Safety and Health）。国会和政府工作会议还集中研究了2023~2025年间的法案修订、新法草案起草工作，具体为《水路法草案》《护照法草案》《博物馆法草案》《律师法草案（修订）》《法院登记法草案（修订）》《企业法草案（修订）》《军事检察组织法草案（修订）》《科技法草案（修订）》《电子交易法草案（修订）》《传染病防治法草案（修订）》。① 此外，为了规范企业投资生产经营活动和推动企业高质量发展，老挝还开展

① https：//na. gov. la/%e0%ba%99%e0%ba%b4%e0%ba%95%e0%ba%b4%e0%ba%81%e0%ba%b3/%e0%ba%9a%e0%ba%b1%e0%ba%99%e0%ba%94%e0%ba%b2%e0%ba%81%e0%ba%bb%e0%ba%94%e0%bb%9d%e0%ba%b2%e0%ba%8d/.

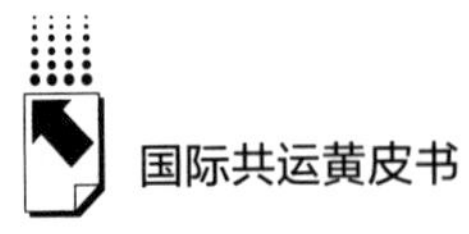

了企业立法，重点维护178家国有企业合法权益，推动国有企业转换经营机制，增强企业活力。[①]

（三）多措并举推动经济发展，巩固减贫成果

2022年，面对全球经济复苏乏力和疫情防控等诸多压力，老党多措并举，推动社会主义革新发展取得新进展，经济稳步发展，实现了4.4%的经济增速。

一是促进农业和旅游业的发展。老挝是一个传统的农业国和最佳旅游目的国，农业和旅游业一直是老挝经济的重要基础。2022年，老挝经济增长依然主要得益于农业和旅游业，自疫情防控限制取消后，农业和大部分旅游业逐步恢复生机。亚洲开发银行在《2022年亚洲发展展望》报告中称，2022年老挝的经济增长主要受到农业产量增加、国内旅游业恢复、发电量增加和基础设施项目等因素的积极影响。值得一提的是，自疫情防控放开以来，老挝采取很多有效方法激励和重振旅游业，前来老挝旅游的外国游客增加了644756人，使老挝旅游业经济收入增长了8%。[②]此外，工业方面采矿和能源出口对疲软的国内经济而言可谓雪中送炭。

二是以中老铁路带动沿线经济发展。中老铁路是“一带一路”建设的旗舰项目，助力老挝变“陆锁国”为“陆联国”，对老挝经济发展发挥了重要带动作用，直接造福老挝人民群众。2021年12月2日，中老铁路开通运行。运行一年多来，中老铁路发送旅客850万人次，其中老挝段发送旅客130多万人次，运输货物200多万吨，产品已扩大到1200多种。老挝发挥中老铁路“时空”优势，使人流、物流、资金流、信息流在这条千里铁路线上竞相涌动，释放了其最大的综合效益。一方面，它有力激活了沿线旅游经济，万象（Vientiane）、万荣（Vang Vieng）、琅勃拉邦（Luang Prabang）、乌多姆塞

① Minister of Industry and Commerce Presents Amendments to Law on Enterprises, https://kpl.gov.la/En/detail.aspx? id=70592.

② 〔老〕康哲·翁蓬席：《2022年经济社会发展总结和2023年规划报告》，《人民报》2022年12月6日。

（Oudomxay）等旅游城市观光的游客数量大幅增长，带动了当地旅游经济发展繁荣；另一方面，它带动了沿线矿产开发、沙石生产、水泥、种植、养殖、货场、物流等产业和摊铺、餐饮、民宿、中介等服务业日益繁荣。同时，中老铁路作为主轴，在中国和东盟乃至更大范围内构建起一条便捷高效的国际物流通道，激活万象南、纳堆（Nadui）、万荣等车站货运业务，为沿线百姓带来更多的就业岗位和发家致富的机遇，让更多的民众享受中老铁路带来的发展红利。2022 年，因中老铁路赋能，中老边境的磨丁口岸收入大大超过了预期。

三是加强数字经济建设。根据老挝基本国情、发展特点和发展战略，2022 年老挝把数字经济建设提上了议事日程。在国会审议通过后，老挝先后颁布了《国家数字经济 5 年发展规划》《国家数字经济 10 年发展战略》《关于国家数字经济 20 年发展愿景》等多份文件。老挝相关部委领导对老挝国家数字经济发展的客观必要性与原因、老挝国家数字经济发展规划的主要内容、关于老挝数字资产交易的一些论断进行了深刻阐释。2022 年 12 月 23 日，老党中央总书记、国家主席通伦·西苏里在国家数字化建设会议上指出，要突破传统思想，形成统一意志，加强党对数字经济工作的领导，发挥国家主导和管理作用，推动全社会政治组织参与，使各级党委和机关认识数字化建设的紧迫性，积极参与数字化建设，培养数字化建设高素质人才。

四是巩固减贫成果。老党一直把减贫工作作为一项重要的基础性经常性工作。2022 年，在巩固 2021 年“援老八大工程”① 一期项目成果的基础上，深化与联合国等国际组织和其他国家多方面多层次多领域合作，持续有力推动减贫工作，变“输血”为“造血”，发挥造血功能。一是以实施新的民生项目为带动，帮助贫困地区群众发展种植业、养殖业、农林产品加工业，繁荣地方经济。二是制定优惠措施，创造就业岗位，吸收更多的中老铁路沿线贫困群众到铁路项目发展中，增加他们的家庭收入。

---

① “援老八大工程”也称“四个 100”工程或“4×100”工程，包括援建 100 个农村点亮工程、100 个农村数字电视工程、100 个农村贫困地区卫生工程、100 个农村贫困地区供水工程。

2022 年 9 月，老挝召开“政治基础建设、农村综合发展、三建设[①]工作落实情况（2016~2020）以及 2025 年规划”大会。老党中央总书记、国家主席通伦·西苏里在大会上强调：“促进农村发展、摆脱贫困是人民民主制度能够长存的重要战略。如果农村发展不起来，贫困群众没有脱贫，那就是党和政府领导工作的最大失误。”大会对在政治基础建设、农村综合发展、减少贫困工作中表现出色的单位和个人进行了表彰。截至 2022 年 8 月底，老挝全国共有 145 个县和 3 个市、8426 个村庄、1239702 个家庭。其中有 53 个县、4792 个村、964149 个家庭实现脱贫，47 个村、736996 个家庭得到进一步发展，14 个村中大村发展为县，5 个县发展为综合强劲城市。

三　加强党对外交工作的引领，积极推动对外交流合作

2022 年，老党加强与中国、越南、古巴和朝鲜等社会主义国家执政党的交流，同时积极参加多边政党合作论坛。

（一）通伦·西苏里访华凸显两党对中老关系的领航定向作用

2022 年 11 月 29 日至 12 月 1 日，应中共中央总书记、国家主席习近平邀请，老党中央总书记、国家主席通伦·西苏里率高级代表团访问中国，这是他在老党十一大上当选为总书记后首次访华，凸显两党两国关系的特殊重要性。

习近平在人民大会堂和通伦·西苏里举行了亲切会谈。双方强调，将继续秉持“长期稳定、睦邻友好、彼此信赖、全面合作”方针和“四好”精神，在政治上互尊互信、经济上互惠互利、安全上相守相助、人文上相知相亲、生态上共生共治，携手共建高标准、高质量、高水平的中老命运共同体，为构建人类命运共同体作出积极的努力和示范。习近平指出：“中老两国山同脉、水同源，自古以来亲仁善邻。2019 年 4 月关于构建中老命运共

---

① “三建设”是指把省建成战略单位、把县建成全面坚强单位、把村建成发展单位。

同体行动计划签署以来，中老双方凝心聚力，推动中老命运共同体建设取得丰硕成果，特别是将中老铁路打造成为中老人民的发展路、幸福路、友谊路。”①

习近平在向通伦·西苏里介绍中共二十大时说，二十大阐述了开辟马克思主义中国化时代化新境界等重大问题，提出新时代新征程中国共产党的使命任务，强调要全面建设社会主义现代化国家、全面推进中华民族伟大复兴，中国共产党走过了百年奋斗历程，又踏上了新的赶考之路。通伦·西苏里相信中国人民一定会全面取得优异成绩，贯彻落实二十大要求，实现第二个一百年目标，到新中国成立100年时建成富强、民主、文明、和谐、美丽的社会主义现代化强国。

通伦·西苏里对中共二十大作出了高度评价：“中共二十大是中国新时代的重大事件，对世界发展具有重要影响。在世界正经历复杂变化的形势下，中国是维护世界和平稳定的中流砥柱，致力于促进人类共同发展和构建人类命运共同体。”② 在通伦·西苏里对中国访问之际，老党党报《人民报》、国家通讯社巴特寮通讯社等主流媒体纷纷刊文，高度评价他访华的重大意义。

2022年12月1日，通伦·西苏里参观了中国共产党历史展览馆，中国共产党取得的伟大成就给他留下了美好印象，他强调今后中老双方要继续秉持“四好”精神，不断推动中老命运共同体建设行稳致远、开花结果。

通伦·西苏里的成功访华凸显了中老两党关系对中老关系的领航定向作用，展示了两党两国和两国人民对传统友谊的珍视并加以传承的决心，体现了两党对两国社会主义事业的相互支持，这必将为世界社会主义事业发展注入新动力。新时代，中老两党两国和两国人民将会继续秉持“长期稳定、睦邻友好、彼此信赖、全面合作”方针，政治上互尊互信、经济上互惠互

① 《习近平同老挝人民革命党中央总书记、国家主席通伦举行会谈》，《人民日报》2022年12月1日。

② 〔老〕《老挝人民革命党中央总书记、国家主席通伦·西苏里访问中国》，《人民报》2022年12月1日。

利、人文上相知相亲，不断深化中老命运共同体建设，为人类命运共同体建设作出贡献。

（二）加强老越伟大友谊、特殊团结和全面合作关系

老越关系一直被两国定义为“伟大友谊、特殊团结和全面合作”关系。2022年是老越团结友好年，是老越两党建立联系82年、两国建交60周年，《越老友好合作条约》签署45周年。为深化老越特殊关系，2022年老越启动了一系列团结友好年活动，包括两国领导人互访强化政治互信，开展理论交流、经贸往来和社会领域的合作。

2022年1月8日至10日，老挝时任总理潘坎·维帕万（Phankham Viphavanh）到访越南，与越南政府总理范明政（Pham Minh Chinh）共同启动2022年越南—老挝团结友好年。2022年4月28日，老越举办两国外交部第九次部长级政治磋商会，双方同意在政治、国防、区域和平与稳定等领域加强合作，在双边合作和多边框架中互帮互助。7月14~15日，越南胡志明共青团中央第一书记阮英俊（Nguyen anh Tuan）率团访问老挝，旨在加强两党、两国及老越青年组织之间的特殊团结、全面合作关系，在会晤中双方认为要推动优势领域的合作发展并在地区和国际舞台上相互支持。

2022年7月18日，老挝在首都万象举行活动，庆祝老越建交60周年暨《越老友好合作条约》签署45周年。老党和国家领导人出席庆祝活动，越南派代表团参加活动。老党中央总书记、国家主席通伦·西苏里在讲话时指出，老党和人民一如既往重视和发展老越伟大友谊和特殊团结关系并使之发扬光大，从而造福两国人民。7月20日，越共中央政治局委员、国会常务副主席陈清敏（Tran Thanh Man）在越南首都河内接见了老越友好协会中央代表团，双方一致赞同要加强和深化对两国伟大友谊、特殊团结和全面合作关系的认识。

2022年10月20日，老挝《人民报》报道，老挝在国际合作与培训中心举办主题为“老越建交60周年：传统友谊下的特殊合作、成果与未来方向”的庆祝活动。这次活动强调了老越合作的重要性，认为老越无论是过

去还是未来，都保持特殊团结关系，继续加强合作，在地区与国际舞台上相互支持，为自己的国家争取最大利益。①

11 月 17~19 日，越共中央政治局委员、中央军委常委、越南人民军总政治局主席梁强（Luong Cuong）率越南人民军高级政治代表团对老挝进行正式访问。他强调，越南党、政府、军队和人民始终牢记老党、政府、军队和人民在越南争取民族独立的斗争和保卫国家、建设国家中给予的支持，无论何时，越南始终重视与老挝的特殊团结友好关系。11 月 24~26 日，老越第十四次边境保护和管理工作会谈举行，双方一致强调落实《老越陆地边境和边境口岸管理规定》，维护边境地区的治安稳定。

（三）加强与古巴的交流合作

2022 年 6 月，老挝最高人民法院院长率团赴古巴参加第十届国际法律与司法大会，其间与古巴最高人民法院举行了双边会晤，增强两党、两国以及两国人民法院之间的全面合作、特殊团结、友好关系。此次会晤期间，老古双方签署了《老挝最高人民法院院长与古巴最高人民法院院长之间的谅解备忘录》

2022 年 7 月，老挝驻古巴大使向古巴国家主席米格尔·迪亚斯-卡内尔·贝穆德斯（Miguel Díaz Canel Bermúdez）提交任职书，并转达了老挝国家主席通伦·西苏里对古巴国家主席以及古巴人民的问候和祝福，对在相互理解和相互帮助基础上的长期合作关系作出高度评价，双方一致同意继续推进各领域，如公共卫生、教育、体育等领域的务实合作。

2022 年 9 月，古巴外交部第一副部长访问老挝，其间参加了 2022~2025 两国外交部合作第一次协商会议，两国将继续保持在地区和国际舞台上的相互支持和帮助，会后古巴外交部第一副部长出席了《2022~2025 古巴—老挝外交部合作计划》签字仪式。

2022 年 10 月，古巴总理正式访问老挝。老挝时任总理潘坎·维帕万与

---

① http：//www. pasaxon. org. la/pasaxon-detail. php？ p_ id=80851&act=politic-detail.

曼努埃尔·马雷罗·克鲁斯（Manuel Marrero Cruz）举行了会谈，双方高度评价了两党两国和两国人民在相互理解、相互帮助基础上建立的长期双边合作关系。两国总理签署了《老挝教育体育部与古巴高等教育部关于2022～2027年高等教育与科学研究合作谅解备忘录》《老挝农林部与古巴农业部农业合作谅解备忘录》《老挝公共卫生部与古巴公共卫生部医疗合作计划》《老挝国立大学与哈瓦那大学教育合作谅解备忘录》四项合作协议。

2022年10月27日至29日，第22次世界共产党和工人党国际会议在古巴举行，老党派代表团出席大会。大会期间，老党代表团会见了古巴共产党中央政治局委员、中央组织部部长罗伯托·莫拉莱斯·奥赫达（Roberto Morales Ojeda），并与古巴共产党中央对外部代理部长安赫尔·阿尔祖阿加·雷耶斯（Ángel Arzuaga Reyes）举行工作会谈。

（四）加强与朝鲜的交流合作

1965年4月，老挝爱国阵线中央主席苏发努冯（Souphanouvong）与朝鲜最高领导人金日成（Kim Il-sung）在印度尼西亚雅加达首次会晤。1974年6月24日，老朝正式建立外交关系。老朝的友好关系是两国老一辈领导人亲手缔造的。老朝两党两国关系是有着重要历史意义的传统关系，两国有着相同的社会主义政治道路理想，坚持人民民主制度，长期以来互帮互助。目前，在两国领导人的关心下，这一友好关系正在不断得到加强和发展。1992年4月，金日成和金正日（Kim Jong-il）会见到访的老党和国家最高领导人凯山·丰威汉。2022年5月19日，老挝在万象举行了老挝—朝鲜领导人（凯山·丰威汉—金日成、金正日）会晤30周年（1992～2022年）纪念会。① 《人民报》发表了题为《老挝和朝鲜两国领袖史意深远的会晤》的文章，指出现在按照两党两国领导人的意志，老朝友好在岁月的流逝和错综复杂的国际形势中也不断得到加强和发展。文章强调，老挝人民将同朝鲜人民并肩战斗，着眼于社会主义建设共同目标，老朝之间的友好、团结与合作关系将永

① http：//www.pasaxon.org.la/pasaxon-detail.php？p_id=78427&act=politic-detail.

垂不朽。朝鲜人民对老党和人民克服种种挑战和困难，在党的十一大决议贯彻斗争中取得的成果真心表示祝贺。老挝《爱国战线报》《万象时报》等多家通信和报纸也刊载上述内容。

2022 年 9 月 6 日，老朝友好协会和朝鲜驻老挝大使馆举行庆祝朝鲜民主主义人民共和国成立 74 周年仪式。老党相关领导和朝鲜大使李永禄等共同参加了活动，老党赞赏金正恩（Kim Jung Un）“光荣伟大正确”，相信金正恩一定能够领导朝鲜人民实现民族发展复兴。双方一致认为，老朝两党两国和两国人民的友谊与合作是深厚而久远的。

2022 年，老挝还与朝鲜在社会科学、人才培养方面开展了交流与合作。①

（五）参与多边交流活动

2019 年 10 月 18 日至 20 日，第 21 届共产党和工人党国际会议在土耳其举行。老党派代表团出席会议并发表讲话，指出老党是老挝工人阶级的革命党，始终以马克思列宁主义为指导思想，国际形势复杂多变，合作与依存、竞争与对抗并存，社会主义将面临挑战和考验，因而老党愿与世界各政党加强交往交流。时隔三年，2022 年 10 月 27 日至 29 日，第 22 届共产党和工人党国际会议在古巴举行，来自世界 60 个国家的 78 个共产党和工人党的 145 名代表出席大会。大会主题为“声援古巴和所有正在斗争的民族：团结统一我们在反对帝国主义斗争中将会更加强大，同社会与群众运动一道面对资本主义和资本主义政策、法西斯主义和战争的威胁，保护和平、环境、劳动人民权益、团结和社会主义”。

老党认为这是老党参与党际交流的重要契机，也是老挝融入地区和国际的最佳平台，派出代表团出席会议并发表讲话。与会各党代表就国际和地区形势，当前世界和平、稳定与发展，环境以及工人阶级和劳动人民面临的挑战等进行了交流。老党代表指出，当前国际形势严峻，对世界各国的社会经

① http：//www. pasaxon. org. la/pasaxon-detail. php？ p_ id=81264&act=politic-detail.

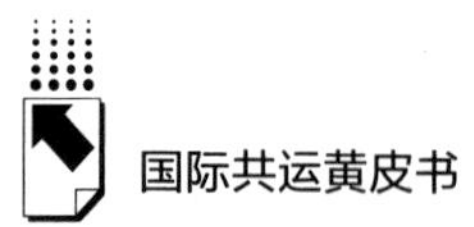

济发展有着直接和间接的影响，也对共产党、工人政党等和世界进步进程造成了影响，共产党、工人政党等应团结起来，克服困难，迎接挑战。世界各国共产党和工人党同世界各国的进步运动密切配合，交流经验教训，加强民族团结，保护社会主义意识形态、权利和自由以及工人阶级的利益，这是一个巨大的贡献。①

老党代表强调，在老党领导下老挝取得了一定的历史经验与教训，在坚持反帝斗争、争取民族独立的革命中建设和发展国家，在新环境下实现党的十一大确定的“在未来几年团结带领人民摆脱落后国家状态，实现老挝社会主义”目标。老党代表团还高度赞扬了古巴共产党、政府和人民群众在反对帝国主义禁锢、争取和平独立斗争中团结一致，表示将坚持继续与包括共产党和工人党在内的地区和国际政党、左翼运动和世界进步运动力量合作，坚持和平、独立、友好、合作的外交政策，坚持以相互尊重、互利共赢的原则融入地区和国际社会。②

四　老党召开第五次全国政治思想工作会议，深化思想理论建设

2022 年 11 月 17 日至 18 日，老党召开了第五次全国政治思想工作会议。老党中央总书记、国家主席通伦·西苏里主持了大会并发表重要讲话。

大会的主题为“加强党的领导，勇于创新，深化政治思想工作，不断提高党的思想理论建设水平”。大会指出：21 世纪初，世界经历了许多重要的政治、经济、安全、技术、创新性变革，也经受了各种自然灾害以及新冠疫情等，这些都已经使人类的生活发生了深刻而迅速的变化，对老党政治思想、党员的心理及人民群众必然会产生各种积极与消极的影响。各级党员是

① 22nd IMCWP，Contribution by Lao People's Revolutionary Party，http：//www. solidnet. org/article/22nd-IMCWP-Contribution-by-Lao-Peoples-Revolutionary-Party.

② 22nd IMCWP，Contribution by Lao People's Revolutionary Party，http：//www. solidnet. org/article/22nd-IMCWP-Contribution-by-Lao-Peoples-Revolutionary-Party/.

老挝人民团结、爱国、当家作主的先锋模范。包括党员在内的全国各族人民对党的领导充满信心，人民群众忠于党，忠于社会主义思想和人民民主政治，拥护党的路线方针，广泛执行党的任务，履行国家的政策和法律。

通伦·西苏里强调："凯山·丰威汉曾指出我们党历来把政治工作和思想理论建设作为一切工作的'生命线'，作为贯穿于各个时期党的全部工作的一项重要原则。这是我们党做好政治思想工作的重要经验，今后我们要进一步加强党在意识形态领域的领导，坚持正确的政治方向，与时俱进，不断创新意识形态工作方法，积极应对瞬息万变的国际局势。"①

大会总结了2022年全国政治思想工作的主要成效，充分肯定各级党委对政治思想工作任务的指导落实，强调必须继续坚持党的"六项基本原则"，提出了思想政治工作"2025年总体目标"，即政治思想工作要坚定正确的方向，统一思想，发挥党在解决党内和社会实际问题中的先锋模范作用，团结带领全国各族人民向社会主义目标迈进，弘扬爱国主义精神、独立自主精神，加强团结，共同建设社会主义。

"一个民族要想站在科学的最高峰，就一刻也不能没有理论思维。"② 老党认为提高全民族的理论思维水平，关键是要加强党的思想理论建设，而根本在于做好政治思想工作。因此，大会对进一步做好政治思想工作作出具体部署。一是进一步加强理论研究工作，总结党的理论建设经验，开展凯山·丰威汉思想理论体系研究；集中研究党在经济社会发展的历程中、社会建设以及各项改进工作中成功的方法和不足的方面，为党在以后工作中制定政策方针提供参考。二是完善各类教育中的政治理论课程体系，立足实际，不断革新政治思想教育材料和内容，确保政治思想、党史和国史知识教育具有系统性，以适应当前形势的要求，达到学校招收和培养人才的目标。三是关注社会思潮，要对歪曲事实的负面宣传、思想动态、社会呼声加强研究分析，及时发现并解决问题。四是提高政治领域工作人员的能力和素质，加强组织

① 〔老〕《老挝人民革命党召开第五次全国政治思想工作会议》，《人民报》2022年11月21日。

② 《马克思恩格斯选集》第3卷，人民出版社，2012，第875页。

培训，提高编辑、记者、作家等的政治理论水平、思想觉悟，确保其熟知党的方针、法律和社会经济发展规划，具备及时履行职责的知识和能力。新闻媒体工作要能积极、敏锐、及时发现问题。五是按照规章制度管理相关文艺活动，确保传播和弘扬崇高的民族价值观，并结合社会发展与时俱进。六是加强对互联网的管理，严厉打击歪曲事实、反动诽谤、制造心理压力、分裂国家、破坏国家政治安全的言行。七是加强对青年的政治思想教育，让青年人了解党的历史、民族的历史，提高政治觉悟，争做具有爱国主义精神、有道德、积极向上、探索创新、充满智慧的新人。

五　2023年展望

2022 年，老党发挥领导核心作用，发挥社会主义制度优势，凝心聚力，推动老挝革新理论与实践取得新进展。

展望 2023 年，老挝将以十一届四中、五中全会精神为指引，在老党坚强领导下，认清国际形势，立足本国实际，沿着有原则的全面革新路线，进一步探索适合自身的发展道路，加快社会主义现代化建设步伐。

一是深入推动马克思主义老挝化时代化。按照十一大的总体部署，落实党中央指示精神，把马克思主义、凯山·丰威汉思想研究推向深入，加强理论武装，开展坎代·西潘敦（Khamtay Siphandone）、朱马里·赛雅颂（Choummaly Sayasone）、本扬·沃拉吉（Boungnang Vorachith）、通伦·西苏里思想观点研究，丰富和发展党的创新理论。

二是进一步加强党的建设。建设政治上、思想上、组织上坚强稳固的党，加强党的全面领导，加强干部队伍建设，保证国家政治稳定、社会安定，以党的建设引领各项事业。

三是坚持有原则的全面革新路线，不断完善社会主义定向的市场经济体制。落实十一大决议和“九五”规划，走工业化、现代化自主发展道路，努力消除贫困，改善民生。推动绿色、可持续、高质量发展，实现经济年均增长 4.5%以上，人均 GDP 达到 2750 美元。

四是加快法治国家建设，维护人民当家作主的权利，维护人民群众利益，提高服务水平，推进国家治理体系和治理能力现代化，建设民主、团结、公平、正义的社会。

五是坚持和平、独立、友好和合作的外交路线，加强党际交往，开展对外交流合作，积极融入地区和国际一体化进程。

参考文献

1. 潘金娥：《老挝社会主义定向的革新》，《世界马克思主义研究》2021 年第 2 期。
2. 姜辉、潘金娥主编《国际共产主义运动发展报告（2019~2020）》，社会科学文献出版社，2020。
3. 轩传树：《世界社会主义运动主体力量新变化》，《马克思主义研究》2021 年第 2 期。
4. 刘建超：《中国共产党与世界马克思主义政党论坛实录》，当代世界出版社，2022。
5. 郭春生：《社会主义革新：从地区到全球的拓展（1978—2016）》，北京师范大学出版社，2018。

思潮运动篇

Thoughts and Movements

Y.13

第22届“共产党和工人党国际会议”述评

杨成果　黎　嵩*

摘　要： 在新冠疫情全球大流行和俄乌冲突的背景下，2022 年 10 月 27 日至 29 日古巴共产党在哈瓦那主办了第 22 届“共产党和工人党国际会议”。与会政党围绕着俄乌冲突等问题展开讨论，虽然产生了一些分歧，但它们秉承求同存异原则，一致通过了《最终宣言》，对资本主义世界的形势进行了深刻的分析，确定了各党的共同任务，并制定了开展联合行动的具体计划。这对于各党加强国际团结、采取联合行动、扩大影响具有十分重要的意义。在新冠疫情全球大流行背景下共产党国际联合表现出一些新的特征。

关键词： “共产党和工人党国际会议”　俄乌冲突　国际联合

* 杨成果，温州大学马克思主义学院副教授，硕士生导师，研究方向为国际共产主义运动与世界社会主义；黎嵩，温州大学马克思主义学院 2022 级硕士生，研究方向为国外共产党的理论与实践。本文审读专家为山东大学政治学与公共管理学院崔桂田教授。

2022年10月27日至29日，来自60个国家的78个共产党和工人党的145名代表，出席了由古巴共产党在哈瓦那主办的第22届共产党和工人党国际会议。会议的主题是“声援古巴人民和所有斗争中的人民；联合起来，我们就会在反帝国主义斗争中变得更强大，与社会运动和群众运动一道直面资本主义及其政策、法西斯主义和战争的威胁；保卫和平、环境、工人权利、团结和社会主义。”会议一致通过了《最终宣言》，并制订了开展联合行动的具体计划。为加强世界各地共产党和工人党之间的团结、交流与合作，会议决定第23届共产党和工人党国际会议将在土耳其举行。

第22届共产党和工人党国际会议召开的背景是，新冠疫情全球大流行引发极大的灾难，早已陷入危机之中的资本主义经济更加恶化，资本主义国家人民生活在水深火热之中。在此情况下，资本主义国家的工人运动和人民运动此起彼伏。资产阶级为了维护自己的统治，企图用压力和暴力来控制各国工人和人民的斗争，平息工人和人民的社会不满情绪。此外，俄乌军事冲突爆发，造成俄乌人民大量伤亡，使世界陷入爆发核战争的极大危险之中，世界经济更加恶化。欧洲对俄罗斯的制裁反而使自己遭受巨大经济损失，能源价格不断飙升，经济陷入通胀之中，人民生活更加困苦。各国共产党和工人党在俄乌冲突问题上产生了一些分歧。与会政党秉承求同存异原则，努力寻找各方的共同点，最终通过了共同声明，对资本主义世界的形势进行了深刻的分析，确定了各国共产党和工人党的共同任务，制订了翔实的联合行动计划。第22届共产党和工人党国际会议取得了重要的成果。这对于各国共产党和工人党加强国际团结、采取联合行动、实现其目标、扩大其影响具有十分重要的意义。

一　各国共产党工人党对资本主义世界形势的分析

本届会议的一大成果是对资本主义世界形势进行了深刻的剖析，对人类所面临的危险发出了警告。会议谴责资本主义弱肉强食的本性，认为资本主义导致了不平等、财富的两极分化、排外以及难民的流亡；它导致了粮食危机的加剧和环境危机的恶化。人类正在急剧地走上一条“不归路”。

（一）帝国主义将不公正、不可持续的国际秩序强加于世界

会议通过的《最终宣言》指出，帝国主义当前的统治将不公正、不可持续的国际秩序强加于世界，加强了剥削，导致了工人阶级和各国人民状况的恶化，造成了日益增加的冲突、对抗和战争，妨碍了新冠疫情等全球问题的解决。社会主义国家特别是古巴以其公共卫生系统和科学发展有效地应对了此类问题，证明了社会主义的优越性。共产党人要求建立新的国际秩序，其基础是：废除人对人的剥削，使各国政府和各国人民之间互惠互利、维护和平，以可持续发展不断满足社会需要，维护社会公正和团结。①

古巴共产党在开幕致辞中指出，多年来，美国主导的帝国主义战争、不负责任的行动和北约的扩张，并不是阻碍当今世界和平与发展的唯一因素。法西斯主义、仇外心理和仇恨言论的泛滥是越来越困扰社会的祸害。世界越来越不安全、越来越不平等。在当今时代，世界人民越来越多的社会需求得不到满足。贫困、不平等、失业和粮食不安全等问题加剧。健康问题变得更加全球化和致命。②

印度共产党强调，当前，在世界范围内资本主义危机不断加深，资本主义依靠法西斯手段维持生存。这种趋势是最令人担忧的。新自由主义经济下社会保障部门的退出，使很多人面临极大的不确定性。右翼正在利用人们对不平等、失业、环境退化、通货膨胀等现象的焦虑情绪，将新自由主义经济

① 22nd IMCWP, Final Declaration of the 22nd International Meeting of Communist and Workers' Parties, http: //www. solidnet. org/article/22nd - IMCWP - Final - Declaration - of - the - 22nd - International-Meeting-of-Communist-and-Workers-Parties/.

② 22nd IMCWP, Opening Speech by Communist Party of Cuba, http: //www. solidnet. org/article/22nd-IMCWP-Opening-Speech-by-Communist-Party-of-Cuba/.

学在改善人们生活方面的彻底失败归咎于种族、民族、宗教或种姓差异，并让人们为之陷入纷争。①

（二）紧张局势与军事冲突加剧

《最终宣言》指出，帝国主义日益增长的侵略性和正在进行的地缘政治重组，使人类面临着军备竞赛的新一轮升级、北约的加强与扩张、新的军事联盟的形成、紧张局势与军事冲突的加剧（如俄乌冲突）、法西斯主义在世界各地的复苏、“冷战”以及核战争的威胁。这些都是各国共产党人必须反对的。②

比利时共产党认为，战争是资本主义克服危机的办法。资产阶级通过军事生产振兴经济，通过牺牲人民的利益来操纵能源供应。战争被用来增加投机，让原材料、军备和食品的垄断者获得更高的价格，赚取堆积如山的黄金。③

爱尔兰工人党指出，扩张和保护全球资本主义需要大量的军费开支。不断加强军国主义，提高军事能力，维持庞大的武装力量和强大的军备工业，建立培养附庸国精英的军事学院，在世界范围内建立和扩大永久军事基地，这些都是帝国主义侵略的表现。美国领导着一支空前的全球武装力量。“澳美英联盟”等新的政治军事集团的建立，北约等现有集团的扩张，以及对主权国家的强制措施，都是对人民寻求自己发展道路权利的攻击。只要资本主义存在，战争的现实就永远存在。反对发展和使用大规模杀伤性武器仍然是世界和平斗争的一项重要要求。④

芬兰共产党指出，令人愤怒的是，军备所需的钱从更必要的支出中挪用

① 22nd IMCWP, Contribution by Communist Party of India, http: //www.solidnet.org/article/22nd-IMCWP-Contribution-by-Communist-Party-of-India/.

② 22nd IMCWP, Final Declaration of the 22nd International Meeting of Communist and Workers' Parties, http: //www.solidnet.org/article/22nd-IMCWP-Final-Declaration-of-the-22nd-International-Meeting-of-Communist-and-Workers-Parties/.

③ 22nd IMCWP, Contribution by Communist Party of Belgium, http: //www.solidnet.org/article/22nd-IMCWP-Contribution-by-Communist-Party-of-Belgium/.

④ 22nd IMCWP, Contribution by Workers Party of Ireland, http: //www.solidnet.org/article/22nd-IMCWP-Contribution-by-Workers-Party-of-Ireland/.

了。仅仅用全世界军费开支（2021 年超过 2.1 万亿美元）的一小部分就可以实现联合国的许多可持续发展目标。这将对地球上大多数受压迫的人产生巨大影响。军备吞噬了原本应该用于解决环境危机并增进人类福祉的物质和人力资源。①

（三）资产阶级企图用压力和暴力来控制各国工人和人民的斗争

《最终宣言》指出，资本主义政府为维护垄断组织和企业的利益而着手应对资本主义的制度性危机，企图用镇压和暴力来控制各国工人和人民日益增多的社会不满。②

古巴共产党指出，帝国主义在虚拟领域发动了一场战争，完全控制了这个领域，可以随时在这些空间中压制共产党人的声音，例如它们刚刚压制了“脸书”（Facebook）上数百名革命者用户的声音。③

（四）美国及其盟友加强对主权国家的封锁和对各国内政的干涉

《最终宣言》指出，美国及其盟友的力量逐渐衰落，是其国内危机导致的结果。面对竞争者，它们任意使用双重标准，强化了威胁性的封锁政策、非法的强制措施以及对各国内政的干涉。帝国主义为了进行非常规战争背景下的破坏性行动，特别是与媒体相关的行动，部署了大量的武器库，将其作为颠覆那些不符合自身利益的政府的工具。④

古巴共产党指出，古巴是一个反抗美帝国的岛国，是一个因捍卫社会主

① 22nd IMCWP, Contribution by the CP of Finland, http://www.solidnet.org/article/22nd-IMCWP-Contribution-by-the-CP-of-Finland/.

② 22nd IMCWP, Final Declaration of the 22nd International Meeting of Communist and Workers' Parties, http://www.solidnet.org/article/22nd-IMCWP-Final-Declaration-of-the-22nd-International-Meeting-of-Communist-and-Workers-Parties/.

③ 22nd IMCWP, Opening Speech by Communist Party of Cuba, http://www.solidnet.org/article/22nd-IMCWP-Opening-Speech-by-Communist-Party-of-Cuba/.

④ 22nd IMCWP, Final Declaration of the 22nd International Meeting of Communist and Workers' Parties, http://www.solidnet.org/article/22nd-IMCWP-Final-Declaration-of-the-22nd-International-Meeting-of-Communist-and-Workers-Parties/.

义理想和一切正义事业而受到严厉制裁的国家。在过去六年美国的敌意是前所未有的。唐纳德·特朗普政府实施了243项针对古巴经济的额外封锁措施，旨在窒息古巴的经济，从而破坏其社会。其中一些措施是在新冠疫情大流行期间实施的，而美国现任总统予以维持。古巴人民在最需要氧气的时候被剥夺了获得氧气的权利。即便如此，古巴政府通过推广应用疫苗以及实施古巴科学家和医生制定的方案，设法控制住新冠疫情的传播。①

二　与会各党的意见分歧

在这次国际会议上，与会政党在俄乌冲突的性质、帝国主义本质、“过渡阶段”、“反垄断资本政府”等问题上产生了严重的分歧。

（一）关于俄乌冲突性质

俄乌冲突的爆发和持续，在与会各党中间引发了激烈的争论。在第22届共产党和工人党国际会议上，关于俄乌冲突的性质，以希腊共产党为代表的一方与以俄罗斯联邦共产党和俄罗斯共产主义工人党为代表的一方出现了严重的分歧。会议最终发表了两篇观点截然相反的声明。其中一篇声明（目前有27个政党签名）认为，这场战争是帝国主义战争，工人阶级对哪一个帝国主义强盗都不能支持，而且要变帝国主义战争为国内战争；另一篇声明（目前有31个政党签名）则认为，俄罗斯的军事行动具有反对美国霸权、反对法西斯的性质，各国共产党应予以支持。

以希腊共产党人为代表的一派强调，支持多年来顿巴斯无产阶级英勇的反法西斯斗争，以及乌克兰和俄罗斯工人对帝国主义的军国主义政策的抵抗。他们认为美国、各个帝国主义联盟和集团、俄罗斯联邦以及乌克兰本国的统治集团为解决自己在帝国主义时代的矛盾而在乌克兰领土上发动战争。

① 22nd IMCWP, Opening Speech by Communist Party of Cuba, http://www.solidnet.org/article/22nd-IMCWP-Opening-Speech-by-Communist-Party-of-Cuba/.

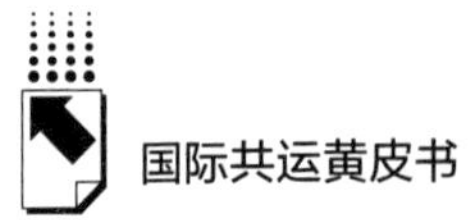

现在，这些矛盾已经达到了这样的程度，以致似乎不可能预测这场战争的持续时长。他们支持乌克兰和俄罗斯国内反军国主义的情绪和行动，将它们看作被剥削阶级反对剥削阶级的斗争。他们认为俄罗斯政府所宣称的目标是虚伪的，其行动显然导致了截然相反的结果：人道主义灾难，成千上万平民的死亡，乌克兰的军国主义化及其工业企业和城市的破坏，反俄情绪和法西斯武装分子数量的增加。他们认为俄罗斯政府的政策与反法西斯运动以及“亲苏”情绪没有什么关系。他们认为，俄罗斯联邦作为一个资产阶级国家，只是资产阶级法律框架下的、名义上的苏联继承者，它无论在经济基础上还是上层建筑上都与苏联没有任何共同之处。在俄罗斯联邦“独立”以来的30多年里，金融和垄断资本产生了，工业、教育、医疗等行业遭到了系统性的破坏，失业增加了，富人与穷人之间的鸿沟扩大了，劳工权利和民主自由都受到了限制。俄罗斯资产阶级统治集团的代理人已经夺取了卢甘斯克和顿涅茨克这两个人民共和国的政权。获得人民拥护的红色战地指挥员们被清除，共产主义组织的政治活动被禁止。普京和俄罗斯联邦政府所宣称的“特别军事行动”的全部目标都已失败。“特别军事行动”不仅是虚伪的，而且是罪恶的——乌克兰平民遭受的人道主义灾难证实了这一点。这一派表示强烈谴责乌克兰的军国主义化、极端反动的民族主义意识形态的发展、对种族仇恨的煽动，以及民族主义武装集团的产生。劳工权利和言论自由遭到了严重的削弱；政治反对派不断遭受迫害和压迫。他们强调，只有乌克兰工人阶级和俄罗斯无产阶级联合起来，在全世界劳动者的支持下，才能制止帝国主义的屠杀。有必要利用服务于政府战争目标的武装，把各国人民之间的帝国主义战争转变为阶级之间的国内战争。只有这样，工人阶级才能终结作为战争根源的帝国主义，建立起劳动者的政权机关。对全世界共产主义者来说，跟在各国政府和资产阶级国家后面，为了本国资产阶级的利益而支持这个或那个资产阶级国家的集团，既是可耻的，也是犯罪的。其不变的目标，应该是帮助全世界工人认识到帝国主义战争并不通向劳动的解放，相反只会导致更多的奴役；在帝国主义的冲突中，工人阶级在各个统治集团中间没有盟友，只有敌人；他们的朋友只有无产阶级，无论无产阶级属于哪一国。共产主义者的责任，是在国内和国际上结束资本主义；结束资本主义就是结束战争。为了这个崇高的事业，全世界共产主义者要与其国家的无产阶级联合起来！①

以俄罗斯联邦共产党和俄罗斯共产主义工人党为代表的另一派则认为，2014 年基辅纳粹分子对顿巴斯人民开展了惩罚行动。顿巴斯人民被杀害，因为他们想要讲母语——俄语，拒绝将希特勒纳粹主义的勾结者视作英雄，拒绝毁坏苏联时期的纪念碑，拒绝切断他们与俄罗斯的联系。今天，在美国领导的北约的组织和指导下，超过 50 个掠夺者国家正在利用班德拉分子、希特勒盟友的追随者，来实行针对俄罗斯的法西斯扩张政策。世界资本的政治、金融、经济和军事方面的综合资源，包括雇佣兵等人力资源，都被用于压制和肢解俄罗斯。大资本所特有的目标是排除竞争和重新瓜分势力范围。这个目标是通过积极而公开地利用法西斯主义来建立美国在 21 世纪的世界霸权。这一派表示支持俄罗斯武装部队支持下的顿巴斯劳动人民的反法西斯正义斗争，反对美帝国主义。美帝国主义在外交政策中使用法西斯手段，在北约的直接参与下，借乌克兰“资产阶级民族主义傀儡政权”之手，事实上正在发动以击败俄罗斯为目标的战争。这一派宣布将尽其所能阻止俄罗斯重蹈南斯拉夫、伊拉克或利比亚的覆辙，认为这不符合世界工人运动的利益。俄罗斯不能输掉反对纳粹主义的战争。这一派坚决抗议欧盟和北约所有国家中的法西斯主义、反苏主义和反俄主义政策，抗议美国和北约借乌克兰纳粹之手发动的侵略；坚决声援乌克兰和俄罗斯的共产主义者和全体劳动人民。这一派强调：只有通过结束资本主义，才能结束法西斯主义以及世界核战争的威胁。②

---

① 22nd IMCWP, Resolution on the Imperialist War on the Territory of Ukraine, http://solidnet.org/article/22nd-IMCWP-RESOLUTION-on-the-imperialist-war-on-the-territory-of-Ukraine/.

② 22nd IMCWP, The Struggle Against USA and NATO Imperialism Which Seek World Hegemony is the Key Task of the Progressive Forces, http://solidnet.org/article/22nd-IMCWP-The-Struggle-Against-USA-and-NATO-Imperialism-which-Seek-World-Hegemony-is-the-Key-Task-of-the-Progressive-Forces/.

（二）关于帝国主义本质

美国共产党认为，美帝国主义是当今国际工人阶级面临的最大的威胁，也是我们运动必须面对的核心矛盾。美国军方正在积极干涉每个人口稠密的大陆。欧洲新殖民主义军队参与非洲和中东的资源开采，对这些国家的人民漠不关心，对自身造成的环境破坏熟视无睹。巴勒斯坦和也门人民继续遭受美国附庸国的侵犯人权行为。北约正在向东进军，逐渐靠近俄罗斯边境，并威胁要向全球扩张，这是对世界和平的最大威胁。俄乌冲突以核浩劫威胁着世界。情况尽管看起来很可怕，但还是有希望的。我们一定要记住列宁的话："帝国主义是无产阶级社会革命的前夜。"这是国际无产阶级的机会。那么我们如何对抗帝国主义呢？对我们来说，答案是振兴的、基础广泛的强大的和平运动。这样一场涵盖广大民众的运动，客观上是反帝的。①

俄罗斯联邦共产党指出，对南斯拉夫、伊拉克、利比亚和叙利亚以及其他国家的毫不掩饰的威胁，生动地说明了美帝国主义是如何在世界上行动的。所有拒绝屈服于美国的命令、奉行独立外交政策的国家都被贴上了支持恐怖主义的标签。古巴和委内瑞拉就是突出的例子。②

关于帝国主义本质的问题，希腊共产党有着不同的看法。希腊共产党认为，共产主义运动内部存在一场关于什么是帝国主义的大辩论和意识形态对抗。这是一个根本性的问题，因此必须以多方面的、同志式的方式继续下去，并交换论据。列宁主义的帝国主义理论仍然是适用的，并为有责任进一步发展它的共产主义者提供了武器。帝国主义是垄断资本主义。它基于大型股份公司、垄断企业、资本出口相对于商品出口的重要性增加、金融资本的产生（作为工业资本和银行资本的合并）、市场和领土的分割和再分割。每个资本主义国家都是帝国主义体系的一部分，并根据其经济、政治和军事实

① 22nd IMCWP, Contribution by the CP USA, http://www.solidnet.org/article/22nd-IMCWP-Contribution-by-the-CP-USA/.

② 22nd IMCWP, Contribution by the CP of the Russian Federation, http://www.solidnet.org/article/22nd-IMCWP-Contribution-by-the-CP-of-the-Russian-Federation/.

力在不平等的相互依存和依附网络中奉行帝国主义政策，不平衡发展的规律会引起变化和调整。在帝国主义时代，所有资产阶级国家都在为垄断者的利益而竞争。因此，将帝国主义的认识局限在美国及其侵略性外交政策或欧盟强国的政策上，毫无根据地超越了帝国主义的社会经济内容和制度的反动性质。将帝国主义归结为美国的分析导致错误的政治结论，导致工人阶级以对抗美帝国主义和维护“民族独立”的名义与部分剥削者、部分资产阶级结盟。这种选择使工人和人民陷入困境，而资产阶级不受影响，资产阶级则在每个国家和国际竞争中增进其利益，并参与帝国主义联盟的计划。发展不平衡规律作为资本主义的一个特征，客观上形成了不平等关系，一些国家因其经济、政治和军事实力而脱颖而出，处于帝国主义金字塔的顶端，但这并不能免除在帝国主义体系中较弱的、寻求地位上升的资产阶级和资本主义国家的责任。①

荷兰新共产党指出，需要对帝国主义有一个明确的、列宁主义的定义，列宁对帝国主义的定义直到今天仍然有效。帝国主义是垄断资本主义——它不仅仅是“西方”或“美国”，而是一个制度、一个过程。需要与资本主义制度决裂。世界各国人民决不能站在任何帝国主义集团的一边。工人阶级和社会其他被压迫阶层必须与帝国主义决裂，走向社会主义革命。帝国主义确实是社会主义之前的最后阶段。各国共产党必须朝着这个共同目标共同努力。②

（三）其他问题的分歧

希腊共产党认为，生产和劳动的社会化与资本主义对生产资料私人占有之间的根本矛盾，使劳资矛盾日益尖锐化，必须通过社会主义革命加以解决。革命的性质，不是由力量对比决定的，而是由社会主义物质

① 22nd IMCWP，Contribution by Communist Party of Greece，http：//www.solidnet.org/article/22nd-IMCWP-Contribution-by-Communist-Party-of-Greece/.

② Contribution by the New Communist Party of the Netherlands，http：//www.solidnet.org/article/22nd-IMCWP-Contribution-by-the-New-Communist-Party-of-the-Netherlands/.

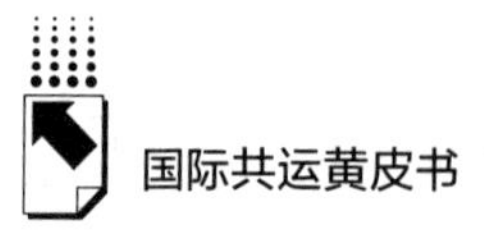

条件的成熟程度和资本主义基本矛盾决定的。这是一个至关重要的问题，它在我们的时代（在帝国主义时代）决定了制定以革命的社会主义性质和争取建立工人政权为中心问题的变革纲领的必要性。客观上，在资本主义与社会主义共产主义之间没有中间阶段，因为资产阶级政权和工人政权之间没有中间政权。在希腊共产党看来，这些方法反映了共产主义运动早期关于“过渡阶段”“反垄断资本政府”的错误分析和战略选择，捍卫和延续资本主义剥削的社会民主主义破坏了社会主义运动的进步，并在共产主义运动的当前危机中发挥了关键作用。一些政党对“新自由主义”的片面提及削弱了反对由自由主义和社会民主主义的反人民政策所推动的资本战略的斗争。这为社会民主党管理资本主义制度免除了责任。所谓的进步政府维持着资本主义的基础，它们支持资产阶级国家并得到它的支持；它们支持垄断资本势力，融入体制，采取反人民措施，激起民众愤慨，压制民众动员，破坏共产党的行动。在资产阶级政治力量交替管理资本主义的恶性循环背景下，它们为反动势力重新夺权提供了温床。这一结果已经通过欧洲、拉丁美洲和世界各地的著名而痛苦的“实验”得到了证明，不仅力量对比发生了不利于共产主义者、不利于工人阶级及其盟友的改变，实际上工人运动已被解除武装。参与这些政府的共产党失去了意识形态、政治能力甚至组织上的自主权。长期经验告诉我们，共产党对资产阶级政府的参与或支持使共产党人对资本主义剥削的长期存在负责，损害了自身的信誉。为推翻资本主义、建立工人政权而斗争，是共产主义工作的灯塔，为日常的阶级斗争提供力量。这就迫切需要重新组织工人运动，形成工人阶级、贫苦农民、个体经营者的社会联盟，发动反垄断、反资本主义斗争，反对改良资本主义制度的逻辑和“使资本主义人性化”的乌托邦。①

① 22nd IMCWP, Contribution by Communist Party of Greece, http: //www. solidnet. org/article/22nd-IMCWP-Contribution-by-Communist-Party-of-Greece/.

三　各党加强国际团结的努力

尽管存在上述严重的分歧和争论，但是与会政党都认识到加强国际团结和联合对于壮大国际共产主义运动的重要性，因此各方在保留不同意见的情况下，努力寻找共同点，最终通过了联合声明《最终宣言》，并通过了直到下次会议前的联合行动计划。

（一）加强国际团结的重要性

古巴共产党指出，本次会议是在动荡的国际背景下举行的，此外，每个国家特有的复杂性也使它变得微妙。这给各国共产党人带来了挑战：建立一个加强团结的集体行动框架，以应对共产党人斗争所面临的挑战。把共产主义者、社会主义者、革命者和工人团结在一起的因素包括：反对帝国主义，争取建立一个和平的世界和实现更大的社会正义；促进所有国家的发展与繁荣；实现幸福；尊重保护环境的努力。如果各国共产党不努力加强团结，这些美好的愿望可能会变成幻想。为了使团结真正牢固、抵制帝国主义分裂各国共产党的企图，必须在尊重历史框架和各国政治进程的特殊性的基础上巩固它。巩固国际共产主义运动和工人运动的团结是这次会议的一个不可避免的目标。当帝国主义在麦卡锡主义的复兴中恶毒地反对一切被定义为共产主义、社会主义或进步的东西时，情况更是如此。古巴革命领袖劳尔·卡斯特罗·鲁兹将军几年前曾呼吁拉丁美洲所有国家“在多样性中团结一致”。①

老挝人民革命党指出，这次会议是世界各国共产党和工人党和进步运动的重大政治事件，是凝聚团结、加强理论和实践的合作交流、协调团结、制定共同措施加强党的思想组织工作和活动以争取实现和平、民族均衡发展和社会主义事业的重要机制。老挝人民革命党重申承诺继续与地区和世界所有

① 22nd IMCWP, Opening Speech by Communist Party of Cuba, http://www.solidnet.org/article/22nd-IMCWP-Opening-Speech-by-Communist-Party-of-Cuba/.

政党包括共产党和工人党等世界进步运动力量合作，以争取和平、稳定、安全、合作发展、社会进步和社会主义。本着这种精神，老挝人民革命党已申请加入共产党和工人党国际会议工作组，并期待在此过程中得到所有共产党和工人党及朋友的支持。①

印度共产党强调，共产党人为工人权利、社区权利、人权、环境和尊严而进行的斗争必须与为反对新自由主义的不平等秩序而进行的斗争同步。左派必须在世界范围内领导这一进程，因为我们拥有可以给全世界带来希望的科学社会主义理论。我们必须对帝国主义干涉说“不”，以使和平占上风，并努力使我们的国家成为和谐与宽容的土地。如果我们在这场斗争中团结一致，很快我们就可以改变我们周围的景象并强化我们为更美好未来而制定的议程。团结则存，分裂则亡。我们必须团结起来，因为我们面临的威胁很大。我们必须为全世界的和平、正义和社会主义而团结起来。我们必须团结起来，带领人们走向更美好的未来，因为团结是我们的力量。②

墨西哥人民社会主义党指出，第 22 届共产党和工人党国际会议强调了共产党人必须以奉献精神和不带任何宗派主义色彩促进团结的重要性、目标和广度。今天，无产阶级国际主义和反帝国主义的概念比以往任何时候都更加重要，因为现实表明，今天美帝国主义及其在北约体系下的欧洲追随者构成了世界各国人民的最大敌人，共产主义者必须联合起来反对它们。③

匈牙利工人党提出了各国共产党和工人党建立国际联合组织的建议。匈牙利工人党指出，我们有运动，但我们没有组织。在当前动荡的时代，革命形势的可能性需要有效的协调而不是偶尔的会议，需要更多的行动而不是文件。这意味着我们需要一个组织。我们运动的未来岌岌可危。如果我们能够创建一个有效的组织，我们将有机会在世界政治中发挥更积极的作用。如果

① 22nd IMCWP，Contribution by Lao People's Revolutionary Party，http：//www. solidnet. org/article/22nd-IMCWP-Contribution-by-Lao-Peoples-Revolutionary-Party/.

② 22nd IMCWP，Contribution by Communist Party of India，http：//www. solidnet. org/article/22nd-IMCWP-Contribution-by-Communist-Party-of-India/.

③ 22nd IMCWP，Contribution by Popular Socialist Party of Mexico，http：//www. solidnet. org/article/22nd-IMCWP-Contribution-by-Popular-Socialist-Party-of-Mexico/.

我们不能建立一个组织，我们将失去向我们的伟大目标即推动人类进入社会主义时代迈出新的一步的历史机遇。我们提出以下建议：授权新的工作组制定建立组织的规划，并向下一次国际会议报告；授权工作组现在就进行定期磋商。我们认为我们需要相互信任。我们应该承认，我们所有人都是在具体的国情下工作的。我们应该专注于那些我们有相似观点的问题。我们在很多问题上存在分歧。但我们应该决定谁是我们的敌人，谁是我们的朋友。我们的敌人是美国，而不是那些对俄乌冲突有不同看法的政党。我们的敌人是欧洲大资本，而不是那些对欧盟或移民持不同意见的政党。我们的敌人是反共分子，而不是那些想为我们对抗资本制造有效武器的政党。要明确一点：我们要完成我们的历史使命。我们需要有效的国际合作。我们已准备好开启合作的新篇章。①从会议发布的文件可以看到，匈牙利工人党关于建立国际联合组织的建议没有被采纳，但是其关于加强国际合作的建议发挥了积极的作用。

（二）通过各国共产党和工人党开展联合斗争的任务

本届会议的一大成果，就是指明了各国共产党和工人党开展联合斗争的任务。

《最终宣言》指出，世界工人阶级反对资本主义剥削制度的斗争首先要求加强国际共产主义运动和工人运动的团结，以及与社会运动、人民运动、农民运动和原住民运动的团结，以加强斗争，反对资产阶级和帝国主义计划，争取建设一个和平、公正、社会平等的世界。面对帝国主义遏制各国工人和人民斗争、破坏反帝国主义力量和革命力量的统一与团结的企图，与会政党同意：共同奋斗，加强反帝国主义斗争，推动改变当前资本利益主导的、不公正不民主的国际秩序，争取以和平、可持续发展、社会公正、团结为基础的国际秩序，为社会主义社会的建设开辟道路；要求遵守各国人民自

① 22nd IMCWP, Contribution by the Hungarian WP, http://www.solidnet.org/article/22nd-IMCWP-Contribution-by-the-Hungarian-Workers-Party/.

决、独立、主权平等、不干涉各国内政的原则，各国人民享有和平、选择各自发展道路的合法权利；强烈谴责帝国主义战争以及在国际关系中施加威胁和动用武力的行为，推动争取和平的斗争，为保卫各国人民共同利益和反对各国资产阶级而加强国际主义行动与团结；动员群众，谴责和拒绝军备竞赛及其导致的社会支出的削减，谴责核武器和国外军事基地的存在及其现代化；反对北约及其扩张计划，反对北约成为全球军事组织；为反对反共主义分子、极端民族主义分子和法西斯主义势力在世界各地重新出现而战斗，这些势力的重新出现助推了暴力、仇外心理和种族主义，加剧了政治、意识形态、社会、种族、宗教和性别等方面的不宽容行为，助长了种族和民族冲突；同反对帝国主义干涉和侵略的各国人民加强团结，拒绝封锁、制裁、单边强制措施和双重标准，它们是对各国政府和各国人民施加压力和实施敲诈的工具；捍卫和发展马克思主义和列宁主义，以对抗帝国主义的意识形态包括文化、符号的进攻，因为这些进攻的目的是将不公正的资本主义制度合理化，贬低社会主义和共产主义，侵蚀和破坏世界各民族的文化认同；为支持各国人民的一切正义解放事业，加强与工人、农民、原住民、青年和妇女组织的团结，为保卫他们的权利和反对资本主义而加倍努力地斗争，站在难民等战争受害者的一边；加强抨击那种建立在为追逐资本主义利润而破坏环境、危及生态系统和人类生存的基础之上的发展模式，并为反对它而战斗；在工人阶级先锋队的协调努力下，世界各国共产党人与社会的、人民的、民主的以及保卫妇女权利的组织、力量和运动一道，将能够战胜资本主义这个仍在统治的、破坏性的、没有前途的世界制度，实现真正的革命性转变。会议强调："在反对帝国主义和资本主义的斗争中联合起来！社会主义万岁！"①

土耳其共产党指出，对共产主义者来说，新冠疫情证明了资本主义的无能，证明了资本主义市场经济如何将人类带到崩溃和衰败的边缘，以及国际

① 22nd IMCWP, Final Declaration of the 22nd International Meeting of Communist and Workers' Parties, http://www.solidnet.org/article/22nd－IMCWP－Declaracion－Final－del－XXII－Encuentro－Internacional－de－Partidos－Comunistas－y－Obreros/.

垄断企业如何将流行病变成自己的经济和政治机会。一场影响整个世界的经济危机使数十亿人生活成本上升。新闻媒体正在争论核战争是否即将来临。工人和年轻人陷入绝望。与此同时，社会主义必须成为拯救方案和希望。如果不强调推翻资本主义的目标，其就不能成为一种拯救措施和希望。每当共产党人留下空白时，右翼民粹主义、种族主义运动甚至法西斯分子都会来填补它，其以虚假的激进主义利用社会的悲观主义。①

比利时共产党指出，今天会议的一个要点是如何与日益增加的法西斯威胁作斗争。法西斯主义是资本主义的武器，把工人们的愤怒引向错误的解决方案。如果不与产生法西斯威胁的制度即资本主义作斗争，我们就不能与法西斯威胁作斗争。②

（三）会议通过的联合行动计划

本届会议确定了下次会议前的主要指导方针和将要开展的行动，以加强国际共产主义运动和工人运动的团结，与反对帝国主义统治的社会运动和人民运动一道，加强保卫各国工人和人民利益的斗争，争取实现推翻资本主义和建设社会主义的革命性转变。联合行动计划如下。

（1）为保卫和平，反对帝国主义战争、好战的干涉行动、核武器和其他大规模杀伤性武器、外国军事基地以及北约和“澳英美联盟”等帝国主义联盟而进行动员。以世界范围内大规模的反战动员来庆祝 9 月 21 日国际和平日。确保世界和平理事会大会的胜利召开。提倡通过对话和谈判以严肃的、建设性的、现实主义的方式解决俄乌冲突。

（2）鼓励青年在政治上参与进来，以保证共产党所捍卫的理念和原则的延续。保存国际共产主义运动和工人运动的历史记忆并将其传递给新一代人。庆祝 8 月 12 日国际青年节。庆祝 11 月 17 日国际学生节。

---

① 22nd IMCWP, Contribution by Communist Party of Turkey, http://www.solidnet.org/article/22nd-IMCWP-Contribution-by-Communist-Party-of-Turkey/.

② 22nd IMCWP, Contribution by Communist Party of Belgium, http://www.solidnet.org/article/22nd-IMCWP-Contribution-by-Communist-Party-of-Belgium/.

（3）组织有助于交流、分析、宣传马克思主义和列宁主义的理论和实践观点以及社会主义价值观的线下或线上的工作坊和研讨会。社会主义是响应人民的正义要求和保卫其合法权利的唯一制度。为了这一目的，应当考虑以下活动和纪念日：苏联成立（1922 年 12 月 30 日）100 周年；卡尔·马克思逝世（1883 年 3 月 14 日）140 周年；《共产党宣言》出版（1848 年 2 月 21 日）175 周年；2023 年 2 月 10 日至 12 日将于古巴哈瓦那举行第一届“左翼政党和运动理论出版物国际会议”。

（4）在苏联成立 100 周年（2022 年）和智利总统萨尔瓦多·阿连德的人民团结政府被法西斯政变推翻 50 周年（2023 年）的背景下，谴责反共主义和法西斯主义以及歪曲苏联和社会主义历史贡献的行为。

（5）声援各国人民的正义事业，声援遭受迫害和被禁止自由行使政治权利的共产主义者；在民主权利和自由方面，反对独裁政权，反对压迫和歧视政策。

（6）开展声援和支持工人阶级和农民阶级、妇女和移民的国际运动，支持他们成立工会、提高工资、改善劳动条件和获得民主权利的正义要求。在 3 月 8 日国际劳动妇女节和 5 月 1 日国际劳动节加大动员力度。

（7）开展活动，以保卫面临帝国主义的文化新殖民主义的各国人民的文化和认同。

（8）积极参与人民动员，要求关心和保护环境，拒绝资本主义生产和消费方式。

（9）声援所有反对外国占领、封锁、制裁和帝国主义侵略的人民。

（10）参与声援古巴人民日活动，支持立即无条件取消美国在经济上的严密封锁；反对任意和单方面将古巴列入“支持恐怖主义国家名单”，反对对其内政的干涉和颠覆其宪法秩序的企图。将于每月的最后一周举行“世界声援古巴日”活动。共产党和工人党国际会议的成员党要更多、更积极地参与这一活动。

（11）加强同斗争中的巴勒斯坦人民的团结。用一切可能的方式要求立即结束以色列的占领，支持巴勒斯坦人民行使其自决权，建立以东耶路撒冷为首都的独立主权国家。根据联合国相关决议，支持难民重返家园的权利。遣责所谓“世纪协议”以及美国和以色列实行殖民化和种族隔离的犯罪政策，包括在巴勒斯坦被占领土上建设和扩大定居点。在11月29日“声援巴勒斯坦人民国际日”开展国际运动。

（12）要求公正而持久地解决西撒哈拉问题，并在联合国框架下和在遵守国际法规则的条件下，寻求用和平与谈判的方式解决冲突。在5月10日“波利萨里奥阵线”（POLISARIO Front）成立纪念日，为声援撒哈拉人民争取行使其合法权利的斗争而举行大动员。

（13）声援面临着美国和欧洲帝国主义非法侵略和制裁的委内瑞拉玻利瓦尔共和国。采取行动，要求立即取消非法的强制性措施，将帝国主义列强侵占的资产归还委内瑞拉。

（14）尊重波多黎各人民不可剥夺的自决和独立的权利。支持在10月30日“声援波多黎各国际日”开展活动。

（15）支持共产党和工人党国际会议在拉丁美洲和加勒比地区的成员党开展纪念下列历史时刻的行动与活动：古巴民族英雄何塞·马蒂（José Martí）诞辰170周年、纪念攻打蒙卡达兵营70周年等。

（16）在“门罗宣言”发表200周年和美国入侵格林纳达40周年的背景下，谴责帝国主义对拉丁美洲和加勒比地区的干涉。

（17）促使共产党和工人党及其相关社会组织采取更大的行动，以便更好地联系和加强国际反帝国主义组织，特别是世界工会联合会、世界和平理事会、世界民主青年联盟、国际民主妇女联合会。

四　世界共产党工人党国际联合的新特征

自2020年以来新冠疫情全球大流行，打断了共产党和工人党国际会议的进程。然而，发扬无产阶级国际主义精神、加强各国共产党和工人党国际团结的热切愿望促使它们努力克服疫情下的各种困难，使共产党和工人党国际会议延续下去。古巴共产党发挥社会主义的优越性，努力控制住国内疫情，在2022年主办了第22届共产党和工人党国际会议，作出了突出的贡献。

在新冠疫情全球大流行背景下共产党国际联合表现出一些新的特征。

（一）求同存异，努力加强国际联合

从上文中可以看到，参加共产党和工人党国际会议的政党在俄乌冲突性质、帝国主义的内涵与性质等问题上存在严重的分歧和争论，这非常不利于世界各国共产党和工人党之间加强国际交流与联合。各国共产党以马克思主义为指导，根据本国的国情，独立自主地探索其实现社会主义的道路；这既符合马克思主义的基本原理，也是各国共产党和各国人民的根本权利。各党不分大小，都应该平等相待。任何党无论其贡献和影响多大，都无权干涉其他政党的内部事务，不能把自己的观点、做法强加于其他政党。历史上曾经有过苏联共产党充当老子党、随意干涉其他政党内部事务而造成国际共产主义运动分裂的沉痛教训。在1955年召开的万隆会议上，周恩来总理提出了“求同存异”的理念，为化解国家间的分歧提供了有效方案，在关键时刻避免了会议误入歧途，使万隆会议成为亚非人民团结合作的一个里程碑。前车之鉴，后事之师。中国共产党同各国共产党和其他政党发展关系的原则是“独立自主、完全平等、互相尊重、互不干涉内部事务”。各国共产党只有坚持这一原则，才能扩大交流合作，加强国际共产主义运动的团结。

马克思和恩格斯历来强调要加强全世界共产党人和无产阶级的国际联合，他们在《共产党宣言》中强调：“共产党人到处都努力争取全世界民主政党之间的团结和协调……全世界无产者，联合起来！”① 参加第22届共产党和工人党国际会议的代表们坚持马克思主义的指导，在存在重大分歧的情况下，努力寻找共同点，回避分歧，一致通过了联合宣言《最终宣言》，还一致通过了下一步开展联合行动的计划。这是十分难得的成就。这对于推动各国共产党和工人党加强国际团结、进一步开展联合行动具有重要的意义，充分彰显了共产党和工人党国际会议这一平台的重要价值。

---

① 《马克思恩格斯选集》第1卷，人民出版社，2012，第435页。

（二）更加关注和声援古巴人民的斗争

2016 年 10 月越南共产党主办了第 18 届共产党和工人党国际会议，这是第一次由社会主义国家执政党主办会议。2020 年原定于朝鲜平壤由朝鲜劳动党主办的会议由于新冠疫情全球大流行而未能如期召开。第 22 届共产党和工人党国际会议是历史上第二次由社会主义国家执政党主办的会议。这使会议的规模和层次上了一个新的台阶，扩大了会议的影响。本届会议对于古巴人民的斗争和取得的成就给予了高度的评价，对于以美国为首的帝国主义国家长期制裁和包围社会主义国家古巴的政策给予了强烈的谴责。

葡萄牙共产党指出，在哈瓦那召开国际会议具有特别重要的意义：不仅因为它是在疫情大流行背景下中断两年后举行的，而且因为它展现了来自世界各地的共产党人对古巴及其人民及时的声援。古巴及其人民受到帝国主义的罪恶封锁和连续攻击，他们坚持抵抗、战斗，并在保卫社会主义革命中取得了进展。古巴是一个非凡的例子，它展示了一个民族为保卫其政治、经济、社会和文化成就而斗争的勇气和决心，展示了坚定的爱国主义和国际主义，坚持不懈地支持自由、民主、和平与合作、世界人民解放事业。美国对古巴实施 60 多年的非法封锁、侵略和破坏稳定的恐怖主义行为，不仅旨在阻碍古巴人民的经济和社会发展并攻击他们的权利，而且企图影响世界上所有坚持捍卫人民权利和国家主权的行为。①

阿尔及利亚民主和社会主义党指出，60 多年来，美帝国主义在世界其他地区所有帝国主义者的支持下对古巴实施了罪恶的封锁，造成了非人道的后果；其目的是迫使它放弃主权，放弃其选择的社会主义发展方向，迫使其服从命令。古巴是世界上所有人民和有觉悟的无产阶级眼中的珍宝。②

---

① 22nd IMCWP, Contribution by the Portuguese CP, http：//www. solidnet. org/article/22nd-IMCWP-Contribution-by-the-Portuguese-CP/.

② 22nd IMCWP, Contribution by Algerian Party for Democracy and Socialism［PADS］, http：//www. solidnet. org/article/22nd-IMCWP-Contribution-by-Algerian-Party-for-Democracy-and-Socialism-PADS/.

印度共产党强调，当前形势要求我们加倍声援古巴人民。古巴人民为巩固独立、平等、自由和正义而进行的斗争在古巴共产党的领导下取得了成功，古巴正在为建设真正意义上的社会主义而前进。我们重申对古巴革命和古巴人民的支持，他们继续成为尊严和抵抗的灯塔。我们要求解除封锁，并声援勇敢的古巴人民。[①]

爱尔兰工人党指出，美国对古巴的帝国主义干预由来已久。这涉及经济制裁、破坏、暗杀企图、诽谤和误导、入侵企图、秘密行动和公开犯罪行为。美国的封锁是历史上最持久的封锁，使古巴经济损失惨重。即使在新冠疫情全球大流行期间，美国也残酷地收紧了封锁。美国政府花费数百万美元资助反古巴计划，旨在破坏革命。尽管如此，古巴仍然生存了下来。爱尔兰工人党谴责对古巴的挑衅，要求立即停止无情的封锁，并捍卫古巴人民不受帝国主义干预的权利。[②]

伊朗人民党指出，美国继续把古巴革命及其理想和成就描绘成对美洲的恶意威胁，对古巴实施长达 62 年的非人道封锁和制裁，旨在挫败古巴继续建设社会主义的计划。历届美国政府都公开践踏古巴决定自己未来的权利。拜登政府延续其前任的外交政策。伊朗人民党谴责以美国为首的帝国主义对古巴等地的干涉和挑衅政策。[③]

会议一致通过的《最终宣言》重申对古巴人民正义事业的声援和支持，支持他们要求立即无条件取消 60 多年来遭受的不公正的、罪恶的、严密的经济封锁的斗争，并要求美国政府将古巴从荒谬的“支持恐怖主义国家名单”中移除。[④]

---

① 22nd IMCWP, Contribution by Communist Party of India, http://www.solidnet.org/article/22nd-IMCWP-Contribution-by-Communist-Party-of-India/.

② 22nd IMCWP, Contribution by Workers Party of Ireland, http://www.solidnet.org/article/22nd-IMCWP-Contribution-by-Workers-Party-of-Ireland/.

③ 22nd IMCWP, Contribution by the Tudeh Party of Iran, http://www.solidnet.org/article/22nd-IMCWP-Contribution-by-the-Tudeh-Party-of-Iran/.

④ 22nd IMCWP, Final Declaration of the 22nd International Meeting of Communist and Workers' Parties, http://www.solidnet.org/article/22nd-IMCWP-Declaracion-Final-del-XXII-Encuentro-Internacional-de-Partidos-Comunistas-y-Obreros/.

（三）利用网络会议形式加强交流与联合

新冠疫情给共产党和工人党国际会议的召开带来巨大的障碍，2020 年会议被迫取消。2021 年也无法召开线下会议，只能通过线上形式召开一次特别电话会议。在互联网时代，网络会议具有重要的优势：24 小时随时可进行，方便快捷，会议的成本较低。对于资本主义国家的共产党和工人党尤其是一些小党而言，节省开支是非常重要的；因为它们的活动经费主要来源于党员缴纳的党费，而大部分党员都是低薪工人或失业者，因而党的活动经费是非常有限的。因此，共产党和工人党国际会议充分利用网络会议的形式，促进各国共产党和工人党交流合作。

（四）制订的联合行动计划更加具体和可行

以往的会议虽然也制订了联合行动计划，但往往比较抽象和笼统。与以往会议相比，第 22 届共产党和工人党国际会议制订的联合行动计划更加具体，列出了具体的行动日期，具有更强的可行性。这有利于各成员党在国际共产主义运动的重要时间节点联合起来，用一个声音说话，共同采取行动，声援各国人民的斗争，从而扩大共产党和工人党的影响。

参考文献

1. 2nd IMCWP，Opening Speech by Communist Party of Cuba，http：//www. solidnet. org/article/22nd-IMCWP-Opening-Speech-by-Communist-Party-of-Cuba/.
2. 22nd IMCWP，Contribution by the Hungarian WP，http：//www. solidnet. org/article/22nd-IMCWP-Contribution-by-the-Hungarian-Workers-Party/.

Y.14
2022年大选后尼泊尔共产主义运动的新态势

袁 群*

摘 要： 尼共（联合马列）与尼共（毛主义中心）在2022年大选中的惨败表明，尼泊尔共产主义运动的发展已开始呈现下行趋势。两党再度组建执政联盟后又分道扬镳，出现这种状况既有尼共（毛主义中心）违背与尼共（联合马列）之间权力分享协议的因素，也是尼共（毛主义中心）基于现实利益的考量。政党格局碎片化、现实利益的纷争、外部势力的干预将给尼泊尔共产主义运动的发展带来不利影响。能否通过维护政局稳定促进经济社会发展，在加强党的建设的基础上探索资本主义条件下共产党发展壮大的有效路径，将决定尼泊尔共产主义运动的未来。

关键词： 尼泊尔大选 尼共（联合马列） 尼共（毛主义中心）

在2022年大选中，尼共（联合马列）（NCP-UML）与尼共（毛主义中心）（NCP-Maoist Centre）遭遇惨败，分别位列第二、第三，尼泊尔大会党（Nepali Congress）成为议会第一大党。大选后，尼共（毛主义中心）与尼共（联合马列）组建联盟后又分手，转而与尼泊尔大会党合作组建联合政府。尼共（联合马列）与尼共（毛主义中心）再度联手后又

* 袁群，云南大学马克思主义学院副院长、教授，研究方向为当代世界社会主义、南亚共产主义运动。本文审读专家为中共中央对外联络部当代世界研究中心柴尚金研究员。

分道扬镳的原因是什么？尼泊尔共产主义运动将面临哪些挑战？本文将对这些问题展开分析，并在此基础上对尼泊尔共产主义运动的未来走向进行探讨。

一　2022年尼泊尔大选的背景与基本情况

2022 年尼泊尔大选是尼泊尔新宪法颁布后举行的第二次大选。2015 年 9 月 20 日颁布的尼泊尔新宪法宣布尼泊尔为联邦民主共和国，并确定了新的联邦结构——地方、省和联邦，将全国划分为 7 个省、77 个县，大选由地方、省议会和联邦议会三级选举组成。尼泊尔地方选举在 753 个地方政府单位（包括 6 个大都市、11 个次大都市、276 个直辖市和 460 个农村直辖市）通过直接选举制进行。省议会选举有 330 个选区，联邦议会选举分 165 个选区。省议会选举和联邦议会的众议院选举采取混合选举制度。在省议会总共 550 名议员中，330 名通过直接选举制产生，220 名通过比例选举制产生。在联邦议会众议院 275 名议员中，165 名通过直接选举制选出，其余 110 名通过比例选举制产生。省议会议员和众议院议员任期为 5 年。

在 2017 年举行的尼泊尔新宪法颁布后的第一次大选中，尼共（联合马列）和尼共（毛主义中心）组成的左翼联盟获得了 174 个众议院席位，占到绝对多数，并于 2018 年 2 月 15 日上台执政。2018 年 5 月，尼共（联合马列）和尼共（毛主义中心）合并，组建尼泊尔共产党。2018 年 5 月，尼共（联合马列）主席卡德加·普拉萨德·夏尔马·奥利（Khadga Prasad Sharma Oli）与尼共（毛主义中心）主席普拉昌达（Prachanda）签订协议，奥利先担任总理，在两年半后将该职位交给普拉昌达。[①] 2019 年 11 月 20 日，奥利与普拉昌达再次达成权力分享协议，协议规定奥利将领导政府满五

---

① Shubha Shankar Kandel, Foundations and Agreements of Historical Unification, Center for Asian Policy Research & Studies, 2019, p. 251.

年，普拉昌达将以“执行主席”的身份管理党务[1]，但奥利没有遵守这一协议。普拉昌达随后坚持要求奥利遵守最初的协议，实现总理职位的轮换，但遭到了奥利的拒绝。随着党内冲突的加剧，2020 年 12 月 20 日，应奥利在内阁紧急会议上提请解散众议院的要求，尼泊尔总统班比迪娅·戴维·班达里（Bidhya Devi Bhandari）宣布解散众议院。2021 年 2 月 23 日，尼泊尔最高法院经裁定宣布，上一年解散众议院的做法无效，命令尼泊尔政府在 13 天内重启众议院。2021 年 3 月，尼泊尔最高法院裁定，由于注册名称重复的原因，2018 年 5 月注册成立的尼泊尔共产党无效，尼泊尔共产党又分裂回尼共（联合马列）和尼共（毛主义中心）各自独立的状态，尼共政府恢复为尼共（联合马列）与尼共（毛主义中心）两党联合政府。在 5 月 10 日举行的众议院信任投票中，奥利未能获得半数以上的支持票，根据宪法规定成为看守政府总理。7 月 12 日，尼泊尔最高法院裁决恢复 5 月 22 日由奥利总理提出建议、班达里总统批准解散的众议院，同时任命尼泊尔大会党主席谢尔·巴哈杜尔·德乌帕（Sher Bahadur Deuba）为政府总理。

2022 年 5 月 13 日，根据尼泊尔内阁会议的决定，尼泊尔地方选举如期举行。在 753 个地方选举单位中，尼泊尔大会党、尼共（联合马列）、尼共（毛主义中心）分别获得 13773 个、11929 个和 5045 个职位，居第一、第二和第三名。[2] 2022 年 8 月 4 日，尼泊尔内阁会议决定 2022 年 11 月 20 日举行联邦议会和省议会选举。4 月 27 日，原执政联盟成员尼泊尔大会党、尼共（毛主义中心）、尼共（统一社会主义者）、民主社会党（Lokatantrik Samajwadi Party）、全国人民阵线（Rashtriya Janamorcha）在地方选举前组建了选举联盟。10 月 9 日，尼共（联合马列）、人民社会党（Janata Samajwadi

---

① Dahal to Command Party While Oli will Remain Prime Minister for the Full Term, https://kathmandupost.com/politics/2019/11/21/dahal-to-command-party-while-oli-will-remain-prime-minister-for-the-full-term.

② Do the Results of the Federal Elections 2022 Motivate a New Political Wave in Nepal?, https://english.onlinekhabar.com/federal-election-2022-results-nepal.html.

Party）、民族民主党（Rastriya Prajatantra Party）组建了选举联盟。在省议会的直接选举中，尼泊尔大会党、尼共（联合马列）、尼共（毛主义中心）分别以112席、91席、53席居第一、第二和第三名。① 在众议院的选举中，尼泊尔大会党获89席（直接选举议席57席，比例选举议席32席）、尼共（联合马列）获78席（直接选举议席44席，比例选举议席34席）、尼共（毛主义中心）获32席（直接选举议席18席，比例选举议席14席），分居第一、第二和第三名。② 从选举结果看，在地方、省和联邦选举中，尼泊尔大会党都位列第一；而在2017年的大选中，尼泊尔大会党则分别位列第二、第三和第二。在众议院选举中，尼共（联合马列）和尼共（毛主义中心）的总席位相比于五年前的174个席位减少到110个席位；其中，尼共（联合马列）减少了43席，尼共（毛主义中心）减少了21席。而尼泊尔大会党则从63席升到了89席，增加了26席。

二　尼共（联合马列）与尼共（毛主义中心）执政联盟再度破裂

2022年11月20日大选前，德乌帕与普拉昌达达成分享总理职位的协议，协议规定，尼泊尔大会党成员将担任总统一职，而尼共（毛主义中心）成员将在前两年半担任总理，并获得众议院议长的职位。2022年11月26日，即在大选接近尾声之际，德乌帕和普拉昌达会晤并达成谅解，将在大选后保留目前由尼泊尔大会党、尼共（毛主义中心）、尼共（统一社会主义者）、民主社会党、全国人民阵线组成的五党执政联盟。由于尼泊尔大会党领导的民主左翼联盟和尼共（联合马列）领导的选举联盟都没有在大选中获得组建政府所需的至少138席的多数席位，班达里总统为各政党在两个或两个以上政党的支持下建立新政府提供了为期一周的期

① Nepal Election Result: Federal Parliament & Provincial Assembly Election 2079, https://namastesindhupalchowk.com/blog/nepal-election-result-parliament-and-provincial-election-2079.

② Final Result of HoR Elections 2022, https://nepalresearch.com/.

限，截止时间是 12 月 25 日 17 点。但在大选后，鉴于尼泊尔大会党成为第一大党，且所获议席远多于尼共（毛主义中心），德乌帕决定打破与普拉昌达的权力分享协议。尼泊尔大会党认为，国家应该如何反映人民的愿望是最重要的问题。只有尊重人民的投票，才能实现稳定、发展、进步的目标。允许尼共（毛主义中心）或另一个政党领导下一届政府将违背选民的意愿，因为尼泊尔大会党已经成为议会的第一大党。① 与德乌帕关系密切的领导人也煽动他采取强硬立场，尼泊尔大会党副主席比马伦德拉·尼迪（Bimalendra Nidhi）向德乌帕保证，如果他继续担任总理，他将得到印度的支持。德乌帕的妻子阿尔祖（Arzu）也持类似的观点。他们还告诉德乌帕，让第三大党领袖成为总理毫无意义。② 此外，由于普拉昌达与奥利之间不和，德乌帕和他的支持者相信，尼共（毛主义中心）不可能与尼共（联合马列）再度合作，只能接受德乌帕的立场，不会选择与尼泊尔大会党决裂。

12 月 25 日下午，在尼共（毛主义中心）与尼泊尔大会党就权力分享仍无法达成共识的情况下，普拉昌达与民族独立党（Rastriya Swatantra Party）、民族民主党、人民社会党、民意党（Janamat Party）、人民自由党（Nagrik Unmukti Party）领导人赶到尼共（联合马列）主席奥利的住所寻求支持。奥利与普拉昌达商定，由普拉昌达先担任两年半总理，同时，尼共（毛主义中心）支持尼共（联合马列）提名的总统和议长候选人，并在两年半后将总理职位交给奥利。③ 最终，在最后期限到达之前，七党达成共同组建由普拉昌达领导新政府的协议，随后普拉昌达在七党全体议员和 3 位

① NC, CPN-MC Fail to Agree on Next PM, http://127.0.0.1:8580/do/z_k3/aQNzAhG5vEviaAXg9Lejh/YNZvD/nc-cpn-mc-fail-to-agree-on-next-pm.

② Deuba's Arrogance, Prachanda's Firmness and Oli's Stratagem, https://english.lokaantar.com/news/detail/30772/.

③ Maoists in Bargaining Mood as Congress, UML vie for President, https://kathmandupost.com/politics/2023/01/31/maoists-in-bargaining-mood-as-congress-uml-vie-for-president.

独立议员组成的169位议员的支持下到达总统府，要求担任总理。[①] 12月26日，普拉昌达在总统府第三次宣誓就任尼泊尔总理。在普拉昌达与德乌帕决裂后，尼泊尔大会党失去了担任总统、总理、议长职位的机会。为了打破尼共（毛主义中心）与尼共（联合马列）的联盟，并在随后的总统选举上赢得先机，2023年1月10日，作为反对党的尼泊尔大会党在对普拉昌达总理的信任投票中投了信任票，普拉昌达也获得了出席众议院会议的270名议员中的268名的支持，赢得了超过三分之二的信任投票。[②] 此后，普拉昌达开始强调在全国共识的基础上选举新总统，并声称没有就将总统职位交给尼共（联合马列）一事达成协议[③]；这也加剧了奥利和普拉昌达之间的不信任，使执政联盟开始出现裂痕。2023年2月25日，原执政联盟成员尼共（毛主义中心）、尼泊尔大会党、尼共（统一社会主义者）、民主社会党、全国人民阵线、民意党、人民自由党和民族独立党组成的八党联盟决定在总统选举中支持尼泊尔大会党候选人拉姆·钱德拉·保德尔（Ram Chandra Paudel）。[④] 当天，尼共（联合马列）也提名该党副主席苏巴斯·昌德·内姆邦（Subas Chandra Nembang）作为总统候选人。由于尼泊尔总统选举遵循选举人团制度，总统由选举人团投票决定，在52628张选举人团选票中，8个政党拥有31821张选票，这样八党联盟的选票将很容易超过要求的票数。[⑤] 2月27日，尼共（联合马列）在争取多数政党支持本党提名的总统候选人无望的情况下，宣布退出政府，撤回对普拉昌达领导的政府的支持。

---

① Dahal Sworn in as Prime Minister，https：//kathmandupost. com/national/2022/12/26/dahal-sworn-in-as-prime-minister.

② PM Dahal Wins Vote of Confidence，https：//theannapurnaexpress. com/news/pm-dahal-wins-vote-of-Confidence-36827.

③ Ruling Allies Facing Trust Deficit?，https：//risingnepaldaily. com/news/22345.

④ Ruling Coalition Cracks as Congress Locks up Presidency，https：//kathmandupost. com/politics/2023/02/25/ruling-coalition-cracks-as-congress-locks-up-presidency.

⑤ Ruling Coalition Cracks as Congress Locks up Presidency，https：//kathmandupost. com/politics/2023/02/25/ruling-coalition-cracks-as-congress-locks-up-presidency.

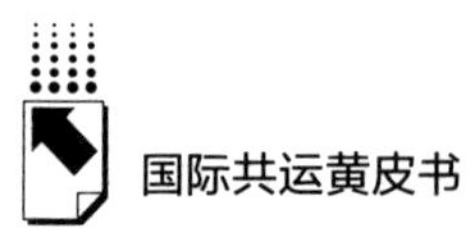

三 尼泊尔共产主义运动将面临政党格局碎片化的挑战

尼泊尔共产主义运动的兴起和发展，极大地推动了尼泊尔人民争取民族独立和解放的斗争，使尼泊尔摆脱了封建主义和殖民主义的统治；这也是尼泊尔共产主义政党获得广大民众的支持、成为尼泊尔主流政治势力的根本原因。2008 年尼泊尔议会宣布废除君主制、实行共和制后，尼泊尔广大民众也期盼能够在尼泊尔共产主义政党的带领下，实现政局稳定、经济发展，建设一个更加美好的尼泊尔的目标。2008 年以来在尼泊尔的四次大选中，尼共（毛主义中心）和尼共（联合马列）所获得的议席占总议席比例的平均值超过了 50%，正是这种期盼的集中反映。但从 2008 年第一届制宪议会选举至今的 14 年间，尼泊尔更换了十一届政府；尽管尼共（毛主义中心）、尼共（联合马列）先后多次领导政府，但其都没有超过一年的任期。被尼泊尔各界寄予厚望，被称为近 30 年来尼泊尔最稳定政府的尼泊尔共产党领导的政府，在维持了三年半后，也因奥利和普拉昌达的内斗而解体。在执政期间，政局不稳、经济发展滞后等问题不仅没有得到根本解决，而且两党被频繁曝光的贪污腐败、裙带关系、派系斗争等问题也饱受尼泊尔民众诟病。在竞选活动中，新兴政党强调免费保健、免费教育、有效执行宪法规定、适当落实宪法所规定的基本权利、解决与公民身份有关的问题和农民问题、消除腐败、创造就业机会以防止青年出国、推动经济可持续发展等。尼泊尔大会党、尼共（毛主义中心）、尼共（联合马列）的选举宣言中的议程在一次选举到另一次选举之间保持一致。它们总是忙于权力博弈，在非理性和假设的承诺而不是可行的承诺方面相互竞争，对人民的问题反应迟钝。①

尼泊尔民众对包括尼共（毛主义中心）、尼共（联合马列）在内的主流

① Changing Political Landscape of Nepal, https://myrepublica.nagariknetwork.com/news/changing-political-landscape-of-nepal/?categoryId=opinion.

政党日益失望导致了选民投票热情持续走低。本次选举共有17988570人拥有投票权，但真正参加投票的选民只占61.85%[①]，比预期少了近9个百分点，同时也创下了自1990年恢复多党制以来议会选举投票率最低的纪录（见表1）。为表达对主流政党的不满，在省议会和联邦议会选举即将开始之际，尼泊尔社交媒体发起了“不，不再”运动（No，Not Again），呼吁选民明智地使用投票权，不要投票给主流政党的领导人，以选举新的有能力的领导人来建立一个合理的制度。[②] 在大选中，由电视明星拉比·拉米哈内（Rabi Lamichhane）在2022年6月组建的民族独立党获得了20个议席，成为第四大党。分别于2019年和2022年成立的地区民族主义政党——民意党、人民自由党也分别获得了6席和3席。而一度沉寂的因主张回归印度教国家和君主制，在2017年大选中只获得1个议席的老牌政党民族民主党，在2022年大选中却得到了部分选民的支持，获得了14个议席，成为第五大党。另外，此次大选有5名独立候选人当选众议院议员，在2017年大选中只有1名独立候选人当选。在地方选举中，说唱歌手巴伦德拉·沙阿（Balendra Shah）击败执政联盟和尼共（联合马列）的候选人当选加德满都市长，这也被视为选民对主流政党不满的反应。[③] 随着政党格局碎片化的加剧，由主流政党主导的政党政治格局也开始分化重组。此次大选，尼共（毛主义中心）和尼共（联合马列）所获得的众议院议席只占总议席40%，比2017年少了约23个百分点（见表2）。2017年大选，只有9个政党进入众议院，5个政党获得3%以上的比例选举制选票，成为全国性政党；而2022年大选有12个政党进入众议院，7个政党成为全国性政党。[④] 这表明

① Nepal Election Result：Federal Parliament & Provincial Assembly Election 2079，https：//namastesindhupalchowk.com/blog/nepal-election-result-parliament-and-provincial-election-2079.

② “No Not Again”：What Nepalis Need to be Aware of?，https：//myrepublica.nagariknetwork.com/news/no-not-again-what-nepalis-need-to-be-aware-of/.

③ The Ambition of Politicians and the Will of Voters：Attempt of a First Election Analysis，https：//nepalobserver.de/archive/0078.pdf.

④ 2022 Nepalese General Election，https：//en.wikipedia.org/wiki/2022_Nepalese_general_election.

政党格局碎片化已经开始销蚀两党的群众基础。随着尼泊尔国内宪政主义、印度教民族主义、地区民族主义政党的崛起，尼泊尔共产主义运动的未来发展将面临严峻挑战。

表 1　1990 年恢复多党制以来尼泊尔大选投票率

年份	1991	1994	1999	2008	2013	2017	2022
投票率(%)	65.15	61.86	65.79	63.29	79.82	68.63	61.85

资料来源：https：//en. wikipedia. org/wiki/Elections_ in_ Nepal。

表 2　2008 年以来尼共（毛主义中心）和尼共（联合马列）与尼泊尔大会党在大选中所获席位比较

年份	2008		2013		2017		2022	
政党	席位（席）	占比(%)	席位（席）	占比(%)	席位（席）	占比(%)	席位（席）	占比(%)
尼共(毛主义中心)和尼共(联合马列)	323	56.1	255	44.3	174	63.27	110	40
尼泊尔大会党	110	19.1	196	34	63	22.9	89	32.7

资料来源：https：//en. wikipedia. org/wiki/Elections_ in_ Nepal。

四　现实利益纷争将继续困扰尼泊尔共产主义运动的发展

尼泊尔共产主义运动长期以来受到现实利益纷争的困扰。2008 年第一届制宪议会选举后，在总统选举问题上，尼共（联合马列）提名该党前总书记马达夫·库玛尔·尼帕尔（Madhav Kumar Nepal）作为总统候选人，但尼共（毛）[①] 先是支持而后又推出了自己的候选人，这导致了尼泊尔大会党提名的拉姆·巴兰·亚达夫（Ram Baran Yadav）成功当选。虽然尼共（联

① 1995 年 3 月，普拉昌达领导的尼泊尔共产党（团结中心）改名为尼泊尔共产党（毛主义），2009 年 1 月又改名为尼泊尔联合共产党（毛主义），2016 年 5 月再次改名为尼泊尔共产党（毛主义中心）。

合马列）于2008年8月加入尼共（毛）领导的新政府，但双方因在尼共（毛）领导的人民解放军与尼泊尔军队的整合问题以及解除反对军队整合的尼陆军参谋长卡特瓦尔（Katawal）职务问题上存在分歧，最终导致了尼联共（毛）联合政府的垮台。2011年2月，尼共（联合马列）主席卡纳尔在尼联共（毛）的支持下当选总理。卡纳尔上任后，由于无法与尼联共（毛）在军队整编问题上达成共识，不得不于8月15日宣布辞职。2016年5月5日，普拉昌达与奥利达成协议，双方同意在未来全国共识政府成立后，由普拉昌达担任政府总理，但由于奥利反悔不愿承认这一协议，尼共（毛主义中心）退出奥利领导的联合政府，引发了奥利政府的垮台。2018年5月，尼共（联合马列）和尼共（毛主义中心）合并为尼泊尔共产党，但尼共由于奥利与普拉昌达的内斗而走向分裂。现实利益之争严重削弱了尼泊尔共产主义运动的力量，对其进一步发展造成了不良影响。

此次尼共（毛主义中心）和尼共（联合马列）执政联盟再次分裂，普拉昌达渴望得到总理职位以及尼共（联合马列）想要得到总统职位并掌控政府的现实利益考量仍然是主要因素。尼泊尔众议院议长德夫拉杰·吉米雷（Devraj Ghimire）和联邦院主席加内什·蒂米尔西纳（Ganesh Timilsina），以及主要的宪法机构——选举委员会、滥用权力调查委员会、国家人权委员会的主席都是尼共（联合马列）提名的，众议院副议长英迪拉·拉纳（Indira Rana）则是由被视为尼共（联合马列）盟友的民族独立党提名的。根据普拉昌达和奥利达成的权力分享协议，奥利将在两年半后担任总理。如果尼共（联合马列）再获得总统职位，它将主导所有重要职位，这样将会严重削弱尼共（毛主义中心）在政府中的主导地位。[①] 如果不顾及与奥利的权力分享协议转而支持尼泊尔大会党的候选人担任总统，尼共（毛主义中心）不仅可以在政府中争取获得更多重要部门的部长职位，而且普拉昌达在担任总理期间还能够在大会党的支持下做出符合其政党利益的决定。基于对自身利益的考虑，普拉昌达选择了违背与奥利已达成的协议，由此导致执

① Dahal's Trial by Fire，https：//theannapurnaexpress. com/news/dahals-trial-by-fire-38456.

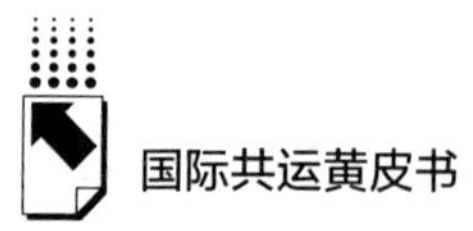

政联盟再度分裂。能否从尼泊尔共产主义运动发展的大局出发，通过加强团结合作跨越现实利益的藩篱，将是尼共（毛主义中心）和尼共（联合马列）所面临的重大考验。

五　尼泊尔共产主义运动仍将受到外部势力的干预

作为尼泊尔的邻国，印度独立后一直自认为是南亚霸主，把尼泊尔作为自己的势力范围。2008 年以来，随着尼共（毛主义中心）与尼共（联合马列）多次上台执政，一直比较稳定的尼印关系也开始出现波动。2008 年 8 月，时任尼共（毛）主席普拉昌达担任总理后首访中国，打破了尼泊尔总理上任后必先访问印度的惯例，引起了印度的强烈不满。2015～2016 年和 2018～2021 年在奥利担任总理期间，因印度拒绝了奥利政府时期居住在尼泊尔特莱地区的印度裔马迪西人修改宪法的要求，奥利对印度采取了强硬的态度以维护国家主权，尼印关系陷入紧张状态。而在尼泊尔大会党主席德乌帕担任总理后，双方关系则有所改善。因此，印度认为，尼泊尔共产主义政党是亲中国的和反印的，尼泊尔大会党执政才有利于印度。① 印度政府也由此将幕后操纵尼共高层领导斗争、扶持尼泊尔大会党执政，作为其影响尼泊尔政局的主要手段。2009 年 5 月普拉昌达领导的尼联共（毛）与尼共（联合马列）联合政府和 2016 年 7 月奥利领导的尼共（联合马列）与尼共（毛主义中心）联合政府的倒台以及 2013 年 11 月尼泊尔大会党在第二届制宪议会选举中获胜，印度都起到了幕后推手的作用。2020 年 10 月至 11 月，在尼共党内高层斗争愈发激烈之际，印度情报机构调查分析局局长萨曼特·戈尔（Samant Goel）、印度陆军总司令纳拉瓦内（MM Naravane）、外交秘书哈什·瓦尔丹·什林格拉（Harsh Vardhan Shringla）接连访问尼泊尔，加速了尼共的分裂。正如尼赫鲁大学教授穆尼（S. D. Muni）所说，印度谨慎而狡

① Prachanda Sworn in as PM：New Tie-ups in Nepal，Concern in India，https：//indianexpress.com/article/. explained/explained-global/prachanda-is-pm-new-political-ties-in-nepal-concern-in-india-8345358/.

猾地打出了不干涉外交的招牌，并以此实现了“暴露奥利机会主义和政治驱动的反印民族主义的肤浅性”、“粉碎执政的尼泊尔共产党”的直接“战术目标”①。2022 年大选后，印度又向尼泊尔大会党施压，尽可能不让普拉昌达成为新政府的总理。② 在这一计划失败后，再度拆散尼共（毛主义中心）与尼共（联合马列）执政联盟便成为印度对大选后尼泊尔谋篇布局的首要任务。2023 年 2 月 13 日和 2 月 18 日，印度外交秘书维奈·莫汉·夸特拉（Vinay Mohan Kwatra）和四位前印度陆军参谋长与印度陆军现任参谋长马努基·潘德上将（Manoj Pande）又接连访问尼泊尔，最终导致了尼共（毛主义中心）与尼共（联合马列）执政联盟的解体。

进入 21 世纪以来，美国进入新的战略调整期，为维护美国在印太地区的霸权，遏制中国发展壮大，美国将与尼泊尔建立更密切的伙伴关系视为其印太战略的一部分。2022 年 2 月，美国抓住尼共分裂后尼泊尔共产主义力量处于分散状态的时机，胁迫尼泊尔通过作为印太战略组成部分的“千年挑战计划”协议，协议规定美国政府“援助”5 亿美元用于尼泊尔国内基础设施建设。此举表明美国企图以经济援助为诱饵控制尼泊尔，挤压“一带一路”的发展空间，制衡中国在南亚的影响。在尼共（毛主义中心）与尼共（联合马列）再度执政的背景下，美国对尼泊尔战略集中在两个方面。一是推进“千年挑战计划”在尼泊尔的实施。随着尼共（毛主义中心）与尼共（联合马列）再度联手执政，美国开始担心“千年挑战计划”有可能被延迟甚至搁浅。2023 年 1 月 29~30 日，美国负责政治事务的副国务卿维多利亚·纽兰（Victoria Nuland）对尼泊尔进行了访问。纽兰此行的首要任务是保证“千年挑战计划”于 2023 年 8 月在尼泊尔正式实施。她在加德满都举行的新闻发布会上表示，美国正在与尼泊尔合作，加快“千年挑战计划”下的能源相关项目，“我们希望通过利用水电的潜力，帮助尼泊尔成为

① What India should, and shouldn't Do in Nepal, https://www.hindustantimes.com/analysis/what-india-should-and-shouldn-t-do-in-nepal/story-UJ0tUcogvwdkaeqKdSWn8I.html.

② Maoists in Bargaining Mood as Congress, UML vie for President, https://kathmandupost.com/politics/2023/01/31/maoists-in-bargaining-mood-as-congress-uml-vie-for-president.

一个更强大的经济大国”①。二是推动尼泊尔共产党人接受西方民主模式，对尼泊尔共产主义运动进行符合美国利益的改造。纽兰在与总理普拉昌达等政要会见时，公开赞扬尼泊尔自 2006 年结束长达十年的内战以来取得的民主成就，指出“尼泊尔最近举行了一轮很好的选举。在加强民主方面，尼泊尔不仅在本区域，而且在全世界树立了一个了不起的榜样。我们看到独裁者正试图用武力改变全球道路规则。这不是尼泊尔的方式，也不是美国的方式”②。2023 年 2 月 7 日，在纽兰之后到访尼泊尔的美国国际开发署署长萨曼莎·鲍尔（Samantha Power）宣布，美国国际开发署将提供高达 5800 万美元的资金，其中 4000 万美元是 2022 年 3 月美国国际开发署承诺向尼泊尔捐赠 6.59 亿美元的一部分，以推动尼泊尔的民主进步。③美国的加入与印度对尼泊尔政局的长期影响形成叠加效应，必将对尼泊尔共产主义运动造成前所未有的冲击。

结 语

2022 年尼泊尔大选是对尼泊尔共产主义运动的又一次检验。从选举结果来看，尼共（联合马列）与尼共（毛主义中心）所获议席数严重下滑，占比已降至 2008 年以来最低，这表明尼泊尔共产主义运动的发展开始呈下行趋势。出现这一结果的原因首先是 2008 年以来尼共（联合马列）与尼共（毛主义中心）的执政表现不佳，其次是外部反共势力的影响。而最根本的原因则是，尼共（联合马列）与尼共（毛主义中心）在资本主义多党竞争

---

① Victoria Nuland Prods Nepal to Strike Balance in Ties with India and China, https://www.indianarrative.com/world-news/victoria-nuland-prods-nepal-to-strike-balance-in-ties-with-india-and-china-102307.html.

② Victoria Nuland Prods Nepal to Strike Balance in Ties with India and China, https://www.indianarrative.com/world-news/victoria-nuland-prods-nepal-to-strike-balance-in-ties-with-india-and-china-102307.html.

③ USAID Administrator Power Announces Nearly $60 Million to Strengthen Democratic Institutions in Nepal, https://english.khabarhub.com/2023/07/292311/.

条件下没有处理好保持党的特色与推进党向议会政党转型的关系。从未来的发展来看，作为尼泊尔重要的政治力量，尼共（联合马列）与尼共（毛主义中心）的首要任务是：汲取以往分合的经验教训，加强团结合作，抵御外部干扰，维护政局稳定，促进经济社会发展。而更为重要的是，两党应该汲取国际共产主义运动的经验教训，进一步加强党的建设，始终保持党的先进性和纯洁性，不断探索资本主义条件下共产党发展壮大的有效路径，以实现其建设一个以社会主义为导向的更加繁荣稳定的尼泊尔的愿景。

参考文献

1. 中共中央对外联络部《各国共产党总览》编辑委员会编《各国共产党总览》，当代世界出版社，2000。
2. 《国际共产主义运动史》编写组：《国际共产主义运动史》（第二版），人民出版社，2020。
3. 王宏纬主编《列国志 · 尼泊尔》（第 2 版），社会科学文献出版社，2015。
4. 〔英〕约翰 · 菲尔普顿：《尼泊尔史》，杨恪译，东方出版中心，2016。
5. 〔美〕里奥 · 罗斯：《尼泊尔的生存战略》，王宏纬、张荣德译，中国藏学出版社，2018。

Y.15
日本共产党百年探索与发展新动态

朱旭旭　谭晓军*

摘　要：　2022年是日本共产党建党100周年。日本共产党长期坚持科学社会主义信仰，历经曲折，不懈探索发达资本主义国家走向社会主义的道路，在国际共产主义运动中具有不可或缺的作用。近年来，日本共产党以加强党的建设和在野党共斗“两个中心任务”为引领，与国内右翼势力展开坚决斗争；同时，关注国际热点问题，加强与欧洲左翼进步政党交流合作。然而，受日本政治右倾化、在野党分裂重组且不断弱化及自身发展困境等因素的影响，日本共产党综合实力衰退趋势短期内难以有效扭转。

关键词：　日本共产党　日本资本主义　议会道路　社会主义

1922年7月15日成立的日本共产党（以下简称“日共”），至2022年已经走过整整100年发展历程。长期以来，日共坚持以科学社会主义为指导思想，积极探索发达资本主义国家走向社会主义的道路。在迎来建党100周年之际，日共强调要从百年党史中汲取力量、继续坚持和平议会斗争路线、加强在野党统一战线，为实现在野党民主联合政府和共产主义目标而奋斗。日共是日本特色鲜明的左翼政党，也是日本现政坛中历史最悠久的政党，其百年曲折发展历程诠释了日本社会主义运动的兴与衰。

---

* 朱旭旭，北京科技大学马克思主义学院讲师，博士，研究方向为日本左翼与当代世界社会主义运动；谭晓军，中国社会科学院马克思主义研究院研究员，研究方向为日本马克思主义。

一　日本共产党百年曲折发展历程

日共百年发展史既是一部批判和反抗日本资本主义的历史，也是对革命理论、纲领路线、方针政策等重大问题进行探索与实践的历史。

（一）战前日共在天皇专制政权镇压下的艰难发展

1922 年 7 月 15 日，日共在共产国际帮助下秘密成立；同年 12 月，加入共产国际并成为共产国际日本支部。1923 年 6 月、9 月，天皇政府对日共实施两次大规模镇压，大量逮捕、杀害党员干部。在此背景下，以日共领导人山川均（Yamakawa Hitoshi）为代表的一小部分党员干部产生悲观情绪与失败主义倾向，主张取消革命、取消党，并于 1924 年 3 月作出解散党的决定。此后，日共在共产国际帮助下决定重新建党。1926 年 2 月党的三大召开，日共批判了“山川主义”（Yamakawa doctrine）的错误，选出新的党中央委员会。然而，在与“山川主义”错误作斗争过程中，党内又出现了以福本和夫（Fukumoto Kazuo）为代表的“左”倾机会主义错误，主张把党建设成为由“精通”马克思主义的知识分子组成的政党，这实际上脱离了现实、脱离了群众，直接导致党陷入孤立无援的境地。1927 年 7 月，在共产国际帮助下，日共在莫斯科召开会议，批判“山川主义”和“福本主义”（Fukumoto doctrine）的错误，制定了《1927 年纲领》，使党的路线重回正轨。在此期间，福本主义者接受了共产国际的批评；山川主义者则拒绝接受批评并创办《劳农》杂志批判日共，被称为“劳农派”，最终在 1928 年 2 月被开除出党，这部分力量也构成二战后成立的日本社会党的主要领导力量。

20 世纪 20 年代末 30 年代初，天皇政府为了巩固侵华战争大后方，对日共接连多次发动大规模血腥镇压，包括 1928 年“三一五”大镇压、1929 年“四一六”大镇压和 1932 年 10 月大镇压等。1935 年 3 月，随着最后一名中央委员袴田里见（Satomi Hakamada）被捕，日共全国性统一活动被迫中止。直到二战结束后，日共才得以恢复重建。这一时期，与英美等发达资本主义国家共产党迎来发展高潮相比，日共失去 10 年发展机遇期，这对二战后日本社会主义运动发展也产生了一定的不利影响。

（二）二战后日共争取独立自主的斗争

二战后，美国对日本实行单独占领，政治上迫使日本进行民主改革，日共得以重建并恢复合法地位。为争取民族独立、实现政治民主目标，日共团结国民与美帝国主义、日本垄断资产阶级“两个敌人”作坚决斗争，积极探索被占领下的资产阶级民主革命道路。

二战后初期，德田球一（Tokuda Kyūichi）、志贺义雄（Shiga Yoshio）等战前长期被关押在监狱的日共领导人先后得以释放，并着手党的重建工作。两个多月后，日共四大召开，实现了党的重建。1946 年 2 月五大召开，日共提出“被占领下的和平革命”① 路线。这一主张与二战后日本国民渴望和平的诉求相适应，推动日共迎来短暂的飞跃发展。比如，1946 年 4 月，在日本二战后第一次选举中，日共首次进入议会并获得 5 个议席，三年之后跃升为 35 个议席；党员人数也从二战后重建时 1000 余人猛增到 10 万多人。然而，随着美苏冷战的开始，美国对日本由削弱转变为扶持，并开始大肆镇压日共和日本社会主义运动。1950 年 1 月，苏联也从外部对日共的革命路线进行指责和批评，这直接导致日共陷入分裂长达五年，史称“五零年问题”②。这给二战后刚刚恢复元气的日共带来严重损失。到 1952 年时，日共党员人数骤减到 3 万人，在议会中也失去了全部议席。

直到 1955 年，日共分裂双方共同主持召开“第六次全国协议会”，批判分裂时的错误、选出统一的中央委员会，结束分裂状态，开始强调独立自主制定党纲。经过约五年的酝酿，1961 年在八大上日共独立自主制定了党纲，在正确分析二战后日本国情基础上，明确提出坚持走“和平民主的议

① 转引自肖枫主编《社会主义向何处去——冷战后世界社会主义运动大扫描》，当代世界出版社，1999，第 726 页。

② 不破哲三：『日本共産党史 85 年と党発展の現段階』，『しんぶん赤旗』2007 年 8 月 12 日，第 4~5 頁。

会斗争道路"[①]。在20世纪60~80年代，随着美苏冷战加剧、国际共产主义运动和社会主义国家内部问题暴露及日本反共、反社会主义运动不断高涨，日共加强了对如何建设社会主义政权问题的阐释，以凝聚党内思想共识，团结广大国民力量。1971年日共确立"多党议会制革命"思想路线，提出建立"民主联合政府"主张；1976年修改党章党纲，重点修改政治术语，比如将"马克思列宁主义"修改为"科学社会主义"；1977年提出"社会主义成长期理论"；1985年在十七大上，日共删除党纲中的"资本主义总危机论"，并将"社会主义成长期理论"纳入党纲。同时，这一时期，日共在议会内外积极开展反对右翼政府损害国民根本利益的斗争，比如，反对日美安保条约、反对天皇制、反对越南战争、反对核武器、反对大国干涉主义等。截至20世纪80年代末，日共党员人数增加到近50万人、两院议席高达50余席、地方议席近4000席。

（三）苏东剧变后日共实现逆势跃进

苏联解体、东欧剧变后，随着国际及日本国内不断掀起反共高潮，日共党内思想出现混乱，党员退党现象时有发生。截至1994年，日共党员仅剩36万人，1993年众议院选举中议席减少到15席。面对这一挑战，日共重点从理论层面推进革新，强调苏联解体不是"科学社会主义的失败"，要建设与苏联模式不同的社会主义；加强与国外政党的交流，塑造革新开放政党形象。日共由此推动了自身实现逆势跃进，与这一时期世界其他发达资本主义国家共产党持续衰退形成鲜明对比。

结合冷战结束后国内外环境的新变化，日共在1994年部分修改党纲，2000年修改党章，2004年从根本上修改党纲。比如，在2000年修改党章时，日共强调党"不仅是工人阶级政党，也是日本国民的政党"[②]；在2004年修改党纲时，日共强调党的奋斗目标是"过渡到社会主义·共产主义的

① 《日本共产党第八次代表大会文件》，世界知识出版社，1962，第236页。

② 『日本共産党規約』，『しんぶん赤旗』2000年11月25日，第23頁。

'共同社会'"[①]，首次在党纲中明确提出保护私有财产。此外，在1997年二十一大上，日共确立起"以亚洲为中心"[②]的党际交往原则，不断加强与中国、越南、马来西亚、新加坡等亚洲各国政府、政党的交流合作，并提出构建"和平的亚洲与世界"的党际交往目标。经过努力，日共扭转苏东剧变后不利局面，实现了党的综合实力逆势跃进。这在发达资本主义国家共产党中是很少见的。21世纪初，日共党员人数上升到40.4万人，两院议席达到40席，地方议席高达4400多席，并一举成为地方议会第一大党。

（四）2006年以来日共立足在野党职能定位开展反对右翼势力的斗争

2006年在二十四大上，日共形成以志位和夫（Shii Kazuo）为核心的新一代领导集体，标志着日共开启新进程。

日本宪政体制的特点是，获得参、众两院议席多数的政党组成内阁，党首担任首相、掌握国家权力。二战后，资产阶级政党自民党成为日本第一大党，并在绝大部分时间控制着参、众两院的多数议席，形成连续单独执政长达38年的"五五年体制"。"五五年体制"瓦解后，自民党和公明党执政联盟长期稳定，影响着日本政治发展方向。日共为得到更多国民认可、赢得议会斗争，开始推行更加开放的革命路线方针。2003年，日本兴起"选择自民党还是民主党"的争论（"两大政党的政权选择论"）之后，国内反共逆流再次高涨。面对这些挑战，日共提出，为迎接2007年地方选举、参议院选举和总选举而尽到"真正在野党的责任"[③]。这意味着，日共不再强调成为执政党或者参政党，而是强调立足于在野党身份发挥自身应有作用。2009年民主党执政以后，日共首次明确提出"建设性参与的反对党"[④]的政党职能定位，强调自身并非反对整个体制，对于民主党政府实施的有利于国民的政策采取支持态度。

---

① 『日本共産党綱領』，『しんぶん赤旗』2004年1月18日，第17~19頁。
② 『日本共産党第21回大会決議』，『しんぶん赤旗』1997年9月27日，第17~20頁。
③ 『日本共産党第24回大会決議』，『しんぶん赤旗』2006年1月15日，第17~22頁。
④ 『日本共産党第25回大会決議』，『しんぶん赤旗』2010年1月17日，第1~6頁。

从2014年开始，日共强调日本进入“自共对决的时代”，在议会选举中加速推进在野党统一战线，强调通过赢得议会多数实现建立民主联合政府目标。2014年在二十六大上，日共提出，“基于近年来在核电、TPP、消费税、和平宪法、在日美军基地等涉及国政根本问题方面的共同点，开展‘一点共斗’的政策，不断扩大与无党派人士，以及文化界人士、知识分子、宗教界人士等的共识”①。为表明建立在野党统一战线的决心，日共在2017年召开二十七大时首次邀请3个在野党党首和“冲绳之风”代表参加开幕式并致辞②。在2019年第二十五届众议院选举中，日共与立宪民主党等在野党共同推举候选人，最终在32个改选的“一人区”中赢得10个议席。为了赢得更多选民支持，时隔40年日共再次提出，“允许党所属议员、候补议员建立个人后援会”③ 的政策主张。从2020年开始，日共对于在野党统一战线不再强调“是阁内合作，还是阁外合作”，而是“要根据具体情况选择最佳途径”④。在2021年众议院选举、2022年参议院选举中，日共与立宪民主党实施阁外合作方式参与选举，结果两党的议席都呈现明显减少趋势。2022年迎来建党100周年，日共在总结党的经验教训基础上再次强调进一步团结在野党的重要性，依靠统一战线推动建立在野党民主联合政府。2023年5月，最大的在野党立宪民主党党首泉健太明确表示，“下届众议院选举不会与日本共产党合作”⑤。这势必会增加在野党统一战线未来发展的阻力。

值得注意的是，21世纪以来日共尽管实施了更加积极的在野党统一战线斗争路线，发挥自身制衡和牵制右翼政权的作用，为维护广大国民根本利益而奋斗，但依然难以有效遏制自身持续衰退趋势。自2006年1月到2023

① 『日本共産党第26回大会決議』,『しんぶん赤旗』2014年1月18日，第9~15頁。

② 『安倍政権打倒へ野党スクラム「日本の政治の新しい時代」さらに前へ』,『しんぶん赤旗』2017年1月16日，第1頁。

③ 『日本共産党第28回大会第一決議(政治任務）』,『しんぶん赤旗』2020年1月19日，第9~12頁。

④ 『野党連合政権にのぞむ日本共産党の基本的立場——政治的相違点にどう対応するか』,『しんぶん赤旗』2020年3月27日，第3頁。

⑤ 立憲・泉代表「共産党と“選挙協力”せず」連合・芳野会長に伝達，https://news.yahoo.co.jp/articles/75b9f92de74def133693ef4af2e7cef31aa984a1.

年 5 月，日共党员人数由 40 万人减少到 26 万人，党支部也由 2.4 万个减少到 1.7 万个，《赤旗报》读者由 164 万人减少到 90 万人，财务收入由 282 亿日元减少到 195.9 亿日元，两院议席长期维持在 10~20 席，难以有新突破，地方议席由 3550 席减少到 2383 席，未来还有持续衰退的趋势。党的发展陷入严重困境，未来发展挑战大于机遇。

二　近年来日本共产党发展新动态

近年来，为迎接建党 100 周年，日共强调以加强党的建设和在野党共斗"两个中心任务"为引领，与右翼势力展开坚决斗争，为推翻右翼政权、实现建立在野党联合政权这一目标凝心聚力。同时，日共也高度关注国际热点问题，主张和平解决国际争端，加强与西方左翼进步政党交流与合作，积极塑造国际政党形象。

（一）修改党纲、明确"两个中心任务"，追求建立在野党联合政权

2020 年 1 月，日共召开二十八大，时隔十六年再次修改党纲，首次将"党的建设"作为大会决议单独提出，为迎接建党 100 周年提供思想指南。其中，在修改党纲方面，日共强调，20 世纪殖民地体制崩溃后诞生的一百多个主权国家如今在促进世界和平、社会进步方面发挥重要作用。日共根据中国现状和国际形势变化删除党纲中"中国、越南是以社会主义为目标新探索国家"的内容，提出在发达资本主义国家进行社会变革是过渡到未来社会的康庄大道。这是日共对 21 世纪以来世界形势发展变化作出的最新判断并使之上升为全党的行动纲领。日共强调，此次党纲修改"不仅丰富了党的世界形势论，还增强了党纲的生命力"①。在第一决议（政治任务）方

① 志位和夫：『綱領一部改定案についての中央委員会報告』，『しんぶん赤旗』2020 年 1 月 16 日，第 12~16 頁。

面，批评安倍内阁是“战后最糟糕的政府”[①]，强调在野党共斗和党的建设是改变日本政治的着力点，要求终结安倍内阁、建立在野党联合政权，并提出赢得议会选举的方针政策。在第二决议（党的建设）方面，阐明当前党的建设面临的机遇和挑战，要求贯彻“支部是主角、党的建设和党势扩大是‘车之两轮’的活动、增加党员人数、党员生活三原则、开展以《赤旗报》为中心的活动、加强思想学习”[②] 等原则。在此基础上，日共提出了到建党100周年时党的近期奋斗目标，即党员人数增加30%，在2021年众议院选举、2022年参议院选举中争取赢得850万张选票，议席占有率达15%以上。

从二十八大召开到2023年5月，日共已经召开11次全国都道府县委员长会议、7次中央委员会、2次中央委员会干部会议，多措并举贯彻落实党的二十八大决议和新党纲精神，为加强党的建设、在野党共斗凝心聚力。实际上，全党对“新党纲的阅读率仅达到48.1%”（2022年2月）[③]，大会决议阅读率更低。2021年众议院选举中仅获得416万张选票、9个议席（2017年选举时获得440万张、11席），2022年参议院选举所获选票数仅有361.8万张、11个议席（2019年选举时获得448万张、13席），选票数和议席数都出现下滑，选票占有率仅为6.8%左右[④]，与二十八大设定的议会选举目标相去甚远。

（二）总结百年党史经验，加强党史学习教育

2017年在二十七大决议中，日共强调以95年党史为基础，以党纲为引领，推动在发达资本主义国家进行社会主义变革，到建党100周年时实现建

① 『日本共産党第28回大会第一決議（政治任務）』，『しんぶん赤旗』2020年1月19日，第9~12頁。

② 『日本共産党第28回大会決議第二決議（党建設）』，『しんぶん赤旗』2020年1月19日，第13~15頁。

③ 『参院選勝利へ「特別期間」の成果を生かし「3本柱の活動」の前進を』，『しんぶん赤旗』2022年2月3日，第8頁。

④ 『比例代表 参議院選挙 2022 党派別状況』，https://www.nhk.or.jp/senkyo/database/sangiin/00/hsm12.html.

立在野党联合政权。从2019年到2022年，日共机关刊物《学习月刊》连续刊载建党100周年的相关文章，全面阐释党百年奋斗历史的重大意义。2021年，日共经过16年酝酿重新修订、编辑的《资本论》（12册）全部出版。2022年，日共机关报《赤旗报》围绕建党100周年刊载一系列文章，日共委员长志位和夫所著的《论日本共产党百年历史和纲领》、副委员长市田忠义所著的《日本共产党的规约和党的建设教室》出版，为全党学习百年党史提供理论参考。

2022年9月17日，日共举行庆祝建党100周年活动，志位和夫委员长发表《论日本共产党百年历史和纲领》讲话，总结百年来党的经验教训，强调以党纲为思想指南建设强大共产党的重要性。其中，志位和夫强调，百年来日共始终保持三大特质："（1）面对任何困难绝不背叛国民，不屈不挠贯彻社会进步大义；（2）以科学社会主义为指导思想，努力推进党的自我革命；（3）通过统一战线团结国民改变日本政治"①，号召全党在迈向第二个百年奋斗目标即实现共产主义社会中自觉坚持贯彻三大特质。当天，有16万人通过线上参加党的庆祝活动。会后，相关视频在YouTube平台上两个月观看量达21万次。

2022年8月，在六中全会上，日共要求全党以建党100周年纪念活动为契机加强和推进2023年统一地方选举工作，明确统一地方选举目标。同时，由于2023年4月举行地方选举，日共决定将党的二十九大推迟到2024年1月召开。11月，日共在都道府县委员长会议上强调，要以六中全会决议的精神和纪念建党百年报告的精神为思想引领，全面推进建设强大共产党的工作。12月，日共在中央委员会常任干部会上强调，所有党支部"要将实现建党100周年作为'特别时期'的目标而努力奋斗，深入学习六中全会精神和建党100周年精神，推动实现党员人数增加和《赤旗报》读者扩

① 志位和夫：『日本共産党100年の歴史と綱領を語る』，『しんぶん赤旗』2022年9月19日，第7~11頁。

大的双重目标，促进增强党的综合实力和选举工作协调发展”①。2023 年 1 月，在七中全会上，日共委员长志位和夫强调，在党的“第二个百年”开启之年，全党要“进一步贯彻百年党史中的三大特质——不屈性、自我革命、与国民在一起”②，共同开创党的辉煌历史。

（三）着力批判右翼政权内外政策，提出构建有希望的日本

无论是安倍内阁，还是菅内阁，抑或现在的岸田内阁，首相都来自自民党，都是资产阶级利益代言人，一定程度上菅内阁和岸田内阁都延续着安倍内阁的国内外政策，甚至加速推进日本政治右倾化，严重损害国民根本利益。日共对它们的批判和斗争具有一致性。日共在批判右翼政权、强调与其展开正面对决的同时，立足于维护国民根本利益提出相应提案，同时强化在野党统一战线，要求推翻右翼政权，构建和平、舒适、民主的日本。

针对安倍内阁，日共批判安倍内阁在任 7 年间，在宪法与和平、生活与经济、民主和人权等方面从根本上破坏了日本社会，是战后日本最糟糕的政府。比如说，推动修改宪法 9 条、大幅增加军费支出、建设战争国家，大幅度提高消费税、削弱社会保障、破坏雇佣制度、降低工资等做法，破坏了国民生活和日本经济。日共批评其追随美国、实施对霸权主义屈从的外交政策，以及美化侵略战争和殖民地统治历史等。针对菅内阁，日共批判菅内阁强势介入日本学术会议人事问题属于强权政治行为；新冠疫情下践行自救、共救、公救理念暴露出新自由主义特点，用谣言等攻击批评者，菅内阁表现出比安倍内阁“更具危险性、更缺乏执政能力的姿态”③。在此基础上，日共以赢得议会选举为目标，基于在野党共同政治主张提出建设新日本的

---

① 『全党の支部・グループのみなさんへの手紙：党創立 100 周年の年を「特別期間」の目標総達成で締めくくろう』，『しんぶん赤旗』2022 年 12 月 3 日，第 8 頁。

② 『第 7 回中央委員会総会志位委員長の幹部会報告』，『しんぶん赤旗』2023 年 1 月 6 日，第 10~14 頁。

③ 『第 2 回中央委員会総会志位委員長の幹部会報告』，『しんぶん赤旗』2023 年 12 月 15 日，第 11~16 頁。

“五个提案”，以赢得选民的支持。

针对岸田内阁，日共批判其在新冠疫情中忽视政府责任，放任大扩军、建设战争国家、推动修改宪法9条，物价暴涨、气候危机、核电危机、性别歧视等矛盾，要求“与岸田内阁展开正面对决，通过实现和平、舒适、民主来构建充满希望的日本”①。其中，针对“新资本主义”等经济政策，日共批判其为“实质上继承导致国民贫困和贫富差距扩大的安倍经济学”②。针对扩军和修宪等行为，日共指出军事扩张失控是加速地区军事冲突的最危险途径，要求日本政府基于宪法9条开展和平外交，并提出助力东亚和平发展的“外交愿景”。针对岸田文雄政府为2022年7月遇刺身亡的前首相安倍晋三举行“国葬”问题，日共发起和领导游行等反对斗争，并将其批判为“违反宪法的行为”③，要求保护民主主义。

（四）关注和积极参与国际事务，加强与欧洲左翼进步政党交流合作

近年来，日共高度关注国际问题，积极参与国际活动，呼吁和平解决国际问题，加强塑造自身开放国际政党形象。同时，加强和本国国情相似的欧洲发达资本主义国家左翼进步政党交流合作，学习它们的社会主义运动经验。

一方面，高度关注国际形势，明确表明自己的原则立场。针对新冠疫情肆虐全球，日共指出，“这是新自由主义破产的结果，是以贫富差距和全球变暖为显著特征的资本主义制度性矛盾激化的恶果”④，呼吁世界各国政府和人民联合起来应对新冠疫情危机。针对俄乌冲突问题，日共

---

① 『第6回中央委員会総会志位委員長の幹部会報告』，『しんぶん赤旗』2022年8月2日，第7~11頁。

② 『総選挙政策：なにより、いのち。ぶれずに、つらぬく』，『しんぶん赤旗』2021年10月12日，第6~9頁。

③ 『民主主義を守る声を上げ続けよう「国会正門前大行動」志位委員長のスピーチ』，『しんぶん赤旗』2022年9月28日，第2頁。

④ 『コロナ危機をのりこえ、新しい日本と世界を——改定綱領を指針に志位和夫委員長の講演』，『しんぶん赤旗』2020年7月17日，第7~10頁。

多次表明俄乌冲突是俄罗斯侵略乌克兰所导致的恶果，“要求俄罗斯立刻停止侵略行为，批判北约各国与俄罗斯军事对抗的外交政策，强调通过和平谈判解决国际问题的重要性”①。针对核武器问题，日共一直站在反对核武器斗争的最前列，谴责日本政府拒绝签署联合国成员国通过且在2021年1月已经生效的《禁止核武器条约》，并督促日本政府尽快签署。

另一方面，加强与欧洲左翼进步政党交流合作。2014年以来，日共确立“以欧洲为中心”② 的党际交往原则，强调加强与欧洲左翼进步政党的交流与合作对日本社会变革运动和世界进步运动都具有重要意义。在这一思想指导下，日共积极与法国、葡萄牙、西班牙、德国、捷克等国家共产党及其他左翼进步政党展开交流与合作。比如说，2022年10月，日共与越南共产党以“21世纪的社会主义”为题在东京举行第10次理论交流会，就“东亚和平与合作框架问题、废除核武器”等课题③达成合作共识。11月，日共派代表团先后到法国、瑞典、德国、荷兰、比利时、奥地利等国家，与其左翼进步政党进行会谈。12月，日共参加第七届欧洲左翼政党大会。

三　日本共产党的发展前景展望

近年来，在国际上，由于资本主义大肆推行新自由主义政策，全球变暖、贫富差距扩大、全球性传染病频发、局部军事冲突加剧等矛盾不断凸显；在国内，日本政府加快推进政治右倾化、推动修改宪法9条，坚持以大企业和财界为中心的经济政策，大幅提高消费税等，严重损害国民根本利

① 『第6回中央委員会総会志位委員長の幹部会報告』，『しんぶん赤旗』2022年8月2日，第5~8頁。

② 『日本共産党第27回大会決議』，『しんぶん赤旗』2017年1月19日，第9~12頁。

③ 『志位委員長、ベトナム共産党のタン政治局員と会談』，『しんぶん赤旗』2022年10月15日，第1頁。

益，导致国内矛盾加剧。这为日共探索国内社会主义运动和国际共产主义运动相结合的道路提供有利机遇。并且，在探索发达资本主义国家社会主义道路过程中，日共坚持原则性与政策灵活性相统一，积极维护国民根本利益，通过和平议会道路开展反体制斗争并取得一定成果，一定程度上巩固了党的阶级基础和群众基础。然而，当前日共发展也面临着严峻挑战。比如，日本政治右倾化、中左翼政党强势兴起等，党内发展存在僵化问题等，这导致日共出现持续衰退的发展态势。

（一）日本政治右倾化不断加强，日共生存空间遭进一步挤压

日共是日本特色最鲜明的左翼政党，一直高举科学社会主义旗帜，以推翻右翼政权、建立共产主义社会为目标，必然会遭到右翼政权的反对和镇压。

长期以来，日本政府除了将日本新左翼视为“极左暴力集团”而加以监视和镇压之外，还将日共视为“暴力革命政党”[①]，常常开展反共、反社会主义宣传，使广大国民不敢靠近日共，更不敢支持和加入日共。如今，在政治右倾化不断加强背景下，日共依然高举科学社会主义旗帜，继续走在反对修改和平宪法、反对核武器、反对建设战争国家的前列，必然遭到右翼政权镇压。例如，日本右翼势力加强反共、反社会主义宣传，攻击志位和夫领导下的日共为“独裁者的共产党”[②]，将日共新党纲宣传为“脱离现实的纲领”。2022 年 12 月 6 日，岸田内阁就“日本共产党的答辩书”指出，“共产党不会改变暴力革命方针”[③]。这意味着日本政府从国家层面认定日共依然是暴力革命政党，并将以此为借口对日共实施镇压政策。日本右翼势力还加强对在野党统一战线的诋毁和瓦解，大肆宣传“在野党共斗失败论”、鼓吹

---

① 『共産党が破防法に基づく調査対象団体であるとする当庁見解 ｜ 公安調査庁』，公安調査庁，https：//www. moj. go. jp/psia/habouhou-kenkai. html.

② 『独裁者と言われた日本共産党の志位和夫　委員長を20 年も続けられるあり得ない理由』，デイリー新潮，https：//www. dailyshincho. jp/article/2021/09210800/？ all = 1&page = 2.

③ 『「共産党は暴力革命の方針に変更なし」政府が答弁書を閣議決定 共産党は強く否定し反発』，Yahoo！ ニュース，https：//news. yahoo. co. jp/articles/77bd6a6c411612e2a0633f97e64254f27e0cc5f0.

“与共产党合作是在野党共斗失败的原因”等。2022年参议院选举之后，自民党干事长茂木敏充在东京都的一次演讲中将自民党在全国32个“一人区”选举中获得胜利的原因归结为：“在野党混乱、分裂，在野党联合斗争是有限的联合。”[①] 同时，长期以来，日本政党政治中形成在两院议席中具有压倒性的“一强”优势的自民党和多个弱小在野党并存的“一强多弱”政党格局[②]，自公政权稳定，这也导致日本最大的选民群体——无党派阶层（大约占选民的50%）倾向于支持自公政权，倡导建立在野党联合政权的日共及其他在野党的支持率普遍偏低。上述局面短期内难以出现较大改变，日共政治生存空间被进一步挤压的可能性很大。

（二）在野党分裂重组频繁、中左翼政党崛起，加剧日共衰退趋势

近年来，日本政党政治中自公联合执政稳定，在野党分裂重组频发且越来越弱，一些新兴中左翼政党表现出较强社会影响力，直接导致在野党之间争夺选民与支持力量的矛盾加剧，一定程度上削弱了日共的群众基础，影响了日共的发展、壮大。

一方面，2012年民主党政权崩溃之后，一批新兴政党相继成立，之后又经过多次分裂重组，必然会加剧在野党之间的矛盾和冲突。这些新兴政党包括日本维新会（2012年）、日本未来党（2012年）、立宪民主党（2020年与原国民民主党等在野党组成新立宪民主党）、希望党（2017年）、令和新选组（2019年）等。日本维新会、希望党等是非自民（党）非民主（党）的第三极势力，它们是以无党派阶层的支持为背景而成立的政党，一经成立便获得一定数量的无党派的支持并在众参两院选举中获得议席。第三极势力中实力最强的日本维新会一直批判、诋毁在野党联合斗争。在2021年的众议院选举中，日本维新会赢得15席（大阪府共19席），新立宪民主党赢得96席，令和新选组赢得3席。新兴政党的崛起及部分在野党对日共

① 茂木氏：『「野党分裂が勝因」参院選共闘なら自民苦戦も』，Yahoo！ニュース，https：//news. yahoo. co. jp/articles/7424308ace995e0650d316ff620b75acbb03a1f3.

② 张伯玉：《日本“一强多弱”政党格局的常态化及其影响》，《当代世界》2021年第3期。

的诋毁等，势必会给日共这个传统左翼政党吸纳国民入党、争取选民支持带来巨大挑战。

另一方面，日共、日本社会民主党、日本民主党（1996 年成立，2016 年并入立宪民主党）、立宪民主党、令和新选组等都代表着广大社会弱势群体的利益，从广义上讲都属于左翼政党，它们的支持力量以工人、知识分子、青年、妇女等为主，在一些政策主张比如缩小贫富差距、争取男女平等方面与日共存在一定相似性或者基本相同。这就决定日共等传统左翼政党和立宪民主党等中左翼政党之间在阶级基础和群众基础方面存在同质性的问题，必然导致争夺选民及内耗等问题。尽管自 2014 年来日共提倡在野党统一战线并积极付诸实践，但由于自民党、右翼媒体等对在野党联合斗争的诋毁和破坏，在野党之间历史积怨较深、在野党内部对统一战线存在异议、在野党之间互相掣肘等问题，日共倡导的在野党统一战线难以取得明显成效。比如，在 2022 年参议院选举中，在 32 个改选的“一人区”中在野党仅赢得 4 个席位，比上次减少 6 席。自实施在野党统一战线以来，虽然日共团结在野党在联合斗争中取得局部胜利，但近年来在野党联合斗争成绩惨淡，日共最为期待的在野党统一战线对国民的吸引力和影响力越来越弱。未来，日共主导的在野党联合斗争仍面临巨大挑战。

（三）日共内部存在诸多问题，短期内难以做出改变

国际共产主义运动史充分表明，把马克思主义基本原理与本国具体国情相结合，推进马克思主义民族化、时代化，是保证马克思主义政党鲜活生命力的前提和基础。在百年发展史中，日共根据国际、国内形势变化发展，不断推进马克思主义本土化，推动迎来日本社会主义运动的阶段性高潮。比如，20 世纪 60~80 年代、90 年代后半期党史上两次跃进都与理论创新密切相关。21 世纪以来，日共为实现战后第三次跃进目标，制订了各项计划与具体举措，但从实践效果来看，非但未能实现跃进目标，反而呈现持续衰退趋势。这与日共党内存在诸多问题密不可分。比如，21 世纪以来日共理论创新动力不足，未能形成在国内外、党内外具有较强影响力的思想理论；党

的最新决议和党纲颁布三年来，全党的阅读率偏低，党的理论魅力对广大党员及人民群众的影响力减弱；党支部的数量大幅度减少，日本政党中党支部组织最严密的优势正在丧失，在组织党员、联系群众等方面的效能大幅下降；党员老龄化加剧，吸纳青年党员困难，党的青年干部与后备力量不足，世代更替矛盾更加尖锐；党的财务收入连年下降，且多次出现财政赤字矛盾，直接制约着日共的组织能力和社会活动能力。日共内部诸多问题导致党的建设效率低下、自我革命动力不足等。这也是日共近年来持续衰退的根本原因。

结　语

百年来，日共作为发达资本主义国家的传统共产党组织，凭借自身对科学社会主义的坚定信仰，通过调整思想路线、方针政策以适应日本社会的变化、巩固自身力量，通过积极回应国内外重大事件发挥自身作用，长期致力于探索本国社会主义运动与国际共产主义运动相结合的道路，成为世界社会主义运动中不可或缺的组成部分。长期以来，正是日共独立自主探索日本走向社会主义的道路，立足于国民利益开展反对资本主义体制斗争，真正作为弱势群体利益的代言人而存在，其才能够有效抵御国内外反共、反社会主义势力的打压，历经百年“红旗不倒”。与当前世界其他发达资本主义国家共产党相比，日共的综合实力、国内外影响力较大，成为发达资本主义国家最大的共产党组织。然而，从日共自身发展来看，近年来，尽管日共在党的建设、思想理论、内外政策、议会斗争、在野党统一战线等方面采取积极措施，其依然未能扭转衰退趋势，要实现建立在野党联合政权目标更是任重道远。这也体现了发达资本主义国家共产党开展社会主义运动的艰巨性和长期性。

参考文献

1. 『日本共産党規約』,『しんぶん赤旗』2000 年 11 月 25 日.
2. 『日本共産党綱領』,『しんぶん赤旗』2004 年 1 月 18 日.
3. 不破哲三:『日本共産党史 85 年と党発展の現段階』,『しんぶん赤旗』2007 年 8 月 12 日.
4. 志位和夫:『日本共産党 100 年の歴史と綱領を語る』,『しんぶん赤旗』2022 年 9 月 19 日.

Y.16

新的动荡变革期背景下美国工人运动的新特征

吴　茜*

摘　要： 国际金融动荡、新冠疫情肆虐以及俄乌冲突等引发的恶性通货膨胀加剧了美国的经济衰退、政治极化、社会撕裂、价值危机，美国单极霸权逐渐走向衰落，这些为新一轮工人阶级运动的到来提供了历史契机。2022年以来，美国工人阶级反贫困、反通胀、反资本主义制度的罢工运动愈演愈烈。从其特征上看，由基层工人自行组织、自发参与的新型工会力量增强；工人阶级政党组织力增强、活跃度提高，通过专业网站等多种方式宣传社会主义思想，引导工人阶级运动向着社会主义目标前进。与此同时，美国工人运动仍然面临着右翼专制民族主义国家暴力机器镇压以及工会运动自身历史局限性等挑战。

关键词： 美国社会运动　工人运动　新社会运动

国际金融动荡、新冠疫情肆虐以及俄乌冲突等引发了西方社会严重的通胀，社会贫困加剧，资本主义制度的掠夺性、腐朽性和寄生性日趋凸显，垄断资本主义进入西方马克思主义学者约翰·贝拉米·福斯特（John Bellamy

* 吴茜，厦门大学马克思主义学院副教授，主要研究方向为当代资本主义与世界社会主义。本文审读专家系华中师范大学政治与国际关系学院余维海教授。

Foster）所说的“灾难资本主义”① 或“晚期帝国主义”阶段。福斯特认为，在这一阶段，美国的世界资本积累体系及社会内部逐渐陷入分裂、对抗危机之中，21 世纪以来美欧新帝国主义的全球统治呈现出瓦解趋势。在此背景下，一方面新老法西斯倾向迅速强化，从而引发更大的地缘政治冲突；另一方面社会主义思潮再度盛行，欧美工人运动蓬勃发展②。延续这一趋势，2022 年以来，在俄乌冲突、能源和粮食危机及通胀高企背景下，欧美多地爆发了大规模的工人示威游行和抗议斗争，其中，美国工人运动发展新态势尤其值得探究。

一　美国工人运动、罢工运动频发

美国金融垄断资本主义制度的腐朽性加重和系统性危机的深化，推动了社会主义思潮复兴，全美各地的工人运动重新风起云涌，煤矿工人、仓库工人、铁路工人、卡车司机、医疗护士、教师、咖啡师甚至监狱囚犯的罢工运动此起彼伏。美国康奈尔大学工业和劳动关系学院的数据显示，2021 年至 2022 年，美国的罢工次数增加了近 50%，增长势头十分强劲。据盖洛普（Gallup）调查，越来越多的工人正恢复阶级意识，积极参与全国范围内的工人罢工和工会运动，以寻求改变财富分配极不平等的资本主义制度。2022 年，美国劳工统计局记录了 20 起大规模罢工（人数在 1000 名以上的罢工），比过去 20 年里每年 16 次的平均水平高出 25%，还有数百起规模较小的停工事件。大规模罢工的案例包括《纽约时报》（*New York Times*）员工一日罢工；加州的两次罢工，参与者包括凯撒医疗集团（Kaiser Permanente）的 3000 多名员工、前沿通信公司（Frontier

① John Bellamy Foster，Intan Suwandi，COVID-19 and Catastrophe Capitalism，Commodity Chains and Ecological- Epidemiological- Economic Crises，*Monthly Review*，2020，Vol. 72，Issue 2.

② John Bellamy Foster，Late Imperialism—Fifty Years after Harry Magdoff's，the Age of Imperialism，https：// monthlyreview. org/ 2019/07/01/late-imperialism.

Communications）的 2100 名工人以及加利福尼亚大学的 48000 名教职工。[①] 2022 年 5 月 1 日，美国“争取社会主义和解放党”电子期刊《解放新闻》刊登了名为《五一劳动节：从工人反抗到工人革命》的文章，该文指出，美国资本主义制度腐朽性的加深正唤醒工人阶级意识、“点燃”工人阶级斗争，他们力求通过革命从根本上打破腐朽衰颓的资本主义制度。该文称赞在过去一年中美国工人阶级对剥削者所展开的英勇的抵抗行动和所取得的重要成就，号召工人阶级以更大的热情投入战斗中。[②]

随着全球商业巨头亚马逊公司故意违反劳动法、破坏工会运动、试图挫败公司中新生的工人组织，亚马逊的工人们正通过此起彼伏的罢工抗议活动对这家全球最大零售商施加压力，以争取改善新冠疫情冲击下恶劣的工作条件和提高工资收入。与此同时，在新冠疫情暴发的第一年，这家公司的创始人杰夫·贝佐斯（Jeff Bezos）就成为世界上第一个拥有超过 2000 亿美元财富的人，亚马逊大批员工的薪酬状况却日益恶化。早在 2020 年 12 月 2 日，纽约曼哈顿的亚马逊员工在当地社区的组织下进行示威游行。2022 年 4 月 1 日，纽约斯塔滕岛（Staten Island）亚马逊 JFK8 仓库的工人们再次发起了一场声势浩大的罢工运动。罢工运动的起因是在亚马逊 JFK8 仓库强行解雇了亚马逊工会的两名组织者特里斯坦·达钦（Tristan Dutchin）和马特·库西克（Mat Cusick），这相当于挑起对工人的公开战争，从而引发了工人阶级的反攻。[③] 仓库工人们在克里斯蒂安·斯莫斯（Christian Smalls）领导下在纽约成立了亚马逊工会。[④] 10 月 12 日，明尼苏达州一家亚马逊仓库的工人

---

① http：// www. fortunechina. com/ shangye/ c/2023-01/24/content_426545. htm.

② May Day：From Workers' Rresistance to Workers' Revolution，May 1，2022，https：// www. liberationnews. org/ may-day-from-workers-resistance-to-workers-revolution/.

③ Martha Grevatt，Amazon Labor Union Wins again at NLRB，January 20，2023，https：// www. workers. org/2023/01/68692/? utm_ source = rss&utm_ medium = rss&utm_ campaign = amazon-labor-union-wins-again-at-nlrb.

④ Amazon Workers on Staten Island Vote to Unionize in Landmark Win for Labor，April 2，2022，https：//weibo. com/ttarticle/p/show? id=2309404753921313997611.

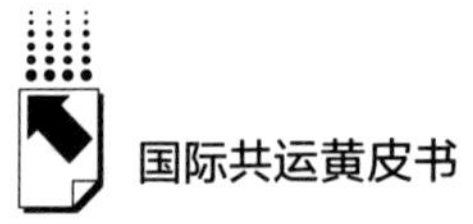

因恶劣的工作条件举行了两次罢工。10月15日，亚马逊位于加利福尼亚州圣贝纳迪诺（San Bernardino）航空枢纽的工人举行罢工，指控亚马逊对组织向管理层请愿提高工资和改善工作条件的工人实施报复。12月，在感恩节后的黑色星期五，亚马逊对工人的持续虐待在全球引发了巨大的抗议浪潮，在40多个国家的140场活动中，工人和活动人士对该公司丧失人性的虐待行为进行抨击。由劳工组织、进步组织和活动家组织组成的团体领导下的“让亚马逊支付”（Make Amazon Pay）运动，要求亚马逊不得将工人视为一次性商品，需提高工人工资、提供更安全的工作场所、延长病假期、提供工作保障、结束破坏工会行为、尊重工人权利等，该运动还要求亚马逊通过全额纳税和结束滥用税收漏洞来回报社会。此外，纽约市数十名活动人士还在贝佐斯价值2300万美元的豪华公寓外进行抗议。①

2022年，俄乌冲突爆发加剧欧美国家通胀和生活成本危机，美国物流业工人的罢工运动也愈演愈烈。全美工业品供应链和农业商品运输都依赖铁路，铁路运输一旦中断，就会扰乱关键的食品和燃料供应，造成交通混乱、通货膨胀，美国经济日损失高达20亿美元。9月上中旬，铁路工人酝酿举行大罢工要求获得更高的薪资和福利保障。拜登政府官员设法阻止数万名货运铁路工人的罢工，以免形成美国30年来的超级罢工。9月15日，经过20个小时的谈判，美国铁路公司和工会代表终于达成一份初步协议，在最后一分钟避免了16日的全国铁路工人大罢工。②此次酝酿中的铁路工人罢工取得的重要胜利是，该协议将给予员工24%的加薪，并在批准后向每个工会成员平均支付11000美元的奖金，所有暂定协议都必须得到工会成员的批准。此外，从密西西比州杰佛逊·戴维斯县的校车司机、波士顿的卡车司机纠察队到纽约市优步司机的罢工，都充分显示出工人阶级罢工和工会运动对资本主义制度的基础正形成有力的冲击与挑战。

① Stuart Appelbaum, Amazon, Recognize Your Workers' Humanity!, December 7, 2022, https://amsterdamnews.com/news/2022/12/07/amazon-recognize-your-workers-humanity/.

② http://global.chinadaily.com.cn/a/202209/14/WS63213ccfa310fd2b29e778d2.htm.

"穷人运动"，也称为穷人游行。1967年11月，民权领袖马丁·路德·金和南方基督教领袖会议（SCLC）的工作人员开会，决定发起一场穷人运动，寻求解决该国穷人面临的问题。2020年以来，"穷人运动：全国道德复兴号召"组织与全国各地的社区联系起来，继续着马丁·路德·金未竟的事业。该组织在《穷人的灵魂：美国审计》报告中，揭露了美国的制度性种族主义、贫困、生态破坏、战争经济和军国主义罪恶以及宗教民族主义的扭曲道德叙事。2022年6月18日，美国再次爆发了要求消除贫困和保障穷人权益，抗议种族歧视、气候危机和军国主义抬头的"穷人运动"，来自全美各地的数千名民众聚集在华盛顿特区举行了"穷人和低收入工人集会"（Poor People's and Low-Wage Workers' Assembly），并进行示威游行。①

随着美国底层民众的生存状态日益恶化，大量低收入者和弱势群体正失去基本生活来源，因无力负担房租而流落街头。甚至阿拉巴马州监狱的被监禁工人也举行罢工，拒绝工作，在9月26日发起了美国历史上规模最大的监狱罢工。② 2022年美国工人阶级连绵起伏的大罢工再一次证明新自由主义资本主义走向衰败。

二　2022年美国工人运动复兴的原因剖析

2020年以来，新冠疫情全球肆虐、大国地缘政治权力博弈日趋激烈、俄乌冲突所引发的通货膨胀和严重生活成本危机等因素交织共振，导致美欧国家经济衰退低迷、社会贫富差距极化，社会低收入群体面临极大的工作、生活压力，已经到了不得不为摆脱困境而进行阶级斗争的地步。2022年，美国、英国、法国、印度等多个国家的劳工运动和工人示威游行活动此起彼伏、

① Tanupriya Singh, "Fight Poverty, not the Poor!": Thousands Rally in Washington DC, June 20, 2022, https://peoplesdispatch.org/2022/06/20/fight-poverty-not-the-poor-thousands-rally-in-washington-dc/.

② Alabama Prison Strikers' Demands Push for Decarceration, https://therealnews.Com/alabama-prison-strikers-demands-push-for-decarceration.

声势浩大，民众对工会的支持率有了显著提升。盖洛普 2022 年年度调查显示，美国工会支持率创下了 71%的历史纪录，达到 1965 年以来的最高水平。[①]

（一）新冠疫情暴露资本主义制度弊端

2008 年国际金融危机的影响还未彻底消退，美欧发达资本主义国家又遭遇新冠疫情公共卫生危机，再度陷入集体性经济衰退，失业、生活成本危机、财富两极分化、种族歧视、性别歧视、生态污染等问题被疫情放大，加剧了资本主义系统性危机。

特朗普右翼民粹主义政权将法西斯主义与新自由主义的原则和实践相结合，在经济和社会政策上继续推行新自由主义的“公司资本主义”，无情掠夺中产阶级和工人财富来充实超级富豪和大公司资本家的金库。在特朗普执政期间，联邦和地方政府的公共福利支出减少了近 20%。特别是面对新冠疫情的猛烈袭击，特朗普政府把金融市场和两党斗争放在生命和科学之上，顽固地维护大企业资本家的利益而罔顾人民的生命安全，大量民众因缺乏政府的关注和本应享有的社会公共保障、医疗服务而陷入危险的境地。[②] 一方面，过度的货币供应和大规模的政府财政支出助推股票、房价高涨，给富裕的资产所有者带来了巨大的盈利机会。根据美联储的一份报告，在新冠疫情期间，最富有的 1%的人的总财富达到创纪录的 45.9 万亿美元，他们的财富增加了 12 万亿美元。另一方面，疫情所引发的经济衰退导致普通民众大量失业，有色人种族裔、低收入者的就业和经济状况愈加恶化。作为制度性种族主义国家，美国黑人、西班牙裔工人的失业率比白人要高得多，生活在贫困线社区的人为了生存不得不冒着感染疫情的风险从事餐饮、物流等工作，更容易受到新冠疫情的沉重打击。尽管自新冠疫情暴发以来，美国政府也采取了大规模的财政和金融刺激措施，然而这些措施并没有解决穷人面临的根

---

① 周淼：《总体力量上升 区域差异显著——2022 年外国左翼运动新动态》，《当代世界》2023 年第 2 期。

② K. Krisberg，Trump Budget Proposal a Disinvestment in US Health：Cuts to CDC，HRSA，2020，Vol. 50，No. 2，pp. 1-10.

本困难，反而为亿万富翁提供了敛财的更大机会，从而导致美国财富分配极化和社会不平等更加突出，工人运动显示出越来越活跃的态势。

（二）美国贫困率持续提高导致社会撕裂

作为新自由主义大本营的美国是西方国家中经济两极分化最严重的国家，21 世纪以来这种趋势得到增强。根据美国人口调查局的数据，1970 年至 2020 年，收入最高的五分之一家庭的平均收入增长了 182%，达到 25.3 万美元，而中等收入家庭和收入最低的五分之二家庭的平均工资分别仅增长了 133%、达到 7.2 万美元和 113%、达到 1.5 万美元。1975 年，前五分之一人口的平均收入是后五分之一人群的 10.3 倍；到 2022 年，这一差距超过 17.4 倍。目前，美国超级富豪的收入达到二战以来的最高水平。1978 年至 2020 年，首席执行官的薪酬飙升了 1322%，而普通工人薪酬仅上涨了 18%。[①] 贫富差距急剧扩大是美国社会矛盾和危机加深的重要原因之一，包括日益严重的种族冲突、越来越多的无家可归者、城市骚乱和工人运动蓬勃发展在内的社会问题或现象都与之密切相关。

（三）俄乌冲突导致物价上涨损害底层民众利益

2020 以来，通货膨胀海啸席卷世界经济，给各个国家都造成了经济冲击。早在 2021 年 11 月，美国的通货膨胀率就上升至 6.8%，达到 1982 年 6 月以来的最高水平。2022 年 8 月，美国的物价上涨幅度已经达到 8.3%。领先于全球其他北方经济体的美国试图通过快速加息来控制通货膨胀，这导致全球经济陷入更深的衰退。[②]

为了应对世界通货膨胀，一方面，美联储采取持续的信贷扩张，也即“量化宽松”政策，印发数万亿美元，导致美元价值稳步下滑，引发世界经

① How Inflation Could Crash the Economy in 2022, January 2, 2022, https: // www. sgtreport. com/ 2022/ 01/ how-inflation-could-crash-the-economy-in-2022/.

② Rising Economic Polarization in the United States: Truth and Facts, February 2023, https // www. mfa. gov. cn/eng/wjbxw/202302/t20230224_11030978. html.

济体系的通货膨胀。另一方面，俄乌冲突爆发后，拜登政府不断提高美元利率，美元利率的上升迫使发展中国家货币的汇率上升，导致通常以美元计价的商品进口价格上涨，从而加剧了这些发展中国家的通货膨胀，美元对发展中国家货币的升值，增加了这些国家以美元偿还国际债务的成本；为了防止汇率大幅下跌，并防止资本流入美国，全球各国特别是南方国家提高了利率，进一步增加了将其经济引向衰退的风险。以上因素不断推高全球通货膨胀水平，导致美欧工人阶级面临以食品、燃料价格飙升为标志的严重生活成本危机。工人阶级强烈要求政府对能源和食品价格设定上限、提高工资和养老金、对私营能源公司的超额利润征收额外的税，以应对加剧的通货膨胀和生活成本危机。

（四）美国工人阶级政党日益活跃、组织能力增强

随着资本主义系统性危机下欧美工人运动如火如荼展开，美国工人阶级政党也积极抓住历史契机，加强政党自身思想建设、组织建设，不断改善工人阶级政党的公众形象，并发掘出更多吸引党员的线上或线下的方法，通过铸造一个更为强大的工人阶级政党去引领美国工人运动发展、壮大。

以长期在美国麦卡锡主义打压和反共政策遏制下不断退却、妥协自保的美国共产党为例，2019 年以来，美国共产党的新党章开始严厉批判和揭露现代金融垄断资本主义的各种弊端。党章批评内容包括：一方面，当代垄断资本主义通过自动化、智能化和大数据等新式武器升级了剥削、镇压工人阶级反抗的手段；另一方面，当局借助犬儒主义和宿命论来削弱工人阶级的反抗意志，同时煽动种族主义、身份政治、右翼民粹主义来制造工人阶级内部的分裂，破坏工人阶级的团结和维护其民主权利的力量。美国共产党提出要探索“美国特色的社会主义道路”，组建反垄断联盟，反对新法西斯主义、新帝国主义，实行以社会主义为价值取向的社会制度变革。2022 年，美共组织《人民的世界》的基金筹款运动，吸引全美近 400 名成员来到华盛顿特区加入“穷人运动”示威游行活动。美共还积极策划组织各种反资本主义制度、反新帝国主义的《人民的世界》网上节日活

动、教育研讨会乃至国际会议；线下在一些城市和州建立了俱乐部组织，纽约、得克萨斯、南加州、北加州、东宾夕法尼亚和康涅狄格州涌现出许多美国共产主义青年团俱乐部，甚至还建立了第一所公立马克思主义学校，在将社会主义知识传播和灌输给更广泛的公众方面，美共做了出色的工作。[①] 在过去两年中，约有6000人申请加入美国共产党，其中三分之一的人缴纳了党费。

总之，越来越多的西方民众开始觉悟到新自由主义资本主义制度是世界贫富分化、失业率居高不下、债务危机、生态环境恶化和民主腐败的根源，广大民众要求消除社会财富分配严重不公的呼声日高，不断掀起反对拜登“新冷战”政策的示威游行活动。从2011年的“占领华尔街”“占领华盛顿”运动到2020年“黑人的命也是命”“我无法呼吸”抗议活动，再到2022年“穷人运动”和工人工会运动如火如荼展开，标志着资本主义制度正向着其腐朽性、垂死性阶段加速演进。

三　美国工人运动的新特征

近年来，美国工人运动出现了一些新的特征。

（一）工人成立和参加工会积极性显著提高

20世纪70年代以来，新自由主义资本主义进一步改变了劳工运动的格局。传统产业衰落，服务业扩张，就业变得高度不安全，工会组织受到前所未有的沉重打击。1980年，工会会员总数约占劳动力的23%，工会中有2000多万名工人。2021年，工会会员人数创历史新低，只占总劳动力的10.3%。对于年龄在16岁到24岁之间的年轻工人来说，这个数字甚至更糟，工会会员占比仅略高于4%。

---

① 《美共联合主席谈美共党建新进展》，http：//www.ccnumpfc.com/index.php/View/3680.html。

新冠疫情发生以来，美欧工人运动进入新一轮高涨期。据2022年的一项数据，71%的美国人支持工会，达到了1965年以来的最高支持率。[①] 当年，星巴克、亚马逊、苹果和其他数十家公司的员工提交了2000多份组建工会的请愿书，这也是自2015年以来最多的一年。在1363次组建工会的选举中，员工获胜的次数多达76%。[②]星巴克、马里兰州的苹果等一批大公司的工人积极推进组建新型工会。2022年5月，“动视暴雪”（Activision Blizzard）成为美洲大陆第一家成立工会的电子游戏公司。全美汽车工人联合会（UAW）也取得了可喜的进展。新闻工会（NewsGuild）在过去五年中组织了145家商店，新增7000名员工。美国联合食品和商业工人工会（UFCW）、美国联合包裹运送服务公司（UPS）促成了有利于工人阶级利益的合同签署，该合同涵盖34万名员工。此外，微软和富国银行等历来被认为不接受工会的公司里的员工也纷纷组建起自己的工会组织。

（二）具有自主性的新型工会组织推动工人运动的开展

2022年4月，在纽约市斯塔滕岛的亚马逊JFK8仓库，数千名仓储工人投票成立了亚马逊公司历史上的第一家工会。亚马逊新一代工会ALU是不附属于任何传统工会的独立组织，在组织模式上也突破了传统工会的形式。ALU领导层的所有成员目前或以前都是亚马逊的普通工人，他们对公司内部设施和生产关系的实际情况有着第一手经验，真正代表和维护仓库工人们的权益。

新一代的工人与组织者们挑战了官僚化、贵族化甚至已被吸纳进统治阶级秩序的传统工会在工作场所的垄断地位，寻回了在美国丢失了半个多世纪的工人阶级自主性，并强有力地推动其他服务业工人新型工会运动的开展。

---

① http：// www. fortunechina. com/ shangye/ c/2023-01/24/content_426545. htm.

② http：// www. fortunechina. com/ shangye/ c/2023-01/24/content_426545. htm.

（三）美国共产党等左翼政党在工人运动中积极发挥引导作用

半个多世纪以来，在美国政府和大企业共同推动的去政治化宣传和暴力打压之下，工人运动和社会主义运动日渐疏离，二者在这种疏离之中都陷入了低谷，无法获得强大的力量。1947 年的《塔夫脱-哈特利法案》和“红色恐慌”引发了对左翼的残酷政治迫害，尤其是美国共产党等左翼政党被逐出了工会组织。

美国共产党指出：“我们正处在一个巨大变革时刻的风口浪尖，这一时刻可能会永久地改变世界，加速全球资本主义制度的消亡。”[①] 随着欧美工人运动蓬勃发展，美国工人阶级政党抓住这一时机，使用专业网站分享文章、视频和图像，以及帮助建立或积极加入各地的社区互助网络来宣传马列主义和社会主义，组织社区救助活动，吸纳新党员的加入，不断增强工人阶级政党的社会影响力、组织力，积极教育和引导美国工人阶级运动，推动美国工人运动向前发展。美国主要的左翼读物和网站，如《人民的世界》《雅各宾》等刊登大量文章，通过宣传来强化工人群体的阶级意识和社会主义觉悟，研讨社会主义替代方案及现实可能性等问题。随着杂志的订阅人数和在线浏览次数持续攀新高，社会主义话语逐渐成为美国工人运动的主流话语。

美国共产党党纲运用马克思主义基本原理，批判新冠疫情危机根源于资本主义制度弊端，深刻揭露美国资本主义多重危机交织的制度根源，鼓励工人阶级在美国实现社会主义长远目标。随着越来越多的人对垄断资本与本土主义、白人至上主义的右翼民粹主义运动之间的联系感到愤怒，工人阶级正积极开展工会运动争取民主等公民权利。美共号召全世界工人阶级联合起来，为所有人提供医疗保健，结束收入不平等，反对种族主义、性别歧视和一切不公正。2022 年 9 月 13 日，美国共产党机关报《人民的世界》网站刊文发表了美国共产党联合主席乔·西姆斯（Joe Sims）在由美共主办的 2022 年国际主义和反帝国主义国际会议上的发言稿。他呼吁

---

① CP USA Program April 13，2020，https：//cpusa. org/party_info/party-program.

劳工斗争浪潮中工人阶级团结起来，反对种族主义、新自由主义和一切形式的帝国主义。

2022 年 10 月 17 日，美国工人世界党第一书记拉里·霍姆斯（Larry Holmes）发表《对运动的清晰呼吁——为历史上最大的全球资本主义危机做好准备》一文，揭示当前世界各国正被卷入一场历史上最大的全球资本主义经济危机。这场资本主义危机的爆发标志着资本主义制度进入垂死的、终结的阶段。霍姆斯号召美国共产党人与全球最贫穷的人建立以阶级为基础的左翼统一战线联盟，争取社会主义胜利。美国工人世界党还发表声明指出，美国这个历史上最强大的帝国主义，它的不平等包括性别歧视——妇女要根据资本家的需要生产出新一代可供剥削的工人。因此，只有工人阶级团结一致，采取包括大规模罢工在内的战术，才能击退父权制资本主义社会的阶级压迫制度。

（四）工人运动与新社会运动协同共振

出于资本逐利的本性，资本主义所有者和投资者都迫切希望在濒临崩溃的经济体系中积累更多的利润。尽管工人阶级本身需要团结一致，但其不能成为斗争的唯一力量；因为每个阶段的对手都是最强大的，它们掌握着强大的国家暴力镇压机器和巨大经济政治资源。大垄断公司通过残酷的工会破坏行为，如骚扰、解雇工会组织者和发起诉讼，强烈反对工人运动。因此，工人运动或工人阶级本身无法满足工人的许多关键需求；只有与社区、民权运动者、妇女、学生、老年人和其他组织结成联盟，才能提高自身战胜强大敌人的综合能力。2022 年，反对资本主义腐朽的不平等制度的共同斗争开启了劳工运动、黑人民权运动、妇女反堕胎运动、环境运动、学生运动等之间团结协作的高级阶段，跨工会的团结日益增强工人阶级摧毁不平等的资本主义制度的力量。

四　美国工人运动的发展趋势

在新的动荡变革期背景下，美国工人运动面临新的历史机遇，但困难犹存。社会主义、共产主义思潮在西方的重新兴起，发挥了一定的“思想启蒙”作用，但资本主义实行阶级统治的工具依然强大，资产阶级政府和主流媒体对共产主义主张的打压和遮蔽短期内难以撼动。

首先，在美国这个当今世界上金融垄断资本统治力量最强大的帝国主义国家，社会主义运动每当有抬头之势时都必然遭到统治阶级的残酷迫害和野蛮镇压。昔日有麦卡锡主义的黑浪滔天，时至今日，美国的金融垄断资本统治阶级依旧掌控着强大的国家暴力镇压机器和新闻媒介舆论机器，任何想要触犯资产阶级利益的工会势力和社会主义力量都会被扼杀在萌芽之中。比如，2022 年，虽然 ALU 取得了阶段性胜利，但就工人阶级的长远目标而言，ALU 等工会组织依然面临着外部和内部的巨大挑战。公司老总们往往会采取开除工会积极分子的方式来破坏和打击工会运动，目前 ALU 的主要骨干已经被亚马逊公司开除，这对 ALU 的发展无疑造成了很大的负面影响。

其次，美国工会一般不会采取激烈的阶级斗争形式，通常采取“工联主义”，即在资本主义制度框架下，通过协商、谈判、示威游行等温和的方式达成与雇主的谈判，实际上这根本撼动不了资本主义国家暴力镇压机器的强大根基。尽管工会存在这样那样的问题，但从工人的角度来看，工会组织是目前能够实现自己利益最大化的最有效载体。当前，美国社会主义力量总体较弱，只有通过政治影响力和谈判能力强大的工会组织，才能团结、凝聚普通工人力量，在与垄断企业巨头的博弈中争取到尽可能多的利益。

最后，美国工人运动的突出特点是工会地位显赫和重要，而以马克思主义政党为代表的左翼政党在美国的社会影响力还很有限。比如，美国共产党只有几千人，力量比较薄弱，无法有效组织和领导国内的工人运动，也无法有效组织和联合国内外各种反对资本主义的力量。基于此，美国左翼政党未能推动群众性运动的革命性转变。究其原因，劳工运动缺乏马克思主义政党统一领导，也即缺乏坚强领导核心，工人和工会运动存在分散化、碎片化特点，往往只是针对自己所在工厂的老板，并不能真正战胜资本、捍卫自身利益，很容易被各个强大的资产阶级分裂，最终无法引领广大工人去改变现实的“资强劳弱”的政治格局。因此，工人阶级只有在马克思主义政党领导之

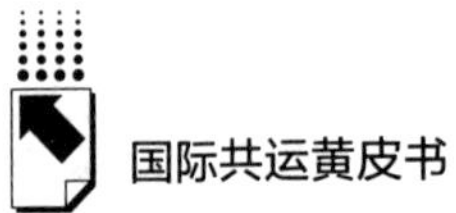

下，只有从“自在阶级”上升为“自为阶级”，才能以整个工人阶级强大的力量打碎整个资产阶级及作为资产阶级代理人的国家机器，真正地获得解放。

在当前新的国际动荡期，欧美发达国家的工人运动越来越活跃，罢工次数较多、规模较大、成果较多。虽然说在现阶段，美国工人阶级的反抗和工人运动尚未能从根本上动摇资产阶级的统治根基，但无可否认的是，随着资本主义制度寄生性、腐朽性、垂死性日益显现，美国工人阶级的阶级意识不断复苏、增强，要求对资本主义制度进行根本变革的呼声必将日益增强，工人运动也将迎来更为有利的契机和更强大的群众基础。

参考文献

1. 余维海：《近年来美国共产党对资本主义的分析与批判》，《社会主义研究》2011年第6期。
2. 禚明亮：《新冠疫情背景下美国社会主义思潮和运动评析》，载姜辉、潘金娥主编《国际共产主义运动发展报告（2020~2021）》，社会科学文献出版社，2021，第234~247页。
3. John Bellamy Foster, Intan Suwandi, COVID-19 and Catastrophe Capitalism, Commodity Chains and Ecological-Epidemiological-Economic Crises, *Monthly Review*, 2020, Vol. 72, Issue. 2.
4. Stuart Appelbaum, Amazon, Recognize Your Workers' Humanity!, December 7, 2022, https://amsterdamnews.com/news/2022/12/07/amazon-recognize-your-workers-humanity/.

Y.17
欧洲新一轮抗议罢工潮折射资本主义社会不平等加剧

李凯旋*

摘　要： 2022年以来，能源与通胀危机引发的抗议和罢工潮席卷欧洲，规模和频率都令人瞩目。抗议与罢工者提高工资水平和增加补贴等主要诉求源于中下层民众贫困化的加剧、欧洲资本主义社会的不平等扩大。欧洲社会不平等扩大的背后有深刻且复杂的经济和政治因素：垄断资本在财富分配中较为强势；西方民主赤字强化了社会不平等；缺乏科学理论指导的工人运动无力阻止“亲市场”政策的出台等。尽管共产党等传统左翼力量式微，但其仍积极联合其他左翼政党参与欧洲抗议与罢工活动以从根本上推动不平等状况的有效改善。欧洲出现的这一轮抗议罢工潮凸显了当前背景下资本主义社会的深层矛盾，以及当前资本主义国家工人运动的蓬勃态势。

关键词： 欧洲社会运动　通胀危机　罢工潮　不平等

2022年以来，德国、法国、英国和意大利等欧洲主要国家的抗议和罢工活动此起彼伏。能源危机的恶化和通货膨胀的高企是此轮抗议罢工潮发生的导火索。抗议与罢工者的主要诉求——提高工资水平、增加补贴以应对通

* 李凯旋，中国社会科学院马克思主义研究院副研究员，研究方向为当代资本主义。本文审读专家为上海社会科学院研究生院党委书记轩传树研究员。

胀等，表明欧洲中下层民众当下面临严峻的生计危机，发达资本主义社会不平等问题恶化。此轮以经济主义诉求为目标的欧洲抗议罢工潮凸显了当前背景下资本主义社会的深层矛盾，同时折射出当前发达资本主义国家工人运动的困境。

一　欧洲能源与通胀危机引发了社会抗议浪潮

2022 年乌克兰危机爆发后，欧洲多国随同美国对俄罗斯发起制裁，其中包括限制俄罗斯的能源出口。欧洲高度依赖俄罗斯能源，因此遭遇反噬，能源价格大幅上涨——2022 年 9 月，欧元区能源价格同比增幅达 40.8%，由此欧洲各国普遍陷入通胀。在此背景下，被急剧攀升的生活成本“压垮”的欧洲多国民众走上街头，表达对生计环境恶化的不满。

（一）能源与通胀危机加剧

“国际能源署”（International Energy Agency）在《2022 年世界能源展望》中称，尽管能源危机具有全球性特征，但首先受到冲击的是欧洲国家。能源价格上涨导致财富大规模从能源消费者那里向能源加工者转移。[①] 欧洲国家大多是经合组织的成员国。据该组织统计，2019 年底成员国家庭取暖和电力、汽车的汽油和柴油等能源消费支出占家庭总消费支出的 10%左右。到 2021 年，成员国的家用天然气支出增长了近 3 倍，石油和煤炭消费支出分别增长了 62%和 93%。2022 年乌克兰危机后，欧洲能源价格维持上扬态势。其中，英国 2022 年第三季度能源价格比 2021 年第四季度上涨 52.9%，意大利涨幅达到 44.1%，德国涨幅达 39%，法国涨幅达 23.4%。[②] 同时，从国家财政支出来看，欧洲国家 2022 年能源支出由 2021 年占 GDP 的 10%增至 18%。[③] 能源支出高出 8 个百分点

① https://www.iea.org/reports/world-energy-outlook-2022/key-findings.

② Inflation (CPI), https://data.oecd.org/price/inflation-cpi.htm#indicator-chart.

③ Noah Carl, Europe's Energy Crisis Isn't over, https://dailysceptic.org/2022/12/12/europes-energy-crisis-isnt-over/.

的增长幅度，挤占了欧洲国家对中下层民众所依赖的医疗保健、基础设施等社会保障和社会服务方面的投入。

能源危机是引发欧洲高通胀的主要原因之一，而高通胀加重了中下层民众的生存负担。2022 年 12 月，德国消费者物价指数（CPI）达到了 8.12%，意大利和英国的消费者物价指数分别高达 11.63%和 9.2%。与民生最为紧密的食品价格上涨剧烈，其中德国增幅为最——达到了 19.37%；其次为英国（16.90%），法国、意大利增幅分别为 12.87%和 13.15%。[①]

（二）罢工与抗议浪潮迭起

在能源和通胀危机导致民众生活成本大幅上扬的背景下，2022 年欧洲民众抗议和罢工浪潮迭起，不仅频率高、反能源和通胀危机诉求明确，且部分大规模罢工持续时间较长。2023 年以来法国接连爆发的百万人规模抗议，呈现出在欧洲其他国家进一步蔓延的态势。

2022 年由民众自发组织的小规模抗议活动，几乎每周都会在欧洲各国的不同规模的城市出现。据 BBC 报道，仅 2022 年 8 月，意大利就爆发此类抗议 200 多次，而 2021 年同期只有两次。[②] 其中，独立的、拒绝建制化的基层工会联合会在 2022 年组织了十余次反对战争、抗议通货膨胀、要求提高薪资的行业罢工和两次全国总罢工。

本轮欧洲罢工和示威活动的经济诉求十分明确。在德国服务行业工会（verdi）的组织下，2022 年 6 月和 7 月汉堡（Hamburg）、不来梅港（Bremen）和威廉港（Wilhelmshaven）等枢纽港码头工人为提高工人的时薪、提高通货膨胀补贴、缓解物价飙升带来的生活压力，多次进行罢工。其中，7 月中旬的罢工长达 48 小时。这是 40 多年来德国码头工人历时最长的一次罢工。2022 年 9 月 17 日，奥地利工会联合会组织 3.2 万名工人罢工，打出“要温饱、要取暖、要生存”“降低物价”等标语。9 月 29 日，法国

① Inflation（CPI），https：//data.oecd.org/price/inflation-cpi.htm.

② Fuel Protests Gripping More than 90 Countries，https：//www.bbc.com/news/world-63185186.

总工会组织全国大罢工，要求政府限制物价、企业提高员工薪资。英国铁路、海事和运输工人全国联盟在12月中旬组织约4万人举行罢工，英国护理专业从业者工会——皇家护理学院成立105年以来首次组织罢工，分别于12月15日和20日发起两场护士大罢工，数万名护士离开岗位、走上街头，抗议不公的薪资待遇与恶劣的工作条件。

此外，此轮欧洲罢工和抗议活动还表现出规模大影响大的特点，部分罢工不仅参与者众，且波及的行业、地域范围也较广。2022年10月，法国左翼政党和工会组织了两次大规模示威和罢工活动：10月16日的示威由“不屈法国”（La France insoumise）等左翼政党组织，数十万人参加；在10月18日的全国总罢工中，聚集在巴黎的10.8万人与在里昂（Lyon）、马赛（Marseille）等城市的30余万人同时走上街头，抗议政府对抗通胀措施不力。12月13日至12月16日，意大利总工会和基层工会联合会联合组织全国总罢工，从意大利南部的西西里岛（Sicily），到亚平宁半岛（Apennine Peninsula）的普利亚大区（Puglia），一路向北途经罗马（Rome）、佛罗伦萨（Florence），最终抵达意北经济最发达的艾米莉亚-罗马涅（Emilia-Romagna）、皮埃蒙特（Piemonte）、伦巴第（Lombardy）等大区。此次大罢工主要抗议意大利政府制定的2023年预算法案，并提出提高薪资、保障教育公平、废止苛刻的退休条件、提高对灵活就业者的保护水平等明确诉求。

从抗议者有关增加工资和发放补贴等具体诉求来看，此轮欧洲抗议、罢工潮具有鲜明的经济主义属性，主要目的并非对新自由主义乃至资本主义制度本身发起政治批判，更未论及如何从根本上改变资本主义经济社会和文化秩序。这一现象与欧洲社会主义运动衰落、欧洲马克思主义理论与社会运动脱节以及马克思主义政党边缘化有关。

二　不断深化的欧洲社会不平等与贫困化现象

欧洲民众在本轮抗议罢工潮中表达的增加补贴对抗通胀、涨薪等具体明确的经济诉求，折射出发达资本主义社会不平等和中下层民众贫困化问题加重。

根据联合国给出的定义，不平等意味着人与人在地位、权利和机会方面处于不平等状态。传统意义上的不平等更多地指“经济不平等”，即狭义上的“收入不平等”和“财富不平等”和广义上的“生活条件不平等”。不平等的现象在一般的学术讨论中被归为两类：一类是物质层面的富足程度存在差异导致结果不平等，如收入水平、教育程度、健康和营养状况等不平等；另一类是潜在的选择机会的不平等，如就业或教育机会受到不同程度的限制。[①] 当前在欧洲，不平等主要表现为收入和财富不平等的扩大，中下层贫困化，以及就业机会不平等和医疗与教育资源分配不平等。

（一）收入不平等扩大

根据托马斯·皮凯蒂（Thomas Piketty）等学者的研究，1980 年至 2000 年的 20 年间，法国、意大利和西班牙前 1%人群税前收入占国民收入比重从 7%增至 10%左右，德国从 9%增至 10.5%；北欧国家的增幅高于欧洲大陆国家平均水平，丹麦前 1%人群的税前收入在国民收入中所占比重从接近 7%增至 2000 年的 11.8%，英国前 1%人群的税前收入在国民收入中所占比重从略高于 6%增至 2000 年的 11.7%。[②] 如表 1 所示，2021 年，欧洲主要国家收入不平等进一步扩大。北欧国家特别是丹麦顶层 1%人群税前收入占比提高到 13.4%，中下层 50%人群税前收入占比降至 21.2%；德国和意大利顶层 1%人群税前收入占比分别大幅提高至 12.8%和 12.2%，中下层 50%人群分别降至 19%和 16.6%。尽管欧洲税收制度对收入不平等起到了不同程度的缓和作用，但顶层 1%、上层 10%，与中下层 50%人群的收入差距，仍呈扩大态势。

---

① Concepts of Inequality, Development Issues No. 1, 21 October 2015, https://www.un.org/development/desa/dpad/wp-content/uploads/sites/45/publication/dsp_policy_01.pdf.

② World Inequality Database, https://wid.world.

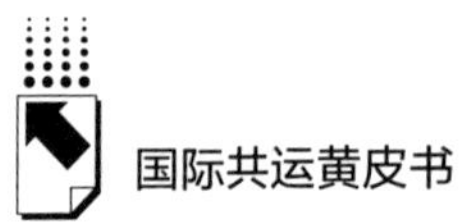

表1　欧洲部分国家顶层1%、上层10%和中下层50%人群收入占国民总收入比重变化

国家		德国		法国		英国		意大利		丹麦	
年份		2000年	2021年	2000年	2021年	2000年	2021年	2000年	2021年	2000年	2021年
税前	顶层1%	10.5%	12.8%	10.9%	9.8%	11.7%	12.7%	9.9%	12.2%	11.8%	13.4%
	上层10%	32.3%	37.1%	34.4%	31.2%	38.8%	35.8%	35.6%	37%	31.4%	34.4%
	中下层50%	21.6%	19%	21%	23.2%	18.8%	20.3%	16.6%	16.6%	23.5%	21.2%
税后	顶层1%	N.A.	N.A.	N.A.	N.A.	N.A.	N.A.	N.A.	N.A.	N.A.	N.A.
	上层10%	23.9%	29.7%	N.A.	N.A.	27.6%	26.4%	34.2%	33.1%	25.9%	28.8%
	中下层50%	28.9%	25.7%	N.A.	N.A.	27.3%	29.5%	17.8%	20.8%	30.9%	28.6%

资料来源：World Inequality Database，https://wid.world。

（二）财富两极分化和中下层贫困化

除收入不平等外，自20世纪八九十年代以来，欧洲国家财富两极分化的趋势也比较显著。如表2所示，2021年，德国上层10%人口所拥有的财富占总财富的59.6%，其中顶层1%人群的财富占比是中下层50%人群的近9倍。从1980年到2021年，法国顶层1%人群财富占总财富的比重由17.3%增至26.8%，增幅达54.91%；中下层50%人群财富占比则由8%降至4.9%，降幅达38.75%。从1995年到2021年，英国和意大利上层10%人群财富占总财富的比重分别从52.5%和38%，增至57.1%和47%；同时，中下层50%群体财富的占比分别从6.3%、18%降至4.6%和10%。

表2　欧洲主要国家顶层1%、上层10%和中下层50%群体财富占总财富的比重变化

国家	德国			法国			英国			意大利		
年份	1995年	2000年	2021年	1980年	2000年	2021年	1995年	2000年	2021年	1995年	2000年	2021年
顶层1%	N.A.	N.A.	29.7%	17.3%	29.3%	26.8%	18.5%	20.3%	21.3%	N.A.	N.A.	18%
上层10%	58%	58.5%	59.6%	52.5%	60.2%	59.3%	52.5%	55.8%	57.1%	38%	50%	47%

续表

国家	德国			法国			英国			意大利		
年份	1995年	2000年	2021年	1980年	2000年	2021年	1995年	2000年	2021年	1995年	2000年	2021年
中下层50%	5%	4.5%	3.4%	8%	5.5%	4.9%	6.3%	5%	4.6%	18%	13%	10%

资料来源：World Inequality Database，https：//wid. world（德国、英国、意大利缺乏某些年份的数据）；World Inequality Report 2022，https：//wir2022. wid. world/www - site/uploads/2022/03/0098 - 21_ WIL_ RIM_ RAPPORT_ A4. pdf。

随着财富进一步向上层10%和顶层1%群体集中，欧洲中下层民众的贫困化问题也愈发严峻。根据经合组织的不完全统计数据，意大利的贫困率从2004年的12.2%增至2020年的14.2%；法国的贫困率从2013年的7.9%增至2019年的8.4%；德国的贫困率从2012年的8.5%增至2019年的10.9%；英国的贫困率从2011年的10.4%增至2019年的11.2%。

经合组织的贫困差距（Poverty gap）比重，是对衡量贫困化的指标的细化，有助于对一个国家下层民众的贫困化情况进行更细致的衡量。经合组织将贫困线定义为家庭收入中位数的一半。2008年以来，欧洲主要国家的贫困差距比重都表现出不同程度的上扬，这意味着下层民众的贫困化问题在恶化。据经合组织2022年公布的统计数据，从2008年到2018年，意大利的贫困差距比重从33.2%增至39.6%，增幅为欧洲主要国家之最；从2008年到2020年，英国的贫困差距比重从32.4%增至36.3%；德国从2012年的21.8%增至2019年的25.3%；法国滑入贫困线以下的民众增幅较为“温和”，从2013年的24.4%增至2019年的26.1%。[①]

在欧洲，来自中下层家庭的17岁以下青少年贫困问题，也非常值得关注。据经合组织统计，德国青少年贫困率由2012年的8.4%，增至2020年的10.9%；法国青少年贫困率由2013年的7.9%增至2019年的8.4%；意大

① Poverty Gap，https：//data. oecd. org/inequality/poverty-gap. htm#indicator-chart.

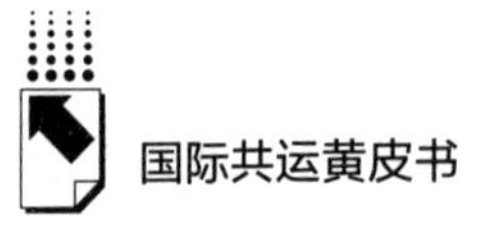

利青少年贫困率从 2009 年的 12%增至 2018 年的 14.2%；英国青少年贫困率则从 2011 年的 10.4%增至 2018 年的 12.4%。[①]

欧洲主要国家中下层老年贫困问题也相当突出。据经合组织 2022 年发布的数据，英国 66 岁以上老人贫困率近十年来在 14%~15%之间浮动，意大利的老年贫困率自 2012 年的 9.2%增至 2018 年的 11.3%，德国则从 2011 年的 9%增至 2019 年的 11%。法国老年贫困问题不太突出，但也呈现加重趋势，老年贫困率从 2012 年的 3.2%增至 2019 年的 4.4%。[②]

在欧洲，中下层移民群体的贫困问题更为显著。在英国，白人家庭和非洲裔黑人家庭的中位数财富净值相差9 倍。[③] 据法国专注不平等问题研究近 20 年的“不平等瞭望所”（Observatoire des inégalités）的研究，移民的财富净值中位数比非移民低 25%，他们的贫困率接近 31%，而出生在法国的人这一比重只有13%。[④] 位于意大利米兰的多民族性倡议与研究基金会（Fondazione Ismu）在 2022 年发布的报告中指出，2020 年意大利 29.3%的移民个体和 26.7%的纯移民家庭陷入贫困。2020 年，非欧盟工人的平均年工资为 12902 欧元，比意大利全国工人的平均年工资低38%。[⑤]

（三）教育、就业与医疗不平等凸显

就业机会、教育与医疗资源分配的不平等，是当代欧洲资本主义社会不平等的重要内容。这些不平等，既是欧洲国家经济不平等扩大和中下层民众经济贫困化的结果，也是整体不平等加重的重要因素。换言之，财富分化与

---

① Poverty Rate，https：//data.oecd.org/inequality/poverty-rate.htm.

② Poverty Rate，https：//data.oecd.org/inequality/poverty-rate.htm.

③ Office for National Statistics，“Household Wealth in Great Britain by ethnicity”，https：//www.ons.gov.uk/peoplepopulationandcommunity/personalandhouseholdfinances/incomeandwealth/datasets/householdwealthingreatbritainbyethnicity.

④ Les immigrés frappés par la pauvreté et les bas revenus，https：//www.inegalites.fr/Les-immigres-frappes-par-la-pauvrete-et-les-bas-revenus.

⑤ Povertà per un terzo dei migranti in Italia，https：//www.genteditalia.org/2022/02/12/poverta-per-un-terzo-dei-migranti-in-italia/.

机会不平等之间，还存在相互强化的辩证关系。

教育在欧洲资本主义国家被视为公民实现其社会、经济和公民权利的基本工具。但在经济上处于中下层的群体，往往在（包括但不限于）教育经费、师资、书籍和教学技术等教育资源分配中处于弱势地位。在英国，只有6%的年轻人接受私立教育，但他们占罗素大学集团[①]学生的55%。研究发现，罗素大学集团的学生，毕业后五年的收入比其他大学的学生多40%。[②] 因此，来自社会中下层不太可能进入罗素大学集团的学生，摆脱贫困的机会较少。在法国，通过选拔考试入学且排名前10%的高校中，家庭社会背景优越的学生比例达到了80%。[③]

新冠疫情中的数字化教学，进一步暴露了欧洲主要国家的教育不平等。在英国，据来自贫困学校的15%的教师报告，新冠疫情期间，超过三分之一的学生无法通过电子方式获取学校作业，而在资金更充裕的学校中这一比例仅为2%。[④] 在意大利为应对新冠疫情而实施封控措施期间，8%的儿童和青少年被排除在任何形式的远程学习之外，这一比例在残疾学生中上升到23%。[⑤]

据法国“不平等瞭望所”研究，就业机会的不平等在法国人和非洲裔移民之间显著存在。2021~2022年度，仅18%的北非裔申请者获得了公共部门行政职位的面试机会，在履历基本一致的情况下，若拥有法语姓名，可使该比例提高到25%；但若是申请护理助理职位，相关比例分别为37%和

---

① 罗素大学集团（the Russell Group）成立于1994年，由剑桥大学、牛津大学等英国最顶尖的24所世界一流研究型大学组成，是全世界产生诺贝尔奖得主最多的著名高校联盟，代表着英国大学的最高学术水平。

② Inequality in the UK Higher Education System，https：//sites. manchester. ac. uk/global-social-challenges/2019/05/23/inequality-in-the-uk-higher-education-system/.

③ Comment démocratiser enfin l'accès aux grandes écoles？https：//www. inegalites. fr/Comment-democratiser-enfin-l-acces-aux-grandes-ecoles？id_theme=17.

④ https：//www. suttontrust. com/wp-content/uploads/2020/04/COVID-19-Impact-Brief-School-Shutdown. pdf.

⑤ Neet，abbandono scolastico e disuguaglianze sociali：le conseguenze della pandemia nel rapporto dell'Istat，https：//www. tuttoscuola. com/neet-abbandono-scolastico-e-disuguaglianze-sociali-le-conseguenze-della-pandemia-nel-rapporto-dellistat/#.

45%，移民更容易“落入”非正规就业部门。[①] 调查还表明，毕业后的五年，移民青年的失业率是本土青年的近三倍，其中非洲裔青年的失业率尤其高，是本土青年的四倍。

在新冠疫情的影响下，欧洲医疗保障不平等现象更加突出。在英国，尽管较贫困地区的疾病流行率较高，但人均全科医生数量往往较少，人们入院接受选择性治疗的比例更低。因此，新冠疫情对不同的群体产生了不同影响，并加重了英国本就存在的健康不平等现象。感染新型冠状病毒肺炎死亡率在较贫困地区一直高于较富裕地区。截至 2022 年 3 月，感染新型冠状病毒肺炎死亡率在英格兰最贫困地区比最富裕地区高 2.6 倍。这导致最富裕地区和最贫困地区之间预期寿命差距进一步扩大：2021 年，最贫困与最富裕地区女性预期寿命差距为 8.6 岁，男性为 10.4 岁。[②]

三　欧洲社会不平等扩大的深层原因分析

欧洲资本主义国家社会不平等进一步扩大的原因是多重的、复杂的。从根本上而言，是私有制下资本主义体系经济基础和上层建筑共同作用的结果。具体而言，私有制和垄断资本所“塑造”的市场力量、西方代议制民主的民主赤字、欧洲社会主义运动和工会力量的衰落都是不平等扩大的深层原因。

（一）私有制与垄断资本对市场的“塑造”

在欧洲，资本主义私有制所“塑造”出的竞争性劳动市场，通过供求定律，决定每个劳动力商品的价值和使用价值。劳动力一旦成为货币占有者在市场上购买的对象，就转化为商品了。“当生产资料和生活资料的占

---

① La discrimination pour obtenir un entretien d' embauche persiste，https：//www. inegalites. fr/La-discrimination-pour-obtenir-un-entretien-d-embauche-persiste? id_ theme = 24.

② The Impact of Covid - 19 on Health Inequalities，https：//www. kingsfund. org. uk/publications/what-are-health-inequalities#impact-of-covid-19.

有者在市场上找到出卖自己劳动力的自由工人的时候，资本才产生”①，同时，劳动力普遍地成为商品，劳动市场形成。作为劳动力构成要素的智力，不等于自然因素的脑力，它是以脑力为基础并有教育和经验加于其上的能力。因此，劳动者掌握的技术及高技能劳动者的“稀缺性”也在资本主义国家的不平等现象中发挥着重要的作用，且一定意义上是中下层民众的工作贫困问题趋于严重的重要影响因素。根据欧洲改善生活和工作条件基金会（Eurofound）的数据，2018 年，欧盟有超过 2000 万名工人生活在有贫困风险的家庭中，工作贫困率从 2006 年的 8%增加到 10%。该基金会在 2019 年针对工作贫困的研究称，低技能的全职长期雇员、非典型就业工人、自营职业者和临时工或“零时工”，是四类最易陷入工作贫困的群体。② 显然，高技能与低技能劳动者的工资差异本身，也深刻揭示了绝大多数中下层劳动者由于自身经济基础和社会阶层限制所遭遇的教育机会不平等。

但是，欧洲发达国家顶层的 1%与中下层 50%人群之间的不平等，更多地是由垄断资本利用自身权力对市场进行干预造成的。意大利学者安东内利等通过对发达国家技术变革与不平等关系的实证研究，对熊彼特的创造性破坏理论做出验证：技术变革的速度及方向，对收入不平等程度影响很大。引进劳动密集型企业和节省固定资本的新技术，有助于增加劳动收入份额，减少支付给资本的租金，减少发达国家内部的收入不平等现象。但资本集约型技术限制，或技术变革的减缓会巩固市场进入壁垒，使得资产所有者可以从高水平的永久垄断租金中获得收益。③

20 世纪七八十年代以来，欧洲大陆国家逐渐接受英美资本主义所推崇的新自由主义意识形态，摒弃二战后“黄金时代”的凯恩斯主义经济社会

① 《马克思恩格斯文集》第 5 卷，人民出版社，2009，第 198 页。

② Luca Ratti，In-work Poverty in Times of Pandemic，https：//www. socialeurope. eu/in-work-poverty-in-times-of-pandemic.

③ Cristiano Antonelli，Matteo Tubiana，The Rate and Direction of Technological Change and Income Inequality in Advanced Countries，*SSRN Electronic Journal*，January 2021.

政策共识。新自由主义的倡导者将市场原教旨主义逻辑融入欧洲一体化和全球化进程中，提出了一系列“亲市场”（pro-market）政策。基于此，欧洲国家“过于强大”的工会，政府对市场的干预和劳动者的保护如最低工资、无限期用工制度等，都是对市场不友好的表现。在“亲市场”原则的作用下，欧洲大陆国家的经济社会政策和劳动市场政策导致了“逐底竞争”（race to bottom）现象，二战后建设福利国家过程中所惯常运用的再分配政策被弱化。20 世纪 90 年代以来，福利资格收紧和保护水平降低，成为欧洲社会福利制度改革的主要特征。这些改革的目的，旨在推动劳动者“融入”劳动市场，减少对福利的依赖。但欧洲大量存在的非正规就业、工作贫困，恰恰说明了新自由主义福利改革的失败。

在垄断资本权力大规模扩张的背景下，欧洲国家公共政策普遍向资本倾斜。从公平和效率角度，合理的税制安排对财富分配的调节，要胜于发行公共债务和财政紧缩等经济调控手段。然而在资本全球流动加速的背景下，世界多国加入了税收的“逐底竞争”。对于大多数欧洲国家的顶层收入者而言，其所承担的税收负担相对而言是小于中下层民众的。在法国“不平等瞭望所”2021 年 11 月出版的《减少不平等是可能的！30 名专家的解决策略》中，经济学者吉洛特（Malka Guillot）指出，法国著名的“避税窟”（niche fiscale）① 政策给公共财政带来了很大压力。仅 2019 年，法国家庭税收优待政策导致国家财政少收入 352 亿欧元，当年其国库所得税收入仅为 704 亿欧元；但更为重要的是，“避税窟”政策主要让最富有的家庭受益，这加剧了阶层不平等。②

据统计，德国每年有高达 2000 亿~4000 亿欧元的财产通过遗产或赠与

① 法国的“避税窟”是一种通俗的形象说法，它的正式名称应该叫“税务开支”（dépenses fiscales），也就是中央政府通过减免应收的税款对某一阶层或经济行业部门提供优待或扶持。对享受者来说，它是一种额外收益；而对中央政府来说，则是一种以税收作抵消的公共开支手段，故叫“税务开支”。

② Jean-Victor Semeraro & Sarah Asali, Smic, impôt sur le revenu, succession... 5 idées d'économistes pour réduire les inégalités, https://www.capital.fr/economie-politique/smic-impot-sur-le-revenu-succession-5-idees-deconomistes-pour-reduire-les-inegalites-1421109.

形式进行转移，但是其只缴纳了最高不超过70亿欧元的遗产税。[①] 遗产继承的税率要比劳动所得税低得多，而且大额继承的避税手段更多，小额继承的实际税率要高于大额继承。2021年，德国财产税为GDP的1.24%，企业利润税占比2.35%；个人所得税和个人缴纳社保税合计占GDP的18.7%，两者合计占年度总税收的47.3%。[②]

自20世纪80年代起，意大利的公共债务和财政赤字问题开始恶化。但该国上层并没有通过多缴税来平衡政府预算，而是通过购买政府债券和公共资产借钱给政府。

（二）西方代议制民主的民主赤字

欧美资本主义社会的不平等并非仅仅源于抽象的市场力量，还被政治竞技场中的博弈所塑造，尤其被欧美畸形且存在巨大赤字的代议制民主进一步强化。皮凯蒂在《21世纪资本论》的最后，期望西方民主制度“有可能对如今全球承袭的资本主义进行公正而有效的调节”。对此，美国著名政治经济学家安瓦尔·谢克（Anwar Shaikh）进行了毫不留情的反驳——“全球范围内的不平等和民主缺失问题，就是由这些政治制度与承袭资本主义的‘民主’利益协助和教唆的”。[③]

对于西方民主体制在资本主义社会不平等中的作用，约瑟夫·斯蒂格利茨（Joseph Eugene Stiglitz）指出，在2008年经济危机开始时，“人们对民主仍存有希望，相信政治体制能发挥作用……但是泡沫破裂多年以后，人们才逐渐认清我们的政治体制失败了。因为它……没能控制不断加剧的不平等，没能保护身处社会底层的人们，没能阻止公司的胡作非为”。[④] 西方代议制

① Taxing Inheritances-a Way to Raise Revenues and Curb Wealth Inequality? https：//www.diw.de/en/diw_01.c.820563.en/events/taxing_inheritances—a_way_to_raise_revenues_and_curb_wealth_inequality.html.

② Tax Revenue，https：//data.oecd.org/tax/tax-revenue.htm#indicator-chart.

③ 〔美〕安瓦尔·谢克：《资本主义：竞争、冲突与危机》，赵准、李连波、孙小雨译，中信出版集团，2021，第1145页。

④ 〔美〕约瑟夫·E.斯蒂格利茨：《不平等的代价》，张子源译，机械工业出版社，2020，第xii页。

民主距离其所谓“民有、民治、民享”的价值理想越来越遥远。

鉴于欧洲政治经济的高度一体化，超国家层面的政治也是欧洲上层切分经济蛋糕的角力场。尤其是欧洲多国在 1991 年通过签署《欧洲联盟条约》（Treaty on European Union）构建经济货币联盟、实行共同的外交与防务政策、扩大欧洲议会的权力后，各国国内经济社会政策的主导权大部分已让渡给欧盟这一超国家机构了。在欧盟，“名义上的民主结构，如直接选举和议会，已经正式到位。然而，观察家们一致认为，欧盟仍然存在巨大的‘民主赤字’。欧盟层面的关键决策，主要是通过政治和官僚精英之间的协议作出的。决策所受到的限制并非来自民主进程，而基本上是由各方之间的博弈带来的，同时决策还取决于其对国内和国际市场可能产生的后果。决策取决于交易、等级结构和市场。如果排除需要批准的程序，那么民主进程的作用是微乎其微的”。[①] 欧盟推动的一系列“亲市场”立法，如共同市场的法律规制、《稳定与增长公约》（Stability and Growth Pact ）下的政策协调，往往都是这么产生的，中下层民众难以通过代议制民主对欧盟技术官僚的决策进行有效监督。

欧洲资本主义代议制民主赤字的另外一大表现，是上层精英对“政治冷漠”的“赞扬”和“过度民主”的“谴责”。奥地利经济学家熊彼特（J. A. Schumpeter）认为，“民主方法是达成政治决策的制度安排，在其中，个别公民通过民众选票的竞争而获得决定权”[②]。据此，人们可能会产生一种错觉，即欧美主流社会对国家民主状况的判断，应将最大限度地参与选举视为重要标准之一。然而，事实并非如此。北美、西欧和亚太等三个地区部分国家非官方人士组成的著名政策协调机构三边委员会，曾如此赞扬“政治冷漠”：“一个民主制度的有效管理，一般需要一些个体和团体一定程度的冷漠和不参与。”[③] 这才是欧美上层对代议制民主的真实态度。

① R. A. Dahl, *Sulla democrazia*, Roma-Bari: Laterza, 2000, p. 123.

② D. Zolo, *La democrazia difficile*, Roma: Editori Riuniti, 1989, p. 79.

③ M. Crozier, S. Huntington, J. Watanuki, *The Crisis of Democracy: Report on Governability of Democracies to the Trilateral Commission*, 1975, Milano: Franco Angeli, 1977.

美国著名投行摩根大通对欧洲主权债务的研究报告，反映了资本及社会顶层对“过度民主”（Overdemocracy）的谴责态度。报告认为：随着危机的演变，人们逐渐意识到，外围地区（“欧猪国家”，PIGS）的危机不仅是经济层面的，且具有“根本政治问题”。这些国家的“宪法显示出强烈的社会主义影响，反映了法西斯主义失败后左翼政党获得的政治力量。外围国家的政治制度普遍表现出以下特点：行政能力弱；中央政府相对弱于大区政府；劳动力权利有宪法保护……有抗议政治局势不受欢迎的变化的权利。这些政治遗产的缺陷在此次危机中暴露无遗”。① 可见，在全球性的金融垄断资本力量看来，南欧国家一度存在的强大社会主义运动和工人运动及其所取得的成果，都是导致“主权债务危机”的“政治遗产”。

在欧美资本主义国家上层讴歌“政治冷漠”、谴责“过度民主”及民众不信任政治的合力作用下，欧洲国家的议会选举投票率逐年走低。据法国内政部发布的数据，2022 年国民议会选举首轮投票的投票率为 47. 51%，低于 2017 年议会选举首轮投票的投票率 48. 5%；第二轮投票率更是降至 18. 99%。② 意大利 2022 年 9 月议会选举投票率从 2018 年的 72. 9%降至 63. 8%。③

欧洲资本主义代议制民主的赤字，还表现在对不同政见者的限制上。早在第二次世界大战结束后，西欧主要国家便开始通过设置障碍或从技术上“纠正”比例制来限制普选权。1953 年，德国将进入议会门槛提高至 5%，以阻止共产党留在议会中。1956 年，由于“肆意歪曲宪法条款的内涵”，丧失议会代表权的德国共产党差点被取缔。1958 年，为了边缘化影响力较大的法国共产党，法国开始实施单人选区两轮多数制。2008 年后，意大利的共产党、左翼党等就因进入议会门槛的抬高，而被排除在议会之外。

---

① J. P. Morgan, *The Euro Area Adjustment: About Halfway there*, 28 May, 2013, p. 12.

② Jean Cittone, “Élections législatives 2022 : une abstention record au premier tour”, https://www. lefigaro. fr/elections/legislatives/elections-legislatives-2022-la-participation-au-premier-tour-a-18-43-a-midi-en-baisse-par-rapport-a-2017-20220612; “Second tour des élections législatives 2022 - Résultats et taux de participation”, https://www. interieur. gouv. fr/actualites/actu-du-ministere/second-tour-des-elections-legislatives-2022-resultats-et-taux-de.

③ Voter Turnout by Election type-Italy, https://www. idea. int/data-tools/country-view/41/40.

（三）欧洲社会主义运动和工会力量的衰落

马克思主义政党的边缘化和社会民主党的中间化，欧洲社会主义运动的衰落及工会力量的衰退，也是欧洲社会不平等扩大的重要政治因素。尽管欧洲社会主义运动在20世纪初期产生了分裂，但在二战后，欧洲共产党和社民党所进行的政治动员及其所形成的压力，无疑促进了欧洲福利国家的建设。正如欧洲著名左翼史学家唐纳德·萨松（Donald Sassoon）所言，“无论西欧采取何种政策以给穷人包括弱势群体带来更多公正、安全、教育机会、福利和社会责任，如果没有社会主义者的天真和幻想，没有他们的社会主义意识形态和运动所产生的压力，这些政策都不可能实施”。①

20世纪80年代末90年代初，苏联在西方“和平演变”和改革困境中解体，前东欧社会主义国家发生政权更迭的剧变，国际共产主义运动遭遇重大挫折。在此背景下，西欧最大的共产党——意共和法共，很快陷入边缘化的困境。这种边缘化意味着其对国家政治生活影响力的下降，即其组织力量和选举支持率萎缩，以及与此相伴的马克思主义和共产主义思想文化在欧洲传统左翼中以及共产党内主导地位被弱化。同时，由于新自由主义在西方意识形态中主导地位的强化，社会民主党以推动“社会民主主义进一步自由主义化的方式来寻找出路”。② 尤其是20世纪90年代欧洲社会民主党的“第三条道路”，及其意识形态的“去社会主义化”，不仅弱化了其传统的阶级属性，更是加速了传统左翼的整体性衰落。

与传统左翼的整体性衰落相伴的，还有西方的马克思主义学者对马克思和恩格斯思想研究方法的变化。他们的研究缺乏整体性和系统性，习惯于切割马克思主义，将注意力集中于马克思和恩格斯思想的某个具体方面。这导致他们研究的不是“马克思主义，而是另一种马克思的思想”。这种思想将

---

① Leszek Kolakowski and Stuart Hampshire（eds.），*The Socialist Idea. A Reappraisal*，London：Weidenfeld and Nicolson，1974，p. 16.

② 林德山：《世纪的沉浮：欧洲社会民主党思想政治演变的逻辑与问题》，《当代世界与社会主义》2020年第6期。

马克思主义视为“单一的理论语料库”，在科学上毫无价值，且脱离西方的经济社会发展现实和工人运动的政治实践。[①]

20世纪80年代以来，在新自由主义成为欧美经济政治中占主导的意识形态的背景下，欧美政府“亲市场”、弱化社会保护水平的政策，侵蚀了二战后欧洲大陆国家合作主义传统下相对有利于劳工保护的制度。20世纪末以来，欧洲多国工会密度[②]下降，集体谈判机制受到压制。其中，德国工会密度降幅为最——从2000年的24.6%下降至2020年的16.3%，意大利从34.8%降至32.5%，英国降幅也较大——从29.8%降至23.5%。北欧国家总体工会密度较高，但也表现出较大幅度的下降趋势，丹麦从2000年的74.5%降至2019年的67%。[③] 不可否认的是，工会密度下降还与欧洲资本主义国家“产业空心化”、传统工人阶级力量萎缩有关。但无论如何，工会的组织程度对工人阶级参与工资分配和再分配有重要影响。二战后，意大利的三大工会分别作为意大利共产党、意大利社会党和天主教民主党的传送带，推动完善和保护工人权益的《劳动者章程》等里程碑式法案出台。进入20世纪90年代后，意大利工会力量弱化，其难以阻止决策者推行的劳动市场灵活化改革。这一时期，欧洲其他国家也经历了相似的过程。从集体谈判的覆盖率来看，德国从2000年的67.8%骤降至2018年的54%；英国从2000年的36.4%降至2019年的26.9%。[④] 可见，工会薪酬议价能力遭到显著削弱。欧洲经济社会生活的去工会化，尤其工会对企业决策如薪酬结构等方面话语权的丧失，在相当大程度上助推了顶层1%收入的爆炸式增长及财富的显著两极分化。

在左翼政党边缘化或去社会主义化以及工会密度和集体谈判制度弱化的背景下，欧洲主要国家劳动保护水平降至30年来最低。就正规就业保护的严格程度（以数值计）而言，意大利从1990年的3.06降至2019年的

---

① 〔意〕弗拉迪米洛·贾凯：《新时代的中国马克思主义与21世纪马克思主义》，李凯旋译，《世界社会主义研究》2022年第11期。

② 工会密度被OECD定义为净工会会员（不包括自由职业者和其他非劳动者）的数量占雇员人数的比例。

③ Trade Union Dataset，https：//stats. oecd. org/Index. aspx？DataSetCode=TUD.

④ Collective Bargaining Coverage，https：//stats. oecd. org/Index. aspx？DataSetCode=TUD.

2.56，葡萄牙从4.83降至3.04；就临时就业保护的严格程度来看，德国从1990年的3.25降至2019年的1.38，尤其在著名的2002年“哈兹改革”后，一度降至1；意大利从1990年的4.88降至2018年的1.63。[①] 可以说，欧洲多国为迎合资本利益进行的劳动市场灵活化改革，导致劳动者就业保护的严格程度出现较大差异。这种差异，“撕裂”了工人阶级的团结互助机制，弱化了中下层劳动者在分配体系中的议价能力。

四 结语

2022年以来欧洲频发的抗议、罢工活动，折射出当代发达资本主义国家社会不平等问题的恶化。不平等的扩大，是经济与政治因素共同作用的结果。私有制和垄断资本对市场的“塑造”，代议民主制度的严重赤字，及欧洲社会主义运动和工人集体组织的衰落，都是欧洲财富分配两极分化和中下层贫困化加剧，教育、就业和医疗等资源分配失衡的深层原因。在罢工与抗议此起彼伏的背景下，欧洲多国政府实施了发放能源补贴、增加家庭津贴和救助性津贴等措施，抗议者的经济主义诉求得到了一定程度的回应。

欧美垄断资本主义之间竞争加剧，如美国推出《通胀削减法案》、美联储“暴力”加息拉大欧洲投资收益差距，将导致欧洲“亲市场”政策极端化。同时，新一轮科技革命的加速必将扩大技能溢价的影响以及垄断资本的收益，乌克兰危机背景下能源短缺问题悬而未决对欧洲经济滞胀的负面影响，也将加剧欧洲社会不平等、贫富分化，尤其是中下层民众生存艰难。可以想见，未来欧洲民众将或自发、或在工会组织下、或在左翼政党的领导下发起更大规模的示威抗议活动。由于传统马克思主义政党的边缘化，以及西方马克思主义理论的学院派化、碎片化和教条主义，尤其与政治实践的长期脱节，欧洲民众的抗议活动长期缺乏科学理论的指引而更多囿于短期经济利

① 数值越高意味着保护水平越高，参见 Strictness of Employment Protection，https：//stats.oecd.org/Index.aspx？DataSetCode=TUD#。

益。2008 年金融危机以来西方社会运动的演化历程也表明，民众的大规模抗议和示威活动，更多地被右翼民粹主义政党及持有不同意识形态的其他激进左翼力量逐渐吸收并转化为具有民粹主义特色的反建制运动的一部分。尽管如此，欧洲的马克思主义政党也在积极加强团结、克服政治力量碎片化，以在未来高潮迭起的欧洲抗议和罢工运动中发挥更大的作用，从而推动其发展成以反资本主义经济政治秩序、建立新社会为根本目标的社会主义运动，以从根本上推动欧洲资本主义不平等状况有效改善。

参考文献

1. 〔法〕托马斯·皮凯蒂：《21 世纪资本论》，巴曙松等译，中信出版社，2014。
2. 〔美〕安瓦尔·谢克：《资本主义：竞争、冲突与危机》，赵准等译，中信出版集团，2021。
3. 林德山：《当代资本主义不平等问题的根源及其影响》，《人民论坛·学术前沿》2022 年第 9 期。
4. 〔美〕约瑟夫·E. 斯蒂格利茨：《不平等的代价》，张子源译，机械工业出版社，2020。

Y.18

欧洲共产党选举策略新进展

——以奥地利共产党在格拉茨市议会选举为例

龙萌瑶*

摘　要： 奥地利共产党是奥地利政坛中历史悠久的共产主义政党，自1918年成立以来先后经历多次转型。目前，奥共已成为奥地利格拉茨市的第一大政党，在议会斗争中取得历史性进步，并提出新的斗争策略与行动纲领。奥共在格拉茨市加入政府后，继续保持强大的选民动员能力和议会内外的活动能力，这是该党得票率持续上升的关键所在。奥共在格拉茨市的表现在当前的欧洲议会选举中并非偶然，它反映了欧洲共产党参加议会选举的新策略与新特点。

关键词： 奥地利共产党　欧洲共产党　奥地利　格拉茨

奥地利共产党秉持马克思主义的核心原则，拥有悠久的历史，致力于代表和维护工人阶级的利益。该党关注社会不平等问题，反对剥削和压迫，力图实现社会公平和正义。近年来，奥共在格拉茨市的支持率显著上升。在2021年9月的市议会选举中，奥共以28.84%的得票率成为地区第一大政党，奥地利市长首次由共产党领导人担任。了解奥共在格拉茨市的选举策略，可管窥共产党在欧洲乃至发达资本主义国家的议会斗争中的新进展与发展态势。

---

* 龙萌瑶，中国社会科学院马克思主义研究院助理研究员，研究方向为政党政治、欧洲社会民主主义。本文审读专家为华中师范大学政治与国际关系学院余维海教授。

一 奥地利共产党历史及其在格拉茨市议会选举中的突出表现

奥地利共产党成立于1918年，是一个“由不同流派组成的马克思主义政党”。它将促进社会进步的激进民主政治改革与克服现有资本主义缺陷的革命观点相结合，目标是“建立一个无阶级差别的社会，消灭剥削、关注自然、废除父权制，促进每个人的自由发展”①。成立之初，奥共主张以革命斗争来推动社会主义，主张“党的全部斗争就是要组织和发动革命群众，使他们认识到社会主义革命的必要性，参加实际的社会主义斗争，为建立一个社会主义的奥地利而奋斗”。② 1945年之后，由于国内国际局势趋向于和平，奥共坚持以马克思主义为指导思想，反对教条主义；在保持独立性的同时，它表示其属于“国际共产主义运动、革命运动与左翼运动的一部分”。③

在联邦选举层面，奥共处于被边缘化的地位。在两次世界大战期间的第一共和国时期，它的影响力逊于社会民主党。1938年，纳粹德国吞并奥地利。奥共在小规模抵抗运动中发挥了重要作用。第二次世界大战后，在苏联的帮助下，奥共的影响力有所上升，与社会民主党、保守党联合执政。但是，该党的得票率依旧不高。在1945年的国民议会选举中，它只获得5.4%的选票。1947年，奥共退出联合政府。1959年，奥共的得票率仅为3.27%④，未能达到4%的“议会门槛”，二战后首次没能进入国民议会。奥共在国民议会的失利虽然不影响其在地区层面的活动，但地区层面的政治影响力和代表性也不可避免受到削弱。奥共在地方选举中陆续“出局”：1969

---

① “Status der KPÖ”，https：//www. kpoe. at/statut-der-kpoe.

② 杨扬、章德彪：《奥地利共产党探索社会主义的阶段性特征》，《当代世界与社会主义》2022年第3期。

③ “Status der KPÖ”，https：//www. kpoe. at/statut-der-kpoe.

④ 数据来源于奥地利内政部官方网站，https：//bmi. gv. at/412/Nationalratswahlen。

年，未能进入维也纳市议会；1970年，未能进入施泰尔马克州（Steiermark）议会和卡林西亚州（Carinthia）议会。半个多世纪以来，奥共作为一个“小型反对党”，在奥地利政坛中并不是强有力的政治力量。①

奥共的选举情况与奥地利特殊的国情有关。在经历过两次世界大战后，人心思定，奥地利民众期待和平。1955年，奥地利宣布成为永久中立国，各国占领军陆续撤离奥地利。该国资产阶级采取了一系列措施，意在实行对外中立，对内推行“社会伙伴关系”，增进劳资双方对社会的认同，着眼于经济的中长期发展目标，倡导合作、协商，平衡劳资矛盾与社会利益冲突。在此基础上，奥地利实现了战后经济恢复，在经济快速增长的同时社会保持相对稳定、安宁的状态。此外，受哈布斯堡王朝历史的影响，奥地利人中普遍存在根深蒂固的“就会好起来”的观念以及较强的臣仆意识。②

自20世纪80年代以来，奥共在格拉茨市的支持率显著上升。格拉茨是奥地利的第二大城市，约有居民28.5万，是奥地利第二大联邦州施泰尔马克州的首府。第二次世界大战结束以后，奥共始终在格拉茨市议会占有议席。在1983年的市议会选举中，奥共得票率为1.8%，获一个议席，奥共成员欧内斯特·卡尔特内格（Ernest Kaltenegger）担任市议会议员。1993年，奥共获得4.2%的支持率，在市议会中再添一席，埃尔克·卡尔（Elke Kahr）进入市议会。二人成为影响奥共在当地选情的关键人物。虽然1991年苏联解体对欧洲共产主义运动产生了剧烈冲击，但奥共在格拉茨市的支持率并未受到影响，如图1所示，除个别年份外，奥共的支持率总体保持上升趋势，从1983年的1.8%上升至2021年的28.84%。

在加入政府后，奥共的支持率依然保持上升态势。有研究显示，此类激进左翼政党加入政府，获得了“令人鼓舞”的成绩。大量数据表明，激进

---

① “Wer sind wir”，https：//www.kpoe.at/wer-wir-sind.

② 〔奥〕汉内斯·安德罗施：《安逸时代的终结——关于奥地利未来的七点论纲》，晏扬译，商务印书馆，2014，第15页。

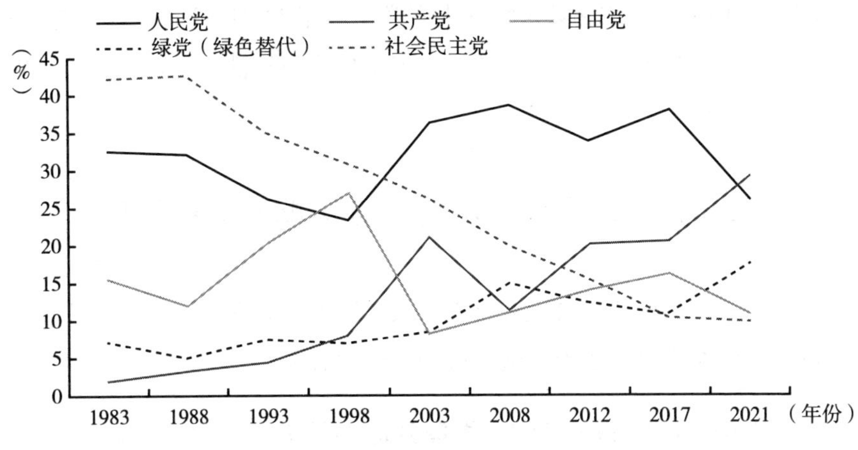

图 1　1983 年至 2021 年格拉茨市议会得票率统计

资料来源：格拉茨市政府官方网站，访问日期为 2022 年 7 月 18 日。

左翼政党在加入政府后，它的代表性有所降低，支持率有所下降。[①] 然而，奥共的情况并非如此。自 1998 年以来，奥共成员一直在格拉茨市政府中担任职务，但该党的支持率并未下降。在加入政府后的二十余年内，除了 2008 年更换领导人的缘故，奥共的支持率出现短暂下降，此后该党支持率持续增加，至今将近 30%。

1998 年至 2005 年，卡尔特内格担任格拉茨市负责住房问题的市议员，奥共的支持率从 1998 年的 6.7%上升至 2003 年的 20.8%。2005 年，卡尔特内格进入施泰尔马克州议会，格拉茨市领导人由奥共成员卡尔接任。“换帅”的“磨合期”过后，卡尔延续前任的道路，凭借住房议题方面的出色表现持续获得选民的支持。

此后，奥共支持率持续上升，成为格拉茨市第一大政党。在 2012 年、2017 年的市议会选举中，奥共分别以 19.9%和 20.3%的得票率成为议会第二大政党；2021 年 9 月 26 日，在格拉茨市的最新一次议会选举中，奥共以

① Jo Buelens and Airo Hino, The Electoral Fate of New Parties in Government, in Kris Deschouwer (ed.), *New Parties in Government: In Power for the First Time*, London: Routledge, pp. 159–160.

28.84%的得票率首次成为议会第一大政党。同年11月17日，该党与绿党、社会民主党组成联合政府。奥共领导人卡尔成为格拉茨市首任女市长，她也是奥地利首位具有共产党员身份的市长。

二　奥共在格拉茨市的竞选策略与获胜原因

奥共之所以在格拉茨市能够获胜，除了历史经验和环境因素以外，还与奥共新任领导人采取了适当的选举策略等因素有关。

（一）相对宽松的参选门槛为奥共提供了进入议会的机会

从历次国民议会选举的结果来看，在意识形态光谱中属于左翼的社会民主党与中右翼的人民党居于领先地位。自由党作为右翼力量也在一定程度上影响着国民议会，提倡“生态优先”的绿党也拥有稳定的政治影响力。[①] 共产党作为主要的左翼力量代表，多个选举年份的得票率甚至不足1%。奥地利国民议会的竞选门槛为4%，这意味着参选政党只有在国民议会选举中获得4%及以上的得票率才有可能进入议会，进而获得议席，如表1所示。

表1　2002年至2019年奥地利国民议会选举中主要政党得票率

单位：%

年份	社会民主党	人民党	自由党	绿党	共产党
2002	36.51	42.3	10.01	9.47	0.56
2006	35.34	34.33	11.04	11.05	1.01
2008	29.26	25.98	17.54	10.43	0.59
2013	26.82	23.99	20.51	12.42	1.03
2017	28.68	31.47	25.97	3.8	0.78
2019	21.18	37.46	16.17	13.9	0.69

资料来源：奥地利内政部官方网站，访问日期为2022年7月19日。

① 赵婷、娄士强：《奥地利共产党的边缘化状态及其原因分析》，《当代世界与社会主义》2013年第6期。

尽管奥共在国民议会选举中不占优势，但它始终在格拉茨市议会拥有议席。这是因为，格拉茨市不设竞选门槛，参选政党即使获得极少的票数，也能进入市议会。

格拉茨特殊的选举制度让少数选民群体也能获得代表权，这影响了选民的选择，同时在一定程度上塑造了他们的政党偏好。一般认为，更加“宽松”的竞选门槛更有利于奥共这类在联邦范围内较为小众的政党生存并持续存在。[①] 竞选门槛是小型政党尤其是激进左翼政党参选的巨大障碍，大多数此类政党的得票率仅为个位数。可以想见，如果格拉茨有一个类似于奥地利国民议会的竞选门槛，那么，奥共在很长的一段时间里几乎难以在市议会中获得席位，这将直接限制它日后的发展。依托格拉茨“零门槛”的议会选举制度，奥共在议会中拥有至少一个议席。议会活动在一定程度上保证了该党的知名度以及活动空间，同时，也为今后的崛起提供了必要的基础。

（二）重视斗争策略，以民众迫切需求作为竞选议题

奥地利共产党追求实现社会主义的目标，通过参与政治进程和社会运动，争取改革和变革。它提出具体政策和方案，致力于建立一个更加公平和民主的社会制度，使生产资料归全体人民所有。对奥共来说，能否在资本主义的社会现实中践行自己的价值理念、获取选民支持，是它能否成功的关键。住房问题成为突破口。

在奥共看来，住房是资本主义经济无法满足社会基本需求的典型案例。资本主义经济体系中存在着严重的贫富分化和不平等现象，这也影响了住房问题。富裕阶层能够投资和购买高质量的房产，贫困阶层则往往被迫生活在拥挤、破旧或不安全的住房环境中。这种不平等现象体现了资本主义经济中剥削的本质，导致住房问题无法得到满足。奥共强调消除住房不平等和剥削，致力于推动住房公平和正义，通过政策和法规来保护租户权益，限制房

① Luke March, Charlotte Rommerkirchen, Out of Left Field? Explaining the Variable Electoral Success of European Radical Left Parties, *Party Politics*, Vol. 21, No. 1, p. 48.

地产市场的过度垄断和投机，防止房价过度上涨，以确保人民能够享受到合理的住房条件。它提倡社会化住房，通过政府或公共机构的干预，提供人民负担得起的住房选择，特别是为低收入群体和弱势群体提供住房选择。

奥共在20世纪80年代就开始关注住房问题，此后，对这个问题的关注度持续提升。这与时任领导人卡尔特内格的个人经历有关。他换过12次住所，在他看来，住房是资本主义经济无法满足社会基本需求的典型案例。[①] 1988年，因为对租金上涨的关注，奥共在格拉茨市议会选举中取得突破，赢得了3.1%的选票。20世纪90年代初，苏联的解体迫使奥共重新看待社会主义的目标及其实现路径。彼时，奥共的首要目标是在保证生存的同时扩大影响力。在当时的情况下，单纯依靠意识形态的宣传难以打动选民，大规模的社会变革也难以实现。该党需要在资本主义的现实中践行马克思主义价值观，以具体的事例和工作成效获取选民的信任与支持。在此背景下，住房问题成为一个不需要进行“意识形态转变”的且“对人民有帮助”的议题。[②] 1991年，奥共在与法国共产党里尔[③]分部的交流中得到启发，设置了一条用于解决民众住房问题的紧急热线，并在当地媒体上做了广告进行推广。如果租客被房东驱逐出住处，他们可以通过这条热线向市议员求助。奥共在必要时为租客提供法律援助以及可能的物质支持。[④] 奥共领导层认为，相较于在不确定的时间点承诺光明的社会主义未来，住房政策可以直接解决许多人面临的问题。通过此举，奥共获得更多影响力的同时，也收获了部分选民的认可。

奥共的住房政策是其支持率提升的关键。通过对住房问题的重视以及推

---

① Manès Weisskircher, The Electoral Success of the Radical Left: Explaining the Least Likely Case of the Communist Party in Graz, *Government and Opposition*, Vol. 54, No. 1, p. 154.

② Franz Parteder, “Die Wohnungsfrage in der Politik der KPÖ Graz: Referat von Franz Parteder in Berlin-Spandau”, https://www.kpoe-steiermark.at/der-stellenwert-der-wohnungsfrage-in-der-politik-der-kpoe-graz.phtml.

③ 里尔，法国北部城市。

④ Franz Parteder, “Die Wohnungsfrage in der Politik der KPÖ Graz: Referat von Franz Parteder in Berlin-Spandau”, https://www.kpoe-steiermark.at/der-stellenwert-der-wohnungsfrage-in-der-politik-der-kpoe-graz.phtml.

出行之有效的政策，奥共逐渐领先于其他左翼政党。2004 年，社会民主党政府在维也纳停止建设新的市政公寓。① 奥共强调“没有人应该被落下，每个人都应该在生活中拥有同等机会”。② 奥共“以捍卫社会民主主义者抛弃的价值观和政策的姿态出现”，在资本主义经济中加入社会主义因素，积极倡导住房市场变革。奥共格拉茨市分部要求增加市政住房，反对市政住房的私有化。这一出色表现为奥共积累了声誉。可以说，奥共以自己出色的处理方式“拥有”了住房议题，从而在政党竞争中脱颖而出。③ 对选举来说，恰恰是奥共在关键问题上的声誉而非政策态度决定了选票的走向。④ 相比于大多数政党的夸夸其谈，奥共虽然自身的资源和对公共政策的影响力有限，但它投入实际行动，长期植根于社区，在具体的议题上给特定的选民带来了直观的好处。⑤

在住房问题上，奥共找到了理论与现实的衔接点。首先，奥共认识到资本主义经济体系中住房问题的根源在于房地产市场的商品化和利润导向。通过对资本主义原则的批判，该党强调住房是一个基本需求，应该摆脱市场规律的束缚，将其从商品化的逻辑中解放出来。其次，它以住房为切入点，对资本主义的基本原则进行批判，提倡住房“去商品化”（Decommodification），该党认为，住房问题需要用市场的手段去解决，但配置住房的首要目标是提高资源的利用效率，而非争取利润。⑥ 这意味着将住房从纯粹的市场交换关系中解放出来，将其重新定义为一种社会公共权利。这种转变的核心是使房地产从追求利润转向提高资源利用效率和满足人民的

① Luke March, *Radical Left Parties in Europe*, New York: Routledge, 2011, p. 23.

② “Meet the Communist Running Austria's Second Largest City: An Interview with Elke Kahr”, https://jacobin.com/2021/12/graz-communist-party-of-austria-kpo-mayor-elke-kahr-interview.

③ Manès Weisskircher, The Electoral Success of the Radical Left: Explaining the Least Likely Case of the Communist Party in Graz, *Government and Opposition*, Vol. 54, No. 1, p. 154.

④ John R. Petrocik, Issue Ownership in Presidential Elections, with a 1980 Case Study, *American Journal of Political Science*, Vol. 40, No. 3 (Aug. 1996), p. 826.

⑤ Adam Baltner, “In Graz, Austria, Communists Have Built a Red Fortress”, https://jacobin.com/2021/08/graz-austria-communist-party-red-fortress-class-politics.

⑥ Immanuel Wallerstein, New Revolts Against the System, *New Left Review*, No. 18, pp. 38-39.

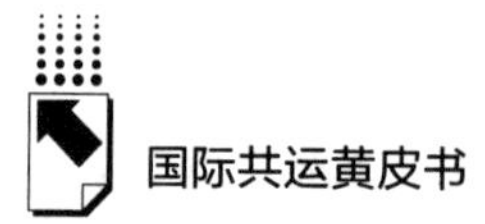

实际需求。推行市政住房的目的正是如此，即为私人住房市场提供替代方案，而不以市政当局的利润最大化为目的。这种政策措施与资本主义私有制在住房领域的矛盾相结合，强调了住房问题的社会性质。奥共将对资本主义的批判与住房政策联系起来，“通过将其目标或活动描述为与潜在追随者的价值或利益相一致，从而扩大追随者群体”。[①] 从这个角度来看，对住房问题的强调不能视为奥共对自身路线方针的缓和，而是在原则不变的情况下，结合现实，对准了资本主义私有制在住房领域的矛盾。

（三）善于开展议会内斗争

1998 年，奥共成员在格拉茨市政府中任职，加入政府意味着取得了参与议会斗争的权利。奥共着眼于具体议题，它根据自身的计划提出具体的要求，通过公开辩论，揭露资本主义体系的局限性，呼吁社会民主党和绿党在具体议题上给予支持。在坚持自己的价值理念的同时，积极采取策略避免议会制度的制约。

虽然奥共不是议会中的多数派，但它依然通过直接民主、议会辩论等方式促进了住房政策的推行。该党在很长的一段时间内处于少数地位，也没有与其他党派达成联合协议，但依然通过“从下至上”的公民投票机制发挥了作用。[②] 20 世纪 90 年代，奥共主张限制政府在市政住房领域的租金收入。这一提议获得了 17000 个支持者签名。其后，市政府通过议会辩论等方式最终通过了一项旨在降低市政住宅租客负担的法案。法案规定，如果市政住房所需费用超过家庭收入的三分之一，则租客能够获得一定程度的租金减免或补偿。2003 年，奥共要求翻修部分缺乏防雨设施的市政住房，但议会中的多数派拒绝提供资金支持。同年，格拉茨被选为欧洲文化之都。奥共借此机会提出“这也是文化：每个公共住房都有一个浴室”（Auch das ist Kultur.

① Manès Weisskircher，The Electoral Success of the Radical Left：Explaining the Least Likely Case of the Communist Party in Graz，*Government and Opposition*，Vol. 54，No. 1，p. 154.

② Manès Weisskircher，The Electoral Success of the Radical Left：Explaining the Least Likely Case of the Communist Party in Graz，*Government and Opposition*，Vol. 54，No. 1，p. 154.

Ein Bad für jede Gemeindewohnung）的口号。[①] 奥共将用于建设欧洲文化之都的基础设施费用与市政住房投资联系起来，并进行广泛的社会动员，要求公民投票。最终议会多数派批准了预算。奥共的斗争策略与斗争精神也得到了回报。2003 年，奥共的得票率从 7.9%增加到 20.8%。

（四）发挥了共产党善于发动群众路线方针的积极作用

奥共积极参与街头活动和动员群众，不仅仅依靠议会中的辩论和决策。它认为仅依赖议会是不够的，必须借助群众力量来实现真正的变革。这一立场体现了它对于社会运动和直接民主参与的重视，而非仅仅在议会中“坐而论道”。奥共领导人表示：“我们永远不应该只依靠议会主义，否则就死定了。”[②] 2004 年，当时的执政党意图出售城市的福利住房。奥共在格拉茨市所有建有市政公寓的地方举行公众集会，提出反对出售福利住房的倡议，并进行公民投票。此举成功抵制了市政公寓的私有化进程。此外，奥共曾多次批评奥地利政治家的工资过高，并从自身做起，为自己“降薪”；承诺将税后收入超过 2200 欧元的部分捐助给有需要的人。为了使这一制度透明化，每年年关前后奥共都会设置“账户开放日”（Tag der offenen Konten），向公众介绍党员的收入支出情况，并将多余的钱捐赠出去。[③]

由此可见，奥共成功的原因是多方面的。其一，战略竞选议题的选择。奥共在竞选中善于选择与选民生活密切相关的议题，并将其与对资本主义的批判理论相结合。在住房问题上，奥共成功地将资本主义的弊端与选民的实际需求联系起来，提出有利于选民的政策策略。这种与选民生活相关的议题选择赢得了广泛的支持和认同，为自身的成功奠定了基础。其二，坚持了共产党群众路线方针。奥共善于在议会内外寻找机会并灵活运用策略，以推动

---

① Manès Weisskircher, The Electoral Success of the Radical Left: Explaining the Least Likely Case of the Communist Party in Graz, *Government and Opposition*, Vol. 54, No. 1, p. 154.

② Manès Weisskircher, The Electoral Success of the Radical Left: Explaining the Least Likely Case of the Communist Party in Graz, *Government and Opposition*, Vol. 54, No. 1, p. 154.

③ “Tag der offenen Konten”, https://www.heute.at/s/steirische-kpoe-verschenkt-215000-euro-100181600.

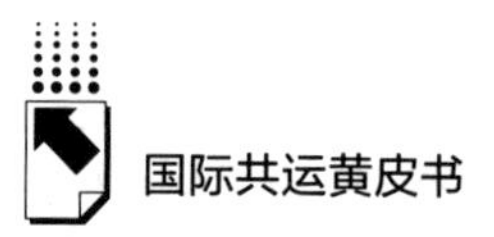

自身的议程。无论是通过议会辩论、公民投票还是街头活动，其始终保持着与选民的密切联系，并积极争取选民的支持和参与。这种动员能力与灵活策略使其能够更有效地推动政策变革，并在政治舞台上获得更大的影响力。

奥共在格拉茨市的竞选历程不仅仅体现为选举胜利，更解答了马克思主义政党在发达资本主义国家如何获得活动空间并进一步提升影响力与领导力的重要问题。因此可以说，这是对马克思主义政党的活动空间的拓展。奥共通过在住房问题上的斗争，成功地把马克思主义的理论与选民的实际需求相结合，以此拓展了马克思主义政党的活动领域。

三　从奥共选举策略透视欧洲共产党斗争策略

在现行资本主义制度下，欧洲共产党人开展了具有本国特色的探索，为实现社会主义的具体路径与增加社会主义因素的方式添加了本国特色。共产党这些调整在策略上更贴近选民的现实生活，因而取得了议会斗争的胜利。然而，这些策略仅仅是为了适应目前艰难的生存环境，与实现社会主义理想还有较大距离。

（一）用议题而非理论吸引选民

从现实层面看，出于选举目的，这类政党逐渐由“阶级斗争”转向侧重于“社会福利”。这些政党所提出的改造资本主义方案，主要是改善中下层群体的生活，提升他们的福利水平。这些改造方案以反对私有化为主要特征，尤其是反对住房、能源、公共事业等涉及民生的关键领域的私有化。但这与实现社会主义这一最终目标有一定差距。有批评者认为，在一定程度上，这类政党只是突出政治身份的“左派小天地”，而非马克思主义者的集合体，它们很少谈及共产主义。[①] 例如，奥共从选民的个体层面解决问题，

① Gabriel Kuhn，“The Curious Success of the Communist Party in Graz”，https：//www.counterpunch.org/2013/08/16/the-curious-success-of-the-communist-party-in-graz-austria.

一定程度上破坏了大规模团体对资本主义的抵抗，这实际上是调和了阶级矛盾，而非进行阶级斗争。总体来说，这些政党需要在政策、理念和组织上进行优化，以更好地实现对资本主义的批判，并在追求社会主义目标的道路上发挥更积极的作用。通过这些努力，它们可以更好地回应选民的期望，同时为实现社会变革和增加社会公平发挥更重要的作用。

从政策主张层面看，欧洲共产党的竞选策略难以与其他左翼政党区分开。奥共反对新自由主义、消费主义，支持国家采取行动通过非市场的机制实现充分就业，提倡保护劳动人民的权利，要求重新分配财富、提供福利，等等。它的观点也是国际主义的，声援全世界被压迫的人民，同时还提出了女权主义和生态环保主义的观点。虽然凭借住房议题和领导人的出色表现，奥共在格拉茨市逐渐崛起，但从奥地利全境看，奥共与社会民主党、绿党等左翼、中左翼政党的区分度还不够明显。

奥共保持了对资本主义鲜明的批判态度以及对社会主义的追求。这与法国共产党和西班牙共产党等存在相似之处。法国共产党提倡采取“超越资本主义”的策略，即通过和平的渐进变革实现社会的转型，以民主的形式和人民的干预来超越资本主义。它们主张通过逐步改革来建立一个更公正、更平等的社会。西班牙共产党则要求以民主的方式为社会主义类型的社会创造条件，致力于开创一条走向社会主义的道路，该道路以和平与多党制为特征。它们认为通过民主参与和社会变革，可以逐步实现社会主义的目标。对奥共以及欧洲其他马克思主义政党来说，如何在批判资本主义的同时实现社会主义、如何在资本主义的框架内推动社会主义的实现，这是共同面临的重要问题。它们需要思考如何平衡批判资本主义与现实条件之间的关系，以及如何在现有的政治和经济框架内推动社会主义的进程。这些党派需要不断探索新的政策和策略，寻求能够吸引广大选民支持的议题，并与现实的社会需求相契合。同时，它们也需要与其他左翼政党进行紧密合作和协调，以提升它们的影响力和实现共同的目标。这是一个充满挑战的复杂的任务，需要持续付出努力和智慧来寻找解决方案，并在实践中不断调整和改进。

（二）以奥共为代表的欧洲共产党斗争新策略评析

批判资本主义的同时，奥共及其他欧洲左翼政党面临着如何实现社会主义的复杂问题。它们承认左翼政治的本质是对现有制度和政策体系进行激进批判，以进步主义的方式来改变资本主义。然而，左翼政治在批判现实和实施变革方面往往存在失衡。左翼政治的基本属性使其对资本主义持批判立场，强调揭示和抵制现有社会结构的不公。然而，要实现社会主义的目标，限于当前的形势，它们只能在资本主义框架内进行民主活动，并接受现实中的权力博弈。这种理论与现实之间的矛盾限制了共产党人在资本主义国家中发展的空间。在这种情况下，奥共需要面对如何在批判性与建设性之间取得平衡的挑战。要推出更加具体的社会主义理念和愿景，同时关注现实条件和社会变革的可行性。这可能包括制定具体的政策方案、积极参与民主进程并与其他政治力量寻求合作和妥协。此外，加强国际共产主义力量的合作也是重要的。奥共可以与其他国家的共产党和进步力量加强联系，共同研究和解决社会主义建设中的难题。通过集体智慧和经验的分享，它们可以寻求更有效的策略和方法，增强影响力，并推动社会主义事业在全球范围内取得进展。

尽管在实现社会主义的道路上仍面临许多挑战，奥共通过在住房问题等领域的实践和斗争，已经为左翼在资本主义国家中开展活动提供了有益的经验。奥共的成功经验表明，在资本主义制度框架内寻求变革的同时，必须不断探索如何更好地与现实条件相结合，以实现社会主义的最终目标。

奥共的成功经验是坚持对资本主义的批判，同时关注选民的实际利益。这种策略不仅在选举中取得了成功，也在实践中践行了共产党的核心价值理念。然而，我们也应该认识到，在欧洲乃至国际共产主义视野内，共产党的力量仍然需要进一步壮大，影响力有待提高，各国共产党之间的联合也需要加强。尽管奥共在格拉茨市取得了成功，但这只是为实现社会主义最终目标而迈出的第一步。它们需要将改革社会的要求与实现社会主义的最终目标联系起来。如果没有最终的革命运动，那将无法摆脱资本主义制度的桎梏。

参考文献

1. 〔英〕卢克·马奇:《欧洲激进左翼政党》，于海青、王静译，社会科学文献出版社，2014。
2. 〔奥〕汉内斯·安德罗施:《安逸时代的终结——关于奥地利未来的七点论纲》，晏扬译，商务印书馆，2014。
3. 林德山:《理论与实践的断裂: 欧洲社会主义运动发展现状思考》，《当代世界社会主义问题》2019 年第 2 期。
4. Manès Weisskircher, The Electoral Success of the Radical Left: Explaining the Least Likely Case of the Communist Party in Graz, *Government and Opposition*, Vol. 54, No. 1.
5. Luke March, Charlotte Rommerkirchen, Out of Left Field? Explaining the Variable Electoral Success of European Radical Left Parties, *Party Politics*, Vol. 21, No. 1.

资 料 篇

Appendix

Y.19 2022年国际共产主义运动重大事件（50项）

重要纪念活动

1. 多国共产党纪念十月革命爆发105周年

俄历 1917 年 10 月 25 日（公历 11 月 7 日），列宁和布尔什维克领导的俄国无产阶级进行了社会主义革命，推翻了临时政府，建立了苏维埃政权，实现了社会主义从理想到现实、从理论到实践的伟大飞跃。

2022 年是十月革命爆发 105 周年。多国共产党和人民以多种形式纪念这一人类历史上的伟大突破和关键时刻。在俄罗斯莫斯科，当地时间 2022 年 11 月 7 日人们参加了纪念十月革命爆发 105 周年的集会。同一天，白俄罗斯政府和白俄罗斯共产党、工会联合会、青年联盟等各界代表到明斯克政府大楼前参加向列宁雕像献花等活动，纪念十月革命 105 周年。白俄罗斯总统亚历山大·格里戈里耶维奇·卢卡申科（Alexander Grigoryevich

Lukashenko）在总统网站发文指出，1917 年的十月革命体现了全世界劳动人民的梦想。白俄罗斯缅怀过去，铭记历史和英雄。先人的勇气和智慧将继续帮助白俄罗斯人民克服挑战，为未来奠定基础。印度共产党全国委员会书记处书记阿玛吉特·考尔（Amarjeet Kaur）在该党总部发表纪念讲话指出，即使在今天，十月革命仍然是全世界所有为摆脱剥削和压迫而斗争的人的行动指针。奥地利劳动党及其青年阵线组织庆祝活动，通过发表演讲、主办主题晚会、播放苏联革命歌曲及电影等形式，向人们讲述十月社会主义革命的伟大成就。波兰共产党发表声明，强调十月革命的重大历史意义，同时也指出十月革命迄今仍然被全球资本主义视为威胁，因而在新的反共历史版本中遭到诽谤，世界共产党人应当牢记反对资本主义的唯一有效方法就是将工人阶级组织起来。

2. 多国共产党纪念苏联成立100周年

1922 年 12 月 30 日，苏维埃第一次代表大会通过了《苏维埃社会主义共和国联盟成立宣言》和《苏维埃社会主义共和国联盟成立条约》，苏联成为世界上第一个社会主义国家。1991 年 12 月 26 日，苏联最高苏维埃举行最后一次会议，宣布苏联停止存在。苏联时期曾经创造出举世震惊的经济增长奇迹，也出现过社会发展停滞的时期，苏联解体对世界历史进程的影响至今犹在。2022 年，在苏联成立 100 周年之际，世界多国共产党和共青团以多种方式隆重纪念这一历史性事件。

3. 共产主义者同盟成立175周年

正义者同盟的建立，标志着世界上第一个以科学社会主义为指导思想的国际性的无产阶级政党的创立。1847 年 6 月 2~9 日，正义者同盟第一次代表大会在伦敦召开。大会决定将正义者同盟改名为共产主义者同盟，并将“人人皆兄弟”的口号改为“全世界无产者，联合起来”。1847 年 11 月 29 日至 12 月 8 日，共产主义者同盟第二次代表大会在同盟中央委员会驻地伦敦举行，马克思和恩格斯阐述了他们关于科学社会主义的基本观点，并受大会委托起草同盟纲领。1848 年 2 月，该纲领以《共产党宣言》为名首先用德文在伦敦发表。

共产主义者同盟团结了各国革命工人，广泛宣传了科学社会主义，其成员还积极参加了1848年欧洲革命。1848年欧洲革命失败后，由于反动派迫害的加剧，同盟组织遭到严重破坏，根据马克思的提议，共产主义者同盟于1852年11月17日宣布解散。共产主义者同盟是科学社会主义理论同工人运动相结合的产物，对于广泛宣传科学社会主义、团结各国革命工人起了巨大的作用。

4. 纪念《真理报》创刊110周年

《真理报》（英文名字是 *Pravda*；俄文名字是 *Пра вда*）是俄国布尔什维克的合法报纸（日报），根据俄国社会民主工党第六次全国代表会议的决定创办，1912年4月22日起在彼得堡出版。《真理报》是群众性的工人报纸，拥有大批工人通讯员，靠工人自愿捐款出版，同时也是布尔什维克党实际上的机关报。《真理报》编辑部还担负着党的很大一部分组织工作。1918年3月16日起，《真理报》改在莫斯科出版。1991年8月22日，《真理报》被叶利钦下令取缔。自1997年4月以来，该报作为俄罗斯联邦共产党的机关报出版。2013年2月24日，俄联共第十五次代表大会通过了新版《党章》，其序言中写道："《真理报》是俄罗斯联邦共产党的官方出版物"。

5. 举行中国共产主义青年团成立100周年庆祝活动

中国共产主义青年团是中国共产党领导下的先进青年的群众组织、学习共产主义的学校、中国共产党的助手。1922年5月正式成立，原名为中国社会主义青年团，1925年改称中国共产主义青年团。

2022年5月10日，庆祝中国共产主义青年团成立100周年大会在北京人民大会堂隆重举行。中共中央总书记、国家主席、中央军委主席习近平在会上发表重要讲话强调，青春孕育无限希望，青年创造美好明天。新时代的中国青年，生逢其时、重任在肩，施展才干的舞台无比广阔，实现梦想的前景无比光明。实现中国梦是一场历史接力赛，当代青年要在实现民族复兴的赛道上奋勇争先。共青团要牢牢把握培养社会主义建设者和接班人的根本任务，坚持为党育人、自觉担当尽责、心系广大青年、勇于自我革命，团结带领广大团员青年成长为有理想、敢担当、能吃苦、肯奋斗的新时代好青年，用青春的能动力和创造力激荡起民族复兴的澎湃春潮，用青春的智慧和汗水打拼出一个更加美好的中国，激励广大团员青年在实现中华民族伟大复兴中国梦的新征程上奋勇前进。为了庆祝中国共产主义青年团成立100周年，中国邮政还发行了“中国共产主义青年团成立一百周年”纪念邮票。

6. 纪念日本共产党成立100周年

1922年7月15日，日本共产党在东京秘密成立，同年12月加入共产国际；因遭受迫害，经历3次建党。二战前，日共长期处于非法地位，始终坚持开展反抗资本主义、军国主义的斗争；二战后，获得合法地位并得以公开活动，提出为日本的独立、和平、民主和提高人民的生活水平而不懈奋斗。苏东剧变后，日本共产党提出“在资本主义框架内进行民主改革”、在21世纪初期实现建立民主联合政府的目标。在这一思想指导下，日共坚持科学社会主义理念，不断探索日本走向社会主义的道路。

2022年7月15日，日本共产党迎来建党100周年，日共举办了多种形式的纪念活动。9月17日在东京总部举行了庆祝建党100周年活动，并通过网络进行直播。志位和夫（Shii Kazuo）委员长发表了《论日本共产党百年历史和纲领》的讲话，总结了建党百年来的经验教训，强调要以党纲为思想指南，建设强大政党。

7. 纪念巴西共产党成立100周年

1922年3月25日，来自巴西全国各地的共产主义小组9名代表，代表全国73名共产党员在尼特罗伊市召开会议，成立了巴西共产党。2022年，为庆祝建党百年，巴西共产党开展了设计百年党标活动，推出“对巴西的百年热爱和勇气”的口号，在官网上连续发布建党百年新闻，出版诗集、拍摄纪念短片并进行相关图片展等。巴西的共产党（PCB）组织了为期5天的党史研讨会，并在随后发表纪念声明，高呼“为了人民政权，走向社会主义”的口号，强调只有进行革命斗争，才能克服资本主义的不公正，建立一个没有剥削的社会。

8. 纪念智利共产党成立100周年

1922年1月2日，在十月革命的影响下，智利社会主义工人党举行第

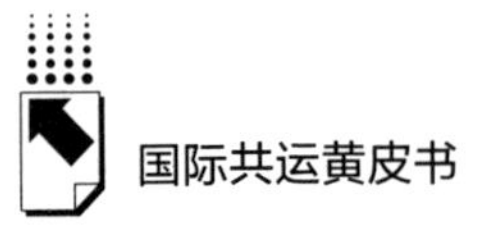

二次代表大会，决定改名为智利共产党，并加入共产国际，路易斯·埃米利奥·雷卡瓦伦（Luis Emilio Recabarren）当选为总书记。智利共产党在成立之初主张开展社会主义革命，由无产阶级联合农民夺取政权并铲除旧的社会剥削关系。2022 年 1 月 13 日，在智利共产党成立 100 周年之际，智利共产党（红色派）在左翼网站“新时代媒体”刊发文章，对智利共产党百年历史进行了梳理，决定重新确立并发展路易斯·埃米利奥·雷卡瓦伦的思想。

9. 纪念德国马克思列宁主义党成立40周年

1982 年 7 月 20 日，德国马克思列宁主义党在波鸿成立。2022 年 8 月 25~28 日，德国马克思列宁主义党在盖尔森基兴举行了包括研讨会、讲习班、论坛和文化表演等在内的周末庆祝活动，热烈庆祝其成立 40 周年。来自德国各地的党员及其家人、当地社区的居民，以及来自五大洲 31 个国家的革命政党和组织的代表共 1500 人出席了本次活动。8 月 27 日（周六），德国革命思想家卡尔·马克思的新雕像揭幕仪式在德国马克思列宁主义党总部大楼前的草坪上举行。揭幕前，德国马克思列宁主义党主席加比·费希特纳（Gabi Flechner）主持仪式，向拥有 40 多年党龄的同志表达敬意。在周末庆祝活动的第二天，“革命政党和组织国际协调”和德国马克思列宁主义党联合举行了国际研讨会，讨论了新帝国主义国家的发展问题、党的建设任务和反对战争、反法西斯国际统一战线的实际组织问题等。

10. 荷兰新共产党庆祝成立30周年

1991 年，原荷兰共产党宣布并入“绿色左翼”，而一些拒绝加入“绿色左翼”的党员则联合荷兰共产主义者联盟于 1992 年成立了荷兰新共产党。2022 年 11 月 4 日，荷兰新共产党召开理论研讨会暨庆祝大会，发布党史小册子，全面回顾从荷兰共产党到新共产党百余年的斗争历程，总结荷兰及国际共产主义运动的宝贵经验，致哀逝者、致敬英雄，表达为美好未来以及社会主义和共产主义而斗争的决心。

11. 古巴导弹危机爆发60周年

2022 年是古巴导弹危机爆发 60 周年。古巴导弹危机是冷战时期美苏之间最激烈的一次直接对抗，因苏联在古巴部署导弹而美国坚持要求撤除导弹所引发。危机期间，核战争阴霾笼罩加勒比海，地缘战争一触即发，最后以苏联与美国相互妥协而告终。2022 年，俄乌冲突的爆发促使国际社会对古巴导弹危机进行了历史回顾、反思与比较。有观点认为，两次危机反映了两个时代大国博弈和国际格局调整的必然逻辑，唯有合理管控大国关系和热战风险，才能有效规避国际冲突，维护国际和平大局。也有观点认为，两次危机虽处于不同时代，但其根本原因是一致的，美帝国主义的霸权行径导致了危机的升级，资本主义世界体系的内在矛盾决定了帝国主义的扩张逻辑，世界进步力量反对帝国主义的战争不可避免，只有团结一切进步力量开展反帝国主义斗争才能最终赢得世界和平发展。

12. 世界反法西斯同盟建立80周年

1942 年 1 月 1 日，以中、英、美、苏为首的参加对德、意、日轴心国作战的 26 个国家在华盛顿举行会议，签署共同进行反法西斯战争的《联合国家宣言》，标志着国际反法西斯统一战线最终形成。反法西斯同盟的建立使第二次世界大战的形势发生变化，是反法西斯战争取得最后胜利的决定性因素之一，并为战后联合国的成立奠定了基础。

13. 欧洲共产党和工人党情报局成立75周年

共产党和工人党情报局是欧洲 9 国共产党和工人党为交换经验和协同行动而建立的联合组织。第一次会议于 1947 年 9 月 22~27 日在波兰西里西亚的一个小温泉场召开。大会决定成立共产党和工人党情报局，其任务是组织各党交流经验并于必要时按相互协议原则协同行动。各党中央派两名代表组成常设委员会，总部设在南斯拉夫首都贝尔格莱德。大会还决定出版机关报。1948 年 6 月通过的《关于南斯拉夫共产党情况的决议》和 1949 年 11 月通过的《南斯拉夫共产党在凶手和间谍掌握中》做出了干涉他国内政的错误决定。1956 年 4 月 17 日，情报局宣布结束活动，机关报停止出版。

14. 纪念斯大林格勒保卫战爆发80周年

斯大林格勒保卫战是苏联卫国战争中，苏军为保卫斯大林格勒并消灭德军有生力量而进行的决定性战役。战争于 1942 年 7 月爆发，持续至 1943 年 2 月，历时 6 个多月，是世界历史上最血腥的战斗之一。苏联和德国双方在

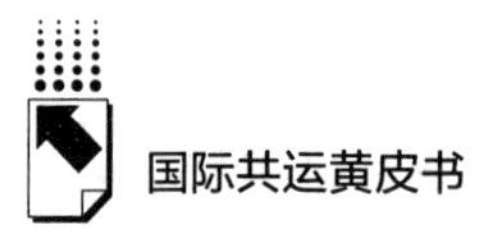

战役中总伤亡人数估计超过 200 万。斯大林格勒保卫战是苏联卫国战争的根本转折点，也是第二次世界大战的重要转折点；它预示着苏联军队终将战胜德国法西斯军队，世界反法西斯同盟将取得最终的胜利。

15. “欧洲共产主义宣言”发表45周年

1977 年 3 月，西班牙、意大利、法国共产党在马德里会晤并发表《西班牙、意大利、法国共产党联合声明》（简称《声明》），又称“欧洲共产主义宣言”。《声明》指出，西班牙民主的进步引起了法国和意大利人民的特别关注。三国都面临着一场经济、政治、社会和道德领域的全面危机，共产党应当时刻捍卫劳动人民的切身利益，同时进行深刻的民主变革，克服资本主义危机，向社会主义迈进。《声明》集中阐述了欧洲共产主义的基本原则：在国内政策方面，主张尊重多党制，在民主自由中实现社会主义；在国际政策方面，主张建立一个和平、民主、独立的欧洲；在党际关系方面，坚持各党独立自主、权利平等，在此基础上发展国际主义团结和友谊。

重要历史人物纪念

16. 金日成诞辰110周年

金日成（1912~1994 年）是朝鲜民主主义人民共和国缔造者，“主体思想”的主要创立者。1997 年 7 月，金日成诞辰日被朝鲜定为公众假期，称为“太阳节”。2022 年 4 月 15 日，朝鲜举行了“庆祝伟大领袖金日成同志诞辰 110 周年中央报告大会”和平壤市群众游行，隆重纪念金日成诞辰 110 周年。朝鲜劳动党总书记、朝鲜民主主义人民共和国国务委员长金正恩及朝鲜党政军领导干部出席大会，朝鲜劳动党中央政治局委员、中央委员会书记李日焕（리일환）在大会上做了题为《伟大的金日成同志的不朽革命历史将同主体事业的胜利前进一道永垂不朽》的报告。大会结束后，朝鲜进行了盛大的群众游行，金正恩检阅了群众游行队伍。

17. 恩里科·贝林格诞辰100周年

恩里科·贝林格（Enrico Berlinguer，1922~1984 年），意大利共产党总书记、政治家和马克思主义理论家。在父亲影响下，15 岁就参加了反法西斯斗争。1943 年 11 月，贝林格秘密加入意大利共产党，并组建意大利萨萨里第一个党支部。1946 年调入罗马，1972 年起任意共总书记。贝林格 1980 年和 1983 年两次访问中国，使中断多年的中共和意共两党关系正式恢复并进入一个新阶段。1984 年 6 月，贝林格在意大利北部为欧洲议会选举发表竞选演说时突发脑出血后病逝。贝林格在总结意共历史经验和理论探索的基础上，提出“第三条道路”“欧洲共产主义”等理论概念，进行“历史性妥协”“民主替代”等实践。他留下的著名文章和讲话主要有：《帕尔米罗·陶里亚蒂在意大利共产党生活中的影响》《智利事件后对意大利问题的考虑》《在西欧发达国家战胜资本主义的各种新道路》《争取改变意大利和执政》等。

18. 古巴革命家格瓦拉逝世55周年

切·格瓦拉（Che Guevara，1928~1967 年）生于阿根廷，著名的拉美革命家，第三世界共产主义运动与革命的英雄人物。切·格瓦拉是古巴共产党、古巴共和国和古巴革命武装力量的缔造者和领导人之一。古巴革命胜利后，格瓦拉曾担任古巴国家银行行长、古巴国家土地改革研究所工业化部主任和古巴工业部部长。1967 年，格瓦拉在玻利维亚领导革命游击队斗争时被捕，并在美国中情局的指示下被玻利维亚军方杀害。2022 年 10 月 8 日，古巴政府在古巴圣克拉拉的格瓦拉陵墓前举行了纪念活动，古巴国家图书馆、古巴作家和艺术家联盟（UNEAC）等官方文化机构发文悼念，以纪念格瓦拉为世界革命运动和争取社会公正做出的历史贡献。同日，委内瑞拉总统马杜罗在纪念格瓦拉逝世 55 周年之际指出，“无论现在还是将来格瓦拉都是真正的革命者的象征与榜样”。

19. 原苏共领导人戈尔巴乔夫去世

2022 年 8 月 30 日，苏联最后一位领导人米哈伊尔·谢尔盖耶维奇·戈尔巴乔夫（Михаил Сергеевич Горбачёв，1931~2022 年）去世，引发广泛关注和复杂评说。各国共产党对其评价负面居多。2022 年 8 月 31 日，俄总统普京和安全会议副主席梅德韦杰夫对戈尔巴乔夫的离世表示深切哀悼，对其生平作了高度评价。众多西方政要也表明了类似立场。美国总统拜登、法国总统马克龙等人称，戈尔巴乔夫为人民带来了“自由、独立和尊严”。俄罗斯联邦共产党则对戈尔巴乔夫持严厉批判态度。俄联共中央委员会主席久加诺夫说：“在俄罗斯的历史中，戈尔巴乔夫属于那一类统治者，他们给俄罗斯人民、我们的盟友带来了绝对的灾难与悲痛。”

20. 中共中央原总书记江泽民同志逝世

2022 年 11 月 30 日，中共中央原总书记江泽民（1926~2022 年）同志因病于上海逝世。江泽民同志是享有崇高威望的卓越领导人，伟大的马克思主义者，伟大的无产阶级革命家、政治家、军事家、外交家，久经考验的共产主义战士，中国特色社会主义伟大事业的杰出领导者，中国共产党的第三代中央领导集体的核心，“三个代表”重要思想的主要创立者。12 月 6 日，中共中央、全国人大常委会、国务院、全国政协、中央军委在北京人民大会堂隆重举行江泽民同志追悼大会。世界各国人民、各国领导人和各方面国际友人也表示深切哀悼。

21. 菲律宾共产党创始人何塞·马利亚·西松逝世

2022 年 12 月 16 日，菲律宾共产党中央委员会及菲律宾共产党创始主席何塞·马利亚·西松（Jose Maria Sison，1939~2022 年）在荷兰逝世，享年 83 岁。西松作为菲律宾共产党的创始主席，于 1968 年 12 月 26 日领导重建菲律宾共产党，1969 年 3 月 29 日组建新人民军，并于同年在该国发动人民战争，1973 年领导成立了民族民主阵线。西松被菲律宾共产党称为“上个世纪最伟大的菲律宾人之一，他巧妙且创造性地将马列毛主义应用于菲律宾和菲律宾革命，并赋予了菲律宾人民力量去开创菲律宾的未来，实现了人民对民族自由和民主的渴望”。在西松逝世后，世界多个马列毛主义共产党发文表示深切哀悼，高度肯定西松对国际共产主义运动所做出的卓越贡献。

社会主义国家政党新动态

22. 中国共产党召开第二十次全国代表大会

2022年10月16~22日，中国共产党第二十次全国代表大会在北京召开。这是在全党全国各族人民迈上全面建设社会主义现代化国家新征程、向第二个百年奋斗目标进军的关键时刻召开的一次十分重要的大会，是一次高举旗帜、凝聚力量、团结奋进的大会。大会高举中国特色社会主义伟大旗帜，坚持马克思列宁主义、毛泽东思想、邓小平理论、“三个代表”重要思想、科学发展观，全面贯彻习近平新时代中国特色社会主义思想，分析了国际国内形势，提出了党的二十大主题，回顾总结了过去5年的工作和新时代10年的伟大变革，阐述了开辟马克思主义中国化时代化新境界、中国式现代化的中国特色和本质要求等重大问题，对全面建设社会主义现代化国家、全面推进中华民族伟大复兴进行了战略谋划，对统筹推进“五位一体”总体布局、协调推进“四个全面”战略布局作出了全面部署。大会批准了习近平同志代表十九届中央委员会所作的《高举中国特色社会主义伟大旗帜　为全面建设社会主义现代化国家而团结奋斗》的报告，批准了十九届中央纪律检查委员会的工作报告，审议通过了《中国共产党章程（修正案）》，选举产生了新一届中央委员会和中央纪律检查委员会。在中国共产党第二十次全国代表大会召开之际，世界多国政党、政府领导人致电致函中共中央和习近平总书记，热烈祝贺中共二十大胜利召开。

23. 朝鲜、越南、老挝、古巴领导人热烈祝贺习近平当选中共中央总书记

2022年10月23日，中国共产党二十届一中全会选举习近平继续担任中共中央总书记、中央军委主席。朝鲜劳动党总书记金正恩，越南共产党中央委员会总书记阮富仲，老挝人民革命党中央委员会总书记通伦，古巴共产党中央委员会第一书记、国家主席迪亚斯-卡内尔发来贺电或贺函，热烈祝贺习近平同志当选中国共产党第二十届中央委员会总书记。

金正恩表示，愿同习近平总书记一道，顺应时代要求，共同引领朝中关

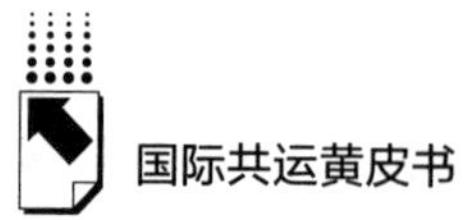

系走向更加美好的未来，大力推动两国社会主义伟大事业不断向前发展。衷心祝愿习近平总书记在领导中国党和人民这一责任重大的工作中取得更大成就！阮富仲表示，在习近平新时代中国特色社会主义思想指引下，中国全党和全国人民必将完成中共二十大提出的各项目标，早日基本实现社会主义现代化，将中国建设成为富强民主文明和谐美丽的社会主义现代化强国。通伦表示，习近平同志在中共二十届一中全会上当选中共中央总书记，充分体现了中国全党全国各族人民对习近平同志作为党中央的核心、全党的核心，作为新时代中国特色社会主义伟大事业英明领袖的高度信任和无比敬重。愿进一步加强战略沟通，共同引领和推动新时代老中关系和命运共同体建设不断深入发展、开花结果，为两国和两国人民创造更多福祉，共同推进伟大的社会主义事业。迪亚斯-卡内尔表示，习近平总书记带领中共中央为新时代中国特色社会主义作出的理论和实践贡献，是马克思主义中国化时代化的里程碑。愿同习近平总书记一道继续坚定不移地加强对古中关系的政治引领，使之不断拓展和完善，从而促进两国的可持续发展和增进两国人民的福祉，推动世界社会主义进程不可逆转、充满生机。

24. 越南共产党召开十三届五中、六中全会

2022 年 5 月 4~10 日，越共十三届五中全会在河内召开。会议针对土地使用、农业农村发展、集体经济、党建等多项议题进行讨论。会议通过四项决议：《关于继续革新和完善体制政策，提高土地管理和使用效率和效果，推动越南成为高收入发达国家的决议》《关于到 2030 年的农业、农民、农村问题及至 2045 年的展望的决议》《在新阶段继续革新、发展集体经济和提高集体经济效率的决议》《关于新形势下加强党的基层组织建设，提高党员队伍质量的决议》。

2022 年 10 月 3~9 日，越共十三届六中全会在河内召开。会议就经济发展形势和计划、推进国家工业化和现代化、建设社会主义法权国家、革新党的领导方式等议题进行讨论。经审议，越共中央通过了《面向 2030 年推进国家工业化、现代化进程及至 2045 年愿景》《关于继续建设和完善越南社会主义法权国家的决议》等文件。

25. 古巴共产党召开八届四中、五中全会

2022 年，古共中央先后召开八届四中和五中全会，深入讨论加强党的领导、完善人民民主制度、推进法治国家建设等重要事项，研究部署经济、社会、政治及意识形态领域贯彻八大精神的相关举措。2022 年 4 月召开的四中全会重点讨论了 2021~2026 年古巴干部政策战略、政治意识形态工作改进纲要、新《家庭法》民主协商情况、经济社会更新战略、反通胀措施、国有企业改革和非公经济部门发展等问题。2022 年 12 月召开的五中全会，重点落实古共八大决议，听取政治局工作报告，讨论经济、社会、意识形态、党的建设、党群关系及青年工作等问题。全会指出，“加强人民团结”和“坚定思想信念”是古巴共产党两个基本工作原则，古巴共产党通过这两种方式得以应对“经济社会”和“政治意识形态”两大挑战。

26. 老挝人民革命党召开十一届四中、五中全会

2022 年 5 月 18~26 日，老挝人民革命党第十一届中央委员会第四次全体会议在万象党中央会议堂开幕。会议通过了对社会经济发展规划、深化改革规划、国民经济预算计划和货币计划执行情况的评价，审议通过了党的十一大各项决议，评价了国家第九个经济发展规划纲要以及各项决议的贯彻落实情况。

2022 年 10 月 13~20 日，老挝人民革命党第十一届中央委员会第五次全体会议在万象党中央办公厅举办，会议对 2022 年 9 个月以来的社会经济发展计划、预算计划、货币计划进行评价，商讨了后 3 个月重点工作和国家社会经济发展重点方向，并对 2022 年国家安全工作、外交事务及 2023 年规划方向进行总结和部署。同时，还回顾了十一届中央委员会第四次全体会议关于国土资源管理与开发的决议，及 2022 年中央委员会政治生活。会议指出，党中央要求各级党委提高应对、解决问题和适应实际状况的能力和领导素养。党中央号召各级党委、党员和工作人员贯彻党中央决议和命令，发挥党员、领导的模范带头作用，把各项决议落实到实际工作中，在各方面促成强有力的深刻变革。与会人员一致认为，要增强社会责任，关注国际安全形势发展变化，认清在全球化背景下国家关系的复杂性和多变性，避免陷入国际风险。

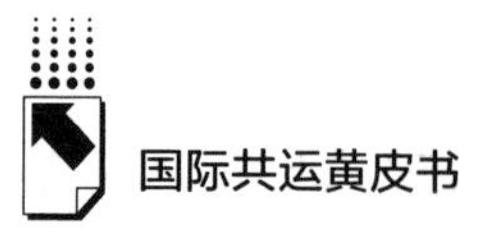

27. 朝鲜劳动党召开八届五中、六中全会

2022 年 6 月 8~10 日，朝鲜劳动党八届五中全会召开，对中央政治局、中央委员会、中央军委以及党政其他部门进行了规模较大的人事调整；对 2022 年上半年党和国家政策执行情况进行了总结，确定在经济建设的同时进行国家疫情防控能力建设；将农业和消费品生产定为 2022 年经济任务中的重点，确立为下半年工作重点；将八大制定的“以强对强、以善对善”对美政策调整为“以强对强、正面输赢”。会议还对劳动党党章的部分内容进行了修改补充，以进一步增强党的战斗力和领导力，巩固组织思想基础。

2022 年 12 月 26~31 日，朝鲜劳动党召开八届六中全会。这是金正恩执政以来会期最长的中央全会。六中全会对 2022 年党和国家政策执行情况进行总结，并确定 2023 年工作计划，经济、军事、外交等内外政策总体不变，保持了八届四中、五中全会以来的政策连续性和稳定性；审议 2022 年度国家预算执行情况和 2023 年度国家预算案，提交最高人民会议通过；确定加强党对革命学院的领导；确立新时期党建五大路线，丰富由政治建设、组织建设、思想建设、纪律建设、作风建设构成的新的党建理论体系，并将其确定为党的建设路线。六中全会切实体现朝鲜革命“自主、自立、自卫”思想，为朝鲜式社会主义新发展、谋划新变革确定了积极、科学的政策方向，被定义为朝鲜式社会主义飞跃式发展的重大转折点。

政党重要活动

28. 第22届共产党和工人党国际会议在古巴召开

2022 年 10 月 27~29 日古巴共产党在哈瓦那主办了第 22 届“共产党和工人党国际会议”。来自 60 个国家的 78 个共产党和工人党的 145 名代表出席了会议。本届会议的主题是“与古巴人民和所有斗争中的人民团结一致。联合起来，我们就更强大——在反帝国主义斗争中，与社会运动和人民运动一道，直面资本主义及其政策、法西斯主义和战争的威胁；保卫和平、环境、工人权利、团结和社会主义”。在本届会议上，与会政党在乌克兰危机的性质、帝国主义本质、“过渡阶段”、“反垄断资本政府”等问题上产生了分歧。然而它们本着求同存异的原则，一致通过了《最终宣言》，对资本主义世界的形势进行了深刻的分析，确定了各国党的共同任务，并制订了开展联合行动的具体计划。这对于各党加强国际团结、采取联合行动、扩大影响具有十分重要的意义。为进一步加强世界各国共产党和工人党之间的团结、交流与合作，本届会议决定第23届“共产党和工人党国际会议”在土耳其举行。

29. 中国共产党举办首届中国共产党与世界马克思主义政党论坛

2022年7月28日，由中共中央对外联络部主办的中国共产党与世界马克思主义政党论坛以视频方式举行，来自70多个国家100多个马克思主义政党、左翼政党和政治组织的代表300多人线上参会。会议主题是“二十一世纪马克思主义本土化时代化”。与会代表高度评价马克思主义中国化时代化取得的卓越成就，认为中国共产党的历史是一部不断推进马克思主义中国化时代化的历史。习近平新时代中国特色社会主义思想是当代中国马克思主义、二十一世纪马克思主义，引领中国党和国家事业取得历史性成就、发生历史性变革。中国共产党愿意同各国马克思主义政党一道，不断丰富和发展马克思主义，用真理的光芒照亮人类前行之路。与会各国政党领导人高度评价了习近平新时代中国特色社会主义思想引领中国所取得的举世瞩目的发展成就。与会各国马克思主义政党愿同中国共产党一道，就丰富发展马克思主义加强交流合作，增进互信、加强协作，共同肩负起应对全球共同挑战、引领人类发展进步潮流的职责使命，携手推动世界和平发展进步、助力构建人类命运共同体。

30. 美国共产党举办首届国际主义和反帝国主义国际会议

美国共产党以“在21世纪瓦解帝国主义”为主题举办首届国际主义和反帝国主义国际大会。会议由美国共产党国际部、美国和平与团结委员会承办。会议在美帝国主义正在全球范围内开展行动的背景下召开，旨在推进美国本土乃至全世界国际主义和反帝国主义工作，强调美共在美国国内争取民主和社会主义的斗争与在国外反对帝国主义的斗争是密不可分的。通过演讲等活动形式，各国共产党人深入分析了21世纪帝国主义的新发展及应对策略，阐释国际主义和团结的极端重要性。与会者普遍认为，美帝国主义正在加速衰落，单极世界秩序岌岌可危。即便如此，资产阶级仍通过北约向东欧扩张、持续非法封锁古巴、制造“中国威胁论”、在非洲地区加大军事干预等一系列手段，维系新自由主义主导的世界体系。全世界共产主义者应该在上述各条战线上开展斗争，反对帝国主义。

31. 国际共产主义者联盟成立

2022年12月底，土耳其共产党（马列）、西班牙毛主义共产党、秘鲁共产党、法国毛主义共产党、芬兰毛主义委员会等十多个马列毛主义政党和组织召开第一届统一国际毛主义会议（UMIC），会议宣布遵循伟大的列宁创立的第三国际的道路和国际共产主义运动的优良传统，于12月26日毛泽东诞辰129周年之际创建新的国际毛主义组织，即国际共产主义者同盟（International Communist League，ICL）。在国际共产主义者同盟成立之际，全球各地的成员纷纷以悬挂国际共产主义者同盟的旗帜、绘制横幅和标语、集会等形式表示庆祝。

32. 印度共产党（马克思主义）召开第二十三次全国代表大会

2022年4月6~10日，印共（马）第二十三次全国代表大会在喀拉拉邦坎努尔召开。会议对国际和国内形势进行了分析，对外反对美帝国主义，对内动员一切政治力量反对极右翼印人党政权。具体表现为：反对印人党经济政策上的激进新自由主义议程和意识形态上的印度教特性计划。大会选举产生了印共（马）新的中央委员会，西塔拉姆·亚秋里（Sitaram Yechury）再一次连任，当选总书记。包括中、越、古、朝、老五国执政党在内的全世界数十个红色政党向印共（马）二十三大的胜利召开表示祝贺。

33. 南非共产党召开第十五次全国代表大会

2022年7月中旬，南非共产党召开第十五次全国代表大会，原副总书记索利·马派拉（Solly Mapaila）当选总书记，自1998年以来一直担任总书记的布莱德·恩齐曼迪（Blade Nzimande）当选党主席。大会通过了题为《让我们一起开展一个强大的工人和穷人的社会主义运动》的政治报告，呼吁“我们所有的联盟及其组成部分，连同更广泛的民主运动，团结起来，将我们人民的利益，特别是工人和穷人的利益置于所有派别和狭隘的政治利益之上”。前任总书记布莱德·恩齐曼迪发表演讲，呼吁“在本届大会上，我们必须从我们南非共产党自身开始，寻求将我们的人民置于利润之前，将工人和穷人置于首位”，呼吁开展强大的社会主义运动。大会提出了将南非共建设成为社会主义而斗争的工人阶级先锋队的奋斗目标。

34. 西班牙共产党召开第二十一次党代会

2022 年 7 月 8~10 日，西班牙共产党在马德里召开主题为“为更多的团结、民主和社会主义而奋斗”的二十一大。作为“欧洲共产主义”的主要代表，西班牙共产党在 2017 年召开的二十大上宣布重新将“列宁主义”作为党的指导思想，将“民主集中制”作为党的组织原则。二十一大是新冠疫情全球大流行以来西共召开的首次党代会，体现了西共对西班牙及全球资本主义发展的最新研判和政策主张。会议通过了党的政策文件和党的章程。西共政策文件围绕世界资本主义体系危机与阶段特征、西班牙社会矛盾与阶级斗争、西共意识形态与宣传工作、西共对外工作的基本原则等问题进行了阐释。在二十一大上，西共把党定义为劳工的、女权主义、生态主义和社会主义的党，并围绕党的这一宗旨制定了党的阶段性任务与政策主张。在西共二十一大上，恩里克·圣地亚哥（Enrique Santiago）与何塞·路易斯·森特拉（José Luis Centella）分别连任西共总书记和党主席。

35. 委内瑞拉共产党召开第十六次全国代表大会

2022 年 11 月 3~5 日，委内瑞拉共产党召开第十六次全国代表大会。大会再次选举奥斯卡·菲格拉（Oscar Figuera）担任总书记。大会进一步明确了马列主义思想方向，强调党将致力于深化工人联盟和人民运动广泛团结的行动路线，以增强党在未来斗争中的凝聚力。

36. 墨西哥共产党召开第七次党代会

2022 年 12 月 16~18 日，墨西哥共产党召开了第七次党代会，大会以“为了社会主义革命：一个强大的、阶级的和国际主义的共产党”为主题，提出将深化对现政府的批评和对抗，寻求加强自身力量，以推进墨西哥迫切

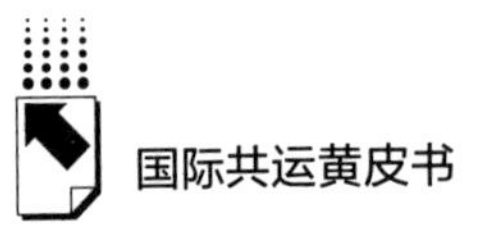

而必要的革命性变革。

37. 澳大利亚共产党召开第十四次党代会

2022 年 2 月 25 ~ 27 日，澳大利亚共产党召开第十四次党代会，提出“为社会主义未来而建设党”的口号，强调共产党在夺取政权和争取社会主义中的战略作用。在这次会议上，安德鲁 · 欧文（Andrew Erwin）再次当选党的总书记，温尼 · 莫利纳（Vinnie Molina）当选党的全国主席。

38. 芬兰共产党召开党代会

2022 年 6 月 11~12 日，芬兰共产党召开了主题为“为了阶级斗争与和平”的党代会，基于芬兰国内和世界形势的新变化更新了党纲，通过了党章修正案和《世界需要和平，和平需要建设者》等政治文件，退休高级医疗官员丽莎 · 塔斯基宁（Winnie Molina）当选新一任党主席。

39. 南非执政党非洲人国民大会（非国大）召开第五十五次全国代表大会

2022 年 12 月 16~20 日，南非执政党非洲人国民大会（非国大）第五十五次全国代表大会在南非约翰内斯堡召开。大会的主题是“捍卫和推进自由成果：以革新促团结”，分别就经济、就业、电力等重要议题进行讨论。与会代表选举出非国大新一届领导层，南非总统西里尔 · 拉马福萨再次当选非国大主席，保罗 · 马沙蒂莱当选非国大副主席。应南非执政党非国大邀请，12 月 18 日，陈晓东大使作为中国共产党代表出席非国大第五十五次全国代表大会，并现场宣读中共中央致非国大全国执委会的贺信，高度赞赏非国大在带领南非人民推翻种族隔离制度、建立和发展新南非、增进南非人民福祉、促进地区发展稳定等方面作出的重要贡献。贺信指出中国共产党愿同非国大加强协调合作，深化理念交流，共同维护好、巩固好、发展好中南全面战略伙伴关系，为构建新时代中非命运共同体和人类命运共同体作出更大贡献。

40. 越南胡志明共青团第十二次全国代表大会召开

胡志明共产主义青年团（简称胡志明共青团，越南语为Đoàn Thanh niên Cộng sản H`ồ Chí Minh）是越南共产党领导下的越南青年组织，亦是越南最大的青年组织。2022 年 12 月 14~16 日，胡志明共青团第十二次全国代表大会在越南首都河内召开，981 名代表参会。大会以“雄心、团结、本领、先锋、创新”为行动口号。大会议程主要包括：总结 2017~2022 年胡志明共青团第十一次全国代表大会决议的执行情况，确定 2022~2027 年胡志明共青团和青少年儿童工作的目标、任务及措施；选举胡志明共青团第十二届中央委员会委员（任期 2022~2027 年），补充、修改和通过《共青团章程》等。越共中央总书记阮富仲在大会上作了重要讲话，肯定了越南青年在国家建设和保卫事业中所发挥的重要作用。

41. 巴西左翼领导人卢拉再次赢得总统大选

2022 年 10 月 30 日，巴西前总统路易斯·伊纳西奥·卢拉·达席尔瓦（Luiz Inácio Lula da Silva）当选巴西新一任总统。这是卢拉时隔 12 年后再次当选巴西国家元首。此次大选被视为巴西再民主化以来最激烈和分化的一次选举。2022 年 7 月 21 日，由巴西劳工党、巴西共产党和巴西绿党组成的政党联盟正式宣布，推选卢拉为 2022 年总统候选人。2022 年 10 月，经过两轮选举，卢拉最终以微弱优势战胜现任总统、右翼候选人雅伊尔·梅西亚斯·博索纳罗（Jair Messias Bolsonaro），从而终结了巴西右转趋势。近年来，拉美左翼政权集体回归，其规模甚至超过了新世纪初期的“粉红浪潮”，卢拉胜选被视为“第二波粉红浪潮”的标志性事件。卢拉政府致力于缩小巴西社会贫富差距，重建广泛的政治联盟和巩固国家团结，推进全球治理变革和国际关系民主化。

42. 马克思列宁主义政党和组织国际会议举行第二十七次全体会议

2022 年 5 月，马克思列宁主义政党和组织国际会议在多米尼加共和国圣多明各举办了第二十七次全体会议。会议形成了《马列主义政党和组织国际会议第二十七届全会最后宣言》，认为乌克兰战争是帝国主义性质的战争，只有无产阶级的社会革命才能把工人和人民从资本主义-帝国主义的剥削和压迫的枷锁中解放出来，只有社会主义-共产主义社会，才是保证全人类福祉的社会。

43. 欧洲左翼党召开第七次党代会

2022 年 12 月 9~11 日，欧洲左翼党在奥地利维也纳召开了第七次党代会。来自欧洲各成员党及全球其他地区40多个政党的350余名代表与会。作为地区性共产党及其他激进左翼力量联合组织，大会致力于构建一个社会、生态、民主与和平的世界，提出了“和平、面包和玫瑰”这一口号，呼吁和平与裁军、争取体面的生活条件、为反对歧视和所有人的美好生活而斗争。大会选举“欧洲转型”智库总协调人、来自奥地利共产党的沃尔特·拜尔（Walter Baier）接替海因茨·比尔鲍姆（Heinz Bierbaum）出任欧洲左翼党的新任主席。

44. 法国生态与社会人民新左翼联盟取得议会斗争好成绩

法国内政部6月19日公布的统计结果显示，法国立法选举第二轮投票中总统马克龙所属中间派联盟“在一起”（Ensemble!）获得250个议席，虽然领先，但与议会的绝对多数席位（289席位）仍有差距，导致连任总统不满两月的马克龙失去了对议会的控制权。与此同时，“不屈法国”、欧洲生态-绿党、法国社会党、法国共产党组成的生态与社会人民新左翼联盟（NUPES）获得131席，成为国民议会中的主要反对力量。由于新左翼联盟同样未能获得绝对优势，梅朗雄无望实现出任总理的雄心。玛丽娜·勒庞领导的极右翼政党“国民联盟”（Rassemblement National）所获席位从五年前的8席跃升至89席，成为国民议会中最大的反对党。由此，新左翼联盟与其他两党在国民议会中形成三足鼎立之势。

重要学术活动

45. 第十届国际共产主义运动论坛在北京召开

2022年7月30日，第十届国际共产主义运动论坛暨《国际共产主义运动发展报告》（外文版）新书发布会以线上与线下相结合的形式召开，在北京和昆明设两个会场。会议由中国社会科学院马克思主义研究院、云南大学和中国社会科学院意识形态智库共同主办。会议首先进行了《国际共产主义运动发展报告》（外文版）新书发布。随后来自中国、意大利、越南、老挝的30余位专家学者分别就国际共产主义运动发展新态势、新时代中国特色社会主义对世界社会主义的影响和贡献、新冠疫情背景下国外共产党理论与实践的新进展、两制关系与国际格局发展态势特征等议题进行了深入研讨和交流，以期及时了解国际共产主义运动和世界社会主义发展新动态，并深刻理解中国特色社会主义与世界社会主义的联系。来自中共中央党校（国家行政学院）、中共中央对外联络部、上海社会科学院、云南大学、中国政法大学、山东大学、华中师范大学、苏州大学、厦门大学等单位的百余名专家学者通过线上或线下方式参会。

46. 第九届社会主义国际论坛在河内和北京召开

2022 年 9 月 12 日，由中国社会科学院、越南社会科学翰林院和老挝经济与社会科学院主办，越南社会科学翰林院国际合作局和中国社会科学院马克思主义研究院承办的第九届社会主义国际论坛，以视频会议方式在河内与北京同期举行。论坛主题为“新时代条件下社会主义发展模式：理论与实践”。来自中国、越南和老挝的十余位专家学者围绕“社会主义发展模式的理论问题”“社会主义发展模式的实践问题”“社会主义发展模式的国际视角”三个议题进行了深入讨论。与会者认为，中国特色社会主义在中国取得巨大成功，表明科学社会主义正焕发出蓬勃生机活力，为世界社会主义国家提供了重要经验和启示，对坚持和发展马克思主义、科学社会主义而言意义重大。中国必将为人类文明进步、为科学社会主义发展作出更大贡献，让这个正义而前途光明的事业放射出更加夺目的光芒。

47. 中国国际共产主义运动史学会召开2022年年会

2022 年 12 月 25 日，中国国际共产主义运动史学会 2022 年年会暨“学习贯彻党的二十大精神”学术研讨会以线上会议形式举行。会议由中国国际共产主义运动史学会主办，苏州大学马克思主义学院、北京化工大学马克思主义学院协办。来自中央党史和文献研究院、中国社会科学院、中国人民大学、中国政法大学、北京化工大学等单位的 70 余位专家学者参加会议。大家一致认为，党的二十大精神内涵丰富、思想深邃，学习宣传贯彻党的二十大精神是当前及今后一个时期国际共产主义运动史学会的首要政治任务和重要职责。

48. 中国科学社会主义学会当代世界社会主义专业委员会召开2022年年会

2022 年 12 月 10 日，中国科学社会主义学会当代世界社会主义专业委员会 2022 年年会以线上会议形式召开。会议由中国科学社会主义学会当代世界社会主义专业委员会、《科学社会主义》杂志社及《理论视野》杂志社联合举办。大会主题为“中共二十大与世界社会主义的新发展”。与会者围绕会议主题，分别就中国新时代十年伟大变革在社会主义发展史上的里程碑意义，社会主义发展史中的中国式现代化，社会主义现代化的历史进程、经验与教训，新时代中国特色社会主义的世界意义，人类文明新形态与社会主义文明的新发展，百年未有之大变局下世界社会主义的新情况、新挑战、新对策等问题展开了深入研讨。大会还设立了青年分论坛，就大变局下世界社会主义的新情况、新挑战、新对策进行了探讨，并且就入选论文进行了 2022 年度青年论文评奖。

49.《国际共产主义运动发展报告》在意大利、越南出版外文版

《国际共产主义运动发展报告》（2019～2020 年）英文版、意大利语版和《国际共产主义运动发展报告》（2020～2021 年）越南语版在社会科学文献出版社（中国）已出版的国际共运黄皮书中文版的基础上经过精简、翻译而来，分别由意大利 21 世纪马克思出版社和越南政治理论出版社加以出版。《国际共产主义运动发展报告》自 2019 年起由社会科学文献出版社连年出版，在国内外引起了很大反响和较多关注，得到国内同行的高度赞赏，成为中国社会科学院马克思主义研究院的一个品牌成果。外文版的出版发行，有助于推动中国的马克思主义研究者与英语、意大利语、越南语等语种的读者包括研究人员的交流、沟通，就世界格局与世界社会主义运动的新动向形成共识，有利于推进 21 世纪马克思主义的发展和世界社会主义的振兴。

50.《社会主义发展史简明大事记》出版

2022 年 12 月，由中国社会科学院马克思主义研究院林建华副院长领衔主编的《社会主义发展史简明大事记》由当代中国出版社出版，全书 50 余万字。作为中国式现代化发展大事记丛书系列成果之一，该书以时间顺序，全面回顾了从 1516 年托马斯・莫尔（St. Thomas More）的《乌托邦》出版

至2022年中国共产党第二十次全国代表大会召开共506年的世界各国、地区社会主义发展历程。了解社会主义发展史，可以让我们从源头上弄清楚社会主义从哪里来，中国特色社会主义从哪里来，更深入地理解中国是怎样历史地选择了社会主义道路的，是怎样开创和发展了中国特色社会主义的；对于我们更加充分地认识中国特色社会主义的历史必然性和科学真理性，更好地坚持和发展中国特色社会主义，具有重要意义。

（本部分撰稿人：潘西华、谭晓军、贺钦、王游、遇荟、李凯旋、王晶、朱旭旭、方文、钱政宇、韦丽春、杨成果等）

Abstract

In 2022, the significant anniversaries in the history of the international Communist movement that should be observed were as follows: the 175th anniversary of the establishment of the Communist League, the 105th anniversary of the outbreak of the October Revolution, the 100th anniversary of the establishment of the Soviet Union, the 110th anniversary of the founding of the Soviet Union's "*Pravda*" (*Пра́вда*), and the 100th anniversary of the establishment of the Chinese Communist Youth League. The Communist Parties around the world held commemorative activities in different ways.

Among them, the establishment of the Soviet Union for 100 years is of great significance. Although the Soviet Union no longer existed as a country, its establishment as the first socialist regime in human history marked the emergence of a new system, which broke the pattern of capitalism dominating the world, and left a significant page in the history of the international communist movement and human development. For international communism and the world socialist movement, it is of important historical significance and practical enlightenment to summarize the century long history of the rise and fall of the Soviet Union for the exploration of the road of socialist modernization, the realization of long-term stability of the proletarian regimes, and the development of the international communist movement.

The year 2022 marks the 110th anniversary of the founding of the Russian newspaper "Pravda". In the context of the century long changes, recalling the century-old history of the founding of "Pravda" and understanding the historical significance and role of "Pravda" as the first Marxist ruling party organ media have important implications for how to give better play to the Party's organ media in leading the power of discourse, to deal with the West's ideological struggle of "New Cold War", to maintain the socialist system and the party's governance security, and to promote the development of the international communist movement.

Since 2022, the superposition of the Russia-Ukraine conflict and the century epidemic had caused profound changes in the world pattern, and the Communist Parties around the world had actively explored solutions. On the one hand, from a macro perspective of theory and global pattern, they engaged in intense debates on issues such as the characteristics of the times, the essence of imperialism, war and peace, independence or unity, etc. On the other hand, they spoke out on international platforms by actively participating in meetings held by international or regional communist parties and workers' parties, or participated in left-wing and social movements to enhance the strength of the revolutionary team.

In terms of socialist practices, the successful convening of the 20th National Congress of the Communist Party of China and the Chinese path to modernization aroused theorists' strong interest in the theory of modernization and socialist modernization. The successful practice of Chinese path to modernization and its world significance became the focus of discussion among the communist parties around the world. At the same time, existing socialist countries such as Vietnam, Laos, Cuba, and North Korea also continued to advance their socialist modernization construction in their own way.

In this context, the ruling class of the West's capitalism, in order to maintain its hegemonic position, had utilize its technological, military, and financial advantages. On the one hand, it arbitrarily manipulated the international financial market and hindered the technological progress of other countries. On the other hand, it formed cliques and strengthens military alliances around the world, used various means to contain and suppress non-Western ideological countries such as China and Russia. These measures seriously disrupted the process of globalization, led to the rupture of international industrial and supply chains, and caused a comprehensive impact on international finance, politics, and security. Inflation broke out in many countries, energy and food crises occurred in many places, which made the world situation even more unstable. Within the West countries, poverty and inequality became more prominent, social unrest intensified, and various worker and social movements continued to occur frequently, which further highlighted the various drawbacks of the West's capitalist systems. The communist parties and left-wing forces around world continued to criticize the capitalist systems and had formed a positive interaction with workers' strikes and left-wing movements to promote the rise of labor and social movements in Europe and America.

In 2023, the United States and the West further strengthened their "New Cold War" thinking, and through NATO expansion and promotion of new alliance strategies, they gradually pressed, suppressed, and even provoked the so-called "nondemocratic countries". The struggle between different systems and ideologies in the world further intensified. Imperialist wars, the "New Cold War", left-wing alliances, unity and division, and other issues had become the focuses of discussion among the communist parties of various countries. The socialist countries in the world, guided by the theory and practice of Chinese path to modernization, further focused on their own socialist modernization development path. In many countries, the communist parties that failed to govern were generally squeezed by the West's right-wing forces and populism. They sought solutions through strengthening left-wing unity and various channels, but the effect was not outstanding. However, the communist parties around the world still firmly believe that the historical torrent of a century long upheaval will wash away the dust of backward ideas such as hegemony, containment, and war into the garbage dump of history, and human society will eventually move forward in the direction of peace, progress, and development.

Keywords: Global Changes of a Magnitude not Seen in a Century; International Communist Movement; World Socialism; Communist Parties Around the World; The Relationship Between the Two Systems

Contents

Ⅰ General Report

Abstract: The epidemic of the century has not yet ended, and the Russian-Ukrainian conflict broke out in early 2022, which intensified the fluctuations of the world economy and the profound adjustment of the international pattern. Instability, uncertainty, insecurity and unpredictability has defined the chaotic intertwining of the international situation, the global peace deficit, development deficit, security deficit and governance deficit have worsened, and human society is facing unprecedented challenges. Against the background of a century of changes, Marxist political parties around the world tried to find guidance from Marxist theory, drawn lessons from the history of international communist movement and the process of human development, explored new impetus for development from the practice of practical socialist reform and construction, considered alternatives to a new society from criticizing the problems of the capitalist system, and continued to go forward hard in the road towards to future of socialist modernization and human self-liberation.

Keywords: 100 years of Change; International Communist Movement; Socialist Countries; Communist Parties; The Relationship Between the Two Systems

Ⅱ Hot Spots in Focus

Abstract: In the "new period of turbulence and transformation", the international landscape has taken on new developments. The global strategic environment is deteriorating, the influence of geopolitical competition is significant, the global economic recovery is weak and unbalanced, the waves of protests in Western countries keep rising, and the huge impact of the Ukraine crisis on the international system has become an important variable in the reconstruction of the relationship between the two systems. The competition and cooperation between the two systems have presented new trends and features, and various circles have put forward different views and propositions on the current international situation. In this context, forming changes in the policies of the United States and the West toward China, new features of ideological competition, and competitive dependence will become the new normal. China needs to actively exert its international shaping power and push the balance of power in the world to develop in a direction favorable to socialism.

Keywords: New Period of Turbulence and Transformation; Development of International Pattern; New Situation and Trend of the Relationship Between the Two Systems

Abstract: The 20th National Congress of the CPC was successfully held, which has aroused great concern of foreign communist parties. Foreign communist parties express congratulations on Xi Jinping's re-election as General Secretary of the CPC Central Committee, speak highly of the 20th National Congress of the CPC and its achievements, affirm China's historic achievements in the decade of the New Era and the world significance of Chinese path to modernization, and praise China's major contributions to the whole world. Foreign communist parties seek their own development by exploring China's success code and learning from China's experience. At the same time, they also hope China will continue to play the role of a major power and major party, reform the global governance system, and build a new global order.

Keywords: The 20th National Congress of the Communist Party of China; Foreign Communist Party; Socialism with Chinese Characteristics; World Significance

Abstract: After the Russia-Ukraine conflict broke out in 2022, foreign communist parties expressed serious concerns, and expressed their voices by issuing statements, holding discussion meetings, carrying out humanitarian assistance to refugees, and organizing demonstrations and anti-war rallies. In anti-war statements or articles, foreign Communist parties analyzed the causes of the Russia-Ukraine problem from the perspectives of the threat to Russia's security, the competition for the world market, the recovery of the relative decline of the United States, the shift of the capitalist crisis, the ethnic aggression by the ultra-nationalist forces, and the drive of the media. They criticized the aggression acts made by imperialism to provoke the war, and the reactionary behavior, the hypocritical view of peace, and the nature of serving monopoly capital of the capitalist governments. They stressed that the consequences of the conflict between Russia and Ukraine would be disastrous and the world peace and security would face a severe crisis. As for how to deal with the Russia-Ukraine problem, foreign Communist parties have put forward their own views from different subjects. The top priority for the participants is to form a political solution through dialogue and negotiation. In the long run, European countries should build a new collective security system to ensure European security. It is particularly important that the members of all Communist parties should undertake their historical mission of maintaining peace. The theoretical analysis of the foreign Communist parties on the Russia-Ukraine problem and their actions of solidarity, criticism and struggle are of positive significance, highlighting the justice, advanced nature and solidarity spirit of the proletarian political party.

Keywords: Foreign Communist Parties; the Russia-Ukraine Conflict; Proletarian Internationalism

Abstract: Since 2022, there has been intense turbulence in international financial markets, bringing new challenges to global economic stability and the international order. Many national currencies have depreciated sharply, some developing countries have experienced capital outflows, rising debt servicing costs and increased imported inflation. Some countries have even fallen into currency or debt crises. On the surface, it seems that the U. S. interest rate hike and the Russia-Ukraine conflict are the direct reasons of the above problems; in fact, their deeper roots still fail to go beyond Lenin's vision in the Theory of Imperialism raised in "Imperialism, the Highest Stage of Capitalism", which means that they all come from the expansion of financial capital and the parasitic and decaying nature of imperialism. The global expansion and plundering of financial capital have exposed the deep-rooted contradictions of imperialism, which will not only cause turmoil in the international financial market, but also have an important impact on the international pattern.

Keywords: International Financial Turmoil; Imperialism Theory; the International Pattern

Abstract: The establishment, development and disintegration of the Soviet Union have had extremely significant impacts in the history of the international communist movement. In 2022, with the backdrop of global turmoil, especially the conflict between Russia and Ukraine, major historical issues related to the establishment and dissolution of the Soviet Union had attracted the attention of countries around the world. This article combines global public opinion hotspots to revisit the history of the Soviet Union, then summarizes the historical experience and lessons of Soviet socialism from the perspective of international communist movement, reviews and summarizes the impact and inspiration of the rise and fall of the Soviet Union on the world pattern, especially on the international communist movement. In current world, the correct understanding and evaluation of historical issues related to the Soviet Union still have important theoretical and practical significance.

Keywords: International Communist Movement; Soviet Union; World Pattern; Russia-Ukraine Conflict

Y.7 The 110th Anniversary of the Founding of "*Pravda*": Historical Significance and Contemporary Inspiration

Wang Jing / 124

Abstract: 2022 marks the 110th anniversary of the founding of "*Pravda*", which was the official organ (or Official newspaper) of the Central Committee of the Communist Party of the Soviet Union (CPSU). As an important mouthpiece of the Communist Party of the Soviet Union during its rule, "*Pravda*" presented the policies, ideologies, and news thoughts of the Soviet Union at different times, and was the most authoritative newspaper in the Soviet Union. As a part of the proletarian party organization, "*Pravda*" adhered to the leadership of the Party over the newspaper and played a collective organizing role, closely uniting Communist parties in various countries around the Communist International. The influence of "*Pravda*" on the Communist International was almost decisive, and its editorials and important articles were often reprinted by many important newspapers in other countries. The experience of running the newspaper had been directly copied by other Communist parties in other countries. Hence, "*Pravda*" was widely seen as "the newspaper of newspapers". Reviewing on the founding and historical significance of "*Pravda*" has a certain inspiring significance for further improving the work of party newspapers and journals in the new era and safeguarding the key position of world socialist ideology.

Keywords: "*Pravda*"; Communist International; Party Newspaper Theory; International Communist Movement

Ⅲ Reform and Development

Y.8 The 20th National Congress of the Communist Party of China Embarked on a New Journey of Building a Modern Socialist Country

Ma Liya / 140

Abstract: 2022 is a landmark year in the history of the Communist Party of

China (CPC). The 20th National Congress of the CPC was successfully held, summarizing the vivid practice and great changes of the decade in the New Era, clarifying the strategic arrangements for building a modern and powerful socialist country in all respects, and creating a new situation in the diplomacy of major countries with Chinese characteristics. The CPC adheres to and develops Xi Jinping Thought on Socialism with Chinese Characteristics for a New Era, which is the latest achievement in adapting Marxism to the Chinese context and the needs of the times, and continues to promote the theoretical development of Chinese modernization. Centering on the central task in the new era and new journey, the CPC will promote the great rejuvenation of the Chinese nation through the Chinese path to modernization, and make new and greater contributions to the cause of human progress.

Keywords: The Communist Party of China; Socialism with Chinese Characteristics for a New Era; Chinese Modernization

Abstract: In 2022, the Communist Party of Vietnam (CPV) comprehensively promoted the construction of the party and political system, and made significant progress in ideology and theory, system construction, and anti-corruption. During the year, the Fifth and Sixth Plenary Sessions of the 13th CPV Central Committee were held to promote the implementation of the resolutions of the 13th CPV National Congress, and the government adjusted the policy in controlling covid-19 pandemic and achieved good results in economic development. In terms of diplomacy, it highlights the characteristics of leading national diplomacy with party diplomacy, and deepens and expands inter-party exchanges. Looking forward to 2023, the CPV will continue to promote party building and political system building, but the risk of its economic and social development will increase due to the international political turbulence and unfavorable economic environment.

Keywords: Communist Party of Vietnam; A Socialist Legal State; Bamboo Diplomacy

Y.10 New Developments in Cuban Socialism after the 8th Congress of the Communist Party of Cuba *He Qin* / 176

Abstract: In 2022, in the face of multiple tests such as the embargo, epidemics and unexpected disasters, the Cuban people, under the leadership of the Communist Party of Cuba, have effectively implemented the spirit of the 8th Congress of the Communist Party of Cuba (CCP), deeply promoted the model updating, and achieved a difficult recovery of the national economy, steady progress in the construction of the party and government system, priority protection of social and livelihood rights, and diversified expansion of foreign relations. Since the 8th Congress of the Communist Party of Cuba, the Party and the Government have steadfastly pursued a viable socialist path with Cuban characteristics, resulting in a balanced development situation and a stable and promising development prospect. In the future, the Party and the Government will continue to face two major historical tasks, furthering the socialist model updating and opposing the U.S. embargo. Strengthening the party building under the leadership of the General Secretary Diaz-Canel is crucial to the unity, militancy, and creativity of the Communist Party of Cuba in the new stage of development. Forging a strong, united, and progressive Communist Party of Cuba is a political prerequisite and a fundamental guarantee to ensure that Cuban socialism can meet all the risks and challenges and achieve "prosperity, democracy and sustainable development".

Keywords: Communist Party of Cuba; 8th National Congress of CCP; Model Updating; Foreign Relations

Abstract: The year 2022 is the new opening of the DPRK in the "era of our state-first principle". Faced with the attack of Omicron virus, the Workers' Party of Korea (WPK), holding the banner of the people-first principle and relying on the advantages of the Korean-style socialism, led the people to overcome the rampant epidemic of Covid-19 epidemic and achieved a great victory. While fighting the epidemic comprehensively, the Workers' Party of Korea continues to adhere to the strategic line proposed at the 8th Congress of the Workers' Party of Korea, consolidate the Party's sole leadership system, reorganize the domestic economy, and promote new economic and social development. Looking forward to 2023, the Workers' Party of Korea will take the 6th Plenary Session of the 8th Central Committee as a new starting point and continue to implement the five-year economic development plan formulated at the 8th Congress to further strengthen and improve the domestic economic base, and raise the living standards of the people.

Keywords: Korean-style Socialism; The Era of Our State-first Principle; The People-first Principle

Abstract: In 2022, in the face of the new situation and tasks, Lao People's Revolutionary Party (LPRP) united and led the people of all ethnic groups in Laos to make unremitting efforts, convened the Fourth and Fifth Plenary Sessions of the 11th Central Committee, summarized the main achievements in the implementation of the 11th National Congress Resolution, deployed key work for innovation and development, and continued to promote new progress in economic construction, party building, the construction of a country ruled by law and poverty reduction. LPRP has strengthened the Party's guidance in diplomatic work, deepened foreign exchanges and cooperation, and the top leaders of the Party and the State have made their first visit to China, embarking on a new journey in the construction of a community with a shared future between China and Laos. During this year, LPRP also held the Fifth National Political and Ideological Work Conference, which emphasized further strengthening ideological and theoretical construction. Looking forward to 2023, Laos will continue to deepen comprehensive innovation, follow a development path which is suitable for itself, and accelerate the pace of building a modern socialist country.

Keywords: Lao People's Revolutionary Party; Ideological and Theoretical Building; A Community with Shared Future for China-Laos

Ⅳ Thoughts and Movements

Y.13 A Review about the 22nd InternationalMeeting of Communist and Workers' Parties

Yang Chengguo, Li Song / 228

Abstract: Against the backdrop of the global Covid-19 pandemic and the Russian-Ukrainian conflict, the Communist Party of Cuba hosted the 22nd International Meeting of Communist and Workers' Parties in Havana from October 27 to 29, 2022. The participating political parties had some differences around the Russian-Ukrainian conflict and other issues. But, in the spirit of seeking common ground while reserving differences, they finally unanimously adopted "Final Declaration of the 22nd International Meeting of Communist and Workers' Parties", which made a profound analysis of the situation in the capitalist world, defined the common tasks of all parties, and formulated specific plans for joint action. This is of great significance for all parties to strengthen international solidarity, take joint action and expand their influence. Against the backdrop of the global Covid-19 pandemic, the international unity of communist parties has shown some new characteristics.

Keywords: "International Conference of Communist and Workers' Parties"; Russian-Ukrainian Conflict; International Unity

Abstract: The disastrous defeat of the Communist Party of Nepal (Unified Marxist-Leninist) (CPN-UML) and the Communist Party of Nepal (Maoist Center) (CPN-Maoist Centre) in the 2022 general election showed that the development of the communist movement in Nepal had begun to show a downward trend. The two Parties formed a governing coalition again and then fell apart, which is not only because the CPN-Maoist Centre violated its power sharing agreement with the CPN-UML, but also the result of the consideration of the practical interests of the CPN-Maoist Centre. Fragmentation of the political party structure, disputes over practical interests, and intervention by external forces will have a negative impact on the development of the communist movement in Nepal. Whether the CPN-UML and the CPN-Maoist Centre can promote economic and social development by maintaining the stability of the ruling coalition and explore an effective path for the development and expansion of the Communist Parties under capitalist conditions based on strengthening the Parties' construction will determine the future of the Communist movement in Nepal.

Keywords: General Election of Nepal; CPN-UML; CPN-Maoist Centre

Y.15 The Japanese Communist Party's a Centennial Exploration and New Developments

Zhu Xuxu, Tan Xiaojun / 264

Abstract: 2022 marks the 100th anniversary of the founding of the Japanese Communist Party. The Japanese Communist Party has long adhered to the belief in scientific socialism, experienced twists and turns, and tirelessly explored the path towards socialism of developed capitalist countries, which plays an indispensable role in the international communist movement. In recent years, led by the "two central tasks" of strengthening party building and fighting together with the opposition parties, the Japanese Communist Party has engaged in resolute struggles with domestic right-wing forces. At the same time, the Party pays attention to international hot topics and strengthen exchanges and cooperation with left-wing progressive political parties in Europe. However, due to factors such as Japan's right-wing politics, the division, reorganization, and continuous weakening of opposition parties, and the development difficulties within the Japanese Communist Party, the decline trend in the overall strength of the Japanese Communist Party is difficult to effectively reverse in the short term.

Keywords: The Japanese Communist Party; Japanese Capitalism; Parliament Road; Socialist

Y.16 New Trends and Characteristics of the American Workers' Movement in the New Period of International Turbulence and Change

Wu Qian / 281

Abstract: The intertwinement of international financial crisis, the COVID-19 pandemic, and the hyperinflation and cost of living crisis caused by the Russia-Ukraine war exacerbateds the economic recession, political polarization, social tearing, value crisis, and the historical decline of unipolar global hegemony in the United States, thus provides a historical opportunity for the arrival of a new round of working-class movement and the socialist movement. Since 2022, the strike movement of the working class in the United States against poverty, inflation and capitalism has become increasingly fierce. In terms of its characteristics, the power of new trade unions, which are organized and participated by grassroots workers themselves, has been strengthened. The American working class political parties have strengthened their organizational strength and become more active. Professional websites have been used to share articles, videos, blogs, and images, and to help them establish or actively participate in community mutual assistance networks around the country in order to promote socialist ideological trends, actively educate and guide the working-class movement, and promote the American working-class movement towards socialist goals. At the same time, the American workers' movement still faces multiple challenges, such as the suppression of the right-wing autocratic nationalist state violence machine and the historical limitations of the traditional American trade union movement itself.

Keywords: The American Social Movement; Workers' Movement; New Social Movement

Abstract: Since 2022, waves of protests and strikes caused by the energy and inflation crisis have swept through Europe with remarkable scale and frequency. The main demands of the protests and strikers such as higher wage levels and additional allowances stem from the increasing impoverishment of the lower and middle classes and the widening of inequality in European capitalist society. There are profound and complex economic and political factors behind the widening of social inequality in Europe, such as the power of monopoly capital in the distribution of wealth; the Western democratic deficit reinforcing social inequality; lack of scientific theoretical guidanceof the proletarian movement in the doldrums to prevent the introduction of pro-market policies, etc. Despite the decline of traditional left-wing forces such as the Communist Party, they still actively collaborate with other left-wing parties to actively participate in European protests and strikes to fundamentally promote effective improvement of inequality. The wave of protests and strikes in Europe highlights the deep-seated contradictions in capitalist society in the current context, as well as the flourishing trend of worker movements in capitalist countries.

Keywords: Europe Social Movements; Inflation Crisis; Wave of Stirks; Inequalities

Abstract: The Communist Party of Austria (KPÖ) is a long-established communist party in the Austrian political scene, which has undergone multiple transformations since its establishment in 1918. Currently, the KPÖ has become the largest political party in Graz and has made historic progress in parliamentary struggles. It has continuously evolved by proposing new strategies and action plans. After joining the government, the Party has further boosted its voter mobilization capacity and its ability to act both inside and outside the parliament, which were key to further increases in the vote share and made significant contributions to the advancement of communism in Europe. The development of the KPÖ remains to be monitored and observed. The prominence of the KPÖ is not accidental in the current European parliamentary elections. The analysis of the Austrian Communist Party as a case will help us understand the new characteristics of the parliamentary election strategies employed by European communist parties.

Keywords: Communist Party of Austria; European Communist Parties; Austria; Graz

V Appendix

皮 书

智库成果出版与传播平台

✧ 皮书定义 ✧

皮书是对中国与世界发展状况和热点问题进行年度监测，以专业的角度、专家的视野和实证研究方法，针对某一领域或区域现状与发展态势展开分析和预测，具备前沿性、原创性、实证性、连续性、时效性等特点的公开出版物，由一系列权威研究报告组成。

✧ 皮书作者 ✧

皮书系列报告作者以国内外一流研究机构、知名高校等重点智库的研究人员为主，多为相关领域一流专家学者，他们的观点代表了当下学界对中国与世界的现实和未来最高水平的解读与分析。截至 2022 年底，皮书研创机构逾千家，报告作者累计超过 10 万人。

✧ 皮书荣誉 ✧

皮书作为中国社会科学院基础理论研究与应用对策研究融合发展的代表性成果，不仅是哲学社会科学工作者服务中国特色社会主义现代化建设的重要成果，更是助力中国特色新型智库建设、构建中国特色哲学社会科学“三大体系”的重要平台。皮书系列先后被列入“十二五”“十三五”“十四五”时期国家重点出版物出版专项规划项目；2013~2023 年，重点皮书列入中国社会科学院国家哲学社会科学创新工程项目。

S 基本子库
UB DATABASE

中国社会发展数据库（下设 12 个专题子库）

紧扣人口、政治、外交、法律、教育、医疗卫生、资源环境等 12 个社会发展领域的前沿和热点，全面整合专业著作、智库报告、学术资讯、调研数据等类型资源，帮助用户追踪中国社会发展动态、研究社会发展战略与政策、了解社会热点问题、分析社会发展趋势。

中国经济发展数据库（下设 12 专题子库）

内容涵盖宏观经济、产业经济、工业经济、农业经济、财政金融、房地产经济、城市经济、商业贸易等12个重点经济领域，为把握经济运行态势、洞察经济发展规律、研判经济发展趋势、进行经济调控决策提供参考和依据。

中国行业发展数据库（下设 17 个专题子库）

以中国国民经济行业分类为依据，覆盖金融业、旅游业、交通运输业、能源矿产业、制造业等 100 多个行业，跟踪分析国民经济相关行业市场运行状况和政策导向，汇集行业发展前沿资讯，为投资、从业及各种经济决策提供理论支撑和实践指导。

中国区域发展数据库（下设 4 个专题子库）

对中国特定区域内的经济、社会、文化等领域现状与发展情况进行深度分析和预测，涉及省级行政区、城市群、城市、农村等不同维度，研究层级至县及县以下行政区，为学者研究地方经济社会宏观态势、经验模式、发展案例提供支撑，为地方政府决策提供参考。

中国文化传媒数据库（下设 18 个专题子库）

内容覆盖文化产业、新闻传播、电影娱乐、文学艺术、群众文化、图书情报等 18 个重点研究领域，聚焦文化传媒领域发展前沿、热点话题、行业实践，服务用户的教学科研、文化投资、企业规划等需要。

世界经济与国际关系数据库（下设 6 个专题子库）

整合世界经济、国际政治、世界文化与科技、全球性问题、国际组织与国际法、区域研究 6 大领域研究成果，对世界经济形势、国际形势进行连续性深度分析，对年度热点问题进行专题解读，为研判全球发展趋势提供事实和数据支持。

法律声明